Prolog

Uran, Atommüll, nukleare Abrüstung, Gasfelder, Abwehrsysteme gegen nuklearen Terror – Andrej Bykow ist müde an diesem Spätsommerabend. Unten auf der Moskauer Ausfallstraße Dmitrovskoe Schosse tost der Verkehr. Weit oben im unscheinbaren, siebenstöckigen Bürogebäude serviert eine Angestellte Tee. Bykow, ein kleiner und gedrungener Mann Anfang 50 mit stets messerscharfem Seitenscheitel, legt erschöpft die Beine auf die Couch im kleinen Konferenzraum seiner Firma.

Ihm tut der Rücken weh, die langen Reisen zehren und gehen an die Substanz. Und er ist pausenlos unterwegs. Erst am Vormittag hat ihn sein Chauffeur im gepanzerten schwarzen SUV aus dem Süden Russlands zurück nach Moskau gebracht. Andrej Bykow hat reichlich zu tun.

Immer mehr westliche Konzerne heuern den Mann mit den hervorragenden Kontakten in den Kreml für ihre Geschäfte in und mit Ländern der früheren Sowjetunion an. Der zuvorkommende Russe, der sehr gut Deutsch spricht, sehr fromm und ein erklärter Fan des heiligen Nikolaus ist, ist in den vergangenen Jahren eine heimliche Allzweckwaffe der westlichen Wirtschaft im ehemaligen Sowjet-Reich geworden. Und nicht nur dort. Draußen wird es schon dunkel, als Andrej Bykow auf seiner Bürocouch beginnt, aus einer Schattenwelt zu erzählen. Aus seiner Welt.

Mal arbeitet er in Deutschland und Thailand, mal in Südafrika und der Schweiz – Andrej Bykow als umtriebig zu beschreiben griffe viel zu kurz. Er berät seine Kunden und ist ihr Kuppler. Einer, der Kontakte einfädelt und pflegt. Einer, der Türen öffnet und russische Entscheidungsträger im Sinne seiner Auftraggeber überzeugt – wie und womit auch immer. Am Ende steht meistens reicher Ertrag, für Bykows Kunden und für ihn persönlich.

Immer geht es um viel Geld, um Macht und um Einfluss. Mal soll Bykow deutschen Atommüll heimlich nach Russland schaffen oder nuklearen Brennstoff aus Beständen der Roten Armee für deutsche Kernkraftwerke besorgen. Ein anderes Mal muss er Interessenten Kontakte zum Ausbeuten von Gasfeldern verschaffen. Er sollte für deutsche Auftraggeber über Umwege im Ausland gar verhindern, dass der deutsche Atomausstieg so schnell, wie von der Politik geplant, vollzogen werden kann.

Der fromme Familienvater sinniert auf seiner Moskauer Bürocouch über gottgefälliges Leben, die russisch-orthodoxe Kirche, russische Geschichte und das Ende des Kommunismus. Er kann auch sonst viel erzählen. Wenn er will. Denn sein Tun ist in der Regel Geheimsache. Meist wissen selbst bei seinen Auftraggebern in den westlichen Konzernen nur kleine Zirkel davon, dass es ihn überhaupt gibt und in welcher Mission er unterwegs ist. Andrej Bykow muss laut lachen, wenn das Gespräch auf die Verschwiegenheit seiner Klienten kommt. Sie treibt manchmal kuriose Blüten, diese Diskretion. Ein Manager des Energieriesen Eon dankte dem Russen in einem überschwänglichen Brief für »18 Jahre Zusammenarbeit«. Als wir nachfragen und wissen wollen, was Bykow denn für Eon alles getan habe, reagiert der Konzern einsilbig. Es habe sich um einen rein persönlichen Kontakt zwischen dem Manager und Bykow gehandelt, so die wenig überzeugende Antwort. »Geschäfte mit Herrn Bykow gab und gibt es nicht.«

Viele andere Geschäftspartner mögen sich urplötzlich sogar überhaupt nicht mehr an den Namen des Russen erinnern, obwohl mancher Konzern mit ihm gerne und eifrig kommunizierte. Andrej Bykow hingegen hat ein ziemlich gutes Gedächtnis. EnBW, der Eon-Konkurrent und drittgrößte Energiekonzern hierzulande, hat ihn beispielsweise mit Aufträgen und mehreren Hundert Millionen Euro in seine Heimat Russland geschickt. Transparenz? Fehlanzeige. Die Geschäfte wurden über Umwege und die Schweiz abgewickelt. Auch das Geld floss selbstredend über lange als besonders geheim geltende Schweizer Konten. Fast die Hälfte der Zahlungen aus dem konservativen Konzern in Karlsruhe gingen an eine Stiftung Bykows mit dem schönen Namen »Heiliger Nikolaus der Wundertäter« – Satiriker und Karikaturisten hätten es sich nicht hübscher ausdenken können. Warum und wofür EnBW so viel Geld bezahlte, ist umstritten. Auch Staatsanwälte und Richter fragen sich das schon seit geraumer Zeit, ohne allerdings der Antwort bislang wirklich nahe zu kommen.

Andrej Bykow selbst sagt an jenem Abend in Moskau nur, was er sagen will und darf. Selbstkontrolle gehört zum Geschäftsprinzip. Dabei ist er ein eloquenter Mensch, schlagfertig und gewitzt, gedanklich blitzschnell, gerissen und hochintelligent. Ein Mann mit einem schier untrüglichen Gespür für sein Gegenüber. Und vor allem dafür, wie er dieses Gegenüber um den Finger wickeln und ihm das Gefühl geben kann, nur dessen Bestes zu wollen. Andrej Bykow ist Lobbyist.

Lobbyisten, das sind beileibe nicht nur die Pofallas und Niebels, die Wissmanns, Fischers und anderen ranghohen Politiker, die nach ihrer Karriere und ausgestattet mit dem entsprechenden Insiderwissen große Kasse machen als Interessenvertreter zahlungskräftiger Verkehrs-, Rüstungs-, Pharma-, Tabak- oder Automobilkonzerne oder Verbände. Solche Seitenwechsler fallen der breiten Öffentlichkeit auf. Nicht aber Leute wie Andrej Bykow. Lobby-Söldner, die deswegen niemand kennt, weil sie im Verborgenen, im Schatten von Wirtschaft und Politik arbeiten. Und die gerade deshalb sehr erfolgreich sind.

Von Interessenverbänden, Dienstleistungsagenturen oder Anwaltskanzleien aus, nicht selten aber auch als Einmann-Unternehmen, nehmen sie in Berlin und Brüssel, Paris und London, Moskau und Washington im Auftrag der Wirtschaft Einfluss auf Politik und Gesellschaft. Mal geht es um Atomdeals, mal um Plastiktüten. Mal um Milliardengeschäfte, mal um Details in Gesetzesvorhaben, mal um beides. Sie suchen diskrete Nähe zu den Mächtigen, organisieren in Parlamenten Mehrheiten im Sinne ihrer Auftraggeber. Ihr Ziel allerdings sind nicht mehr allein Mandatsträger und der Beamtenapparat. Immer häufiger ist es die Gesellschaft als Ganzes. Ins Visier geraten Meinungen und Wählerstimmen.

So kämpfen Lobbyisten in Klassenzimmern um die Vormacht in den Köpfen von Schülern. Sie sorgen dafür, dass Rauchen eine legale Sucht bleiben darf und nicht zu sehr sanktioniert wird. Sie beeinflussen, was auf Lebensmittelverpackungen stehen darf und was nicht. Sie torpedieren die Energiewende oder versuchen, sie in die Richtung ihrer zahlenden Kundschaft zu treiben. Sie mischen in Bürgerinitiativen mit und dirigieren dort als heimliche Handlanger im Sinne ihrer mächtigen Auftraggeber. Sie manipulieren den öffentlichen Willen, indem sie die Medien beeinflussen. Sie unterwandern Wissenschaft und Forschung, damit deren Ergebnisse so ausfallen, dass sie den Interessen ihrer Kundschaft dienen.

Lobbyismus – dem Ursprung nach ist das eigentlich eine transparente Angelegenheit. In der Lobby eines Parlamentssaales, dessen Vorraum also, bringen Bürger und Interessenvertreter ihre Anliegen bei den Abgeordneten vor, die dann alleine in den Saal gehen, dort alle Argumente diskutieren, abwägen und entscheiden. So sieht das Ideal aus, das mit der Wirklichkeit allerdings längst nichts mehr zu tun hat. Heute steht der Begriff Lobbyismus viel zu oft für eine Schattenwelt jenseits demokratischer Kontrolle.

Wer sich auf die Suche nach gut verstecktem Einfluss macht, erfährt von den Untiefen eines höchst diskreten Wirtschaftszweigs, der immer professioneller vorgeht – natürlich am liebsten hinter verschlossenen Türen und dicken Mauern. Und er stößt auf erstaunliche Netzwerke zwischen Lobbyisten und führenden deutschen Politikern. Man muss aber genau hinschauen und hinhören. Wie an einem festlichen Abend im Frühjahr 2015.

Die Kulisse bildet ein klassizistischer Prachtbau, Unter den Linden in Berlin. Geraffte bodentiefe Vorhänge, edle Hölzer an der Wand, prächtige Kronleuchter an der Decke – im prunkvollen Saal der russischen Botschaft bittet Heino Wiese seine Gäste Platz zu nehmen, als die Kolonne des deutschen Wirtschaftsministers und Vizekanzlers vorfährt. Vorbei an russischen Managern und eskortiert von Russlands Botschafter Wladimir Michailowitsch Grinin, betritt der Stargast des Abends das Podium. Die Rede zur Vorstellung eines neuen Russland-Buchs, in dem vier junge Autoren und Fotografen ein Land im Wandel wohlwollend porträtieren, hält der damalige SPD-Vorsitzende und Wirtschaftsminster Sigmar Gabriel persönlich – ein guter, alter Freund von Heino Wiese.

Kaum jemand in der breiten Öffentlichkeit kennt Heino Wiese, diesen unauffälligen Mann Mitte 60, der so oft an der Seite Gabriels und häufig auch an der von Ex-Bundeskanzler Gerhard Schröder auftaucht. In der Schaltzentrale der politischen Macht in Berlin ist Wiese jedoch bestens verdrahtet. Er, Schröder und Gabriel kennen sich aus ihrer Heimat Niedersachsen und aus der Partei. Wiese war auch mal SPD-Politiker. Er schmiedete Wahlkampfpläne für Gerhard Schröder – und beriet Gabriel, als er noch Ministerpräsident war.

Dann wechselte Wiese in die Wirtschaft. Zuerst baute er für eine Modefirma das Russland-Geschäft auf. Dann machte er sich mit einer eigenen Beratungsfirma »Wiese Consult« selbstständig. Seine neuen Büros liegen in der Nähe des Brandenburger Tors. Die Agentur arbeitet nach eigenen Angaben »an der Schnittstelle zwischen Wirtschaft und Politik, insbesondere in den Bereichen ›Internationale Geschäftsbeziehungen und Investments‹«.

Auf der Liste der Referenzen steht unter anderem der russische Stahlkonzern Severstal. Aber selbstverständlich geht es an diesem Abend in der russischen Botschaft nur um ein Buch. Denn Wiese ist manchmal auch Herausgeber. »Russland« steht in Großbuchstaben auf seinem jüngsten Werk, der Untertitel lautet: »Menschen und Orte in einem fast unbekannten Land«.

Nach den Reden von Gabriel und Grinin zu den deutsch-russischen Beziehungen dürfen auch die Autoren ein paar Sätze sagen. Der zur selben Zeit grassierende Konflikt um die Krim kommt an diesem Abend nicht vor. Die Wochenzeitung *Die Zeit* kritisiert den russlandfreundlichen Abend in Zeiten der Krise später als »fragwürdigen Freundschaftsdienst« Gabriels.[1] Das *Handelsblatt* mokiert sich über Sigmar Gabriel – den Russlandversteher.[2]

Man kennt sich und man tut sich nicht weh. Jedenfalls nicht an diesem Abend. Noch weiß niemand, dass wenige Monate später ein Millionengeschäft über die Bühne gehen wird, bei dem auch Gazprom eine Rolle spielt, das Gabriel zumindest nicht verhindert – und bei dem auch Heino Wiese nach Angaben von Insidern beteiligt gewesen sein soll. Enge Kontakte zum Wirtschafts- und späteren Außenminister und Spezi Gabriel sind in der Sache sicher nicht schädlich. Ausgerechnet zu jenem Minister, der an anderer Stelle über Sanktionen gegen Russland in der Ukrainekrise mitentscheidet. Und dem Wiese angeblich beim Füllen der Wahlkampfkasse helfen sollte.

Dass auch noch Altkanzler Gerhard Schröder mit dem Berater Wiese verbandelt ist zeigt, wie eng Lobby- und Politnetzwerke in Berlin längst verwoben sind. Es zeigt möglicherweise auch, wie Altgranden in Millionendeals eingebunden werden. Und wie Russland versteht, selbst in einer kritischen Phase sein eigenes, enges Netzwerk in Deutschland zu knüpfen und zu pflegen.

Einige Wochen später. Ein Gespräch in einem Hotelzimmer. Wieder steht die gleiche Frage im Raum: Wie sichert sich die Wirtschaft Einfluss auf die Gesellschaft? Die Antwort fällt diesmal allerdings ganz anders aus.

Naomi Oreskes muss ausholen. Die energische amerikanische Professorin und Wirtschaftshistorikerin aus Harvard kennt die Verflechtungen zwischen der Industrie und der internationalen Spitzenforschung wie keine Zweite. Vor allem weiß die Historikerin und scharfe Analytikerin um jene professionellen Skeptiker, die bei den ganz großen politischen Themen regelmäßig von sich reden machen.

In den USA tut sich eine Handvoll der immer gleichen Forscher damit hervor, wissenschaftliche Tatsachen wie den Klimawandel in Zweifel zu ziehen. Ihre Aktivitäten hat Naomi Oreskes minutiös rekonstruiert und so ein skandalöses System enttarnt: das der Zweifelssäer. Wissenschaftler nämlich, die sich von der Wirtschaft als Lobbyisten dafür bezahlen lassen, Kritik am Vorgehen von Forscher-Kollegen zu äußern und deren Methoden in Frage zu stellen. Es geht um Zweifel daran, dass Zigarettenrauch wirklich schädlich ist und Krebs erregt. Um Zweifel daran, dass es einen Klimawandel, das Ozonloch oder den sauren Regen überhaupt gibt – und vor allem, dass wir Menschen beides verursachen. Wohlgemerkt: Es sind in all diesen Fällen immer dieselben Wissenschaftler am Werk. Sie sind nicht etwa Experten in Sachen Medizin, Biologie oder Klimaforschung. Sie sind vielmehr versierte Spezialisten darin, der breiten Öffentlichkeit die Gründe zu liefern, unbequeme Wahrheiten zu ignorieren. Mit erstaunlichem Erfolg: Unter US-Präsident Donald Trump vollziehen die USA in der Klimapolitik eine Wende. Trump hat damit begonnen, Kernstücke der Politik seines Vorgängers Barack Obama zu zerschlagen.

Dass der Klimawandel menschengemacht ist und von der Industrie mit ihren Emissionen ausgelöst wird, gilt seit Langem als erwiesen. Großen Teilen der Industrie sind solche unumstößlichen Fakten jedoch ein Dorn im Auge. Für Energie- oder Autokonzerne etwa steht viel auf dem Spiel. Es drohen ihnen teure Konsequenzen. Für manchen Manager ist klar: Der sicherste Weg, das alles zu verhindern – oder wenigstens möglichst lange hinauszuzögern –, ist es, nicht erst die Politik und ihre Entscheidungen zu beeinflussen. Noch besser wäre es, ganz zu verhindern, dass die Politik überhaupt entscheidet. Am besten also man bekämpft bereits eine unliebsame Forschung. Denn wo die Ursachen des Problems umstritten sind, ist auch noch keine politische Entscheidung möglich, die das Problem löst.

Ausgerechnet eines der größten ungelösten Probleme der internationalen Staatengemeinschaft, der Klimawandel, liefert so ein Lehrstück über die Macht der Strippenzieher. Denn viel zu lange gelang es den Zweiflern, die Politik der US-Regierung zu beeinflussen. Naomi Oreskes war selbst erstaunt, wie erschreckend einfach es möglich ist, mit unlauteren Absichten selbst seriöse Medien wie die *New York Times, Newsweek* oder die *Washington Post* zu instrumentalisieren – und mit nachweislich falschen Angaben zu füttern.[3]

Wenn Oreskes über die Machenschaften internationaler Kanzleien und Lobbyfirmen spricht, dechiffriert sie die vertraulichen Pläne der Industrie wie einen geheimen Code. Die Industrie wolle es den Bürgern und Politikern schwermachen, die Einwände als Profitgier abzutun. Organisationen zu gründen und zu finanzieren, die nach außen nichts mit der Industrie zu tun haben – sogenannte Thinktanks –, sollte dies ermöglichen. Wissenschaft mit Wissenschaft zu bekämpfen – dieser Strategie folgten Unternehmen sehr erfolgreich seit vielen Jahren, warnt Oreskes.[4] Für die Forscherin ist klar: Die Bemühungen der Industrie werden immer größer, die Chancen, ihnen zu entkommen, immer kleiner. »Wir erleben die größte Konzentration von Wohlstand in den USA seit Ende des 19. Jahrhunderts«, sagt Oreskes und verbindet damit eine bedrohliche Vorstellung. »Noch nie waren die Reichen so mächtig.« Und noch nie, glaubt Oreskes, fiel es einem kleinen Teil der Bürger mit Lobby-Investitionen so leicht, die eigenen Interessen durchzusetzen und demokratische Prozesse auszuhebeln.

Alles weit weg? Mitnichten. Die Methode, Einfluss zu nehmen und die eigenen Fingerabdrücke beim Lobbying zu verwischen, ist auch in Deutschland angekommen. Hiesige Konzerne haben sogar Kontakte in die USA geknüpft, um die Methode zu lernen. Die ersten Versuche laufen bereits. Direkt vor unserer Haustür.

Man kann sie etwa in Winden im Schwarzwald finden, einem idyllischen Ort mit typischen Schwarzwaldhäusern. Seit einiger Zeit schon setzt sich hier, nicht weit entfernt von Freiburg, die »Gesellschaft zur Förderung umweltgerechter Straßen- und Verkehrsplanung« (GSV) für die Bürger ein. Seit Jahren schon, weiß man bei der GSV, wünschten sich die Windener äußerst dringend den Baubeginn einer nagelneuen Umgehungsstraße. Und wenn man schon dabei ist, auch gleich noch den zugehörigen Tunnel – logisch bei knapp 3000 Einwohnern. Die Kosten für den Steuerzahler sind zugegebenermaßen nicht ganz klein: mindestens 68 Millionen Euro. Macht umgerechnet auf jeden Windener eine Steuerzahlung im Wert eines Mittelklasseautos.

Bei einem Ortstermin kam die GSV dennoch sehr direkt zur Sache. Ihr Landesbeauftragter redete nicht nur der SPD-Bundestagsabgeordneten Annette Sawade ins Gewissen; praktischerweise ist sie Mitglied im Verkehrsausschuss des Bundestages. Mit einem flankierenden Schreiben an die Staatssekretäre im Bundesverkehrsministerium, Dorothee Bär (CSU) und Enak Ferlemann (CDU), warb die Initiative zudem um persönliche Unterstützung für weitere fünf »ebenfalls dringliche Projekte«: die B 30 Bad Waldsee, die B 31 Friedrichshafen, die B 31 West bei Freiburg, die B 29 Mögglingen und die B 463 Pforzheim – nur dem Bürger zuliebe.

Die GSV ist interessanterweise nicht nur in Winden aktiv. Man kennt sie auch in anderen Gegenden Deutschlands. Sie hat nicht nur eine schicke Internetpräsenz. Sie hat sich auch in bereits mehr als 100 größere Planungsprojekte eingeschaltet, berät und unterstützt lokale Bürgerinitiativen. Allerdings nicht, wie der Name vermuten lassen könnte, im Kampf gegen unsinnige und teure Verkehrsprojekte. Ganz im Gegenteil. Die Initiative kämpft, wo immer es möglich ist, für den Bau neuer Straßen. Mit viel Pathos und erklärtermaßen »im Namen aller von fehlenden Baumaßnahmen betroffenen Bürger«, wie es in einem Papier der Organisation heißt.

Warum die GSV, eine Art Dachverband von Bürgerinitiativen, überhaupt bundesweit aktiv wird? Wer hinter der Pro-Straßen-Organisation steht? Man verfolge ausschließlich gemeinnützige Zwecke und arbeite unabhängig von Interessengruppen – so beschreibt die Gesellschaft selbst ihr Engagement, die nach eigenen Angaben ständig mehr als 100 Verkehrsinfrastrukturprojekte im ganzen Bundesgebiet betreut. Das erklärte Ziel: Sie sollen ein Gegengewicht zu den zahlreichen Bürgerinitiativen bilden, die sich gegen Straßenausbauten wehren. Im Fall B 294 mit Erfolg: Mitte 2015 wurden die Gelder für den Bau vom Bundesverkehrsministerium freigegeben. Bauunternehmen sollen nun möglichst schnell mit den Arbeiten beginnen können.

Wie sich die GSV finanziert? Die Gesellschaft beantwortet unsere Fragen nicht. Auf der Webseite finden sich keinerlei Hinweise darauf. Erst wer hinter die Kulissen und in die Bilanzen der Baubranche schaut, versteht, um was es hier wirklich geht. Denn unterstützt wird die Gesellschaft auch über eine Fördergemeinschaft aus der Bauindustrie. »Zusammen mit anderen Partnerverbänden aus dem Bau- und Baustoffumfeld unterstütze man seit 2013 die Arbeit des GSV-Landesbeauftragten für Baden-Württemberg, erklärt etwa der Industrieverband Steine und Erden unumwunden. »Astroturfing«, benannt nach einem in den USA bekannten Kunstrasen, nennen Kritiker diese Methode: das Plagiat einer Graswurzelbewegung.

Vier Orte, vier Fälle von getarntem Lobbyismus – und doch nur ein kleiner Ausschnitt all dessen, was möglich ist. Wer versucht, der Welt der Lobbyisten näher zu kommen, landet schnell in einem ganzen Labyrinth höchst vielseitiger und diskreter Aktivitäten. Über Wochen und Monate gehen für uns die Türen nur für einen Spalt auf. Mit jedem Gespräch aber, mit jeder Recherche fügen sich die Mosaiksteine dieser kleinteiligen Welt zu einem klareren Bild zusammen.

Die Recherchen für dieses Buch führen nach Berlin und Brüssel, in die Schweiz und nach Russland, in die USA und die niedersächsische Provinz. Sie führen zu Klimaskeptikern und Tabaklobbyisten, in die Schaltzentralen der Energiebranche oder der Lebensmittelindustrie. Sie führen in den Bundestag und das Europäische Parlament, aber auch in Kanzleien, an Lehrstühle von Universitäten, sogar in Klassenzimmer. Sie führen zu deutschen Ex-Politikern, die Diktatoren oder wenigstens fragwürdigen Regimes zu Diensten sind. Sie führen auf Empfänge von Scheichs, in die Repräsentanzen der Wirtschaft an den feinsten Berliner Adressen und zur konspirativen Übergabe geheimer Dokumente. Sie werden zeigen, wie Unternehmen, die beinahe jeder Deutsche kennt, versuchen, Einfluss zu nehmen – auf wiederum beinahe jeden Deutschen.

Dieses Buch soll auf einen gravierenden Missstand hinweisen. Interessenvertretung gegenüber der Politik hat in einer Demokratie ihre Berechtigung. Sie muss sogar sein. Allerdings muss sie transparent erfolgen, offen und nach klaren Spielregeln. Denn eine seriöse politische Interessenabwägung braucht Chancengleichheit für alle Seiten, für alle Argumente. Genau diese aber ist in Gefahr. Wir wollen in der Folge fragwürdige Strukturen und Methoden aufzeigen und darlegen, wie Lobbyisten die Gesellschaft unterwandern und die Menschen in ihrem Sinne steuern wollen. Und wie so eine demokratische Schieflage entsteht: ein Land, das den Starken gibt und den Armen nimmt.

Anders als in anderen Lobbyismus-Büchern geht es uns nicht in erster Linie um einen engen Zirkel von Ex-Politikern, der für die Wirtschaft aktiv wird. Wir erheben auch keinen Anspruch auf Vollständigkeit. Wir wollen das System dahinter aus dem Dunkel holen. Es geht darum, die Strategien professioneller Lobbyisten aufzudecken und so Sensibilität zu schaffen für eine Gefahr, die uns alle angeht.

1
Die Regenmacher
Politische Landschaftspflege und undemokratische Auswüchse

Wenn sich das Selbstverständnis eines ganzen Staates in seinen Parlaments- und Regierungsgebäuden spiegelt, dann strahlt die moderne Bundesrepublik am Platz der Republik 1 in Berlin vor allem eines aus: Stärke, Unabhängigkeit und Transparenz. Jeder Berlin-Besucher soll das spüren. So wollte es Stararchitekt Sir Norman Foster, als er Mitte der 90er-Jahre den deutschen Reichstag zum modernen Parlamentsgebäude umbauen ließ. Symbolisch kann sich das Volk seither Tag für Tag über seine Vertreter erheben und ihnen bei der Debattier- und Abstimmungsarbeit auf die Finger schauen. Die Bürgerinnen und Bürger müssen dazu nur die begehbare, gläserne Kuppel direkt über dem Plenarsaal erklimmen.

Wer sich mit dem Lift hinauftragen lässt in die oberste Etage, anschließend die 230 Meter lange, geschwungene Rampe ganz nach oben unter das Kuppeldach läuft und von dort durch 3000 Quadratmeter Glas über die deutsche Hauptstadt blickt, bekommt das angenehme Gefühl von Kontrolle. Zwei Millionen Besucher gönnen sich dieses Gefühl jährlich. Man steht nicht nur über dem Reichs- respektive Bundestag, sondern quasi auch über dem Kanzleramt, den eleganten Bürogebäuden des Bundestags und seiner Abgeordneten entlang der Spreeschleife, den Wohn- und Geschäftshäusern von Berlin-Mitte. Die Kuppel gibt den Blick frei auf die mondänen Hochhäuser am Potsdamer Platz und hinüber zum Fernsehturm am Alexanderplatz. Zu Füßen liegt den Besuchern das Zentrum der politischen Macht in Deutschland und eines der wichtigsten Machtzentren Europas.

Ob in der Energie- oder Rüstungspolitik, im Finanz- oder Gesundheitssektor – auf diesen wenigen Quadratkilometern im Zentrum der Hauptstadt werden Entscheidungen vorbereitet und getroffen, bei denen es häufig nicht nur um politische Grundsatzfragen, sondern auch um Einfluss, Macht und viel Geld geht. Um sehr viel Geld. Abgaswerte, Atomausstieg, Finanztransaktionssteuer, Freihandelsabkommen TTIP, Fracking, Gentechnik, Glyphosat, Sanktionen: Unternehmen, Branchen oder gar ganzen Ländern kann auf Jahre hinaus schaden oder nutzen, was sich in Berlins Mitte zusammenbraut.

Es ist ein selbstbewusstes Parlament, das sich hier im Reichstag versammelt. Zu den zentralen Aufgaben des Bundestages zählt die Gesetzgebung auf Bundesebene. Die Abgeordneten sollen die Regierung kontrollieren, sie wählen den Bundeskanzler oder die -kanzlerin. Die Parlamentarier sind die einzigen direkt gewählten Vertreter des Volkes auf Bundesebene, und sie entscheiden mit ihren Stimmen, wer regiert und nach welchen Regeln sich das gesellschaftliche Zusammenleben in Deutschland richtet. In den Sitzungswochen tummeln sich im Plenarsaal unter der Glaskuppel und im Angesicht des großen Adlers aktuell 709 Abgeordnete – so viele wie noch nie in der Geschichte des Parlaments.

Der Adler ist zum Symbol dafür geworden, wie eigenständig Abgeordnete sind und wie wenig sie sich aus großen Namen machen. Er wiegt zweieinhalb Tonnen, so viel wie ein Elefant. Er ist knapp sechzig Quadratmeter groß und hat damit mehr Fläche als manche Zweizimmerwohnung im Zentrum Berlins. Der Künstler Ludwig Gies hatte das Wappentier 1953 für den Bundestag gestaltet, als das Parlament noch in Bonn tagte. Star-Architekt Foster entwarf für Berlin eigentlich einen neuen, schlankeren Adler. Aber die Abgeordneten hatten sich an den alten gewöhnt. Sie wollten keinen neuen Vogel. Also ließen sie Foster abblitzen. Er durfte nur die Rückseite des vergrößerten Gies-Adlers gestalten.

Die Abgeordneten sind die Macht im Land schlechthin – unterworfen nur ihrem eigenen Gewissen. So steht es im Grundgesetz. Denn in Deutschland ist die Demokratie repräsentativ verfasst. Nach Artikel 20 Absatz 2 des Grundgesetzes geht die Staatsgewalt vom Volke aus, sie wird von ihm aber nur in Wahlen ausgeübt, ansonsten ist sie der Legislative, Exekutive und Jurisdiktion anvertraut. Dem Parlament kommt dabei als einzigem, unmittelbar vom Volk durch Wahlen legitimiertem Organ besonderes Gewicht zu. Es hat alle wesentlichen Entscheidungen für das Gemeinwesen selbstständig per Gesetz zu treffen. Das klingt nach großer politischer Kompetenz. Und das wäre es auch, wenn diese Macht wirklich immer selbstbewusst und vor allem selbstständig ausgeübt würde.

Doch längst fragen sich nicht nur Experten, sondern auch immer mehr Normalbürger besorgt, wie viel Macht inzwischen neben Legislative, Judikative und Exekutive eine ganz andere Gewalt im Staate hat. Denn es ist eine Parallelwelt des Politikbetriebs entstanden, die sich darauf spezialisiert hat, mit legalen, aber auch illegalen Mitteln genau hier zu versuchen, ihre Interessen durchzusetzen, obwohl sie keinerlei demokratisches Mandat dafür hat: die Welt der Lobbyisten.

»Regenmacher« nennen sie manche in der Hauptstadt ironisch, weil Lobbyisten dafür sorgen müssen, dass weiter öffentliche Gelder für ihre Auftraggeber vom Himmel regnen. Und dafür, dass nicht Gesetze und Verordnungen deren Geschäfte erschweren. Also muss möglichst frühzeitig und massiv Einfluss genommen werden, und das lässt sich die Wirtschaft einiges kosten. Es sind Investitionen, die sich für sie lohnen. Einige Millionen Euro an der richtigen Stelle können ein paar Milliarden zusätzlichen Gewinn bringen.

Lässt sich ein Gesetz nicht mehr verhindern, heißt die Devise oft: verzögern und verwässern. So geschehen etwa, als es um mehr Klimaschutz bei Autos ging. In letzter Minute sprang Kanzlerin Angela Merkel der Branche bei der EU in Brüssel zur Seite. Dass die BMW-Großaktionäre der Familie Quandt die CDU-Kasse just in der Zeit um 690 000 Euro bereicherten, als die Kanzlerin und CDU-Parteivorsitzende und ihr CDU-Umweltminister in Brüssel schärfere Abgasregeln für Neuwagen blockierten, war natürlich reiner Zufall. Die plötzliche Bremserrolle der vermeintlichen deutschen Umweltpioniere stieß in ganz Europa auf Erstaunen. Klar ist: Mit Gemeinwohl hatte die Entscheidung am Ende weit weniger zu tun, als die Politik der breiten Öffentlichkeit glauben machen will. Sie war ein Erfolg der Lobbyisten.

In der Vorhalle des Parlaments: Was man unter Lobbyismus versteht

Lobbyist – der Begriff geht historisch betrachtet darauf zurück, dass sich in der Vorhalle von Parlamentssälen, ihrer Lobby also, Interessenvertreter tummelten, um vor politischen Entscheidungen ihre Anliegen und Argumente bei den Abgeordneten anzubringen. Gablers Wirtschaftslexikon definiert Lobbyismus als »Einflussnahme organisierter Interessengruppen (z. B. Verbände, Vereine, Nichtregierungsorganisationen) auf Exekutive und Legislative, beispielsweise in der Form von Anschreiben, Telefonaten, Anhörungen, Vorlagen, Berichten, Studien etc. Gegenleistungen der Interessengruppen an die Politiker können spezifische Informationen, Spenden etc. sein. Lobbyismus kann sich auch in der Androhung von politischem Druck (Streik, Lieferboykott, Abbau von Arbeitsplätzen) äußern.«[1]

Die Sozialwissenschaftler und Publizisten Andreas Kolbe, Herbert Hönigsberger und Sven Osterberg haben 2011 im Auftrag der gewerkschaftsnahen Otto-Brenner-Stiftung eine umfangreiche und lesenswerte Studie zum Thema Lobbyismus in Deutschland vorgestellt. Dafür werteten sie zehn Jahre rückwirkend Presseberichte zum Thema aus, analysierten einschlägige Parlamentsdebatten und Regulierungsforderungen und interviewten 40 Lobbyisten, Politiker und Wissenschaftler. Für die drei Forscher ist Lobbyismus »ein apartes, spezifisches Element der Interessenvertretung, eine Spezialdisziplin, das taktische Vorgehen auf einem bestimmten Operationsfeld, eben unmittelbar gegenüber der Politik«.[2]

Kurzum: Es geht Lobbyisten zunächst einmal darum, politische Entscheidungen im eigenen Interesse oder dem der Auftraggeber zu beeinflussen, zu lenken und nicht selten auch zu manipulieren. Mit Folgen für die Allgemeinheit. Lobbyismus war schon immer ein Kampf, bei dem bisweilen die Interessen vieler denen einiger weniger zum Opfer fielen.

Die Historiker streiten, ob der Begriff Lobbyismus auf den Senat im antiken Rom zurückgeht oder sich erst viel später in Zusammenhang mit dem britischen Unterhaus beziehungsweise dem US-amerikanischen Kongress entwickelt hat. Zimperlich ging es schon in der Vergangenheit in keinem Parlament zu. Damals wie heute wurden Politiker vor allem bezirzt und umschmeichelt. Wurde ihre Nähe gesucht, um sie freundlich gewogen zu stimmen, sie zu vereinnahmen. Schon immer erinnerten Interessenvertreter die Politiker aber auch sehr deutlich und unmissverständlich daran, wer sie unterstützt, finanziert und gewählt hat – wem sie also verpflichtet sind. Und klärten die Volksvertreter mehr oder weniger drastisch darüber auf, was ihnen alles blüht, wenn sie den Wünschen ihrer Helfer und Wähler nicht parlamentarische Folge leisten. Neu ist das Phänomen also nicht.

Von Anfang an verbanden sich damit Grundsatzfragen der bürgerlichen Gesellschaft: Was ist letztlich der Antrieb politischer Entscheidungen? Sind es Partikularinteressen? Oder ist es das Gemeinwohl?

Bereits 1793 hieß es in der Deutschen Encyclopädie: »Das Interesse ist das Band der menschlichen Gesellschaften (…). In allen Staaten, die das Eigentum eingeführt, kann keine andere Triebfeder als das Interesse stattfinden.« Im Gegensatz dazu wurzelte die unerschütterliche, konservative Gewissheit vom Staat hoch über dem Gerangel der Interessen, die der Historiker, Publizist und Reichstagsabgeordnete Heinrich von Treitschke Ende des 19. Jahrhunderts noch einmal in seiner »Politika« auf die Formel brachte: »Ein Gemeinwohl gibt es unzweifelhaft, weil es einen Staat gibt.«[3]

Seit jeher stehen sich zwei Gesellschaftstheorien unversöhnlich gegenüber: auf der einen Seite politische Denker, die, wie Jean-Jacques Rousseau (1712–1778), davon ausgehen, dass das Durchsetzen individueller Interessen zu Lasten des Allgemeinwohls geht. Sein Credo war daher eine *Volonté générale*, ein Gemein- oder Volkswille, der sich nach Rousseaus Überzeugung nur bei Abwesenheit von Teilgesellschaften herausbildet. Demgegenüber versteht man in der amerikanischen Politiktradition unter Allgemeinwohl die Summe aller Partikularinteressen eines Landes. Deshalb gilt im politischen Washington bis heute eine größtmögliche Vielfalt an Interessenvertretung als durchaus erwünscht.

Der Austausch mit Interessenvertretern gehört zum Kerngeschäft von gewählten Parlamentariern. Daran ist auch überhaupt nichts Verwerfliches. Sie sollen, ja, sie müssen wissen, was das Volk denkt, wie Themen diskutiert werden. Abgeordnete brauchen Argumente sowie die fachliche Expertise und inhaltliche Unterstützung von Experten, die sich zwangsläufig nicht automatisch und ausschließlich in Parlamenten selbst finden. Die Themenpaletten von Abgeordneten sind zu breit gefächert, als dass sie immer alles wissen und in jedem Themenfeld tief verwurzelt und auf dem jeweils neuesten Stand sein können. Der Grundgedanke, das Ideal, ist ja auch faszinierend: Jeder, der will und kann, bringt seine Argumente, sein Spezialwissen, seine Fakten und seine Kompetenzen in den politischen Prozess ein. Die Politiker sammeln die Informationen, sichten sie, wägen ab, balancieren die widerstreitenden Interessen aus – und entscheiden am Ende zum Wohle aller. Das wäre gut, und ohne Zweifel funktioniert es oft auch so.

Dass dabei auch partikulare Interessengruppen, egal ob Umweltorganisationen oder Wirtschaftsverbände, ihre Anliegen bei Parlament und Regierung zu Gehör bringen und ihre Wünsche, Argumente und Bedenken formulieren, ist nachvollziehbar und legitim. Es ist in Deutschland sogar ausdrücklich so im politischen Prozess vorgesehen und steht unter dem Schutz unserer Verfassung. Das Grundgesetz erlaubt, ja, fordert geradezu die ungehinderte Interessenvertretung von Bürgerinnen und Bürgern, aber auch von gesellschaftlichen und wirtschaftlichen Gruppen im parlamentarischen Prozess. Auch einseitige Interessen dürfen und sollen vorgebracht werden.

Im parlamentarischen Alltagsgeschäft regelt zudem Paragraph 47 der Gemeinsamen Geschäftsordnung der Bundesministerien (GGO), dass Fachkreise und Verbände an der Gesetzesvorbereitung zu beteiligen sind. Verbände, Gewerkschaften, Fach- und Berufsvereinigungen oder Nichtregierungsorganisationen werden mit den Interessen ihrer Mitglieder so im politischen Entscheidungsprozess idealerweise zu Repräsentanten gesellschaftlicher Vielfalt. Auch für die Akzeptanz des demokratischen Systems ist die Einbeziehung von Parteien und Interessengruppen unverzichtbar.

Die Frage stellt sich also nicht, ob Interessenvertretung legitim ist, sondern welche Art von Interessenvertretung dem demokratischen Gefüge gut tut und nützt. Und wo die Grenze zu unerlaubter, einseitiger, ja für die Gesellschaft schädlicher Einflussnahme beginnt. Wo gewollte demokratische Partizipation und das sinnvolle Einspeisen von Argumenten und fachlicher Kompetenz in einseitige Beeinflussung, ökonomischen Druck und Manipulation politischer Entscheidungen und gesellschaftlicher Entwicklungen übergehen. Anders formuliert: Wo das Allgemeinwohl unter die Räder gerät und sich Einzelinteressen durchsetzen. Und wo dadurch ein gefährliches Ungleichgewicht in der demokratischen Gesellschaft entsteht.

»Demokratie braucht den Austausch mit Interessengruppen und gerade auch mit Wirtschaftsvertretern«, sagt Edda Müller. »Dass sie sich zu Wort melden, ist nicht nur völlig legitim, sondern auch notwendig.« Müller, Jahrgang 1942, kennt das Thema aus eigener, langer Erfahrung auf vielen Seiten.

Die resolute Politikwissenschaftlerin arbeitete nach dem Abitur kurze Zeit als Journalistin. Nach dem Studium heuerte sie als wissenschaftliche Mitarbeiterin bei einem Bundestagsabgeordneten an, ehe sie im Bundesinnenministerium und im Kanzleramt, später dann auch im Umweltbundesamt und im damals neuen Bundesumweltministerium administrative Aufgaben in Leitungsfunktionen übernahm. Von 1994 bis 1996 amtierte die parteilose Müller als Umweltministerin in Schleswig-Holstein im Kabinett der SPD-Ministerpräsidentin Heide Simonis. Anschließend war sie Vize-Chefin der europäischen Umweltagentur in Kopenhagen und Vorstand des Verbraucherzentrale-Bundesverbands (vzbv). Seit 2010 ist Edda Müller Deutschland-Chefin der Anti-Korruptionsorganisation Transparency International. Und damit, wenn man so will, Lobbykritikerin und Lobbyistin in einer Person.

Die Unterscheidung, welcher Lobbyismus dem Allgemeinwohl dient und welcher ihm schadet, ist bisweilen nicht so leicht zu treffen, wie es auf den ersten Blick scheint. Auch Nichtregierungsorganisationen wie Transparency International oder LobbyControl, die lobbykritischste Organisation überhaupt hierzulande, Umwelt- und Naturschutzverbände, Gewerkschaften, Wohlfahrts- und andere Sozialorganisationen suchen gleichermaßen Zugänge in Ministerien und Politik, um ihre Anliegen durchzusetzen. Von Kirchen und anderen Religionsgemeinschaften gar nicht erst zu reden. Alle sind auch Lobbyisten. Auch ihnen allen geht es darum, die öffentliche Meinung nach ihrem Gusto zu prägen, gesellschaftliches Klima zu beeinflussen und parlamentarische Mehrheiten für ihre Anliegen zu organisieren. Auch sie sind dabei nicht immer zimperlich in der Wahl der Methoden. Auch sie setzen bisweilen Politiker unter Druck, stellen sie an den öffentlichen Pranger oder versuchen, über Hinterzimmer-Diplomatie subtil und diskret Einfluss zu nehmen.

Und doch darf man zumindest Nichtregierungsorganisationen, die sich für die Interessen der Umwelt, der Schwachen oder gegen Korruption und die Unterwanderung der Demokratie einsetzen, nicht in einen Topf werfen mit jenen Lobbyisten, die ziemlich rücksichtslos Partikularinteressen zum Nutzen einzelner Auftraggeber durchboxen wollen. Letztere werden nicht nur immer zahlreicher. Sie werden dank zahlungskräftiger Mandanten auch immer einflussreicher. Die Davids in diesem Duell mögen bisweilen mehr Sympathien in der Öffentlichkeit und bei den Medien genießen als die Goliaths. In Wirklichkeit aber sind sie diesen Goliaths oft hoffnungslos unterlegen, zahlenmäßig, von ihren Etats und Ressourcen her und was die direkten Zugänge in die Büros der Entscheider angeht.

Das wachsende Ungleichgewicht im Widerstreit der Interessen hat inzwischen gefährliche Ausmaße angenommen. So sehen es längst auch Insider aus dem Politikbetrieb. »Es gibt keine Chancengleichheit zwischen den unterschiedlichen gesellschaftlichen Gruppen, was ihre Einflussnahme auf die Politik betrifft«, beklagt der gelernte Journalist und SPD-Bundestagsabgeordnete Marco Bülow. »Verbände ohne große Geldgeber, ohne wirtschaftliche Interessen haben schlechtere und weniger Möglichkeiten, den Abgeordneten ihre Auffassungen nahezubringen.« Die Interessen einzelner Bürger, so Bülow weiter, »drohen vollständig unterzugehen, wenn sie nicht gerade im Wahlkreis auf einen gesprächsbereiten Abgeordneten treffen«.[4]

»Wir brauchen Lobbyismus und er wird deswegen immer massiver, weil wir ein unvorstellbar schlechtes Parlament und eine unvorstellbar schlechte Regierung haben«, erklärte uns ein ranghoher deutscher Manager, der namentlich jedoch nicht genannt werden will. »Wenn denen keiner hilft, dann richten sie nur noch mehr Schaden an.«

Das klingt gerade so, als wäre professionelle Lobbyarbeit eine zuvörderst am Gemeinwohl orientierte Veranstaltung. Das ist sie allerdings weder in Berlin noch in Brüssel oder sonstwo. Sie spielt sich vielmehr in einer Grauzone mit fließenden Übergängen zu Patronage und Korruption ab. Sie unterhöhlt die Demokratie und sie entmachtet langsam aber sicher die Abgeordneten. »In seiner heutigen Ausprägung steht Lobbyismus oft nicht für das Ausleben von Grundrechten, sondern er bringt sie in Gefahr«, warnt Edda Müller von Transparency International. Wie sehr das gute, alte Gleichgewicht der widerstreitenden Interessen aus dem Lot geraten ist, zeigt sich ausgerechnet dort am besten, wo der Lobbyismus heutiger Prägung entstanden ist: in den Vereinigten Staaten von Amerika.

Dort wird Lobbying wie nie zuvor von finanzstarken Interessen dominiert. Eine Analyse der Sunlight Foundation – einer Nichtregierungsorganisation, die für mehr Transparenz in der Politik eintritt – ergab, dass Vertreter der US-Administration sich im Zuge der Reformen nach der Finanzkrise 2008/09 14-mal häufiger mit Vertretern von Banken getroffen haben als mit Vertretern von Verbraucherschutzgruppen.

Amerikas Lobbyisten, die sich in der berühmten K-Street von Washington sammeln, genießen den zweifelhaften Ruf, weltweite Vorreiter und die einflussreichsten überhaupt zu sein. Dabei geht es selbst in den USA noch um eine vergleichsweise junge Profession. Noch vor 50 Jahren hatten nur wenige Konzerne professionelle Einflüsterer und Strippenzieher. Als Ralph Nader in den 60er-Jahren als erster moderner Verbraucherschützer gegen Sicherheitsmängel in der Autoindustrie zu Felde zog, hatte General Motors keinen einzigen Lobbyisten in Washington sitzen. Der professionelle Kampf der Wirtschaft um die Meinungshoheit in Politik und Öffentlichkeit begann erst zu Beginn der 70er-Jahre, als sich Unternehmen zusammenschlossen, um sich gemeinsam gegen die Kapitalismuskritik zu wehren. Die Mitgliederzahl in der US-Handelskammer stieg von 36 000 im Jahr 1967 auf 80 000 im Jahr 1974 und verdoppelte sich bis 1980 erneut auf 160 000.[5]

Lange tummelte sich die Lobbyistenszene fast ausschließlich dort, wo sie sich am liebsten aufhält: im Hintergrund. Die breite Öffentlichkeit nahm sie kaum wahr oder interessierte sich nicht für die professionellen Einflüsterer. Nur sehr selten wurde deren Arbeit medial thematisiert oder gar problematisiert. Das änderte sich, je mehr die Wissenschaft den Lobbyismus als Forschungsgegenstand entdeckte – und mit erstaunlichen Ergebnissen aufwartete. Denn längst lässt sich in Zahlen exakt messen, wie sehr sich die Einflüsterung der Wirtschaft für sie auszahlt.

Beispiel USA: Von den 100 größten Unternehmen des Landes zahlten 2010 jene zehn die geringsten Steuern, die auch am meisten für Lobbying ausgaben. Ihre Steuerrate lag Studien zufolge bei 17 Prozent. Die 80 Prozent, die am wenigsten Geld für Lobbying ausgaben, zahlten dagegen 26 Prozent.[6] Es scheint, als wäre es für die Stärksten in Gesellschaften mancherorts ein Leichtes geworden, die Politik für die eigenen Interessen einzuspannen. Die Kosten solcher Privilegien zahlen viele Millionen Steuerzahler. Gerade für die Schwächsten ist eine solche Politik der Starken eine schreiende Ungerechtigkeit.

Letztlich aber leidet unter wachsenden Ungleichgewichten die ganze Gesellschaft. Diese beunruhigende Erkenntnis entstammt einem Buch mit dem Titel »Aufstieg und Niedergang von Nationen«. Autor ist Mancur Olson, ein 1998 im Alter von nur 66 Jahren verstorbener amerikanischer Ökonom und zu Lebzeiten ein Dauerkandidat für den Nobelpreis. Olson beschreibt in dem gut 30 Jahre alten Werk eindrucksvoll und mit vielen Beispielen belegt, wie erfolgreiche Gesellschaften erstarren, wenn sie zum Opfer von Interessengruppen werden. Olsons These, stark vereinfacht: Je länger es einer Volkswirtschaft gut geht, desto anfälliger wird sie für den Angriff organisierter Interessen. Denn Partikularinteressen sind nun einmal leichter zu mobilisieren als die der Allgemeinheit. Noch dazu, wenn diese Allgemeinheit zufrieden, vielleicht sogar satt ist.

In der bundesrepublikanischen Nachkriegszeit, als Deutschland noch geteilt und anstelle von Berlin das rheinische Bonn als provisorische Hauptstadt diente, herrschten diesbezüglich noch überschaubare Verhältnisse. Der SPD-Bundestagsabgeordnete Bülow spricht von den »alten Zeiten des Bonner Lobbyismus, als vorrangig Kirchen, Bauern, Gewerkschaften und Arbeitgeberverbände Einfluss ausübten«.

Diese seien jedoch unwiderruflich vorbei. »Heute tummeln sich neben diesen ›klassischen Lobbyisten‹ unzählige Verbände, Agenturen, Beraterfirmen, die sich nicht so einfach bestimmten Interessengruppen zuordnen lassen«, schildert Bülow. »Der Lobbydschungel ist dichter und er ist undurchsichtiger geworden.« Das sei ein riesiges Problem für die Volksvertreter. »Was seriös und unabhängig anmutet, ist häufig von Geldgebern initiiert, denen es lediglich um ökonomische Interessen geht. Vorgetäuschte Gemeinwohlinteressen und irreführende Kampagnen gehören mittlerweile zum Alltag der Berliner Lobbyrepublik.«[7] Allein in Berlin gibt es einige Hundert Unternehmensrepräsentanzen, Brückenköpfe von Firmen, die von dort aus ihre eigenen Interessen verfolgen.

Mehr als 2200 Verbände und andere Organisationen sind offiziell beim Bundestag registriert. Ihre Vertreter besitzen den sogenannten »Verbändeausweis«, mit dem sie im Parlament nach Belieben ein und aus gehen können. Dazu kommen die Repräsentanten von Konzernen und Denkfabriken sowie immer mehr auf Lobbying spezialisierte Dienstleister. Schätzungen zufolge schwirren in der Hauptstadt täglich etwa 5000 Lobbyisten aus, um die Bundestagsabgeordneten, die Regierungsmitglieder und die Entscheider in den Ministerien zu bearbeiten.

Legt man diese Zahl zugrunde, kommen statistisch auf einen Bundestagsabgeordneten inzwischen mehr als sieben Lobbyisten. Gewählte Politiker sind umzingelt von Einflüsterern, die nicht nur deswegen immer mächtiger geworden sind, weil sie sich scheinbar unbegrenzt vermehren. Sondern vor allem, weil ihre finanziellen Etats immer größer und ihre Methoden immer raffinierter werden. Sie verfügen über teilweise ansehnliche und hochqualifizierte Mitarbeiterstäbe, sie arbeiten so strategisch und professionell wie nie zuvor.

Schnell offenbart sich beim Blick auf die Szene der professionellen Lobbyisten ein zentrales Problem: Sie werden hierzulande nur unzureichend registriert und kontrolliert. Niemand weiß zuverlässig, ob die genannten Zahlen stimmen, wie viele solcher Söldner wirklich in wessen Auftrag, mit welchen Zielvorgaben, und vor allem: mit welchen Ressourcen unterwegs sind. »Es fehlt ein verbindliches Lobbyregister, in das sich jeder Interessenvertreter eintragen muss«, sagt der Abgeordnete Bülow. So wie in den USA oder in Kanada. Sogar bei der vielgescholtenen EU in Brüssel geht es diesbezüglich transparenter zu. Doch vor allem die Union im Bundestag sträubt sich gegen das Register und auch bei den Sozialdemokraten findet ein solches nicht bei allen uneingeschränkte Zustimmung.

Heckenschützen der Demokratie

Lobbyisten sind auch in eigener Sache erfinderisch. Lobbyismus tue der Demokratie und dem Parlamentarismus gut, wenden Lobbyisten gegen Kritik ein. Nur das Wechselspiel, der Austausch zwischen Politik und Gesellschaft, zwischen Regierenden und Regierten verhindere doch schließlich, dass sich Staat und Bevölkerung voneinander entfernen. Im Übrigen vertrete die Wirtschaft nicht per se nur die Interessen einer kleinen Führungselite, sondern auch die der breiten Masse der Bevölkerung. Schließlich gehe es in letzter Konsequenz immer um Arbeitsplätze und damit den breiten Wohlstand der Gesellschaft. »Im immer härteren Wettbewerb einer globalen Wirtschaft stellt sich nun einmal die Frage, wie Politik und Unternehmen zusammenwirken können, damit die Firmen Aufträge erhalten«, sagt uns ein Berliner Lobbyist. »Das ist doch vernünftig und im Sinne aller.«

Es sind Argumente, die zu den Vernebelungstaktiken aus den Büros von Strategieberatern passen. Die Wirklichkeit sieht anders aus. Zunächst einmal ist es so, dass auch innerhalb der Wirtschaft ein enormes Gefälle herrscht, was Lobbyismus und seine Wirksamkeit angeht. Die Millionen kleiner Handwerker, Händler und

Dienstleister, die mittelständischen Unternehmer mit fünf, 50 oder vielleicht sogar noch mit 500 Beschäftigten haben bei Weitem nicht die lobbyistische Durchschlagskraft wie große, globale Konzerne. Ihre Interessen kommen häufig genauso unter die Räder wie soziale und ökologische Themen.

Es setzt sich im politischen Willensspiel erwiesenermaßen in vielen Fällen durch, wer mehr Macht entwickeln und dementsprechend entfalten kann. Wer seine Positionen nicht nur geschickt, sondern auch an der richtigen Stelle und vor allem wirkmächtig anbringt. So, wie im Profifußball Geld durchaus die Tore schießt, so setzt sich im Ringen der Interessen auf dem politischen Spielfeld eben oft der durch, der mehr Geld in seine Mannschaft investieren kann als die Konkurrenz. Und was bei tollen Fußballmannschaften die unüberwindbaren Defensivspieler, die genialen Spielmacher oder die Torjäger im Sturm sind, das sind auf dem politisch-wirtschaftlichen Spielfeld die wirkmächtigen, raffinierten und durchsetzungsstarken Lobbyisten.

Wer beim finanziellen Wettrüsten um die Meinungsmache nicht mithalten kann, erzielt schon mal einen Glückstreffer. Am Ende aber steht meist die andere Seite oben. Wann etwa hat es die Lobby der Millionen Sozialhilfeempfänger geschafft, für signifikant höhere Sozialleistungen zu streiten? Erst recht erfolgreich? Erinnern Sie sich noch? Am 1. Januar 2015 stieg der Sozialhilfe-Regelsatz von 399 Euro im Monat auf 404 Euro. Nicht, weil es die Politik so wollte. Sondern, weil es das Bundesverfassungsgericht anmahnte. 2012 erklärten die Karlsruher Richter auch die Sätze für Asylbewerber und Kriegsflüchtlinge in Deutschland für menschenunwürdig. 2014 wurden sie notgedrungen erhöht. Ohne das Urteil wäre nichts passiert. Inzwischen liegt der Regelsatz bei 416 €. Die kleinen Schritte zeigen: Wer keine schlagfertige Lobby im Rücken hat, kann auch im reichen Deutschland arm dran sein.

Die gravierenden Veränderungen politischer Rahmenbedingungen in den vergangenen Jahren spielen Lobbyisten in die Karten und haben zu ihrem Machtzuwachs erheblich beigetragen. Die nahezu totale Ökonomisierung der Gesellschaft und des Staates ist eine dieser Veränderungen. Spätestens seit der Finanzkrise 2008 mit all ihren Folgen haben wirtschaftliche Belange einen weitaus größeren Stellenwert im öffentlichen Bewusstsein der meisten Menschen – und das bildet sich natürlich auch im tagespolitischen Geschehen ab. Man mag das begrüßen oder als schlimm empfinden – es ist eine Tatsache.

Hinzu kommt eine andere, fragwürdige Entwicklung. Das Primat der Politik wankt. Es wird unterhöhlt. Es droht schleichend durch ein Primat der Wirtschaft ersetzt zu werden. Nicht selten werden tief in die gesellschaftliche Architektur eingreifende Fragen vor allem oder sogar ausschließlich unter ökonomischen Aspekten diskutiert und im Ergebnis danach ausgerichtet. Schulen werden zum Beispiel immer weniger als Institutionen gesehen, die Allgemeinwissen vermitteln, zukünftige Persönlichkeiten und mündige Staatsbürger prägen sollen, sondern als reine Vorbereitungsinstanzen für das Berufsleben, als Dienstleister für die Wirtschaft also.

Abgeordnete trauen sich ihrerseits immer seltener, alleine ihrem Gewissen zu folgen, wie es ihnen das Grundgesetz eigentlich aufträgt. Und das hat nicht immer nur damit zu tun, dass sie um ihre eigene (partei)politische Karriere fürchten, wenn sie sich dem Mainstream in den eigenen Reihen entgegenstellen. Vielmehr bauen sich große systemische Hürden und strukturelle Widerstände auf, die von Lobbyisten verursacht werden.

Die Realität diesbezüglich ist bitter. Wer grundlegende Reformen plant, sei es in der Finanz-, Energie-, Landwirtschafts-, Umwelt-, Verkehrs- oder Gesundheitspolitik, wird es beinahe zwangsläufig mit einem Heer von Lobbyisten der Besitzstandswahrer zu tun bekommen. Die Heckenschützen feuern aus unterschiedlichsten Richtungen, aber immer auf dasselbe Ziel. Und wenn nötig, wiegeln sie das Patientenvolk mit Wartezimmer-Kampagnen, Stromverbraucher mit Nachrichten über Preisexplosionen oder Sparer mit der Sorge um die Sicherheit ihrer Anlagen auf. Welcher Politiker mag sich das antun und solche Reformen anstoßen? Nein, in der Politik ist am Ende eben nicht alles eine Frage von Sachverstand und besseren Argumenten.

Christina Hohmann-Dennhardt weiß sehr genau, wo die Gefahren einer Schieflage im demokratischen Entscheidungsprozess liegen, denn sie kennt ihn aus dem Effeff. Hohmann-Dennhardt war viele Jahre Politikerin. Von 1991 bis 1999 saß sie für die SPD in der hessischen Landeshauptstadt Wiesbaden auf der Regierungsbank. Zuerst als Ministerin für Justiz, später für Wissenschaft und Kunst. Dann wechselte sie in jene Institution, die als Hüterin des Grundgesetzes gilt: zum Verfassungsgericht. Von 1999 bis 2011 gehörte Hohmann-Dennhardt als Richterin dem Ersten Senat des Bundesverfassungsgerichts an. Am 1. Januar 2016 (und damit erst nach dem VW-Abgasskandal) wurde sie für ein Jahr Mitglied im Vorstand der Volkswagen AG, zuständig für Integrität und Recht.

In einem Aufsatz formulierte sie einmal, was sie für das Land fürchtet.[8] Es bestehe die Gefahr, dass Interessen nicht nach ihrem Gehalt, sondern der Schlagkraft der Instrumente zu ihrer Durchsetzung gewichtet werden und sich danach politische Prioritäten ausrichten. »Damit aber fallen viele Interessen ganz einfach durch den politischen Rost. Von einer ausgewogenen Interessenberücksichtigung, gar einem Interessenausgleich kann dann nicht mehr die Rede sein«, warnt Hohmann-Dennhardt.

Von einfachen, pauschalen Vorwürfen sind die meisten Lobbyismuskritiker weit entfernt. Viele sehen auch das Vorgehen gegen ausufernde Interessenvertretung als Gratwanderung. Die Ex-Politikerin und Ex-Verfassungsrichterin Hohmann-Dennhardt stellt etwa klar: »Um hier nicht missverstanden zu werden: Es ist gewiss richtig und wichtig, dass die Politik auch die wirtschaftlichen Interessen von Unternehmen und Privatkapital berücksichtigt, denn es ist von allgemeinem Interesse, dass die Wirtschaft floriert. Doch wenn nicht mehr die eigene Überzeugung von der Richtigkeit eines einzuschlagenden gesetzgeberischen Weges maßgeblich für das Entscheidungsverhalten ist, sondern die Politik sich gezwungen fühlt, dem ausgeübten Druck dominanter Interessen unter Zurückstellung der anderen nachzugeben, dann gerät sie an deren Gängelband und folgt nicht mehr ihrem demokratischen Auftrag, ihr Handeln am gemeinen Wohl unter Einbeziehung aller Interessen auszurichten.«

Dem zu widerstehen ist die Aufgabe von Regierenden wie Abgeordneten, denen die Verfassung genau dafür das freie Mandat an die Hand gegeben hat. Doch tun sie das noch? Und können sie das überhaupt noch tun?

Ein bekanntes Beispiel, das vieles in Frage stellt: Die Agenda 2010 wäre womöglich von vornherein gescheitert, hätte Ex-Kanzler Gerhard Schröder nicht Lobbyisten mit an den Tisch geholt. Die Hartz-Reformen waren kein Hexenwerk der Politik. Die umstrittenen Arbeitsmarktreformen, die auch die Senkung von Sozialstandards zum Ziel hatten, wurden in Gremien und Kommissionen entwickelt, bei denen keineswegs nur gewählte Politiker mithilfe objektiver und neutraler Fachleute berieten und entschieden, sondern bestimmte Interessengruppen mit ganz eigenen ökonomischen Interessen involviert waren. Ganz abgesehen von denen, die im Hintergrund als Einflüsterer in des Kanzlers Ohr mitredeten. Vorneweg: Peter Hartz, damals Personalvorstand des Volkswagen-Konzerns – und sogar Namensgeber des Gesetzes.

Der Rückblick offenbart zweierlei, was den volkswirtschaftlichen Erfolg der Schröder'schen Agenda-Reformen unter demokratischen Gesichtspunkten trübt und in Bezug auf die Genese von Gesetzen hellhörig werden lässt. Erstens: Die Politik hat sich beim wichtigsten sozialpolitischen Reformvorhaben der vergangenen Jahrzehnte von Anfang an zu einem gerüttelt Maß an Lobbyisten ausgeliefert. Zweitens: Die Politik ist inzwischen derart im Würgegriff von Lobbyisten, dass sie aus eigener Kraft nicht mehr entscheiden kann oder will. Zumindest dann nicht, wenn Politiker vor der Alternative stehen, Lobbyisten von vornherein nachzugeben oder aber von deren Trommelfeuer vor der nächsten Wahl abgeschossen zu werden. Dass Schröder Lobbyisten mit an den Tisch bat, hat ihm zweifellos auch viel Gegenwind aus deren Reihen erspart. Es mag unter pragmatischen Gesichtspunkten richtig gewesen sein. Unter demokratischen Gesichtspunkten war es der Schritt über den Rubikon.

Die Agenda 2010 war eine politische Antwort der Bundesregierung auf die neuen Anforderungen der Globalisierung mit ihren internationalisierten Waren- und Kapitalströmen, dem grenzübergreifenden Standortwettbewerb und den Konsequenzen aus alldem für Arbeitsmarkt und Wohlstand.

Generell erwies sich in den vergangenen Jahren gerade diese Globalisierung als gewaltiger Durchlauferhitzer für Lobbyismus. Durch sie hat der Wettbewerb, der Konkurrenzkampf also, erheblich zugenommen. Das gilt für Unternehmen untereinander ebenso wie für den Einzelnen. Jeder von uns kann sich heute seinen Arbeitsplatz fast mühelos im Ausland suchen, muss umgekehrt aber auch damit zurechtkommen, dass sein Konkurrent um eine freie Stelle womöglich aus einem anderen Land oder Kontinent kommt. Die Frage also, unter welchen Bedingungen Menschen arbeiten und leben, ist längst schon keine nationale mehr.

Eine Folge dessen ist, dass politische Entscheidungsprozesse immer komplexer und damit auch komplizierter werden. Nach welchen Gesetzen und Richtlinien, etwa im Umweltbereich, gewirtschaftet wird, ist nicht mehr national oder gar in immer bedeutungsloseren Regionalparlamenten wie den 16 deutschen Landtagen zu lösen. Die Warenströme, die Finanzmärkte, immer stärker auch der Arbeitsmarkt für Fach- und Führungskräfte, funktionieren global. Also braucht es auch vermehrt internationale Spielregeln für ökonomisches Handeln.

Große Bedeutung kommt dabei aus deutscher Sicht naturgemäß der EU zu, die sich – wie das Griechenland- und das Flüchtlingsthema zeigen – sehr schwer damit tut, die Interessen all ihrer 28 Mitgliedsstaaten zu bündeln.

All dies bildet einen idealen Nährboden für Lobbyismus. Je zahlreicher, je unübersichtlicher, komplizierter und verzweigter die Wege werden, die administrative und politische Entscheidungen nehmen, desto lauter wird der Ruf nach Pfadfindern. Nach denen, die zumindest geschickt vorgeben, sich auf diesen verschlungenen Wegen besonders gut auszukennen und den Kurs im Sinne ihrer Auftraggeber mitbestimmen zu können.

»Der Stellenwert, den der Profitlobbyismus in der Berliner Republik mittlerweile angenommen hat, ist kaum zu unterschätzen. Finanzstarke und mächtige Lobbyisten beeinflussen die Politik nicht mehr nur, sondern bestimmen sie maßgeblich mit«, kritisiert der SPD-Abgeordnete Marco Bülow. »Insgesamt nähern wir uns mit riesigen Schritten der vom britischen Politikwissenschaftler Colin Crouch prognostizierten Postdemokratie, bei der die Demokratie formal zwar bestehen bleibt, aber der Einfluss der legitimierten Volksvertreter immer mehr auf die wirtschaftlichen Machteliten übertragen wird. Der Verbindungsarm dieser Eliten zur Politik wird dabei von den Lobbyisten gebildet.«[9]

Inzwischen sei der Einfluss der Lobbyisten »beachtlich« und »in zunehmendem Umfang glänzend organisiert«, klagt selbst Bundestagspräsident Norbert Lammert (CDU). Auch Demokratieforscher haben das als Problem für das sorgsam austarierte Gefüge einer ganzen Gesellschaft ausgemacht: Wer sich mit viel Einfluss und Geld Gehör verschaffen kann, kommt schlicht leichter durch. »Gemessen am Werbeetat eines Weltkonzerns«, schreibt der Soziologe Dietmar Jazbinsek, »ist jeder Akteur der Zivilgesellschaft ein Schwächling«.[10]

Die neuen Einflüsterer: Wie sich Lobbyismus verändert

Was in den Hinterzimmern der Macht weitgehend unkontrolliert wuchert, ist selbst zu einer äußerst professionellen und lukrativen Branche geworden. Das Betriebskapital der Lobbyisten sind ihre Netzwerke aus persönlichen Kontakten, die im Idealfall in die Zentralen der Politik führen, in die Spitze von Ministerien, Parteien oder Fraktionen. Genauso aber in die Abgeordnetenbüros, in die Amtsstuben von Ministerien und andere Behörden. Dorthin also, wo Gesetze vorbereitet, entwickelt und vorformuliert werden, lange bevor die Öffentlichkeit von ihnen Notiz nimmt oder ein Parlament sie diskutiert.

Für Lobbyisten geht es darum, die eigenen Auftraggeber möglichst früh mit Informationen zu versorgen, die Lage zu analysieren – und die nächsten Schritte der Einflussnahme strategisch und konkret zu planen. Wissensvorsprung ist alles. Ein Paradebeispiel dafür sind Koalitionsverhandlungen, etwa die zwischen CDU/CSU und SPD nach der Bundestagswahl 2013.

Während die Unterhändler der Parteien miteinander um die

politischen Inhalte und Ziele der neuen Regierung rangen, kamen die Lobbyisten kaum noch zum Schlafen. Ihre Kunst bestand darin, in möglichst frühen Stadien herauszufinden, was wie im Koalitionsvertrag festgeschrieben werden soll. Und dort, wo etwas wider die eigenen Interessen oder die der Auftraggeber zu laufen drohte, möglichst schnell Gegenpositionen zu formulieren, wohlgesinnte Politiker aus dem eigenen Netzwerk entsprechend zu penetrieren, ihnen zu drohen, sie zu locken, zu überzeugen oder zu manipulieren. Auf dass sich die Große Koalition nichts in ihr Programm schreibt, was sich negativ aufs Geschäft auswirken könnte.

In solchen Zeiten offenbart sich, ob ein Lobbyist in den Jahren zuvor gut gearbeitet hat. Ob sein Netzwerk gut genug ist, um auf Koalitionsverhandlungen Einfluss zu nehmen. Ob es gelingt, die eigenen Positionen denen unterzuschieben, die am Ende der Verhandlungen tatsächlich über die einzelnen Punkte des Koalitionsvertrages entscheiden.

Viele Lobbyisten leisteten ganze Arbeit, wie die folgenden Kapitel zeigen werden. Sie griffen ein, mischten beim Koalitionsvertrag mit und schickten gut verdrahtete Vertraute ins Rennen – teils aus dem Parlament selbst.

Die Wirtschaft steuert ihre Lobbyisten heute so aggressiv, so geschickt und filigran wie noch nie. Lange machte kein echter Lobbyskandal mehr die Runde. Nicht etwa, weil der Lobbyismus an Intensität verloren hätte. Sondern weil sich seine Methoden raffiniert verfeinern. Politiker treffen auf immer besser spezialisierte, clevere Interessenvertreter.

Lobbying hat es inzwischen sogar auf die Lehrpläne renommierter Hochschulen geschafft, zum Beispiel an der Ludwig-Maximilians-Universität München. Im Seminar »Convincing Political Stakeholders« lernen Studenten, wie man in der Politwelt überzeugt. Master-Studenten sollen im Proseminar etwa Antworten auf Fragen wie diese bekommen: Was sind die »Werkzeuge« des Interessenvertreters in der Praxis und wie sind sie anzuwenden? Eine neue Generation von Einflüsterern wird da herangezüchtet. »Mein größter Erfolg ist, wenn ein Politiker meine Idee als seine verkauft«, sagt der Spezialist einer Lobbyagentur aus Berlin und Brüssel. »Lobbyismus, das ist natürlich der Versuch, die Gesetzgebung zu beeinflussen.«

Das Versprechen der Demokratie, Entscheidungsprozesse mit gleichen Stimmen bei der Wahl beeinflussen zu können, droht so zur leeren Phrase zu verkommen. Der Staatsrechtler Hans-Jürgen Papier, von 2002 bis 2010 Präsident des Bundesverfassungsgerichtes, stellt klar, dass es eine »echte Waffengleichheit der verschiedenen gesellschaftlichen Gruppen bei der Wahrnehmung ihrer Interessen mittels Lobbying« kaum geben könne. Schwächer repräsentierte Interessen geraten leicht unter die Räder.

Was aber bedeutet all dies für die Politik? Für die Demokratie? Für uns alle als Staatsbürger?

Der 2015 verstorbene Schriftsteller und Literaturnobelpreisträger Günter Grass hat es zu Lebzeiten schon länger kommen sehen. Bei einem Vortrag zum zehnjährigen Bestehen der Journalistenvereinigung Netzwerk Recherche in Hamburg kam er 2011 zu einer verheerenden Zustandsbeschreibung: »Es gibt ihn (den Lobbyismus, d. Verf.) und seine Begehrlichkeiten, was allein die Bundesrepublik betrifft, von Anbeginn«, sagte Grass.[11] »Von der Flick-Affäre über die Machenschaften des Spendenkanzlers Kohl bis hin zu den erpresserischen Tätigkeiten der Atomlobby, der Lobbyistenverbände der Pharmaindustrie, der Ärzte- und Apothekerverbände und der Krankenkassen, die bis heutzutage eine sozial verträgliche Gesundheitsreform verhindern.«

»Nicht zuletzt« seien es »die großmächtigen Banken, deren

Lobbytätigkeit mittlerweile das gewählte Parlament mitsamt der Regierung in Geiselhaft genommen hat«, schimpfte Grass weiter. »Die Banken spielen Schicksal, unabwendbares. Sie führen ein Eigenleben. Ihre Vorstände und Großaktionäre formieren sich zu einer Parallelgesellschaft. Die Folgen ihrer auf Risiko setzenden Finanzwirtschaft haben schlussendlich die Bürger als Steuerzahler auszubaden. Wir bürgen für Banken, deren Milliardengräber allzeit hungrig nach mehr sind.«

Eindringlich warnte Grass vor »unlegitimiertem Machtgebrauch« von Lobbyisten, der die Demokratie gefährde. »Er macht die Parlamentarier und die Regierung unglaubwürdig. Er trägt dazu bei, dass die Wahlenthaltung der Bürger zunimmt. Ihm müssen, da er nicht abzuschaffen ist, weil Interessenvertretungen durchaus Berechtigung haben, strenge Grenzen gesetzt werden und sei es in Form einer Bannmeile um den Bundestag, auf dass das Heer der Lobbyisten in überschaubarer Distanz gehalten wird. Auch geht es nicht an, dass Politiker, unter ihnen hochrangige, kaum haben sie ihr Amt wie lästigen Krempel hingeworfen, in Konzernleitungen und Interessenverbänden fettdotierte Positionen besetzen.« Mindestens fünf Jahre Karenzzeit müssten gelten, so Grass, ehe Politiker in hochdotierte Posten der Wirtschaft wechseln dürfen.

Die Rede wurde zum Manifest. Grass nahm 2011 eine Debatte vorweg, die heute so intensiv geführt wird wie nie – und die doch erst am Anfang steht. Denn der Lobbyismus kommt dort an, wo er hingehört: im Bewusstsein von immer mehr interessierten Bürgern.

Berlin-Mitte an einem Samstag im Frühjahr 2015. Passanten heben den Kopf zur Quadriga, Pärchen machen Selfies, Kutschen mit ächzenden Pferden drehen ihre Runden. Anne Zetsches Führung zu den Hinterzimmern der Macht endet da, wo viele Berlin-Besucher nur das Offensichtliche sehen: am Brandenburger Tor. An dessen

Seiten weisen nur diskrete Hinweistafeln und Klingelschilder an Sandsteinfassaden darauf hin, dass der Ort nicht nur Touristen anzieht. Weltkonzerne empfangen hier in edlem Ambiente Beamte, Minister oder Abgeordnete – und natürlich auch Journalisten. Wer hier präsent sei, habe in der Republik mehr zu sagen, als die Öffentlichkeit gemeinhin ahnt, ist sich Zetsche sicher.

Pariser Platz 6, Seiteneingang, 10117 Berlin-Mitte – die vielleicht kostbarste Adresse des Landes. Und ein Zentrum in der diskreten Parallelwelt des Berliner Politikbetriebs. Diehl, Krauss-Maffei Wegmann, gegenüber die US-Konzerne Boeing und Lockheed Martin – Rüstungsfirmen haben ausgerechnet den Platz, der für Frieden und Freiheit stehen soll, eingekreist. Von hier aus lassen sie ihre Lobbyisten ausschwärmen, ringsum liegt ihr Jagdrevier. Es reicht vom Tiergarten bis zum Alexanderplatz, von der Invalidenstraße bis nach Kreuzberg. Hier regieren Kanzlerin Angela Merkel und ihre 15 Minister das Land. Hier liegen die Büros der Abgeordneten und Tausender Ministerialbeamter. Nur einen Steinwurf entfernt vom Reichstag mit seiner transparenten Glaskuppel greifen die Konzerne hier nach der kostbarsten Ressource, die Berlin zu bieten hat: Macht.

Es geht um viel in den Büros der oberen Stockwerke. Mal um das wichtige Kleingedruckte in Gesetzen und Richtlinien, mal um die großen politischen Zusammenhänge. Wenn es gut geht, wird von hier aus der milliardenschwere Verkauf von Panzern, Flugzeugen und Waffen auf den Weg gebracht, wenn es schlecht läuft, dessen Verbot nicht ausgehebelt.

Regelmäßig bietet die lobbykritische Organisation LobbyControl Rundgänge durch dieses »zweite Regierungsviertel« an. Sie dauern zwei Stunden und sind oftmals schon Wochen im Voraus ausgebucht. Immer mehr Teilnehmer wollen erfahren, wie und von wo aus die Stoßtrupps der Wirtschaft versuchen, für sich und ihresgleichen Brückenköpfe in Gesellschaft und Politik zu schlagen. Immer mehr Bürgerinnen und Bürgern scheint diese Einflussnahme der Wirtschaft auf den Staat allmählich unheimlich zu werden. »Wer bei uns mitläuft, hat das Gefühl, Einfluss zu verlieren«, sagt LobbyControl-Aktivistin Anne Zetsche. »Die meisten wollen wenigstens wissen: an wen?«

In einigen Fällen ist das offensichtlich. Zetsche bleibt mit ihrer Gruppe vor der Google- und Mercedes-Repräsentanz stehen, vor der Initiative Neue Soziale Marktwirtschaft oder den Büros der Tabakindustrie. Nimmt man einfach nur die blank geputzten Schilder an den Häuserfassaden zum Maßstab, ist diese Form des Lobbyismus durchaus transparent. Man weiß, wer hinter Sandstein- und Marmorfassaden sitzt, und folglich auch, wessen Interessen man dort vertritt. Wenn nun beispielsweise Matthias Wissmann sein Präsidentenbüro beim Verband der Automobilindustrie (VDA) in der Behrenstraße verlässt und im nahen Kanzleramt, in einem Ministerium oder bei Abgeordneten vorstellig wird, dann weiß jeder, wofür Wissmann steht und wessen Interessen er vertritt: jene der Autoindustrie. Dass Wissmann einmal CDU-Schatzmeister sowie Bundesminister für Forschung und Verkehr war und so besonders großes Insiderwissen über den politischen Betrieb und beste Kontakte erwarb, lassen wir einmal kurz beiseite. Ebenso, dass die Autoindustrie ein Spezialfall ist, weil sie seit Jahrzehnten so mächtig ist wie keine andere Branche hierzulande und entsprechend massiv und durchschlagskräftig auf Politik und Gesellschaft einwirkt.

Fakt ist, dass es sich beim Wissmann-Beispiel um eine vergleichsweise transparente Form von Lobbyismus handelt. Ein als solcher klar erkennbarer Lobbyist wird bei der Politik vorstellig, um im Sinne seiner Branche etwas zu bewegen. Doch die Bedeutung der großen Wirtschaftsverbände wie des VDA, welche die Interessen ihrer Branchen bündeln, kanalisieren und mit offenem Visier für ihre gemeinsame Sache kämpfen, nimmt ab.

Große Verbände, wie etwa der Bundesverband der Deutschen Industrie (BDI), verlieren an Schlagkraft, denn sie sind in vielen umkämpften Politikfeldern – etwa der Energiepolitik – zutiefst gespalten. Mitglieder sind sowohl die Verlierer der Energiewende – die großen Stromkonzerne – wie auch die Gewinner, nämlich Technologiefirmen oder Unternehmen für erneuerbare Energien. Viele Unternehmen verlassen sich deshalb nicht mehr auf die klassischen Verbände. Sie werden selbst aktiv, bauen Lobbyabteilungen auf oder heuern Agenturen an. Alle großen, multinationalen Konzerne haben längst ihre eigenen Dependancen in Brüssel oder Berlin eingerichtet und verlassen sich nicht mehr auf Branchen- oder Wirtschaftsverbände. Die kleineren folgen ihnen.

Je mehr Lobbyisten aber unterwegs sind, desto schwieriger wird es für die Politik, berechtigte Interessen herauszufiltern. Ein Umstand, den nicht nur viele Abgeordnete beklagen, sondern auch Transparency-Chefin Müller. »Die Politik hat ein geborenes Interesse daran, auf der anderen Seite Gesprächs- und Verhandlungspartner zu haben, die Interessen in ihrem Bereich zusammenfassen, nach einer Entscheidung aber auch dafür stehen, dass ein gefundener Kompromiss öffentlich vertreten und in der Praxis umgesetzt wird.«

Die Wirklichkeit aber ist im Lauf der Jahre eine andere geworden. Lobbyismus wird zunehmend bestimmt von Akteuren, bei denen man mitunter gar nicht weiß, in wessen und mit welchem Auftrag sie unterwegs sind, wer sie bezahlt und aus welchen finanziellen Ressourcen sie bei ihrem Treiben schöpfen können. Diese Form von Lobbyismus ist besonders gefährlich, weil sie sich heimlich abspielt, unter Ausschluss der Öffentlichkeit. Diese Lobbyisten sitzen, anders als gelegentlich Matthias Wissmann, so gut wie nie in Fernsehtalkshows, sie meiden Kameras und Öffentlichkeit. Sie scheuen das Licht.

Weitgehend unbemerkt von der breiten Öffentlichkeit setzte dieser Trend in den 80er-Jahren ein, als Politikwissenschaftlern und Sozialforschern eine Vielzahl immer neuer Gruppen und Akteure auffielen, die in Brüssel und Bonn auftauchten. Bis dahin kannte man »Public Affairs«, also »das interessengeleitete, strategische Management von Entscheidungs- und Kommunikationsprozessen im politischen und gesellschaftlichen Umfeld«[12], vor allem in angelsächsischen Ländern.

Wie Pilze schießen seit einigen Jahren auch hierzulande entsprechende Dienstleister aus dem Boden. Bekanntere Namen der Szene sind etwa Firmen wie Burson-Marsteller, Fischer Appelt, oder Pleon und Ketchum; die beiden Letztgenannten taten sich 2010 zusammen, um noch schlagkräftiger zu arbeiten. Häufig sind es auch kleine, dafür aber wendige und entsprechend schlagfertige Agenturen, die ihre Lobby-Söldnerdienste anbieten.

Große Anwaltskanzleien, bisweilen im Auftrag von Ministerien am Ausarbeiten von Gesetzen beteiligt, sind längst dazu übergegangen, der zahlungskräftigen Kundschaft zusätzlich zur juristischen Expertise auch Unterstützung in Sachen PR, Kommunikation und Lobbying anzubieten. Nicht selten erledigen solche Jobs ehemalige Politiker oder Ministerialbeamte, welche aus jahrzehntelanger eigener Erfahrung die bürokratischen und politischen Strukturen aus dem Effeff kennen und daraus nun Kapital zu schlagen wissen. Für ihr eigenes Konto und für ihre zahlungskräftige Kundschaft. Die Aufgabe ist immer gleich: Entwicklungen frühzeitig erkennen, notfalls Gegenstrategien entwickeln und mit Vehemenz vorantreiben.

Auch immer mehr Thinktanks tauchen auf, Denkfabriken also, was zunächst einmal positiv klingt. Es geht schließlich um Organisationen, die intellektuelle Analyse- und Abwägungsprozesse voraussetzen, ehe sie ihre fachliche Expertise abgeben. Tatsächlich aber sind viele dieser Thinktanks genauso wenig neutral und nachdenklich wie zahlreiche Stiftungen. So, wie der deutsche Lobbyvorreiter Stiftung Neue Soziale Marktwirtschaft, verfolgen sie gezielt Interessen mit politisch-gesellschaftlichem Anspruch.

Eine der größten und mächtigsten Stiftungen hierzulande ist die Bertelsmann Stiftung, der mittelbar auch weite Teile des gleichnamigen Medienkonzerns gehören. Sie ist nach eigenem Bekunden »eine unabhängige, gemeinnützige Stiftung, die gesellschaftliche Problemfelder identifiziert und Lösungsmodelle erarbeitet und umsetzt.«[13] Ihr wird ein bisweilen verblüffender Einfluss auf Politik und Gesetzgebung nachgesagt. Ob bei den Arbeitsmarkt- und Hartz-IV-Reformen, der Privatisierungswelle, in der Sozialpolitik oder wenn es um Hochschulpolitik geht – Experten der Bertelsmann Stiftung haben nicht nur zu vielen Themen etwas zu sagen, sondern mischten und mischen bisweilen kräftig mit.

Mit dem CDU-Abgeordneten Elmar Brok hielt sich Bertelsmann bis 2011 einen eigenen Lobbyisten im EU-Parlament, denn Brok, Jahrgang 1946, arbeitete bis dahin neben seinem Abgeordnetenjob auch noch als Senior Vice President Media-Development der Bertelsmann AG, für angeblich 180 000 Euro jährlich. Man könnte die Stiftung »als eine private Forschungsuniversität mit exklusivem Zugang zur politischen und gesellschaftlichen Elite bezeichnen«, schreibt der Journalist und Buchautor Thomas Schuler. »Teilweise operiert sie als Thinktank, der Diskussionen und Entwicklungen in vielen Bereichen lenkt und beeinflusst.« Schuler hält sie für so einflussreich, dass er seinem Buch über die Stiftung den Titel »Bertelsmannrepublik Deutschland« gab.[14]

Doch gleich, ob er für Verbände, Konzernbüros, Agenturen, Kanzleien, Denkfabriken oder Stiftungen aus arbeitet – kaum ein Lobbyist nennt sich auch Lobbyist. »Wer diesen Begriff an seine Tür schreibt, ist von vornherein schon raus aus dem Geschäft«, sagt der ehemalige Volkswagen-Vorstand Klaus Kocks, heute Inhaber der Kommunikationsagentur Cato. Auf den Visitenkarten der Lobbyisten stehen bevorzugt Berufsbezeichnungen wie Kommunikations-, Strategie- oder Change-Berater.

Selbst große Konzerne und Interessenverbände greifen inzwischen neben den eigenen Truppen auf die diskreten Lobbysöldner-Dienste der Agenturen und Kanzleien zurück. Dann etwa, wenn sie nicht direkt in Erscheinung treten wollen. Weil sie sich nicht selbst die Finger schmutzig machen oder keinen Ärger in der Öffentlichkeit einhandeln wollen. Oder weil sie um den eigenen Igittigitt-Ruf wissen, wie etwa die Atom- oder die Rüstungsindustrie. Oder ganz einfach, weil diskreter Lobbyismus wirksamer ist. Operiert wird bei Bedarf aus regelrechten »War-Rooms« heraus, wo Kampagnen in eigener Sache geplant und durchgezogen werden.

»Wie viel für Sie, wie viel für Frau Merkel?«

Wenige Tage nach dem Stadtrundgang mit LobbyControl, wieder am Pariser Platz. Rechtsanwalt Andreas Geiger sitzt im Restaurant des Hotels Adlon. Der hagere Mann Mitte 40, agil, wach, hochintelligent und selbstbewusst, spricht schnell. Die Zeit drängt. Reden geht am besten beim Essen. Seine Kanzlei Alber & Geiger ist eine international anerkannte Größe im diskreten Lobby-Business. Und sie ist, nach allem, was man weiß, bestens im Geschäft.

Im Zuge unserer Recherchen für dieses Buch haben wir viele Lobbyisten kontaktiert. Ein Teil wollte überhaupt nicht mit uns sprechen, uns keinerlei Einblicke in das eigene Tun gewähren. Andere sprachen mit uns, aber nur sehr vorsichtig, zurückhaltend und verbunden mit der Auflage, sie nicht namentlich zu zitieren. Andreas Geiger ist die Ausnahme. Er ist Lobbyist, steht auch öffentlich mit seinem Namen zu dem, was er macht, und spricht über die Grundzüge seine Arbeit. Details und Auftraggeber bleiben sein Geheimnis.

Die Zeiten könnten für ihn nicht besser sein. Krisen, wo man nur hinschaut. Brexit. Euro. Schuldenkrise. Flüchtlingskrise. Terrorismus. Chinas Wirtschaftskrise. Politisch ist vieles im Fluss. Für Geiger heißt das: Die Kunden bringen Aufträge. »Wir vertreten Ihre Interessen in höchsten diplomatischen und politischen Ebenen«, verspricht Geigers Kanzlei in Werbebroschüren.

Meist beginne ein Job mit einem Anruf in seiner Kanzlei in einem der Büros in Brüssel, London oder Berlin, erzählt Geiger. Am anderen Ende der Leitung seien dann Manager von Spielautomatenherstellern, Tabak- oder Lebensmittelkonzernen oder auch Vertreter abgesetzter Machteliten. Meist stehen am Anfang geplante Richtlinien, Gesetze oder Sanktionen und die Frage: Was können wir, was können Sie tun? Ex-Kommissare, Mitarbeiter in Ministerien, Abgeordnete – Geiger und seine Kollegen kennen immer jemanden im Politikbetrieb, den sie kontaktieren können. Warum die Klienten das nicht selbst machen? »Es ist oft einfacher, Anwälte vorzuschicken, als selbst aktiv zu werden«, so sieht es Geiger.

Lobbyisten wie er handeln mit der Währung, die in diesem Kosmos den höchsten Wert hat: Kontakte. Lobbyismus – viele haben mit dem Begriff ein Problem. Geiger nicht. Er ist ein höflicher Mensch. Aber ist der Kontakt am Haken, lässt er nicht mehr locker. Anfangs freundlich, später mit Druck. Geiger gilt als knallharter Anwalt seiner Klienten. »Wir orientieren uns als Erste in Deutschland am sehr erfolgreichen US-Lobbying«, sagt er. »Wir sind an amerikanische Kanzleien angelehnt.« Für Geiger ist das politische Feld eine Art Schachspiel, geteilt in Schwarz und Weiß. Er muss die eigene Situation und den Gegner ständig analysieren: Schwachstellen, Überraschungen, gute und schlechte Positionen. Das Ziel ist klar, der Weg dahin ändert sich mit jedem Zug.

Andreas Geiger verkörpert mit den Kollegen aus einer Kanzlei die neue Spezies von Lobbyisten. Oft sind es Juristen in Anwaltskanzleien, die international unterwegs sind. Kaum noch eine international vertretene Anwaltssozietät, erst recht keine amerikanische, die nicht eine »Public Affairs«-Sparte aufgebaut hat. Oder aber mit anderen Lobby-Dienstleistern und »Beratern« zusammenarbeitet. Denn die Hilfestellung geht weit über Einflüsterei bei Politikern bei konkreten Gesetzesvorhaben hinaus. Es geht auch darum, das politische und gesellschaftliche Klima zu bereiten, zu verändern oder zu manipulieren. Je nachdem.

Zurück zu Andreas Geiger. Für wen er als Lobbyist unterwegs ist? Geschäftsgeheimnis. Wie er Dinge in Bewegung bringt? Ein Beispiel abseits der Tagespolitik.

Bekannt geworden ist aus anderen Quellen, dass Verwandte von Farhad und Rafiq Aliyev aus Aserbaidschan die Nummer der Kanzlei Alber & Geiger wählten. Die Brüder selbst waren verhindert. Der ehemalige Wirtschaftsminister des Landes und der Ex-Chef des Ölkonzerns Azpetrol wurden 2005 wegen eines angeblichen Putschversuchs und weiterer Vorwürfe, wie dem Verschwinden von Journalisten, verhaftet und eingesperrt – ohne fairen Prozess, wie der Europäische Gerichtshof für Menschenrechte später feststellte. Nach Jahren im Gefängnis sollten die Spezialisten in Brüssel und Berlin gegen Honorar aktiv werden und dafür sorgen, dass die Haft ein Ende hat.

Zuerst beginnt die Suche nach Argumenten und möglichen Allianzen für den Klienten. Gab es Menschenrechtsverletzungen? Dann werden Entscheider einbezogen. Sie gehen zielgerichtet vor und keinesfalls öffentlich. Sie gehen auf die Leute direkt zu, die etwas bewegen können. Das können Beamte, Politiker oder Kommissare sein. Lange hatte sich niemand für den Fall Aliyev interessiert. Plötzlich aber forderte, wie von Geisterhand gesteuert, in

Baku die globale Politprominenz per Brief die Freilassung der Inhaftierten.

Neben dem damaligen Parlamentspräsidenten in Brüssel und späteren SPD-Chef Martin Schulz trat unter anderem auch der US-Senator und Ex-Präsidentschaftskandidat der Republikaner John McCain in Washington auf den Plan. Der Druck aus dem Ausland wirkte: Im Oktober 2013 wurden die prominenten Häftlinge bei einer Amnestie entlassen. Drei Jahre sollen Lobbyisten in Europa und den USA an dem Fall gearbeitet haben. Die Öffentlichkeit erfuhr nur von der Inhaftierung und der Freilassung der Aliyews. Nichts von der Arbeit der Spezialisten dazwischen. Wie viel Honorar floss, wer Geld bekam oder einen Gefallen im Gegenzug? Zwischen Anfang und Ende herrscht Schweigen.

Ob es bei allem immer nur um Argumente oder auch um Korruption geht? »Bestechung würde schnell auffliegen«, sagt Lobbyist Geiger. »So etwas machen wir nicht.«

Entsprechende Versuche aber sind vielen Lobbyisten bekannt. Lebhaft erinnert sich ein Berliner Lobbyist im Gespräch mit uns an einen geheimnisvollen Besucher aus der Ukraine. Eine Stiftung wollte vor dem Umsturz das Image des Landes verbessern. »Wie viel für Sie, wie viel für Frau Merkel?«, habe der Besucher gefragt. »Wir haben diesen Auftrag natürlich nicht angenommen«, erzählt der Lobbyist. »Ob es der Mann woanders versucht hat, weiß ich nicht.«

In den USA gelten Lobbyisten schon lange als unsichtbare vierte Macht des politischen Systems. In Berlin und Brüssel wachsen sie derzeit dazu heran. »In den nächsten zehn Jahren wird es einen deutlichen Sprung nach vorne geben«, ist Geiger überzeugt.

Keine Frage: Die Gefahr für die Demokratie wächst. Doch ihr zu begegnen ist kein leichtes Unterfangen. Demokratischer Pluralismus oder demokratiefeindlicher Lobbyismus? Die Abgrenzung von Einflussnahme der erwünschten zu der unerwünschten Art ist eine Gratwanderung. Wünschenswert ist Lobbyismus in jedem Fall, wo er sich im Hellfeld legitimer Interessen und Formen der Willensbildung abspielt. Zu bekämpfen ist er, wo er in das Dunkelfeld von Nötigung, Erpressung und Korruption abdriftet. Dazwischen tut sich eine immer größere dubiose Grauzone von Aktivitäten auf, in der nicht immer klar ist, was erlaubt ist und was nicht.

Die Folgen von exzessivem Lobbyismus sind längst spürbar. Geheime Dokumente machen deutlich, wie tief sich mancher Lobbyist in das Geflecht aus Wirtschaft und Politik gegraben hat. Und wie in den vergangenen Jahren etwa in der Energiepolitik hemmungslos versucht wurde, auf die großen Linien der Politik Einfluss zu nehmen. An ersten Fällen lässt sich nachzeichnen, wie Finanzkonzerne auch in Deutschland die Politik zum Schaden von Millionen Geldanlegern für ihre Zwecke eingespannt haben. Aufsehenerregende Fälle von Einflussnahme durch internationale Spitzenpolitiker legen den Verdacht nahe, dass weltweit heute vieles möglich ist, wenn der eigene Kontostand es zulässt. Folge könnte weltweit eine Politik sein, die die Interessen der Wohlhabenden stärker vertritt als jene der Mehrheit.

Neue Untersuchungen zeigen, wie sehr aus Olsons Befürchtungen inzwischen Realität geworden ist. Denn das Drängen der Wirtschaft auf Sonderregeln bei den Steuern hat das Thema in den USA so komplex wie nie gemacht. Die Zahl der Seiten im US-Steuerrecht hat sich zwischen 2001 und 2011 verdoppelt. Das lastet auf der gesamten Wirtschaft, so wie Olson es vor 30 Jahren vorausgesagt hat. Ähnliches könnte in den nächsten Jahren auch in Europa drohen.

Aus der Perspektive der Lobbyisten ist Politik vor allem eins: ein Markt. Einer wie ein arabischer Basar. Einer, in dem man erst herausfinden muss, was im Angebot ist, um dann zu handeln. Und in jedem Fall einer ohne feste Preisschilder. Was zu haben ist, ist manchmal obskur und sein Wert ist nicht von Anfang an klar. Sicher ist von vornherein nur eins: Für Geschäfte auf diesem Markt zahlt irgendjemand einen hohen Preis.

Im Maschinenraum der Macht

Im Zuge unserer Recherchen wird uns ein 33-seitiger Bericht des Bundesfinanzministeriums zugespielt, der kurz zuvor an den Haushaltsausschuss des Bundestages verschickt wurde. Darin sind die Zahlungen im Jahr 2014 an externe Berater in Bundesministerien aufgelistet. Für insgesamt 206 solcher Fälle gab der Staat demnach 32,112 Millionen Euro aus. Manche dieser Engagements erstrecken sich über Jahre. Oft brauchen Bundesministerien kontinuierlich Hilfe von außen; bei IT-Fragen, rechtlichen Themen oder in der Kommunikation.

So kostet allein die Strategieberatung für eine einheitliche IT des Bundes 1,2 Millionen Euro, die rechtliche Beratung für den Rückkauf der Bundesdruckerei verschlang gut 950 000 Euro und die Kommunikationsberatung für die Sanierung des Berliner Landwehrkanals wurde mit 710 000 Euro veranschlagt. Besonders viele externe Berater braucht das Verkehrsministerium, das für vier öffentlich-private Partnerschaften im Bundesfernstraßenbereich 14 Millionen Euro ausgibt, über mehrere Jahre verteilt.

Bei solchen Vorhaben stellt sich bisweilen die Frage: Warum können das die Ministerien und ihre nachgeordneten Behörden nicht alleine stemmen? Warum braucht etwa das Bundesverteidigungsministerium externe Hilfe bei einer »umfassenden Bestandsaufnahme und Risikoanalyse zentraler Rüstungsprojekte« (Kosten:

knapp 1,4 Millionen Euro)? Angeblich, so lautet in vielen Fällen die Antwort, mangelt es an eigenem Personal. Kritische Stimmen sagen, die Vergabe sei auch Ausdruck dessen, dass vor allem die politische Führung der Ministerien gerne Entscheidungen außerhalb vorbereiten lässt, um hernach die eigenen Hände in Unschuld waschen zu können, wenn es Ärger gibt. Wie auch immer: Die Praxis erleichtert Lobbyisten die Zugänge in die Maschinenräume der Macht.

Dass Lobbyisten es geschafft haben, in die Maschinenräume der Politik vorzudringen, sich dort festzusetzen und kräftig mitzumischen, weiß man schon lange, ohne, dass sich an dieser zweifelhaften Praxis Nennenswertes geändert hätte. Am 19. Oktober 2006 deckte das ARD-Politmagazin Monitor eine fragwürdige Praxis in Bundesministerien auf, die es bis dahin bereits seit Jahren gab, von der die Öffentlichkeit aber so gut wie nichts wusste.

Mindestens 30 Lobbyisten, so hieß es in dem später mit dem renommierten Grimme-Preis ausgezeichneten Beitrag, arbeiten als eine Art Leihbeamte in Bundesministerien. Mitarbeiter von Konzernen wie Audi, Siemens, Bayer, BASF oder Lufthansa, von der Deutschen Bank, von Industrieverbänden wie dem Bundesverband der deutschen Bauindustrie oder dem Frankfurter Flughafenbetreiber Fraport. Ihre Arbeitgeber bezahlen sie in der Regel weiter, während die Diener zweier Herren munter an Gesetzesentwürfen mitarbeiten, an Entscheidungen und an Positionen, welche die jeweiligen Ministerien anschließend vertreten.

So soll nach Monitor-Informationen ein Fraport-Abgesandter im Ministerium einen Gesetzentwurf über Lärmschutz im Sinne seines eigentlichen Auftraggebers beeinflusst haben. Eine Lobbyistin des Bundesverbands Investment und Asset Management arbeitete im Finanzministerium praktischerweise an einem Gesetz zur Modernisierung des Investmentwesens mit und der Hauptverband der deutschen Bauindustrie freute sich über eine Abgesandte im Bundesverkehrsministerium, dort also, wo regelmäßig riesige Bauprojekte vergeben werden.

Kurz nach Ausstrahlung des Beitrags musste die Bundesregierung einräumen, dass das Problem sogar noch weit größer ist als von Monitor geschildert. Statt 30 hätten 100 Lobbyisten binnen vier Jahren in deutschen Ministerien gearbeitet. Monitor legte wenig später nach und enthüllte unter anderem, dass der Abteilungsleiter Konzernstrategie/Verkehrspolitik bei Daimler-Chrysler just in dem Zeitraum April/Mai 2002 im Bundesverkehrsministerium Dienst tat, als dort der Milliardenauftrag für die Lkw-Maut-Technik vergeben wurde. Den Zuschlag erhielt bekanntlich das Betreiberkonsortium Toll Collect, zu dem auch Daimler-Chrysler gehörte. Und im Umweltministerium war ausgerechnet eine Mitarbeiterin des Chemiekonzerns Bayer 2006 an einer Forschungsarbeit mit dem Thema »Umwelt und Gesundheit« beteiligt.

Es stellte sich schließlich heraus, dass über die Jahre hinweg mehrere Hundert solcher externer Mitarbeiter in Ministerien beschäftigt waren, von denen etwa 60 Prozent sogar das jeweilige Ministerium nach außen vertreten haben. 25 Prozent haben an Auftragsvergaben mitgewirkt und 20 Prozent an Gesetzen mitgeschrieben, schreiben zwei der Monitor-Autoren später in einem Buch.[15] Schöngeredet wurde diese Form des Lobbyismus von den Beteiligten in der Öffentlichkeit scheinheiligerweise damit, dass es doch gut sei, wenn die ach so starre Ministerialbürokratie von Experten aus der freien und angeblich ja viel flexibleren Wirtschaft lerne.

Nicht nur der Verfassungsrechtler und Parteienkritiker Hans Herbert von Arnim war über all dies ebenso überrascht wie entsetzt. »Die Betreffenden sind zwar in die Ministerien eingegliedert, ihre Loyalität gehört aber denen, die sie bezahlen aus der Wirtschaft, und die tun das nicht für Gotteslohn, sondern weil sie sich davon etwas versprechen, nämlich die Förderung ihrer Interessen, die bevorzugte Information, die sie auf diese Weise bekommen«, kritisierte er. »Das ist eine besonders gefährliche Form des Lobbyismus, ja es bewegt sich sogar im Dunstkreis der Korruption.«

Auch in den Medien und im Bundestag schlugen die Monitor-Enthüllungen hohe Wellen. FDP und Bündnis 90/Die Grünen forderten in Kleinen Anfragen schnelle Aufklärung. Der Bundesrechnungshof kündigte eine Prüfung an. Derart unter Druck, versprach die Bundesregierung, für die Zukunft eine saubere, transparente Regelung.

Ein Jahrzehnt später hat sich an der Praxis kaum etwas geändert. Nach wie vor arbeiten in der Regel mehr als 30 solcher »externen Personen« anstatt bei ihren angestammten Arbeitgebern, in der Regel also Unternehmen und Wirtschaftsverbänden, in Bundesministerien. Das lässt sich aus halbjährlichen Berichten herauslesen, die das Innenministerium seit einigen Jahren dem Haushaltsausschuss des Bundestages vorlegen muss.

Zwar erließ die Bundesregierung 2008 eine Verwaltungsvorschrift, die den Einsatz externer Mitarbeiter in Ministerien und Bundesbehörden besser regelt. Am Kernproblem ändert dies jedoch nichts. Nach wie vor arbeiten dort, wo künftige Gesetze vorbereitet, konzipiert und erste Entwürfe geschrieben werden, Lobbyisten aus der Wirtschaft an vorderster Front mit. Sie erhalten so nicht nur enormes Insiderwissen und frühe Eingriffsmöglichkeiten in laufende Entscheidungsprozesse, sondern sie sind auch in Verwaltungsabläufe eingebunden und erwerben dort tiefgreifende Erkenntnisse über das Innenleben der bundesrepublikanischen Ministerialbürokratie.

Sie erfahren, wer in welchem Ministerium für was zuständig ist, wie der- oder diejenige arbeitet, welche inhaltlichen Prämissen ihn/sie treiben, wo seine/ihre Stärken und wo etwaige Schwachstellen sind, an denen die Wirtschaft bei Bedarf ansetzen kann. Zu allem Überfluss können Lobbyisten als Ministerialmitarbeiter auf Zeit wertvolle Kontakte knüpfen und Netzwerke aufbauen. Alles ganz im Sinne ihrer eigentlichen Arbeitgeber. Und mit dem Segen der Bundesregierung.

Damit wird letztlich sogar das Grundgesetz unterlaufen, dessen Artikel 33 festschreibt, dass Staatsdiener in einem Treueverhältnis zu ihrem Dienstherrn stehen. Der Bundesrechnungshof sieht die Praxis zumindest mit gehöriger Skepsis. Seine aktuellste Untersuchung zum »Einsatz externer Personen in der Bundesverwaltung« (so der offizielle Titel) datiert von 2013.[16] Darin erkennen die Prüfer zwar an, dass die 2008 als Reaktion auf die Monitor-Enthüllung und die heftige öffentliche Kritik von der Bundesregierung erlassene Verwaltungsvorschrift »einen wesentlichen Beitrag zur Erhöhung der Transparenz und der Kontrolle« geleistet habe. Die neuerliche Prüfung habe »aber auch gezeigt, dass es noch einige Problemfelder gibt«.

Nach wie vor gebe es immer wieder massive Interessenkollisionen. »Der Bundesrechnungshof kritisiert, dass die Bundesministerien regelmäßig externe Personen aus Unternehmen und Institutionen beschäftigten, zu denen sie fortgesetzte Geschäftsbeziehungen in Form von Zuwendungs- und Projektträgervereinbarungen unterhielten«, heißt es in dem Bericht. Und weiter: »Mit zunehmender Einsatzdauer und stärkerer Einbindung der externen Personen in die Arbeitsprozesse der aufnehmenden Behörden erhöht sich das Risiko von Interessenkollisionen.«

Zumal seit 2008 zwar vorgeschrieben ist, dass externe Mitarbeiter nach spätestens einem halben Jahr die Ministerien wieder verlassen sollen, sich aber in der Praxis kaum jemand daran hält. »Die Mehrzahl der Einsätze externer Personen (dauere) in der Gesamtschau erheblich länger als sechs Monate und ein Teil der Einsätze sogar länger als zwei Jahre.« Daher forderte der Bundesrechnungshof die Bundesregierung auf, »Abweichungen von der Regeleinsatzdauer auf nachweisbar begründete Einzelfälle zu beschränken«.

Der Osnabrücker Staatsrechtler Bernd Hartmann wollte es ganz genau wissen. Ende 2014 legte er ein knapp 80-seitiges Gutachten vor.[17] Gut 80 Prozent der Lobby-Leiharbeiter sind demnach länger als die in der Verwaltungsvorschrift vorgegebenen sechs Monate in Ministerien aktiv. Über ein Viertel bringe es sogar auf mehr als zwei Jahre.

Hartmanns Fazit: Die herrschende Praxis sei nicht nur »eines Rechtsstaats unwürdig«, sondern schlicht verfassungswidrig.[18] Die Lobbyisten, so die Erkenntnis des Professors, würden sich darüber freuen, dass sie derart nahe an die Quelle kämen, nicht mehr nur im Laufe eines Gesetzgebungsprozesses angehört würden, sondern von Anfang an eingebunden seien.

Dabei hatte die Bundesregierung 2008 auch festgelegt, dass die externen Ministeriumsmitarbeiter nicht mehr an Gesetzen mitarbeiten dürfen. Dass sich alle daran halten, kann man glauben, muss man aber nicht. 2009 ließ Bundeswirtschaftsminister Karl-Theodor zu Guttenberg (CSU) ein »Gesetz zur Ergänzung des Kreditwesengesetzes«, das als Konsequenz aus der Finanzkrise regeln sollte, wie der Staat mit kriselnden Banken umgeht, nicht etwa von Experten seines Ministeriums schreiben, das zum fraglichen Zeitpunkt immerhin 1800 Mitarbeiter zählte. Sondern von der international tätigen Wirtschaftskanzlei Linklaters mit Hauptsitz in London.

Mehrere Tausend Anwälte arbeiten für die Kanzlei, unter deren mehreren Tausend Mandanten zweifellos auch solche aus der Finanzbranche sind. Dass Guttenberg den Gesetzentwurf nicht von seinen eigenen Leuten, sondern von Linklaters schreiben ließ, wäre womöglich nicht einmal aufgefallen, wäre ihm nicht ein kleines

Missgeschick passiert: Auf der Vorlage, die er seinen Kabinettskollegen schickte, war auf jeder der 28 Seiten das Linklaters-Emblem aufgedruckt.

Diese Praxis scheint üblich zu sein. Eine Kleine Anfrage der damals noch im Bundestag vertretenen FDP und der Linken-Fraktion brachte damals 17 ähnliche Aufträge zutage. Allein eine Million Euro Steuergelder kostete ein Gesetzesentwurf zur »Neuorganisation der Eisenbahn des Bundes«, mit dem das zuständige Verkehrsministerium offenkundig allein überfordert gewesen wäre. Und Finanzminister Peer Steinbrück (SPD) beauftragte die internationale Großkanzlei Freshfields mit einem Gesetzesentwurf zur Enteignung der Hypo-Real-Estate-Aktionäre, nachdem die Immobilienbank im Nachgang zur Finanzkrise verstaatlicht werden musste, um ihren Ruin zu verhindern.

Lobbyisten in Ministerien – gelegentlich geht das auch gehörig schief und dann ist der politische Katzenjammer groß. Er sei »stinksauer über so viel kriminelle Energie«, schimpfte im Dezember 2012 der damalige FDP-Gesundheitsminister Daniel Bahr.[19] Grund für seine öffentliche Erregung: Ein externer IT-Mitarbeiter hatte im Gesundheitsministerium jahrelang nicht nur E-Mails, sondern viele interne Dokumente über geplante Vorhaben, interne Vorgänge, heimlich kopiert und an einen Apotheker-Lobbyisten weiterverkauft. Solches Material kommt einem Lottogewinn für jeden Lobbyisten und seinen Auftraggeber gleich. In Berlin wunderte sich nun niemand mehr, warum die Spitzenvertreter der deutschen Apotheker und ihre Lobbyisten stets zu den sehr gut informierten Interessengruppen gehörten.

Was Lobbyisten als ihre Aufgabe empfinden, verändert sich mit ihrer Angebotspalette. 2005 beschrieb Dieter Schulze van Loon, ehemaliger Präsident von GPRA, dem Branchenverband der Kommunikationsagenturen hierzulande, als das Ziel von Lobbyismus, »auf die Entscheidungsprozesse von Politik und öffentlicher Verwaltung durch Information und Dialog« einzuwirken. Der Lobbyist nutze sein persönliches Netzwerk, um »Entscheidungen auf politischer Ebene« zu beeinflussen, herbeizuführen, zu verhindern, zu beschleunigen oder zu verzögern.[20] Gewiss, das ist nach wie vor so. Doch es kommen neue Formen hinzu.

Eine davon heißt in angelsächsischen Fachkreisen schlicht »Deep Lobbying« und zielt auf unsere Köpfe und unsere Gewohnheiten, auf unser Denken und Handeln als Verbraucher und Staatsbürger, auf unser Freizeit- und Kaufverhalten. Es setzt immer früher an, in Kindertagesstätten und in Schulen etwa, wo beispielsweise die Finanzwirtschaft mit heiligem Eifer bei den Jugendlichen an ihrem durch die Finanzkrise ramponierten Image feilt, Zweifel und Unbehagen am Sozialstaat nährt und stattdessen private Eigenvorsorge propagiert, die wiederum bei Banken und Versicherungen ordentlich die Kassen klingeln lässt.

Strategien wie »Deep Lobbying« zielen nicht mehr auf die nächste Bundestagsentscheidung. Sie sind langfristig angelegt. Es geht nicht darum, politische Prozesse von heute auf morgen zu beeinflussen oder überhaupt erst herbeizuführen. Es geht um eine politisch-gesellschaftliche Manipulation. Es geht darum, Zeitgeist zu produzieren und die eigenen Ziele für die Masse wünschenswert erscheinen zu lassen. Privatisierungen etwa als gut und richtig darzustellen. Den Staat hingegen als unbeweglichen Moloch, der nur Steuergelder verschlingt und mit zu viel Bürokratie und Langsamkeit wirtschaftliche Wettbewerbsfähigkeit und damit Wohlstand gefährdet. Auch so wird schleichend, unterschwellig und ziemlich raffiniert, das Primat der Politik in Frage gestellt.

Wer all dies nicht glaubt, dem sei nur das Studium von Publikationen wie der neoliberalen »Initiative Neue Soziale Marktwirtschaft« empfohlen. Oder, noch besser, die Zigtausenden Unterrichtsmaterialien, die Unternehmen und ihre Interessenverbände für viele Millionen Euro haben entwerfen und ins Internet stellen lassen. Das taten sie ganz bestimmt nicht aus Selbstzweck oder Altruismus heraus.

An Hochschulen und Universitäten sieht es auch nicht viel besser aus. Je knapper sie der Staat finanziell hält und je mehr er sie dazu zwingt, bei der Wirtschaft betteln zu gehen, um Forschung finanzieren zu können, je mehr sich die Hochschulen der Industrie öffnen, desto abhängiger werden sie. Niemand kann zuverlässig sagen, wie oft hinter wissenschaftlichen Studien und scheinbar neutralen Expertenmeinungen in Wirklichkeit das Interesse derer steht, ohne deren Zuwendungen der jeweilige Lehrstuhl womöglich gar nicht mehr existieren könnte, der jeweilige Professor seinen Posten nicht hätte.

Die Steigerung all dessen nennt sich »Grassroots Lobbying«. Als Vorbilder dienten dabei ausgerechnet Nichtregierungs- und Umweltorganisationen. Greenpeace etwa, weil es den tapferen Naturschützern gelang, mit ihren spektakulären Aktionen und ihrer Kompromisslosigkeit im Kampf gegen Walfang und Umweltzerstörung just dort anzusetzen, wo viele politische Prozesse ihren Ausgangspunkt nehmen: bei der Stimmung der Bevölkerung.

Studenten für Online-Journalismus der Hochschule Darmstadt haben sich mit dem neuen Phänomen des »Grassroots Lobbying« eingehend beschäftigt. Von ihnen stammt diese Definition: »Letztlich geht es (…) darum, bestimmte Bezugsgruppen, die von einem partikularen Thema betroffen sind, zu aktivieren und als Druckmittel einzusetzen. Als Beispiel könnten Mitarbeiter gelten, deren Arbeitgeber durch ein bevorstehendes Gesetzgebungsverfahren betroffen ist. Das Unternehmen macht seinen Arbeitnehmern klar, wie sie persönlich durch die gesetzlichen Neuerungen beeinträchtigt werden könnten. Als Konsequenz dieser politischen Aufklärungsarbeit sollen sich mobilisierte Mitarbeiter gegen besagte Gesetzesvorlage starkmachen. Es gilt Druck in Richtung der Entscheidungsträger auszuüben, und wo könnte dies verbindlicher geschehen als an der Basis der Demokratie: bei der Wählerschaft.«[21]

Unter Verweis auf den Berliner Professor für Sozialwissenschaften und Public-Affairs-Experten Marco Althaus[22] heißt es weiter: »Grassroots Lobbying bedeutet Interessenvertretung dort, wo Politik ihre empfindlichste Stelle hat – an der lokalen Basis. Jedermann als Amateurlobbyist macht diese Art von Einflussnahme glaubwürdig und effektiv. Und unterscheidet sie damit grundlegend strategisch vom klassischen Lobbyismus.«

»Astroturfing« – noch so ein Begriff aus der modernen Lobbyistenwelt. »Astroturf« bedeutet aus dem Englischen übersetzt »Kunstrasen«. Im Zusammenhang mit Grassrootscampaigning bezeichnet Astroturfing den Versuch, durch eine Art künstliche Bürgerbewegung, also künstliche Graswurzeln, den eigenen Forderungen die Legitimität einer breiten Bewegung zu verleihen. Gemeint sind also Pseudo-Bürgerinitiativen, die in Wirklichkeit von Firmen oder Verbänden gegründet werden.[23] So betreibt etwa die Atomlobby am Berliner Robert-Koch-Platz den Verein »Bürger für Technik«. Dieser wirbt seit Jahren für einschlägige Aufklärung in Schulen oder Museen und schreibt fleißig atomfreundliche Leserbriefe an Zeitungen. Die Meinung der Branche soll so als Meinung aus dem Volk verkauft werden.

Ein anderes Beispiel ist die sogenannte »Campaign for Creativity« (C4C), eine Kampagne, die 2005 für die Patentierbarkeit von Software auf europäischer Ebene rang. Ins Netz gestellt von einem britischen PR-Manager, erweckte die Seite den Eindruck, die Interessen von Künstlern, Designern und Softwareentwicklern zu vertreten. Das Projekt hatte gleich mehrere Elemente von Grassroots-Bewegungen: Wer die Seite ansteuerte, wurde aufgefordert, vorformulierte E-Mails an die Abgeordneten des Europäischen Parlaments zu schicken. In die Kritik geriet die »Campaign for Creativity« vor allem, weil die Rolle der großen Softwarefirmen Microsoft und SAP nicht klar ersichtlich war und der Initiator den Einfluss der Firmen auf die Kampagne nicht offenlegen wollte.

Die Quittung kam. Die Kampagne erhielt den gefürchteten »Worst EU Lobbying Award«. Die Seite wurde wenig später aus dem Netz genommen.[24]

Es muss unbedingt etwas geschehen. Etwas, das für mehr Waffengleichheit zwischen den Interessengruppen sorgt. Etwas, das die Gesellschaft vor getarnten Einflüssen besser schützt, indem es Transparenz schafft.

»Lobbyismus ist ein Synonym geworden für Filz und Klüngel, Kapitalismuskritik, Klientelinteressen und Einflussnahme auf die Gesetzgebung. Er ist ein Kampfbegriff im politischen Diskurs wie Deutungsmuster im gesellschaftlichen Streit«, schreiben Jupp Legrand und Wolf Jürgen Röder von der gewerkschaftsnahen Otto-Brenner-Stiftung (OBS) im Vorwort zum Arbeitsheft »Marktordnung für Lobbyisten«.[25]

Sie warnen zugleich: »Ignoriert der Gesetzgeber das Thema weiter, dann droht dies nicht nur seinem Ansehen, sondern auch der Demokratie insgesamt zu schaden.« Ihr Vorschlag: Das Parlament solle »endlich – im wohlverstandenen Eigeninteresse – als Gesetzgeber gegen den Wildwuchs des Lobbyismus« vorgehen. Es gehe um »transparente Wege, die aus dem Hinterzimmer ins Licht der Öffentlichkeit führen und Formen legitimer Interessenvertretung stärken«.

Im Zentrum Berlins steht damit dem Parlament seine nächste Bewährungsprobe bevor. Dem Parlament also, das schon seit seiner

Einweihung 1894 für das Ringen um Macht und politischen Einfluss so sehr steht, wie kein anderer Bau in Deutschland. Zeitgenossen jubelten bei der Eröffnung über »eines der bedeutendsten Bauwerke aller Zeiten«. Kaiser Wilhelm II. sprach dagegen von einem »Gipfel der Geschmacklosigkeit«. Vor allem die frühe Version der Glas-Stahl-Kuppel war dem der Demokratie zutiefst abgeneigten Kaiser ein Dorn im Auge – und ein allzu mächtiges Symbol des Parlamentarismus.

Heute geht es am Platz der Republik 1 wieder darum, um die Demokratie und die Unabhängigkeit des Parlaments zu kämpfen.

2
Bremser am Werk
Fragwürdige Geschäfte im Schatten der Energiewende

Internationales Atom-Geschacher, Nuklear-Müll der Roten Armee für deutsche Kernkraftwerke, konspirative Treffen, versickerte Milliarden: Wie die Energiebranche ihre Nähe zur Politik für fragwürdige Geschäfte nutzt und die Kohle eine Renaissance erlebt.

Eine gute Autostunde westlich der kanadischen Stadt Calgary werden die Rocky Mountains zur mächtigen steinernen Formation. Schneebedeckt ragen selbst im Sommer die Gipfel der »Three Sisters« hervor, die fast 3000 Meter hohen Schwestern Hope, Faith und Charity. Es gibt hier so viele Berge und Gletscher, dass nicht alle benannt wurden. Aber diese drei, Hoffnung, Vertrauen und Nächstenliebe, sollten über der Region wachen. Auf den Wiesen im Tal stehen viele Tiere und wenige Häuser. Ins Kananaskis Country kommen normalerweise nur Besucher, die die schlichten und natürlichen Werte des Lebens schätzen.

Es sollte ein Zeichen sein, als die kanadische Regierung in der Einsamkeit der Rockies 2002 den G8-Gipfel der mächtigsten Politiker der Erde einberief. Spitzenpolitiker wie Russlands Präsident Wladimir Putin, US-Präsident George W. Bush, Großbritanniens Premier Tony Blair oder der deutsche Kanzler Gerhard Schröder – sie alle reisten in die betörende Natur der kanadischen Provinz Alberta, um an einem einsamen Flecken Erde, am Fuß von Hoffnung,

Vertrauen und Nächstenliebe, Entscheidungen von größter Bedeutung zu treffen. Die Abgeschiedenheit wirkte. Die Staatschefs beschlossen, den Kampf gegen die Armut zu forcieren, Russland in den Kreis der Mächtigsten aufzunehmen, vor allem aber: gegen die Verbreitung von Massenvernichtungswaffen mit einem historischen Abrüstungsprogramm vorzugehen.

Schließlich galt es gut zehn Jahre nach dem Fall des Eisernen Vorhangs eine gigantische Gefahr des Kalten Krieges zu beseitigen: Teils unkontrolliert lagerten in Russland Hunderte Tonnen hoch angereichertes Uran und strahlendes Plutonium aus Militärbeständen – in Atombomben oder U-Booten etwa. Genug Stoff für zig neue Sprengköpfe und genug Grund, es nie in die falschen Hände gelangen zu lassen. In die von Terroristen zum Beispiel. Russland wünschte sich dabei ausdrücklich westliche Hilfe. »Wir wären dankbar, wenn unsere Partner bereit wären, uns hierbei zu unterstützen«, sagte Russlands Präsident Wladimir Putin damals.

Eine Vereinbarung, die getrieben schien von den Paten Vertrauen und Hoffnung. Doch die Realität sah wohl ganz anders aus.

Sie fragen sich, warum ein Kapitel über den Einfluss und das Lobbying deutscher Energiekonzerne am Fuß einsamer Gipfel in Kanada beginnt? Warum dabei ein Abrüstungsprogramm eine Rolle spielt?

Weil Distanz manchmal hilft, die großen Zusammenhänge zu erkennen. Und weil große Politik selbst im Zeichen von Hoffnung, Vertrauen und Nächstenliebe von ganz anderen Werten getrieben sein kann.

Militär-Uran für deutsche Wohnzimmer

Putins Bitte im Kreis der Mächtigen fand in Kanada Gehör. Allen voran die USA und Deutschland reagierten und begannen zu helfen – diskret und ohne viel Aufhebens. An vorderster Front kämpfte ein ungewöhnlicher Alliierter der Politik mit: die deutsche Energiebranche. Denn unschädlich gemacht werden sollten atomare Militärbestände im großen Stil, indem man sie als Brennstoff auch in deutschen Atomkraftwerken einsetzte.

Es ist eine verstörende Vorstellung. Denn die Deutschen wurden so in den folgenden Jahren zu Dauerabrüstern, ohne es zu bemerken. Immer dann, wenn Bürger zu Hause Strom verbrauchten – am Herd, Laptop oder Lichtschalter –, machten sie mit. Mehr als ein Jahrzehnt lang halfen sie Russland und seinem Präsidenten Putin. Mehr als ein Jahrzehnt landete die strahlende Gefahr aus Russland in deutschen Reaktoren.

Die Öffentlichkeit erfuhr von der Umsetzung des Programms nichts. Vertrauliche Dokumente der Atombranche machen heute allerdings klar, welch riesige Dimension das Projekt allein in Deutschland hatte: Es geht nicht etwa um kleine Mengen in wenigen Brennelementen, sondern um mindestens 100 Tonnen militärisches Uran. Die deutsche Atomindustrie setzte in den vergangenen Jahren insgesamt mindestens 1000 Brennelemente ein, die mit militärischem Uran bestückt waren. Bei weiteren 500 gilt dies als sehr wahrscheinlich. Damit wurden die Brennelemente mit Brennstoffen so brisanter Herkunft zum wichtigen Stromlieferanten der Deutschen. Zum Vergleich: Mit 200 Brennelementen lässt sich ein durchschnittlicher Reaktor immerhin fünf Jahre befeuern.

Wer sich mit Experten über das Vorhaben unterhält, erfährt: Für die Beteiligten war das Verfahren mit einigem Aufwand verbunden. Aus einer Mischung von wiederaufbereitetem Uran aus Westeuropa und höher angereichertem Uran aus Russland wurden bei Moskau Brennelemente hergestellt, die dann in Spezialbehältern per Bahn, Schiff und Lastwagen zu ihren deutschen Bestimmungsorten transportiert wurden – in die Kernkraftwerke Obrigheim und Neckarwestheim (beide EnBW), Brokdorf (Eon), Unterweser (Eon) sowie Gundremmingen (RWE und Eon).

RWE bestätigt auf unsere Anfrage den Einsatz von allein 856 Brennelementen und erklärt: »Bei der Fertigung wird aus russischen Militärbeständen stammendes Uran beigemischt.« Auch der größte deutsche Energiekonzern Eon bestätigt den Einsatz militärischen Urans. EnBW gibt lediglich an, dass ein solcher Einsatz möglich sei.

Warum die Atomkonzerne allerdings selbst viele Jahre nach Beginn dieser gewinnbringenden Abrüstungsinitiative das Schweigen zu diesen breit angelegten Aktivitäten nur sehr zögerlich beenden, verstehen selbst Experten nicht. Die Branche hätte sich für ihr Friedensprojekt feiern lassen können. Fachleute halten den Einsatz von Uran in deutschen Meilern technisch für durchaus lösbar. Den Unternehmen scheint die Sache jedoch bis heute unangenehm.

Und die Diskretion könnte ihren Grund haben. Denn von einem brisanten Ziel, das Teile der Branche verfolgte, sollte die Öffentlichkeit nach einhelliger Meinung besser nichts erfahren. Manchen Atommanagern schwante wohl: Sollte das bekannt werden, wäre die öffentliche Aufregung gewaltig und auch der letzte Funke Vertrauen in die deutsche Atomkraft verspielt. Nuklearstrategen bahnten einen geradezu hinterlistigen Coup an.

Interne Dokumente der Atomindustrie lassen einen schweren Verdacht aufkommen. Deutsche Atommanager sollen demnach beim diskreten Abrüstungsprogramm wohl nicht nur bereitwillig mitgemacht haben. Sie zählten möglicherweise sogar zu seinen Initiatoren. Die Abrüstung war dabei mutmaßlich eher Mittel zum

Zweck. Den Managern ging es auch um etwas anderes. Sie sahen die Chance, mit geschicktem Lobbying den deutschen Atomausstieg durch den Einsatz militärischer Stoffe in Atomkraftwerken gegen den Willen von Bürgern und Politik zu verzögern und mit den Abrüstungsplänen längere Laufzeiten für die von der Abschaltung bedrohten deutschen Atomkraftwerke durchzuboxen.

Dokumente aus dem EnBW-Konzern belegen, dass sich deutsche Manager beim Thema Abrüstung aktiv in die Politik einmischten, schon lange vor dem G8-Gipfel in Kanada. Um den Erhalt des Weltfriedens ging es ihnen dabei nur am Rande: Die Abrüstungsfrage »könnte in Zukunft im politischen Raum eine wichtige Rolle bei der erneuten Diskussion über die Laufzeiten der Kernkraftwerke spielen«, heißt es in den Geheimpapieren, die aus der Zeit vor dem Gipfel von Kananaskis stammen. »Aus diesem Grunde hat RWE mittlerweile auch Interesse am Bezug von Brennelementen aus russischer Fertigung mit militärischem Material bekundet.« Mit anderen Worten: Es geht vielleicht auch um Frieden und Abrüstung, vor allem aber ums lukrative Geschäft mit Atomstrom, das auf keinen Fall enden sollte.

Die Branchendokumente ermöglichen erstmals einen ebenso seltenen wie tiefen Einblick in die Gedankenwelt deutscher Atommanager. Sie zeigen, wie weit Lobbyismus hinter verschlossenen Türen in der Atombranche in den vergangenen Jahren ging. Denn das Thema Abrüstung in deutschen Atomkraftwerken hatte die Branche offenkundig gut vorbereitet.

Bereits im Jahr 2001 machten sich Atommanager in Berlin dafür stark, neben Uran auch das noch gefährlichere Plutonium aus Militärbeständen Russlands in deutschen AKW abzufeuern. Für Umweltschützer und Atomexperten eine Horrorvision. Man stieß die Debatte an, eruierte die politische Lage und resümierte erfreut, die Bundesregierung sei für das Thema grundsätzlich offen. So steht es in einem internen EnBW-Vermerk für den damaligen Konzernchef Gerhard Goll zur Vorbereitung auf ein Gespräch mit Kanzler Gerhard Schröder 2001 – also ein Jahr vor dem Gipfel in Kanada.

Selbst die Grünen hat die Atombranche nach eigener Lesart im Griff: »Überraschenderweise gibt es bei den Grünen dank guten Lobbyings durch die richtigen Leute eine vergleichsweise hohe Akzeptanz«, schreibt der Chef der EnBW-Kraftwerke AG, Michael Gaßner, an Goll und weiht ihn in ein Geheimnis mit großer Sprengkraft ein: »Die Bundesregierung weiß allerdings nicht, dass die Zeiträume, die benötigt werden, um all das russische Plutonium in Reaktoren zu verbrennen, doch deutlich länger sind als die ›Restlaufzeiten‹ des Energiekonsenses, so dass hieraus der Druck auf eine Verlängerung der Laufzeiten entstehen wird.«

Aus Sicht der Nuklearindustrie konnte der Gipfel von Kananaskis im Jahr 2002 also kommen. Man war schließlich vorbereitet. In Kanada agierte Kanzler Schröder jedenfalls ganz im Sinne der Konzerne – ohne allerdings ein wichtiges Detail ihrer Pläne zu kennen. Die G8-Staatschefs beschlossen auf sanftes Drängen des deutschen Kanzlers hin nicht nur die Aufnahme Russlands in die Runde der G8. »Ohne oder gegen Russland kann es auf Dauer keinen Frieden oder Stabilität in Europa geben«, sagte Bundeskanzler Gerhard Schröder damals. Die Staatschefs nahmen sich auch der »Globalen Partnerschaft gegen die Verbreitung von Massenvernichtungswaffen und -materialien« auf Initiative aus Deutschland hin an.

Dass die deutsche Energiebranche Feuer und Flamme für das Abrüstungsprojekt war und auch die Politik einspannte, hatte wohl auch handfeste wirtschaftliche Gründe. Es ging schließlich um viel Geld. Für deutsche AKW-Betreiber war diese Form der Abrüstung aus monetärer Sicht eine feine Sache. Denn Brennelemente aus Russland seien für deutsche AKW-Betreiber schlicht billiger gewesen als die aus westlicher Produktion, sagt ein Insider. Und Russland konnte seine strahlende Hinterlassenschaft so auch noch zu Geld machen.

Wichtiger Nebeneffekt für Moskau: Brennelemente mit militärischem Uran fielen nicht unter die zeitweise bestehende Einfuhrbeschränkung des Atomvertragswerks Euratom. So konnte Russland schlicht mehr Uran gen Westen verkaufen. Die Verträge, die nach Vertrauen und Hoffnung klangen, waren also ein Milliardengeschäft, das deutschen wie russischen Firmen, dem russischen Staat und Zwischenhändlern hohe Profite ermöglichte.

Die internen Branchendokumente fördern damit eine Strategie zutage, die erst recht nach der Katastrophe von Fukushima wie ein unfassbarer Betrugsversuch an der Gesellschaft wirkt – zugunsten des eigenen Geschäfts. Teile der Atomwirtschaft glaubten also nicht nur, die deutsche Politik dank ihres Lobbyings beim Thema Abrüstung im Griff zu haben. Sie enthielten ihr auch noch hochbrisante Informationen vor, um sie bei einer der wichtigsten politischen Entscheidungen der vergangenen Jahre hinters Licht zu führen: dem Atomausstieg.

Damit stellt sich nicht nur die Frage nach den Hintergründen der Abrüstungsinitiative ganz neu. Damit erscheint auch die hiesige Debatte um eine Laufzeitverlängerung in neuem Licht. Denn das Lobbying der Branche war letztlich erfolgreich. Zwar hatten die Atomkonzerne selbst im Jahr 2000 zusammen mit der Regierung von Gerhard Schröder im Atomkonsens beschlossen, aus der Kernenergie auszusteigen. 2001 wurde der Vertrag öffentlichkeitswirksam unterzeichnet. 2002 wurde er zum Gesetz, im Jahr des Gipfels von Kananaskis.

Seelenruhig verhandelten Manager also mit der Politik, segneten das Aus selbst ab und konnten dennoch beruhigt auf den Atomausstieg zusteuern, der ja eigentlich die Abschaltung aller Atomkraftwerke im Zeitraum von 2010 bis 2022 vorsah. Er stand ohnehin in Frage, wollte Deutschland seine Abrüstungsverpflichtungen erfüllen. Und siehe da. Der Ausstieg wurde zurückgenommen. Die Laufzeitverlängerung kam. Deutschlands Atomkraftwerke bekamen ein Nachspiel.

Es gehe vor allem um Stromkosten, so betonten die Parteien damals. Wirklich? CDU, CSU und FDP kündigten 2009 an, Deutschlands Atomkraftwerke weiterlaufen zu lassen. Die schwarzgelbe Koalition verschob den Ausstieg in Deutschland dann hochgerechnet auf den Zeitraum von 2019 bis 2036. Die Kraftwerke bekamen demnach mindestens neun Jahre mehr – obwohl sich ein Überangebot von Strom in Deutschland bereits abzeichnete. Eine aus energiepolitischer Sicht ebenso rätselhafte wie fragwürdige Entscheidung.

Die endgültige Wende folgte erst 2011 nach der Atomkatastrophe von Fukushima. Der folgenschwere Unfall in Japan beschleunigte den Atomausstieg und bedeutete das sofortige und endgültige Aus der sechs ältesten Atomkraftwerke und des Pannenmeilers Krümmel. Jetzt müssen die letzten Atomkraftwerke doch bereits 2023 vom Netz gehen. Der öffentliche Druck war in der Zwischenzeit zu groß geworden. Ein Festhalten an der Atomkraft unter diesen Vorzeichen hätte jede Regierung aus dem Amt gefegt.

Selbst Jahre nach Beginn dieser Energiewende ist dem EnBW-Konzern, der an vorderster Front um den Einsatz militärischer Stoffe kämpfte, zu den Vorgängen nicht mehr als ein Achselzucken zu entlocken: Wie EnBW den Versuch bewerte, die Regierung beim Atomausstieg auszutricksen? »Der von Ihnen zitierte Satz ist eine Sachverhaltsdarstellung«, lässt EnBW auf eine Anfrage hin wissen. »Wir verwahren uns gegen eine pauschale Unterstellung einer geplanten Täuschung.«

Wer aber fädelte die Geschäfte wirklich ein?

Die Spuren führen zu einer Affäre, die die deutsche Energiebranche in den vergangenen Jahren in ein schummriges Licht tauchte: Die fragwürdigen Geschäfte mit dem russischen Lobbyisten Andrej Bykow.

Der kleine Mann aus Moskau mit den ausgezeichneten Deutschkenntnissen und der Vergangenheit als Diplomat mit Geheimdienstnähe ist die Schlüsselfigur im wohl schillerndsten deutsch-russischen Wirtschaftsskandal des vergangenen Jahrzehnts. Rund 220 Millionen Euro überwies EnBW im Laufe mehrerer Jahre an Bykow und auf Konten seiner Firmen in der Schweiz. Der Lobbyist hatte mit EnBW während der Amtszeit der drei Vorstandschefs Gerhard Goll, Utz Claassen und Hans-Peter Villis zusammengearbeitet.

Bykow studierte an einer Moskauer Eliteuniversität Wirtschaft und arbeitete während des Zusammenbruchs der Sowjetunion ab Dezember 1989 für zweieinhalb Jahre an der sowjetischen Botschaft in Bonn. Weil er in Berlin aufgewachsen ist, wo sein Vater in den 70er-Jahren als Diplomat stationiert war, spricht er exzellentes Deutsch – und verfügt über exzellente Kontakte in die russische Politik. Und nicht nur in die. Dass als Spiritus Rector dieser in jeder Hinsicht sensiblen Geschäfte mit Militär-Uran ausgerechnet der Lobbyist Andrej Bykow gilt, lässt heute unter führenden Atompolitikern in Deutschland die Alarmglocken schrillen. Bykow war über Jahre als Berater in das globale Urangeschäft eingeschaltet, vor allem über den drittgrößten deutschen Energiekonzern EnBW. Nach einem Zerwürfnis mit Auftraggebern ist er heute bereit, über seine Geschäfte zu reden und sein Wissen zu offenbaren. Und diese Kenntnisse über das Innenleben und die Denke in den Kommandozentralen der deutschen Energiekonzerne sind mehr als erstaunlich.

Bykow, ein hochintelligenter und äußerst gläubiger Mann mit viel Menschenkenntnis, sitzt in seinem Moskauer Büro am Rande der Innenstadt, klappt den Laptop auf und beginnt zu erzählen. Er gehört zu den wenigen Eingeweihten, die Licht in dieses dunkle Kapitel der deutschen Energiebranche bringen können. Und er bestätigt: Die Branche, allen voran der Karlsruher Konzern EnBW, wollte mit dem militärischen Uran dem Ausstieg entgegenwirken: »Man wollte angesichts des drohenden Atomausstiegs ein Signal setzen: Bitte schließt uns nicht, wir betreiben Abrüstung«, sagt Bykow und macht damit endgültig klar, dass die Industrie aus höchst zweifelhaftem Grund um die Abrüstungsdeals warb. Er habe dieses Uran besorgen sollen, räumt Bykow ein – auch als Faustpfand der Konzerne in der Laufzeitverlängerungsdebatte gegenüber der Regierung.

Ein großes Ziel, ein globaler Plan der internationalen Staatengemeinschaft und mittendrin ein Atomlobbyist aus Moskau, der in eine Schlüsselrolle in der deutschen Energiepolitik rückt. Gäbe es die Dokumente nicht, wäre kaum zu glauben, was sich da über Jahre hinweg abspielte. Thriller-Autoren wären wohl wegen Realitätsferne müde belächelt worden, hätten sie sich diesen schrägen Plot ausgedacht. Und das in einer Branche, in der korrektes Geschäftsgebaren und Vertrauen in die Verlässlichkeit von AKW-Betreibern Grundvoraussetzung ist. Schließlich kann jeder Verstoß, etwa gegen Sicherheitsvorschriften, fatale Folgen haben.

Auch die Staatsanwaltschaft Mannheim interessiert sich für die Geschehnisse. Denn bei den Geschäften mit Bykow floss viel Geld. Jene rund 220 Millionen Euro, die EnBW an Bykows Firmengeflecht überwies, das in der Schweiz angesiedelt ist.

Wofür? Das fragen sich auch die Ermittler. Sie gehen dem Verdacht schwarzer Kassen nach. Die EnBW erklärte, sie habe dazu »keine Erkenntnisse«.

Bykow behauptet, er habe einen Teil der EnBW-Millionen ausgegeben, um russische Entscheider für EnBW-Geschäfte gewogen zu machen. Es ist eine bemerkenswerte Landschaftspflege, die Bykow in seiner Moskauer Agentur offenbart. Er trägt schwere Bücher in den Raum, die die Arbeit seiner wohltätigen Stiftung dokumentieren. Dass Geld deutscher Stromkunden offenbar für militärische Stützpunkte des Riesenreichs floss – angesichts der jüngsten Spannungen zwischen Russland und dem Westen wäre das wohl eine kaum zu übertreffende Tollheit.

In Wiljutschinks an der Pazifikküste etwa, dort, wo die gefährliche Atom-U-Boot-Flotte stationiert ist, wurde gar ein U-Boot nach Bykows Stiftung benannt. Bei der Schiffstaufe 2006 lässt sich Lobbyist Bykow mit kirchlichen Würdenträgern ablichten. Andernorts ließ Bykow Statuen aufstellen, Jagdbomber tragen das Emblem seiner Stiftung. Ein Flugzeughangar soll mit ihrer Hilfe errichtet worden sein.

Lange behauptet die Bundesregierung, sie habe mit Andrej Bykow nie etwas zu tun gehabt. Als erste Gerüchte die Runde machen, Bykow habe so diskret wie effizient bis in die Bundesregierung hinein Kontakte auf höchster Ebene gepflegt, weist Berlin das zurück. Auf Anfrage der Grünen-Fraktion im Bundestag teilt die Bundesregierung zunächst mit: Über direkte Kontakte zwischen Bykow und der Bundesregierung lägen »keine Erkenntnisse« vor. Doch wenig später wird klar: Die Regierung hatte da offenbar etwas übersehen. Auf Nachfragen der Grünen räumt sie später überraschend ein: Bykow hatte doch direkte Kontakte nach Berlin. Der Lobbyist saß sogar mit am Tisch, als es wenig später um eine weitere hochbrisante deutsch-russische Abrüstungsangelegenheit ging.

»Nochmalige Recherche« habe »zu weitergehenden Erkenntnissen geführt«, muss die Bundesregierung schließlich notgedrungen zugeben. So habe Bykow an einem Gespräch des Staatssekretärs Bernd Pfaffenbach über die Abrüstung russischer Atom-U-Boote mit dem damaligen Vizechef der russischen Atombehörde Rosatom, Andrej Malyschew, teilgenommen. Er habe Malyschew begleitet. Auch ein ehemaliger Abteilungsleiter des Bundesfinanzministeriums habe 2008 oder 2009 Gespräche mit Bykow geführt. Zuvor hatte Berlin nur Anfragen von EnBW beim Bundesnachrichtendienst über Bykow eingeräumt – auch der Konzern traute seinem hochkarätigen Lobbyisten offenbar irgendwann nicht mehr über den Weg.

Ein deutscher Energiekonzern, russische Militärs und Politiker, Abrüstung und biedere Stromgeschäfte – und mittendrin ein Lobbyist mit guten Kontakten auch in Berlin, den man auch in Geheimdienstkreisen kennt. Unsere Recherchen zum Atomlobbyismus offenbaren ein eigenartiges Netz. Die Aktivitäten der Atomlobby machen schlagartig klar, wo die Grenzen überschritten werden zwischen erwünschter gesellschaftlicher Interessenvertretung und jenem Lobbyismus, der einer Gesellschaft zutiefst und nachhaltig schadet, weil er demokratische Prozesse aushebelt.

Der Energiebranche ging es gerade nicht darum, ihre legitimen Argumente in die öffentliche Debatte einzuspeisen und die Bürger oder ihre Interessenvertreter entscheiden zu lassen. Ziel war es, die Ergebnisse einer öffentlichen Debatte hinter verschlossenen Türen auszuhebeln. Wohl selten zuvor hat man Lobbyismus dreister erlebt. »Der Vorgang zeigt einmal mehr: Die Tinte auf dem Atomausstieg war noch nicht trocken, da überlegten die Konzerne bereits, wie der Konsens wieder gebrochen werden kann«, sagt Sylvia Kotting-Uhl, atompolitische Sprecherin der Grünen-Bundestagsfraktion. »Hier tun sich Abgründe auf.«

Die Rede ist von Abgründen, die noch lange nicht der Vergangenheit angehören. Denn die Energiebranche versteht es, auf vielen Ebenen einen besonders engen Draht zur Politik zu pflegen. Der Wunsch nach Nähe zu den Mächtigen ist mit dem beschleunigten Atomausstieg nach Fukushima nicht kleiner geworden. Im Gegenteil.

Seit die Geschäfte einbrechen, der öffentliche Einfluss schwindet, suchen sich die Konzerne immer neue Wege der Einflussnahme. Da der direkte Draht ins Kanzleramt immer stärker abgekühlt ist, Spitzenpolitiker des Bundes die Nähe zur Stromwirtschaft meiden, wird die Branche erfinderischer mit den Versuchen, gesellschaftliche Prozesse zum eigenen Wohl zu steuern. So zum Beispiel beim Klimawandel.

Warum Energiewende, wenn die Kohle auch so fließt?

Der Klimawandel bedroht nach dem Atomausstieg nun auch noch das letzte florierende Geschäftsfeld der Konzerne: den besonders umweltschädlichen Betrieb von Kohlekraftwerken. In Berlin setzt sich seit einiger Zeit die Erkenntnis durch, dass Deutschland seine strengen Klimaziele bis 2020 verfehlt, wenn das Land nicht gegensteuert. In den vergangenen Jahren war der CO_2-Ausstoß im Energiewendeland Deutschland gestiegen und nicht gefallen. Der Grund: Die deutschen Energiekonzerne verfeuerten wieder deutlich mehr Kohle in der Stromproduktion. Vier der fünf klimaschädlichsten Kraftwerke Europas stehen nicht etwa irgendwo in Osteuropa, sondern auf deutschem Boden.[1]

Dabei muss auch Deutschland schrittweise raus aus der Kohleverstromung, um den Klimawandel zu bekämpfen. Spätestens ab 2017 müssten die Emissionen überall jährlich um acht bis zehn Prozent sinken, sagt selbst Fatih Birol, Direktor der beim Klimaschutz lange zurückhaltenden Internationalen Energieagentur – anders sei das Zwei-Grad-Ziel nicht mehr zu erreichen. Es geht um jene

Grenze der Erderwärmung, bei der eine »gefährliche anthropogene Störung des Klimasystems« gerade noch verhindert werden kann, wie es in der Klimarahmenkonvention heißt.

Bei einer Durchschnittstemperatur, die maximal zwei Grad höher liegt als zu Beginn des Industriezeitalters, soll der Klimawandel endgültig gestoppt werden, um schlimme Folgen für die Welt abzuwenden. Und damit auch noch höhere Kosten von Gesellschaften für die Anpassung an den Klimawandel. So sieht es die Politik. Und so wäre es der einzig sinnvolle Weg für ein Land und seine Wirtschaft. Wer allerdings glaubt, dass sich diese Erkenntnis überall durchgesetzt hätte, täuscht sich. Große Teile der hiesigen Energiebranche halten äußerst wenig davon, nach den Atomkraftwerken auch noch Kohlemeiler aus dem Verkehr zu ziehen. Sie setzen alle Hebel in Bewegung, um mit erfolgreichem Lobbyismus den zweiten Ausstieg zu verhindern.

Welche Wirkung die Branche noch immer hinter den Kulissen in der deutschen Politik entfalten kann, zeigen ihre Kontakte in die große Koalition. Die Koalitionsparteien wollten eigentlich schon in der vergangenen Legislaturperiode bei den Kraftwerken im größeren Stil umsteuern. Zum einen sollten in den Koalitionsverhandlungen für die laufende Amtszeit der Bundesregierung die Ausbauziele für grünen Strom hochgeschraubt werden. Zum anderen sollten fossile Kraftwerke nicht mehr für sakrosankt erklärt werden. Das Kalkül von Union und SPD: Je mehr Kohlekraftwerke aus dem ohnehin viel zu großen Kraftwerkspark des Landes gedrängt werden, desto besser die Klimabilanz Deutschlands. Viele Forscher und Experten unterstützten den Ansatz.

Doch trotz breiter Unterstützung in der Gesellschaft: weit kamen die demokratisch gewählten Vertreter des Landes nicht mit ihrem Vorstoß. Sie hatten die Rechnung ohne die Lobbyisten der Konzerne gemacht.

Die bekamen schon Wind von den Plänen der Politik, als die Tinte auf den ersten Entwürfen für den Koalitionsvertrag Anfang November 2013 kaum trocken war. Bestimmt waren die Dokumente eigentlich nur für die Abgeordneten der Arbeitsgruppe Energie im Berliner Regierungsviertel. Doch es dauerte nur ein paar Stunden und ein paar Mausklicke und der zehnseitige PDF-Entwurf mit der Nummer 63 verließ eine undichte Stelle und ging auch bei Lobbyisten der deutschen Energiekonzerne in Berlin-Mitte ein.

Die Vertreter der Industrie saßen perplex vor ihren Computern und Handys. Was sie da zu lesen bekamen, war kaum zu fassen. Passiert war, womit niemand in der Energiebranche gerechnet hatte. Obwohl die nordrhein-westfälische und traditionell kohlefreundliche damalige Ministerpräsidentin Hannelore Kraft (SPD) bei den Koalitionsverhandlungen als Verhandlungsführerin für das Thema Energie die Fäden zog, war in der Vorlage für die Gespräche eine folgenreiche Formulierung gelandet. 75 Prozent des deutschen Stroms, hieß es da, sollten bis 2030 aus erneuerbaren Energien gewonnen werden. 75 Prozent – drei Viertel des deutschen Stroms?

Eine Revolution. Damit konnten den Großkraftwerken, die heute noch immer für rund 70 Prozent des Stroms stehen, plötzlich nur noch 25 Prozent bleiben – und das bei kräftig sinkendem Verbrauch in den nächsten Jahren.

Hatte die SPD-Politikerin da am Ende nicht durchschaut, was das für die Energiekonzerne wie RWE in ihrem Bundesland bedeuten könnte? Zwar hatte sie nichts anderes umgesetzt als das SPD-Regierungsprogramm. Denn dort war es auch genau so verankert. Doch die führenden Kohlekonzerne RWE und Vattenfall aus Schweden waren sich einig: So hatte man nicht gewettet.

Die Truppen schlugen los. Im sogenannten »War Room« von RWE in Berlin herrschte plötzlich Alarmstimmung. Der Essener Konzern hatte eigens eine Zentrale eingerichtet, in der alle Informationen aus den Koalitionsverhandlungen zusammenliefen und Experten die Entwürfe auswerteten und kommentierten. Ihnen wurde klar: Es brauchte eine höchst wirksame Gegenwehr.

Und auch bei Vattenfall, dem Kohlekonzern Nummer zwei, nahm man die Zahlen unter die Lupe – und war baff. Käme der Plan durch, hätte das eigene Geschäft mit den Kohlekraftwerken kaum noch eine Zukunft. Dabei hatte Vattenfall noch kurz zuvor erklärt, bis 2045 weitermachen zu wollen. Die Kohle sollte weiter im großen Stil aus der Erde und ins deutsche Stromnetz geholt werden. Der Konzern plant, gleich fünf Tagebaue in Ostdeutschland zu erweitern.

Jetzt lag es an Wolfgang Dirschauer. Es blieb nur wenig Zeit bis zur entscheidenden Sitzung nur einen Tag später. Dirschauer kennt den Politikbetrieb. Er gehörte selbst mal dazu, als Energiereferent der SPD-Fraktion, bevor er Lobbyist des Berliner Stromkonzerns Vattenfall wurde.

Noch am Nachmittag gegen halb vier macht er seinem Ärger Luft. »75 Prozent EEG-Strom bis 2030? Hat es da Opium geregnet?«, tippt Dierschauer in einer E-Mail am 8. November 2013 an einen kleinen Kreis führender SPD-Leute um Hubertus Heil, den stellvertretenden SPD-Fraktionschef. Der Lobbyist kann sich kaum bremsen. Die Positionen der Union seien ja schon kaum fassbar. Aber: »Wer stimmt (...) auf der SPD-Seite eigentlich einem solchen Wahnsinn zu? Wer vertritt für die Fraktion diese Positionen?« Einige sich die Koalition wirklich auf ein so ehrgeiziges Ausbauziel, dann würde das »unsere Firma ruinieren und über 20 000 Arbeitsplätze in der Lausitz vernichten«, fährt er fort. Und die RWE-Kohletochter sowie den ostdeutschen Kohlekonzern Mibrag gleich mit.

Vattenfall schwant, was der eine Satz in den durchnummerierten Zeilen 61 und 62 des Vertragsentwurfs bedeutet: Kämen wirklich 2030 schon drei Viertel des deutschen Stroms aus grünen Quellen, wäre vielleicht das Klima einer Rettung näher gekommen – die Konzerne aber könnten ihre gigantischen Tagebaue dichtmachen.

Dann würden die Firmen mit ausrangierten Kohlekraftwerken nicht nur auf milliardenschweren Investitionsruinen sitzen. Dann würden auch noch jene Milliarden-Rückstellungen fällig, die sie für den Tag bilden müssen, an dem die riesigen Bagger gestoppt werden und von dem an die mondähnlichen Landschaften in der Lausitz und dem Rheinland renaturiert werden müssen – Flächen in Dimensionen von 100 Quadratkilometern. Im Klartext: »Sollen wir jetzt SOFORT alle industriellen Aktivitäten in den Abwicklungsmodus geben?«, fragt der Lobbyist unumwunden.

Die Konzerne wissen genau, wo sie ansetzen müssen: Bei den Politikern jener Bundesländer, in denen die Verbindung zwischen Kohlewirtschaft und Politik ausgesprochen eng ist. Äußerst intensiv beackert man deshalb Brandenburgs Ministerpräsidenten Dietmar Woidke (SPD). In Brandenburg ist Vattenfall besonders einflussreich. Hier stehen die Schweden für Tausende Jobs, riesige Tagebaue und hohe Steuereinnahmen. Und Woidke, so scheint es, weiß, wen er in Energiefragen um Rat fragen muss.

Einige Abgeordnete sind überrascht, als er Ulrich Freese, einen grauhaarigen stämmigen Mann über 60, in den Vorbereitungsgesprächen zum entscheidenden Koalitionstreffen der AG Energie als Begleiter vorstellt. Allenfalls Energiefachleuten ist der Mann mit tiefer Stimme und kantigem Gesicht, der seine Ruhrgebietsvergangenheit kaum verbergen kann, bekannt. Der frühere Gewerkschafter sitzt heute nicht nur als Kontrolleur im Aufsichtsrat von gleich drei Vattenfall-Gesellschaften, er hat sich auch einen Platz im wichtigsten politischen Organ des Landes erkämpft: im Bundestag.

Einige Genossen ahnen, welchen Verlauf die Sitzung nimmt: SPD-Verhandler Woidke dringt im entscheidenden Moment darauf, einen Satz in den Koalitionsvertrag aufzunehmen, der es in sich hat. Teilnehmer bei einem SPD-Treffen zur Vorbereitung der finalen Gespräche der AG Energie erinnern sich an die wegweisende Szene. Woidke habe den vorformulierten Passus vorgetragen. In den Vertrag gehöre in jedem Fall die Feststellung: »Die konventionellen Kraftwerke (Braunkohle, Steinkohle, Gas) als Teil des nationalen Energiemixes sind unverzichtbar«, diktiert Woidke.

Was nach Nebensächlichkeit klingt, bedeutet für die Branche einen Glücksgriff in den Verhandlungen. Denn der Satz gilt als eine Art Bestandsgarantie für fossile Kraftwerke. Entsprechend stolz ist Lobbyist und Berater Freese später darauf, dass die Formulierung einen Durchmarsch schafft.

Freese sitzt an einem Winternachmittag in der feinen Parlamentarischen Gesellschaft gleich neben dem Reichstag und erzählt bei einer Zigarre von der Genese der Formulierung, die sich nur mit dem Einschub »auf absehbare Zeit« im 185-seitigen Koalitionsvertrag wiederfindet, den die Koalitionsspitzen am 27. November 2013 in Berlin unterzeichneten. Sie wird damit zur Basis des Regierungsprogramms einer gesamten Legislaturperiode. Und sie stellt sicher, dass die neue Bundesregierung in der Energiepolitik künftig nicht primär auf die umweltfreundliche Wind- und Solarkraft setzt, sondern auch weiterhin auf die klimaschädliche Braunkohle. Er habe die Formulierung angeregt, räumt Freese im Gespräch ein. Ministerpräsident Woidke habe sie dann vorgetragen. Mit Lobbyismus für eine Branche habe das nichts zu tun, sagt Freese. Ihm gehe es um die mehr als 20 000 Beschäftigten, die in Brandenburg von dem Geschäft mit der Kohle abhingen. Um jene Region also, die der Strukturwandel schon so hart getroffen habe und in die heute kaum noch ein Investor komme, um die weggebrochenen Jobs zu ersetzen.

Die Nebenwirkung dieses Einsatzes für die gesamte Gesellschaft wirken jedoch schwer: Das Klima leidet weiter, die Kosten für das

Land und seine 80 Millionen Bürger beim Umsteuern wachsen mit jedem Jahr des Wartens. Allein die Energiekonzerne profitieren vom abgeschwächten Klimakurs mit höheren Einnahmen und niedrigeren Kosten. Die Politik winkt damit Wirtschaften auf Kosten eines ganzen Landes durch – zum Schaden von Mensch und Umwelt.

Während Umweltschützer entsetzt sind, feiert die Branche ihren Erfolg. »Der Satz ist ein Bekenntnis, dass Kohlekraft weiter erforderlich ist«, findet Freese zufrieden nach den Verhandlungen.

Die Energiekonzerne waren nach arbeitsreichen Tagen zufrieden. Der »War Room«, die vielen gut bezahlten Lobbyisten – all das hatte sich ausgezahlt. Angesichts des relativ guten Ausgangs der Verhandlungen solle man trotz aller Freude zurückhaltend sein, hieß es anschließend in internen Papieren. Bei der Ausarbeitung der Regelungen in den Ministerien könne schließlich noch viel passieren.[2]

Die Vorgänge in all ihren Details zeigen, wie Wirtschaft erfolgreich und diskret Einfluss nimmt. Ohne große öffentliche Debatte. Möglichst früh im Entscheidungsprozess und möglichst wirksam. Abgeordnete, die sich fragten, wer da plötzlich mit am Tisch saß, erfuhren: Freese, der gelernte Betriebsschlosser, hat selbst im Steinkohlebergbau als Schlosser unter Tage gearbeitet, bevor seine steile Gewerkschaftskarriere begann. Nach dem Studium an der Akademie der Arbeit 1990 ging er als Gewerkschaftsfunktionär in die Lausitz. Freese wurde später Vizechef der Industriegewerkschaft Bergbau, Chemie, Energie (IG BCE). Von 1994 bis 2004 saß er schon als SPD-Abgeordneter im Brandenburger Landtag. Später riefen noch höhere Aufgaben. Freese wurde von der Brandenburger SPD für die Bundestagswahl aufgestellt.

Ein Karrieresprung, der Brandenburger Genossen allerdings einigermaßen suspekt war. Einige fragten sich, ob wirklich alles mit rechten Dingen zuging. In einer E-Mail an Teile der Parteispitze warnten die Absender vor »Leichen im Keller«. Gemeint gewesen seien Interessenkonflikte, heißt es. Denn als Vizechef seiner Gewerkschaft saß er nicht nur in acht Aufsichtsräten, wofür er von Ende März 2014 bis Ende Juni 2015 brutto fast 350 000 Euro bekam. Nach Steuern und Abführungen an die Gewerkschaften blieben netto immerhin rund 95 000 Euro an Zusatzeinkünften für das gute Jahr übrig. Parteifreunde hatten auch noch Wind davon bekommen, dass darüber hinaus zwei Söhne Freeses Arbeit bei Vattenfall gefunden hatten.[3] Freese bestätigt das, erklärt jedoch, dies habe nichts mit seinen Aufsichtsratsmandaten im Konzern zu tun. Interessenkonflikte sehe er nicht.

Auch dass der Politiker Freese offenkundig finanziell aus dem Vollen schöpfen konnte, weckte Misstrauen bei den Genossen. Just in dem Jahr, in dem er innerhalb der SPD um einen Sitz im Bundestag kämpfte, zählte er zu den größten privaten Spendern seiner Partei – und zwar bundesweit. Im Rechenschaftsbericht der SPD taucht eine Spende über 12 570 Euro auf. Freese spendete der eigenen Partei damit nur unwesentlich weniger als etwa die gesamte Ergo-Versicherungsgruppe mit 15 000 Euro.

Freese weist den Vorwurf zurück, sich damit die Direktkandidatur erkauft zu haben. »Ich habe mir alle meine Kandidaturen durch Engagement und Sachkunde erarbeitet.« Er spende bereits seit Jahren an diverse SPD-Ortsvereine. Das Geld »wäre so oder so gekommen«.[4]

Bei den Spenden der anderen lief es ebenfalls gut. Fast 90 000 Euro landeten auf Freeses Wahlkampfkonto. Großzügig gab sich pikanterweise ein Vattenfall-Manager. 1000 Euro soll der frühere Vattenfall-Personalmanager Hermann Borghorst gezahlt haben. Freese bestätigt auch dies, verweist aber auf eine langjährige Freundschaft. Mit Vattenfall habe die Spende nichts zu tun.

Für Lobbyismus-Experten machen die Vorgänge klar, wie sehr Interessenvertreter während der Verhandlungen von Union und SPD zur Vorbereitung ihrer Regierung Einfluss genommen haben. »In den Koalitionsverhandlungen wurde vermutlich eine der größten Lobbyschlachten der vergangenen Jahre ausgetragen«, sagte Christina Deckwirth von der Organisation LobbyControl. Der Aufwand der Lobbyisten, ihre jahrelangen Vorbereitungen und das Knüpfen enger Kontakte, zahlten sich hier schnell aus. Schließlich wurden in wenigen Tagen an den Verhandlungstischen die politischen Weichen für die nächsten vier Jahre gestellt.

Enge Verbindungen in der Energiebranche zwischen Politik und Konzernen sind keine Domäne einzelner Parteien oder Regionen. Auch Gregor Golland hält für Kritiker als Prototyp eines multifunktionalen Politikers her. Denn der CDU-Mann aus dem nordrhein-westfälischen Brühl ist nicht nur Landtagsabgeordneter. Er arbeitet nebenbei auch noch Teilzeit als Abteilungsleiter beim Energieriesen RWE in der Tochter Innogy. Nicht nur für Golland eine interessante Konstellation. Denn in der Landtagsfraktion sitzt er für die Unionin wichtigen Ausschüssen. Dass Golland mit seiner Beschäftigung dem RWE-Konzern nahe steht, ist angesichts der Kohle- und Klimadebatten für das Unternehmen mit Sitz in Essen beileibe kein Nachteil. Zumal Golland in seiner Partei als Befürworter der Kohle-Förderung gilt.

Schließlich verfeuert kein anderes Unternehmen so viel von dem umstrittenen Rohstoff wie RWE. Verbindungen zwischen dem der Allgemeinheit verpflichteten politischen Mandat und dem auf Profit getrimmten Konzern? Keine, versichert RWE. Man lege größten Wert auf eine saubere Trennung zwischen unternehmerischen und politischen Interessen. Er sehe keine Interessenkonflikte, erklärt auch Golland. »Ich bin seit Langem Befürworter der Kohle, das hat mit dem Unternehmen, für das ich arbeite, nichts zu tun.« Selbstverständlich nicht. Man stellt sich den Pharma-Manager als Abgeordneten im Gesundheitsausschuss vor und ahnt, wie unmöglich eine Trennung der Interessen ist.

Die Umweltorganisation Greenpeace meldet ernste Zweifel daran an, dass Polit-Amt und berufliche Tätigkeit tatsächlich nichts miteinander zu tun haben. In ihrem »Schwarzbuch Kohlepolitik« weist die Organisation auf Dutzende Verbindungen deutscher Politiker zur Branche hin. Der Bericht kritisiert, Politik und Kohlewirtschaft seien eng miteinander verfilzt. Das sorge dafür, dass Deutschland trotz Energiewende am größten Klimakiller festhalte und damit den Schutz von Menschen, Umwelt und Klima vernachlässige. Denn die Verflechtungen von Kohlebranche und Politik durchziehen viele Bereiche der Politik von Landtagen bis in den Bundestag. Der Report über 45 Politiker mit fragwürdigen Beziehungen füllt fast 30 Seiten mit Beispielen von Volksvertretern, die der Kohle nahe stehen.

Da wird zum Beispiel mit Wolfgang Clement ein ehemaliger Aufsichtsrat bei RWE Rheinbraun Ministerpräsident des Landes Nordrhein-Westfalen – und genehmigt den umstrittenen RWE-Braunkohletagebau Garzweiler II im Norden Kölns. Später steigt er in der rot-grünen Bundesregierung Gerhard Schröders zum Wirtschafts- und damit Energieminister auf.

Ein CDU-Präsidiumsmitglied – Hermann-Josef Arentz – erhält über viele Jahre kostenlosen Strom und ein jährliches Gehalt von 60 000 Euro von RWE. Wofür? Besonders problematisch laut Greenpeace: Posten von Politikern in Aufsichts- oder Beratungsgremien der Branche. Viele Politiker nutzten ihre Verbindungen, »um den Kohlekonzernen hohe Gewinne zu sichern und nicht selten das eigene Einkommen aufzubessern«.

Fazit der Organisation: »Kein Wunder, dass sich die Politik mit dem Ausstieg aus der Kohle so schwertut.«

Wie eng die Verbindung im Lauf der Jahre werden kann, zeigt das Beispiel Martina Gregor-Ness. 1994 in den Landtag Brandenburgs gewählt, wurde sie 2004 zur umweltpolitischen Sprecherin der SPD-Fraktion. Als stellvertretende Fraktionsvorsitzende gilt die energische Politikerin als rechte Hand des Ministerpräsidenten. Ein Job, der sie Anfang 2013 eigentlich zum Protest gegen ein Öko-Desaster in Brandenburg herausforderte. Zu Jahresbeginn machte Schlagzeilen, dass die Brandenburger Spree »verockert« – eine ockergelbe Verfärbung der Spree durch alte, stillgelegte Tagebaue. Die Wasserqualität sinke dramatisch, warnten Umweltschützer.

Umweltpolitikerin Gregor-Ness allerdings hielt die Debatte zur Verblüffung von Landtagskollegen für übertrieben. Sie warnte stattdessen vor Panikmache und appellierte an die Medien, von der braunen Spree-Brühe »nicht so dramatische Bilder zu produzieren«. Im Landtag löste das Engagement dieser Art einen Eklat aus. Denn Gregor-Ness sitzt auch im Aufsichtsrat der Vattenfall-Bergbausparte Mining. Und die hat schließlich kein Interesse an beunruhigenden Schlagzeilen über Öko-Probleme im Tagebau.

Inzwischen ist Gregor-Ness aus der Politik ausgestiegen – einen passenden Job fand sie Ende 2014. Sie wurde Präsidentin des Landeswasserverbandstages Brandenburg, einem Interessenverband der Wasserwirtschaft. Ihr gut bezahltes Aufsichtsratsmandat bei Vattenfall übt sie weiter aus.

Die Antikorruptions-Organisation Transparency International übt harte Kritik an Doppelrollen und fordert Politiker auf, Konsequenzen zu ziehen. Sie müssten ihre Aufsichtsratsposten aufgeben, fordert die Organisation. Es sei ihnen zwar nicht verboten, Posten in der Wirtschaft zu übernehmen. Es dürfe dabei laut Gesetz aber zu keinem Interessenkonflikt kommen.

Gerade beim Thema Energie hält Transparency diesen jedoch

für eine Dauergefahr. Wenn die Politik alte Energieträger durch neue ersetze, komme es zwangsläufig zu Nachteilen für etablierte Konzerne. Einen, den ein Politiker möglichst stringent durchsetzen muss. Ein Aufsichtsrat muss aber dem Wohl seines Unternehmens dienen. Dazu sind Aufsichtsräte sogar gesetzlich verpflichtet. Diesen Widerspruch könne nur der Amtsverzicht lösen, warnt Transparency.

Die Folge des Filzes zwischen Energiebranche und Politik: eine demokratische Unwucht. Es sei widersinnig, dass im Zuge der Energiewende ausgerechnet Braunkohlekraftwerke eine Renaissance erlebten, klagt Ex-Umweltminister Klaus Töpfer von der traditionell eher wirtschaftsfreundlichen CDU. Wirtschaftsinstitute haben längst ausgerechnet, dass der Ausbau der Kohletagebaue energiepolitisch kaum noch zu rechtfertigen ist.

In einer Studie mit dem Titel »Vattenfalls riskantes Geschäft« warnt etwa das Institut der Deutschen Wirtschaft (DIW) vor einem Einbruch des Geschäfts. Die voranschreitende Energiewende mache die Ausbeutung der Braunkohlevorkommen mittelfristig vollkommen überflüssig. Würden »soziale Kosten« in die Geschäfte des Konzerns mit einberechnet, so die Ergebnisse der Studie, sei Braunkohle mit Kosten von 80 bis 100 Euro pro Megawattstunde zwei- bis dreimal teurer als heutiger Börsenstrom mit 35 bis 40 Euro pro Megawattstunde. Im Klartext: Würden die Konzerne für alle negativen Folgen der Geschäfte aufkommen, würden sie unter aktuellen Bedingungen hohe Verluste schreiben.

Die Reihen der Branchenförderer stehen dennoch – auch im Kampf gegen mehr Klimaschutz. »Mit den Plänen droht eine Deindustrialisierung der Lausitz«, schimpfte Sachsens Regierungschef Stanislaw Tillich (CDU) Mitte 2015, als ein neuer Versuch der Bundesregierung bekannt wurde, alte Kohlekraftwerke aus dem Verkehr zu ziehen. »Das wäre das K.o. für die Kohle«, unterstützte ihn sein Parteifreund Reiner Haseloff, Ministerpräsident von Sachsen-Anhalt. Und CDU-Vize Armin Laschet, der im Frühjahr 2017 SPD-Ministerpräsidentin Hannelore Kraft in Nordrhein-Westfalen ablöst, klagte über Zehntausende Arbeitsplätze, die auf dem Spiel stünden. Mehr als 10 000 Braunkohlekumpel zogen in Berlin vom Wirtschaftsministerium zum Kanzleramt. »Gegen Massenentlassungen, für soziale Sicherheit«, lautete das Motto der Demonstration, zu der die Gewerkschaften IG Bergbau, Chemie, Energie und Verdi aufgerufen hatten.

Doch öffentliche Großkundgebungen sind nur das eine. Der SPD-Politiker Marco Bülow gehört zu den Abgeordneten des Deutschen Bundestags, die dem Werben von Lobbyisten ausgesetzt sind und ihr Treiben äußerst kritisch beobachten. Bülow, ein nachdenklicher Mann Mitte 40 in Jeans und Hemd, der in seinem kleinen Abgeordnetenbüro des Bundestags engagiert über die Folgen einer beginnenden demokratischen Schieflage referiert, weiß, wie schwer es ist, der Stimmungsmache zu entkommen. Die Überflutung von Abgeordneten mit Unternehmensargumenten und Lobbyinteressen sei immens, klagt Bülow. Davon bleibe wohl keiner unbeeindruckt. Bülow, der seit 2002 im deutschen Parlament sitzt, entschloss sich zu einem Test. Zwei Sitzungswochen lang zählten seine Mitarbeiter nach, wie viele Kontakte sein Büro zu Lobbyisten hatte. Ergebnis: »In dieser kurzen Zeit erreichten uns über 400 Briefe, Mails, Faxe und Telefonanrufe, die sich Lobbyisten zurechnen lassen«, erklärt Bülow.

Bülow hat selbst in einem Aufsatz festgehalten, wie er das Werben erlebt. Er sieht Profis am Werk. »Gut bezahlte Lobbyisten verstehen ihr Handwerk. Sie sind bestens ausgebildet, rhetorisch geschickt, immer freundlich und zuvorkommend. Sie schaffen – gerne bei einer Essenseinladung – eine gute Gesprächsatmosphäre und tasten sich nicht plump und direkt, sondern stets behutsam zum Kern ihres Anliegens vor. Sie präsentieren Hochglanzbroschüren und tolle Graphiken. Sie packen uns Abgeordnete bei unserer Eitelkeit, indem sie uns suggerieren, jeder von uns sei besonders wichtig. Meistens sind die Lobbyvertreter über ihren Gesprächspartner aus der Politik gut informiert und betonen gerne Gemeinsamkeiten wie die gleiche Heimat oder den gleichen Lieblingsfußballclub. Besonders verbindend wirkt die gleiche Parteizugehörigkeit. Deshalb werden gerne ehemalige Abgeordnete als Lobbyisten verpflichtet. Sie können ihre Kontakte nutzen, Türen öffnen, man plaudert über alte Zeiten, den bösen politischen Gegner und schon ist eine Stimmungslage entstanden, die nicht selten dazu führt, dass der Abgeordnete sich nur allzu bereitwillig von den Argumenten des Unternehmens überzeugen lässt.«[5]

Für Bülow ist klar, was den Unterschied zwischen den verschiedenen Interessengruppen im Land macht. Unternehmen verfügten über ausgewiesene, umfangreiche finanzielle Mittel und sie ließen es sich gerne etwas kosten, die Abgeordneten zu umgarnen – »sei es mittels einer Einladung zu einem opulenten Essen oder zu kulturellen und sportlichen Ereignissen der Extraklasse, wie Leichtathletik- oder Fußball-Weltmeisterschaften«.

Klar, dass Konzerne auch noch über die viel bessere Personalausstattung verfügen, als jede Nichtregierungsorganisation, die gegenhalten wollte. Jeder der großen Energieversorger hat allein in seiner Berliner Vertretung fünf bis zehn Mitarbeiter, die für den Kontakt zur Politik verantwortlich sind. Dazu kommen viele weitere Fachleute in den Konzernzentralen, die je nach Bedarf in die Hauptstadt oder in die jeweiligen Wahlkreise zur Unterstützung bei der Überzeugungsarbeit geschickt werden. Davon können die meisten Umweltverbände nur träumen.

Unterirdische Schlachten: Der Kampf um ein CO_2-Gesetz

Wie bezahlte Lobbyisten vorgehen, um politische Entscheidungen zu beeinflussen, hat Bülow am eigenen Leib erfahren. Anfang 2009 hatte die Bundesregierung eine Gesetzesvorlage für den Transport und die Lagerung von Kohlendioxyd in der Erde erarbeitet. So sollte der Betrieb von Kohlekraftwerken ermöglicht werden, indem die Treibhausemissionen abgeschieden und in unterirdischen Lagern untergebracht werden. CCS – Carbon Dioxide Capture and Storage heißt die umstrittene Technik unter Fachleuten. »Es ging vor allem darum, sogenannte Demonstrationsvorhaben zu ermöglichen. Vattenfall und RWE wollten die neue Technologie in eigenen Kraftwerken testen«, erinnert sich Bülow. Der schwedische Energieriese Vattenfall etwa hatte in Deutschland einen gigantischen Plan: Mehr als 1000 Meter unter der Erde wollte der Konzern vor wenigen Jahren südöstlich von Berlin CO_2 im großen Stil pressen – das Abfallprodukt eines neuen Kohlenmeilers. Per Pipeline sollte das klimaschädliche Gas fließen und so in tiefstem Gestein landen.

Dazu sollten in einem Gesetz die rechtlichen Rahmenbedingungen festgelegt und geklärt werden, wann die Verantwortung der Endlager von den Betreibern auf den Staat übergeht. »Bei alldem ging es um viel Geld, das entweder die Unternehmen oder der Staat – und damit die Steuerzahler – aufbringen müssten.« Es ging aber auch um Risiken und Unsicherheiten, etwa um die Frage, wie viel CO_2 bei dem Transport und der Lagerung entweichen kann. Besonders strittig: Welche Sicherheitsstandards gelten sollten und wie groß das Konfliktpotenzial mit den betroffenen Bürgern war, die lange Transport-Pipelines vor die Haustür gesetzt bekämen.

Die meisten Wissenschaftler unterstützten die grundsätzliche Möglichkeit, CCS einzusetzen und damit die CO_2-Belastung zu reduzieren, forderten aber gleichzeitig klare Regelungen und Auflagen für die Kraftwerke und den Einsatz der neuen Technologie. Die Umweltverbände standen CCS überwiegend skeptisch bis ablehnend gegenüber.[6]

Es begann ziemlich harmlos. Zwei Jahre setzten sich Abgeordnete der SPD-Arbeitsgruppe Umwelt mit dem Für und Wider auseinander, hörten sich Experten an, lasen Gutachten, diskutierten. »Solange kein Gesetzentwurf auf dem Tisch lag, hat sich kein Lobbyist für uns interessiert«, sagt Bülow. Doch das änderte sich schlagartig, als Umwelt- und Wirtschaftsministerium einen ersten Text erstellten – und Lobbyisten ihre Chance witterten. Plötzlich lief ihre Arbeit auf Hochtouren. Die ersten Gesprächswünsche, vor allem von Unternehmensvertretern, erreichten zwar auch das Parlament, aber vorerst richtete sich die Aufmerksamkeit auf die zuständigen Ministerien.

Der Energielobby ging es darum, möglichst schnell ein Gesetz zu bekommen, das den Betreibern alle Freiheiten lässt, nur geringe Auflagen macht und vor allem den eigenen Kostenbeitrag in Grenzen hält. Hierzu fertigte man gar einen eigenen Gesetzentwurf für CCS an. Die Parlamentarier arbeiteten da noch an ihrer Linie. Es sei darum gegangen, die Chancen für eine Reduzierung der deutschen Emissionen zu nutzen, ohne die Risiken der Technik zu vernachlässigen, erinnert sich Bülow an die Debatte innerhalb seiner Partei. »Für uns bedeutete dies, die Betreiber nicht aus der Haftung und finanziellen Verantwortung zu entlassen und mit klaren Regelungen dafür zu sorgen, dass die neue Technologie auf der Grundlage höchster Sicherheitsstandards angewendet wird. Zudem wollten wir deutlich machen, dass CCS nicht den Ausbau der erneuerbaren Energien ersetzen soll und deshalb der Staat weder zu viel Geld in die CCS-Projekte stecken noch die Kostenrisiken nach kurzer Zeit vergesellschaften dürfe.«

Doch Zeit lassen für eine abgewogene Entscheidung wollte die Branche weder sich noch der Politik. Sie machte Druck. Ihr Ziel: einen Gesetzesvorschlag in jedem Fall schnell durchbringen. Wichtig dabei: sich mit möglichst überschaubaren Haftungsverpflichtungen und Auflagen für die Technologie alle Wege offenzuhalten. Dies möglichst, bevor die Masse der Politiker und Bürger mitbekommen würde, was da vor sich geht, und auch die Risiken breiter diskutiert würden.

Die Branche ließ nichts unversucht. Interne Papiere, die die Abgeordneten bewusst nicht elektronisch verschickt, sondern nur persönlich an die Mitglieder der Arbeitsgruppe verteilt hätten, seien prompt in den Lobbybüros gelandet. »Generell gilt: Gleich wie klein die Runde ist, egal wie vertraulich Papiere sind – es scheint, als säßen die einflussreichen Lobbyisten immer mit am Tisch«, sagt Bülow. Die Folge: »Es verleitet konzernkritische Politiker dazu, zurückhaltender zu agieren. Nicht selten habe ich von Unternehmen Papiere erhalten, die mir das zuständige Ministerium verweigert hatte – und das, obwohl ich gewählter Abgeordneter einer Regierungsfraktion war.«

Bülow macht die Arbeit am CCS-Gesetz endgültig klar, wie eng verwoben Energiewirtschaft und Politik längst sind. Im Fall CCS verhindert nach Angaben von Beteiligten immerhin das Berliner Umweltministerium, dass die Politik allen Wünschen der Konzerne entsprach. Die Energielobby verlegte sich folglich auf das Parlament, denn sie wollte einen raschen Abschluss – vordergründig, weil die EU Subventionen für die ersten Projekte versprach. Dabei hatte die große Mehrheit der Abgeordneten immer noch keine Ahnung, was CCS überhaupt bedeutet.

»Bei einem solch wichtigen Vorhaben mit weitreichenden Folgen für die Zukunft wäre es aber nötig gewesen, ausgiebiger in den Fraktionen über die Technologie und ihre Folgen zu diskutieren«, ist sich Bülow sicher. »Meine Arbeitsgruppe hatte vorgeschlagen, dass wir nur ein Gesetz für die zwei bis drei absehbaren Demonstrationsvorhaben beschließen und uns dann genug Zeit für ein Folgegesetz nehmen sollten, das für alle weiteren Vorhaben gelten würde. So hätten die deutschen Projekte ihre EU-Förderung bekommen können, und die Risiken und Nebenwirkungen unseres Gesetzes wären überschaubar geblieben. Gegen diesen Kompromissvorschlag erhob sich aber vor allem in der Union heftiger Widerstand. Hinter diesem Protest steckte eindeutig die Energielobby.«[7]

Es entwickelt sich eine Schlacht, die selbst erfahrenen Politikern wie Bülow in Erinnerung bleibt – und beispielhaft steht für viele, die derzeit geschlagen werden. Denn die Wirtschaft legte an allen Fronten los. »Selten in meiner Parlamentszeit erreichten mich so viele Anfragen und Gesprächswünsche«, sagt Bülow. Zunächst sei es den Konzernen, meist jenen, die die Technik auch nutzten, nur darum gegangen, die jeweilige Position darlegen zu dürfen. Anders Umwelt- oder Verbraucherschutzverbände. Sie gingen die Abgeordneten seltener direkt und aggressiv an. Schrieben E-Mails oder Faxe, »die dann aber nicht selten in dem riesigen Wust an täglich und wöchentlich eintreffenden Papieren untergehen«.

Für Bülow auch ein strukturelles Problem der politischen Entscheidungsfindung: Während die eine Seite alles daran setze, vor allem im vertraulichen Gespräch und direkter Ansprache einzelne Abgeordnete zu beeinflussen, beschränke sich die andere Seite meist auf das öffentliche Darlegen ihrer Positionen. Ein Grund: die geringeren Ressourcen. Es bleibt vielen Nichtregierungsorganisationen schlicht weniger Zeit als Unternehmen, um Politiker beeinflussen zu können.

Phase zwei zündete wenig später: die Beeinflussung aus dem Parlament heraus. Denn plötzlich versuchten auch Abgeordnete ihre Kollegen zu beeinflussen – »nachdem diese selbst von den Unternehmen lobbyiert worden waren«, vermutet Bülow. Ein Kollege habe sehr massiv verlangt, an den Verhandlungen mit der Union über CCS beteiligt zu werden. Dabei hatte das Thema mit seinem Fachgebiet nichts zu tun. Für Bülow ist klar, was passiert war: Konzerne versuchten, Verbündete im Parlament selbst zu kreieren, die nicht nur Informationen nach draußen schleusten, sondern auch noch versuchten, ihre Kollegen zu überzeugen.

Für kritische Abgeordnete beginnt genau hier die Grauzone des Lobbyismus, bei der Frage: Warum lassen sich Politiker eigentlich darauf ein? Ein Politiker mache sich nur zum Handlanger von Lobbyisten, wenn er sich etwas davon verspreche, ist sich Bülow sicher. Wenn er hoffe, später zu profitieren. Meist seien das unverbindliche Hoffnungen. Es gehe nicht um klare Absprachen. Die Übergänge von legalem Lobbyismus zur Korruption seien fließend. Doch Politiker müssen wenig fürchten. Denn strafbar machen sich Volksvertreter nur, wenn sie ihr Tun beweisbar verkaufen.

Ein Politiker darf durchaus Spenden oder Beraterhonorare von Unternehmen bekommen, sofern sie für einen ganz anderen Verwendungszweck bestimmt sind. »Jeder kann sich ausrechnen, dass unter diesem Deckmäntelchen viele Gelder nur deshalb ihren Besitzer wechseln, weil konkrete Gegenleistungen des Abgeordneten erwartet werden.« Auch wenn sich natürlich viele Abgeordnete nicht kaufen ließen, stellt Bülow klar. Ein Abgeordneter etwa, der dem Aufsichtsrat eines Unternehmens oder einer Beratungsfirma angehöre, die von Aufträgen bestimmter Unternehmen abhänge, begebe sich eindeutig in eine Abhängigkeit. Er könne gar nicht anders, als befangen zu agieren.

Das Phänomen ist dabei weit über die Energiebranche hinaus verbreitet. Im Bundestag sitzen viele Abgeordnete, die neben ihrem Mandat und dem freien Willen auch einzelnen Unternehmen verpflichtet sind. Beispiel: Ex-Ministerin Ulla Schmidt von der SPD.

Ihre Einträge wiesen zuletzt drei entgeltliche Tätigkeiten neben dem Mandat aus.

Mit hohen Nebeneinnahmen ist Schmidt nicht allein. Es gibt Spitzenverdiener in allen Fraktionen. Wie hoch die Einnahmen genau sind, darüber lässt das Parlament sein Volk im Ungefähren. Sie werden lediglich in breiten Spannen angegeben. Bei Schmidt legen sie laut Abgeordnetenwatch.de Einkünfte zwischen etwa 200 000 und 420 000 Euro in der Legislaturperiode nahe. Selbst wenn man den Gewissenskonflikt außer Acht lässt – wie sollen Politiker eigentlich in der Lage sein, für derartige Einkünfte neben ihrem Vollzeitjob im Parlament zu arbeiten?

Beim CCS-Gesetz kippte mit der Zeit jedenfalls die Stimmung. Auf ihre Seite zogen die Lobbyisten nicht nur gänzlich unbeteiligte oder ohnehin wirtschaftsfreundliche Abgeordnete. Selbst Kollegen, die zuvor kritisch mit dem Gesetzesvorhaben umgegangen seien, hielten sich laut Bülow zunehmend zurück oder änderten gar ihre Sichtweise. Der Politiker registriert, wie die zuvor gemeinsam in der Arbeitsgruppe erarbeitete Position bröckelt. »Ein nordrhein-westfälischer Kollege gab mir den freundschaftlichen Rat, von den Änderungswünschen abzulassen. Man müsse doch der ›NRW-SPD noch Luft zum Atmen lassen‹, solle also ihre lobbyfreundliche Position nicht anprangern. Ein anderer Abgeordneter warnte mich, natürlich ebenfalls ›gut gemeint‹, den Bogen nicht zu überspannen, weil ich sonst doch immer mehr unter Druck geraten könnte, auch im eigenen Wahlkreis. Diese Warnung war nichts anderes als eine verkappte Drohung, man könne mich auch in meinem Wahlkreis in Misskredit bringen, wenn ich mich weiterhin den Forderungen der Industrie in den Weg stellen würde«, glaubt Bülow. »Trotz aller Vorkenntnisse und schlechten Erfahrungen, die ich bis dahin gesammelt hatte, war ich dennoch überrascht, wie massiv das Lobbynetz aus Unternehmensvertretern und Politikern zu Werke ging.«[8]

Es begann der Abstimmungspoker zwischen den Koalitionspartnern SPD und Union. Einige Abgeordnete sprachen sich gegen Zugeständnisse an die Arbeitsgruppe Umwelt der SPD-Fraktion aus. Sie wünschten sich im Gegenteil weitreichende Erleichterungen bei der Enteignung von Grundstücksbesitzern. So sollten Transport und Lagerung von CCS nicht gebremst werden können. Darauf wollten sich viele andere nicht einlassen. Die Folge des Streits: Man einigte sich nur auf den kleinsten gemeinsamen Nenner auf Grundlage des Regierungsentwurfs. Viele kritische Fragen blieben damit ungelöst – ein Erfolg für die Lobbyisten.

Doch der währte im Fall CCS nicht lange – und macht die Absurdität mancher Lobbystrategie klar. Denn als die Öffentlichkeit Wind von dem Geschacher hinter den Kulissen bekam und die Brisanz des Themas erkannte, musste die Industrie kapitulieren. Die verängstigten Bürger gingen auf die Barrikaden. In fast jedem Dorf zwischen Beeskow und Neutrebbin, einer Region, in der ein unterirdisches Lager möglich schien, wurden meterhohe gelbe Kreuze aufgestellt – als Zeichen des Widerstands gegen das Milliardenprojekt. Auch Politikern wurde klar, was es bedeuten könnte, auf der falschen Seite zu stehen.

Das CCS-Gesetz trat zwar noch im Jahr 2012 in Kraft. Doch in letzter Minute verschärften Bund und Länder die Bedingungen für die Lagerstätten. Nur maximal 1,3 Millionen Tonnen Kohlendioxid dürfen je Lager verpresst werden – statt, wie ursprünglich geplant, drei Millionen. Und die Länder dürfen die Errichtung solcher Lagerstätten verbieten, wenn sie eine ausreichende Begründung dafür haben. Solche Speicher sind jedoch viel zu klein, um auf Dauer wirtschaftlich betrieben zu werden. Die großen Kohlekraftwerke in Deutschland produzieren innerhalb weniger Monate einige Millionen Tonnen des Klimagases. Das Signal war klar: Das Projekt CCS war in Deutschland politisch tot.

Die Branche kapitulierte: Ende 2012 kündigte der Vattenfall-Konzern an, die Investitionsentscheidung zum Bau des 1,5 Milliarden Euro teuren Pilotprojekts für die umstrittene CCS-Technologie zurückzuziehen – und alle Versuche, in Deutschland abgeschiedenes CO_2 testweise in tiefe Schichten unter der Erde zu verpressen, aufzugeben. 2014 ging Vattenfall einen Schritt weiter und kündigte einen Kooperationsvertrag mit dem kanadischen Unternehmen Sask Power an. Vattenfall wolle seine Erkenntnisse aus der bisherigen CCS-Forschung an den kanadischen Energieversorger abgeben, kündigte Hartmuth Zeiß, Chef der Kohle- und Kraftwerkstochter von Vattenfall, an. Das Bemühen des Konzerns, die Technik im großen Stil in Deutschland zu erproben, sei nicht erfolgreich gewesen.

Und das ist noch untertrieben. Zerschellt war auch eine monatelange Lobbystrategie. Das Bemühen, möglichst schnell und geräuschlos zum Ziel zu kommen, hatte sich ins Gegenteil verkehrt. Das Misstrauen der Bevölkerung war nun noch größer, als es vermutlich bei einer ausgewogenen Diskussion im Bundestag gewesen wäre. Das CCS-Gesetz gilt deshalb inzwischen auch als Beispiel dafür, wie sich die Industrie mit ausuferndem Lobbyismus selber schadet – und die eigene Glaubwürdigkeit untergräbt.

Die Branche lobbyiert derweil im Hintergrund so entschlossen wie munter weiter. Immer getreu dem Motto: Kritische Themen direkt an der Wurzel bekämpfen! Was liegt näher, als sich direkt in Brüssel gegen drohende schärfere Umweltvorgaben für Kraftwerke zu wehren? Man muss inzwischen schon sehr genau hinschauen, um die Einflussnahme auch als solche zu erkennen. Dabei könnten die Folgen bald für viele Europäer spürbar sein – auf ziemlich unangenehme Art und Weise.

Umweltpolitik in Europa: Wo Konzerne mit am Tisch sitzen

Beispiel Luftverschmutzung: Hunderttausende, möglicherweise gar Millionen Menschen sterben jedes Jahr weltweit an den Folgen der Verunreinigungen. Die Ursachen sind bekannt: Feine Staubpartikel schädigen die Lunge und können Krebs auslösen. In den vergangenen Jahren hat sich die Luftqualität in vielen Städten Europas zwar deutlich verbessert – doch schmutzige Luft bleibt auch in Zukunft vielerorts ein Gesundheitsrisiko, warnt eine französisch-italienisch-österreichische Forschergruppe.

Wenn die Regeln nicht verschärft würden, seien im Jahr 2030 etwa 80 Prozent der EU-Bevölkerung einer Feinstaubbelastung ausgesetzt, die über den Empfehlungen der Weltgesundheitsorganisation WHO liegt, berichten die Forscher im Fachblatt *Atmospheric Chemistry and Physics.* Im Klartext: Es drohen Gesundheitsprobleme gewaltigen Ausmaßes.[9]

Umweltschützer fordern deshalb strengere Abgasregeln beim Ausstoß von Schwefeldioxid von Kraftwerken. Die Anlagen sind der größte Emittent in Europa – auch was Stickstoffoxide angeht. Es geht lediglich darum, die Kraftwerksabgase auf technisch machbare Standards abzusenken – zu vertretbaren Kosten. Die Umrüstung von Kraftwerken dürfte ein- bis zweistellige Millionenbeträge pro Kraftwerk erfordern. Kein großes Problem, sollte man meinen, denn es geht um Anlagen, die oft jährlich Strom im Wert einiger Hundert Millionen Euro erzeugen können.

Dennoch entwickelte sich in Brüssel, von der Öffentlichkeit weitgehend unbeobachtet, ein erstaunlicher Prozess. Denn die neuen Grenzwerte, die die EU derzeit bei der Reform der europäischen Emissionsstandards für Kohlekraftwerke anpeilt und die ab 2020 gelten sollen, sind mit lax noch freundlich umschrieben.

Wie das sein kann? Ganz einfach. Die Konzerne entscheiden einfach selbst über ihre eigenen Grenzwerte – sie lobbyieren diskret und direkt in der ersten Reihe.

Was machbar ist und was nicht, entscheidet in Brüssel ein Gremium, das zu den nicht gerade ambitionierten Umweltschützern auf europäischer Ebene zählt: Das Büro zur Integrierten Luftverschmutzungs-Prävention und -Kontrolle (IPPC). Die verantwortliche Arbeitsgruppe des IPPC hält sich mit strengen Vorgaben zurück, um es vorsichtig zu formulieren. Zur Verdeutlichung zwei Details: Die Obergrenzen sollen für Steinkohlekraftwerke bei bis zu 150 Milligramm Stickoxide pro Kubikmeter Luft liegen, bei Braunkohlemeilern gar bei 180. Selbst in China sind die Grenzwerte mit maximal 100 Milligramm strenger. Schließlich können Stickoxide unter anderem Atembeschwerden auslösen und Böden versauern.

Die Zurückhaltung ist ziemlich erstaunlich. Denn dem Büro kommt in der europäischen Umweltpolitik eine entscheidende Rolle zu. Es soll den Vorschlag dafür liefern, was sich an Luftverschmutzung technisch machbar vermeiden lässt – und gehört eigentlich zu den unabhängigen Forschungszentren der EU. Die Einschätzung des Büros liefert in der Regel den Rahmen für eine politische Einigung der Mitgliedsländer. Im Klartext: Ist der Vorschlag des IPPC wenig ehrgeizig, kommen die Konzerne am Ende gut weg. Ist der Vorschlag weitreichend, wird die Bevölkerung gut geschützt. Doch damit tut sich das Büro schwer.

Es lohnt sich also, zu hinterfragen, wie die Entscheidungen dieser für die Gesundheit der Europäer zwar wichtigen, aber kaum beobachteten Arbeitsgruppe zustande kommen. Die Umweltschützer von Greenpeace waren baff, als sie die Zusammensetzung prüften und herausfanden: Mit der Unabhängigkeit der Delegierten des Gremiums aus Vertretern von EU-Mitgliedsstaaten, der EU-Kommission, von Industrie und Umweltorganisationen ist es nicht weit her.

Eigentlich soll die Mehrheit der Delegierten der Politik angehören – und so auch politische Entscheidungen gegen die Industrie treffen können. Doch in einem Bericht kommt die Organisation auf stattliche 183 Industrievertreter – von insgesamt 352 Delegierten. Der Grund: 46 Industrielobbyisten firmierten offiziell als Delegierte der Mitgliedsstaaten.

So bestand etwa die Delegation von sieben Entsandten Griechenlands aus Vertretern der griechischen Energiewirtschaft, darunter die Public Power Corporation, eine Betreiberin von Kraftwerken, die zu den schlimmsten Luftverschmutzern in ganz Europa zählen. Polens sechsköpfige Delegation bestand aus drei Vertretern der Kohlewirtschaft, darunter PGE und EdF Polska. Tschechien habe etwa eins zu eins die Position des eigenen Energiekonzerns CEZ vertreten, sagen Teilnehmer. Auch Vertreter von Eon und RWE waren mit von der Partie – als Delegierte des Vereinigten Königreichs. Auch sie hätten ihre Positionen einspeisen können, heißt es.

Es dränge sich der Eindruck auf, dass die Energiebranche gezielt die Federführung in der Gruppe übernommen hat. Die Emissionsbandbreiten sollten offenbar an die Emissionen bestimmter Kraftwerke angepasst werden – und nicht umgekehrt, warnt Christian Schaible, Experte des Europäischen Umweltbüros, des Brüsseler Dachverbands für mehr als hundert Naturschutzorganisationen.

Die Energiebranche geht damit deutlich geschickter vor als die Autoindustrie. Denn Manipulationen sind gar nicht nötig, wenn man die Grenzwerte gleich selbst mitbestimmen kann.

Höchste internationale Politikebene beim Treffen der Staatschefs in Kanada, indirekte Formulierungshilfen für politische Leitlinien in Deutschland, das Weichspülen europäischer Vorgaben: Alle drei Beispiele machen klar, welchen Einfluss die Energiebranche sich in den vergangenen Jahren zu eigen gemacht hat – und immer noch macht. Und sie erklären, warum sich die deutschen und auch die europäischen Volksvertreter so schwertun, beim Vorgehen für Ziele, die ihre Wähler doch eigentlich mit großer Mehrheit befürworten: mehr Umwelt- und Klimaschutz.

Die Folge: RWE und Vattenfall, Gesellschaften aus dem Energiewendeland Deutschland also, gehören weiter zu den ganz großen Klimasündern Europas – ihr Strom wird zu 50 Prozent so produziert, dass er der Umwelt schadet und mit dem Klimawandel gewaltige Folgekosten nach sich zieht. 85 Prozent der gesamten Treibhausgas-Emissionen Deutschlands sind nach Angaben des Umweltbundesamtes »energiebedingt«, Autoabgase mit eingerechnet. Ein Großteil dessen kommt aus den Kohlekraftwerken der Energiebranche. Es wäre an der Zeit, etwas zu ändern. Doch die Energiebranche weiß sich zu wehren. Weil sich das nicht ändert, ändert sich kaum etwas beim Bemühen um mehr Klimaschutz. Die Gefahren wachsen, der Kampf gegen die Erderwärmung aber stagniert.

Welche Rolle Lobbying im deutschen Energiesektor spielt? Wieder führt eine Antwort in die Ferne. Nach Moskau. Denn wenn es zutrifft, dass vor allem Lobbyisten wissen, wie groß ihr Einfluss auf die Gesellschaft bereits ist, dann lassen die Aktivitäten des Russen Andrej Bykow tief blicken. Wer über viele Jahre wirklich die Fäden der hiesigen Energiewirtschaft und -politik in der Hand hielt? Bykow gab in einem Brief an Aufsichtsräte des Energieversorgers EnBW mit seinen 17 Milliarden Euro Umsatz und 20 000 Beschäftigten eine kuriose Antwort. Wenigstens in eigener Sache. Der Lobbyist schlug nach dem Auffliegen der Affäre den Kontrolleuren vor, einfach ihn zum Konzernchef zu bestellen. Sein Credo: »Ich stehe der EnBW in dieser schweren Zeit zur Verfügung, zusammen mit der Staatsanwaltschaft Mannheim, EnBW in Ordnung zu bringen.«

3
Durch die Drehtür
Wie Politiker als Lobbyisten große Kasse machen

Für viele Spitzenpolitiker beginnt das große Geldverdienen erst nach ihrer Karriere. Manche Hinterbänkler unter den Abgeordneten verdienen allerdings gut damit, dass sie im Parlament selbst als Lobbyisten auftreten. Von einem Missstand, den die großen Parteien kennen, aber nicht abstellen wollen.

Verglichen mit Führungspositionen von entsprechender Verantwortung in der Wirtschaft, gehören Abgeordnete, Staatssekretäre, Minister und Bundeskanzler dieser Republik nicht zu den Spitzenverdienern. Knapp 18 000 Euro brutto verdient Kanzlerin Angela Merkel übereinstimmenden Medienberichten zufolge seit der letzten Erhöhung ihres Amtsgehaltes im März 2015. Hinzu kommt ein Teil der Diäten als Bundestagsabgeordnete; addiert belaufen sich die jährlichen Gesamtbezüge der in den Augen vieler mächtigsten Frau der Welt Schätzungen von Beobachtern zufolge auf etwa 250 000 Euro. Gemessen an einem Durchschnittsverdiener ist das eine sehr stattliche Summe. Gemessen an der Bedeutung, der Verantwortung, der Macht und dem zeitlichen Aufwand eines Bundeskanzlers, vor allem aber verglichen mit den Millionengehältern von Managern nicht nur in Großkonzernen, macht sich das Salär von Angela Merkel, nun ja, eher bescheiden aus.

Es gibt allerdings auch andere Bundespolitiker, solche, die parallel zu ihrem Mandat als Volksvertreter kräftig abkassieren und unterm Strich ein Vielfaches dessen einstreichen, was eine Kanzlerin oder ein Kanzler verdient. Abgeordnetenwatch.de, eine unabhängige Politik-Internetplattform, deren Betreiber sich für mehr Transparenz in der Politik sowie eine direktere Beteiligung und Kontrolle der Parlamentarier durch die Bürgerinnen und Bürger einsetzen, listete im August 2015 nach akribischer Recherche in den Datenbanken des Bundestages auf, was deutsche Parlamentarier nebenher verdienen. Sei es, weil sie für Vorträge bezahlt werden, weiterhin als Anwälte oder anderweitig als Freiberufler oder selbstständige Unternehmer tätig sind, oder weil sie lukrative Nebenpöstchen in der Wirtschaft bekleiden. Als Spitzenverdiener unter den gut 600 Abgeordneten machte Abgeordnetenwatch den CSU-Politiker und Nebenerwerbslandwirt Philipp Graf von und zu Lerchenfeld aus, und zwar mit einem »Nebeneinkommen« von »mindestens 1,148 Millionen Euro«.[1]

Insgesamt hätten Abgeordnete im Zeitraum allein zwischen der Bundestagswahl im Herbst 2013 und der Abgeordnetenwatch-Erhebung im Sommer 2015 mindestens 11,6 Millionen Euro nebenher verdient, so die überparteiliche Organisation. Da die Regeln für die Veröffentlichung solcher Zusatzeinkommen ziemlich unpräzise gefasst sind (die Verpflichtung, Nebeneinkünfte in Euro und Cent präzise anzugeben, scheiterte bereits in der Legislaturperiode 2009 bis 2013 an einer Mehrheit aus Union und FDP), könnten die tatsächlichen Nebengeschäfte deutscher Abgeordneter noch weit lukrativer sein. Abgeordnetenwatch schätzt das Volumen von Herbst 2013 bis Sommer 2015 auf »bis zu 21,4 Millionen Euro«.[2]

Prominentester Nebenjobber war in den vergangenen Jahren der ehemalige SPD-Wirtschaftsminister und Kanzlerkandidat 2013, Peer Steinbrück. Zwischen 2009 und 2013 soll er nebenher zwei Millionen Euro brutto verdient haben. Auf der konservativen Seite wird gerne Peter Gauweiler als Paradebeispiel eines eifrigen Hinzuverdieners erwähnt. Während Sozialdemokrat Steinbrück seine Diäten mit Reden, Büchern und dem einen oder anderen Pöstchen in der Wirtschaft aufstockte, ist der Münchner CSU-Politiker, der von 2002 bis 2015 im Bundestag saß, ein gefragter Wirtschaftsanwalt. Binnen neun Monaten kassierte er nach Informationen des *Spiegel* »mindestens 967 500 Euro« nebenher.[3]

Und selbst im Vergleich zu Steinbrück und Gauweiler weit weniger bekannte Hinterbänkler sind gut im Geschäft. Die frühere Nürnberger CSU-Abgeordnete Dagmar Wöhrl etwa, die auch als Wirtschafts-Staatssekretärin (2005 bis 2009) nicht nennenswert aufgefallen war, brachte es nach den Recherchen des Politikportals abgeordnetenwatch.de binnen eines Jahres auf mindestens 432 000 Euro nebenher. Die ehemalige Miss Germany und Ehefrau des Nürnberger Investors und Luftfahrt-Unternehmers Hans Rudolf Wöhrl, die das Parlament mit den Bundestagswahlen 2017 verließ, kassierte allein als Aufsichtsrätin der Nürnberger Versicherung binnen eines Jahres 165 000 Euro ab. Hinzu kamen (unter anderem) mindestens 75 000 Euro aus einem aufsichtsratsähnlichen Mandat bei der Schweizer Bank Sarasin. Obgleich es immer wieder schwere Vorwürfe gegen das Bankhaus gibt, bei denen es sich meist um den Verdacht der Steuerhinterziehung oder Beihilfe dazu im großen Stil dreht, stört sich offenkundig in der deutschen Politik oder in der CSU niemand daran, dass eine deutsche Abgeordnete in einer umstrittenen Schweizer Bank eine wichtige und noch dazu gut bezahlte Position einnimmt. Niemand hinterfragt offensiv Wöhrls Rolle. Wofür bekommt sie so viel Geld? Wie kam sie überhaupt an den Posten? Was qualifiziert sie dafür?

Die wichtigste Frage, die sich beileibe nicht nur bei der Hinterbänklerin aus Nürnberg stellt, ist jedoch, inwieweit Nebenjobs und Nebeneinkünfte von Abgeordneten direkten Einfluss auf ihr

Handeln als demokratisch gewählte Volksvertreter haben. Und inwieweit sie im Parlament und in ihren Parteien als Lobbyisten derer auftreten, die sie nebenher so üppig bezahlen. Gibt nicht das Grundgesetz in Artikel 38 vor, dass Abgeordnete »Vertreter des ganzen Volkes, an Aufträge nicht gebunden und nur ihrem Gewissen unterworfen« sind?

Es sei angemerkt, dass es auch viele Volksvertreter gibt, die Doppelrollen von Haus aus kritisch sehen und niemals Lobbyjobs nebenher annehmen würden. Bei denen, die es tun, geht es indes nicht nur um die Interessenvertretung von Konzernen, sondern auch von Organisationen wie etwa den Gewerkschaften oder dem Bauernverband. Agrarlobbyisten im Landwirtschaftsausschuss, Ärztelobbyisten im Gesundheitsausschuss, ein auch bei der Baustoffindustrie in Lohn und Brot stehender Abgeordneter im Energieausschuss.

Meist sind es Leute aus der zweiten, dritten Reihe, die unauffälliger als die medial weitaus mehr und intensiver beleuchteten Spitzenkräfte der Parteien im Parlament diskret ihre fragwürdigen Lobbyinteressen verfolgen können. Joachim Pfeiffer ist so einer, CDU-Bundestagsabgeordneter für den Wahlkreis Waiblingen bei Stuttgart und als solcher ausweislich seiner Internetseite »voller Energie für unser Land«[4].

Dieser Slogan bekommt einen ganz neuen Klang, wenn man weiß, wie eng dieser Volksvertreter mit der Energiebranche verbandelt ist. Gleich nach seiner Wahl ins Parlament 2002 gelang es dem umtriebigen Schwaben, Koordinator für Energiefragen und stellvertretender wirtschaftspolitischer Sprecher der CDU/CSU-Fraktion zu werden. Früher war er Controller bei der Energie-Versorgung Schwaben, einem der Ursprungsunternehmen des heutigen Energiekonzerns EnBW.

Heribert Prantl, Mitglied der Chefredaktion und Innenpolitikchef der *Süddeutschen Zeitung* und intimer Kenner der bundespolitischen Szene seit Jahrzehnten, bezeichnete Pfeiffer einmal als »einen der wichtigsten und verlässlichsten Verbündeten der Energiekonzerne im Parlament«[5]. Dort habe das deutsche Atomforum, die Lobbyorganisation der Nuklearbranche hierzulande, in Gestalt von Abgeordneten wie Pfeiffer seine »Verbindungsleute im Parlament postiert«, und zwar »an Schaltstellen«.

Ungeniert tat sich der Abgeordnete Pfeiffer in der Vergangenheit (auch innerhalb der Union) mit dem Brustton der Überzeugung hervor, wenn über die Energiewende diskutiert wurde. Tenor: Nur ja nicht zu schnell und immer schön aufpassen auf die großen Energiekonzerne. Man muss wissen: EnBW war lange so stark vom Atomstrom abhängig wie kein anderer Energiekonzern. Im Zuge der Reaktorkatastrophe im japanischen Fukushima ermahnte der Abgeordnete Pfeiffer in einer Bundestagsrede seinen grünen Parlamentskollegen, Ex-Umweltminister und Kernkraft-Gegner Jürgen Trittin: »Wir sind gut beraten, darauf zu achten, dass der Kernschmelze, die in Japan droht, nicht die Hirnschmelze in Deutschland folgt.«

Auch Thomas Bareiß ist ein umtriebiger Energiepolitiker in den Reihen der Unionsfraktion. Neben einigen Ehrenämtern gibt der Abgeordnete aus dem Wahlkreis Zollernalb-Sigmaringen in Baden-Württemberg auf seiner Bundestagsseite eine Nebentätigkeit an, die mit »Stufe vier« bezahlt werde. Mit bis zu 30 000 Euro jährlich also. So viel zahlt die Deutsche Rockwool GmbH & Co. OHG mit Sitz in Gladbeck dem Abgeordneten dafür, dass er Mitglied ihres Fachbeirates ist. Nun muss man wissen: Rockwool ist ein Konzern mit mehr als 11 000 Mitarbeitern, einer der Weltmarktführer in Sachen Dämmstoffe und Hersteller von Steinwolle-Systemen. Von Produkten also, die der effizienten Verwendung von Energie dienen sollen. Ausgerechnet der 2014 von der größten Bundestagsfraktion

CDU/CSU zum Beauftragten für Energiepolitik gekürte Abgeordnete Bareiß steht also auf der Payroll eines Konzerns, der seiner Geschäfte wegen handfeste energiepolitische Interessen verfolgt.

Es gibt in allen Parteien des Deutschen Bundestages Politiker, denen das Treiben von Lobbyisten im Parlament sauer aufstößt. Sie beklagen deren Einflussnahme bei fachlichen Debatten, ihre Tricksereien und Finten im Hintergrund, welche die Positionen und den Stellenwert derer madig machen sollen, die nicht auf der Linie der Konzerne liegen. Der CSU-Umweltpolitiker Josef Göppel, von2002 bis 2017 Abgeordneter im Bundestag, zählte dazu. Er hat das oft genug selbst erlebt, gerade auch bei energiepolitischen Debatten. »Manche Kollegen geben sich immer als unabhängige und freie Abgeordnete, aber intensive frühere berufliche Bezüge, etwa in den Bereich Alt-Energien, machen sie empfänglich für das Zuschieben von immer neuen Argumenten der Konzerne und der Industrie.« Reichen diese nicht mehr aus, wird häufig die große Keule ausgepackt, sagen Abgeordnete aus mehreren Parteien, die solche Zustände beklagen. Dann werde selbst eine kleine Sachfrage bewusst zum Grundsatzthema hochstilisiert. Dann heißt es, es gehe um einen wirtschaftsfreundlichen Kurs, um Investitionen, Arbeitsplätze und um Wohlstand. Und welcher einzelne Politiker, welche Partei will schon so dastehen, als läge ihr all dies nicht am Herzen?

»Der Lobbyismus ist nicht mehr geworden«, sagt CSU-Mann Göppel mit Blick auf seine 15 Jahre im Parlament.. »Er wird nur immer frecher in seinem Auftreten. Das hängt auch damit zusammen, dass die Gesetze immer feinziselierter werden und angesichts der Zunahme von Normen und der immer größeren Komplexität in Details in unseren Ministerien nicht mehr nur lauter Leute sitzen, die immer und überall den Überblick haben, die alles in die letzte Verästelung hinein durchschauen.«

Und dann mischen da oft auch noch ehemalige Spitzenpolitiker mit. Solche, bei denen der einfache Abgeordnete weiß, über welches Netzwerk sie verfügen. Oder aber er ist ihnen dankbar, weil sie ihm in der Vergangenheit geholfen haben oder auch aktuell noch helfen können. Von einer »Ökonomie des Gebens und Nehmens«, spricht in diesem Zusammenhang der Kommunikationsberater und Ex-VW-Vorstand Klaus Kocks. »Es ist häufig auch ein Interessenhandel: Tust du mir heute etwas Gutes, tue ich dir morgen etwas Gutes, oder umgekehrt.« Am besten eignen sich als Lobbyisten solche Ex-Politiker, die über gute und zahlreiche Kontakte hinaus nach wie vor großes Ansehen in ihrer Partei und – noch besser – über Parteigrenzen hinweg genießen.

Für viele Spitzenpolitiker beginnt das große Geldverdienen in der Regel erst dann, wenn die Karriere in Parlament oder Regierung vorbei ist. Oder zumindest ihren Zenit überschritten hat. Einige schreiben Bücher, und wenn der Stoff taugt und die Auflage stimmt, ist das richtig lukrativ. Helmut Schmidt zum Beispiel, der obendrein noch als Herausgeber bei der *Zeit* von 1983 bis zu seinem Tod am 10. November 2015 eine publizistische Aufgabe übernahm.

Andere Staatsmänner und -frauen a. D. sind als Redner international gefragt und kassieren für einen Auftritt ein hohes fünf-, oft sogar sechsstelliges Honorar. Und wieder andere wechseln aus der Politik in neue Aufgaben bei Unternehmen oder Verbänden. Auf Posten, bei denen sie weitaus weniger in der Öffentlichkeit (und damit weniger unter Druck) stehen als in ihren vormaligen politischen Ämtern. Wo sie aber nicht selten ein Vielfaches ihrer bisherigen Diäten und Gehälter verdienen.

Viele dieser Seitenwechsler sind mehr oder weniger als Lobbyisten unterwegs. Egal, ob sie als Berater firmieren wie der frühere Straßenkämpfer und grüne Außenminister Joschka Fischer, in Aufsichtsräte einziehen wie Ex-Kanzler Gerhard Schröder beim Pipeline-Konsortium Nord Stream AG und dem russischen Energiekonzern Rosneft, operative Führungsämter übernehmen wie der frühere Kanzleramtsminister Ronald Pofalla als Vorstand der Deutschen Bahn AG oder ganz offiziell Lobbyisten werden wie der ehemalige Entwicklungsminister Dirk Niebel beim Rüstungskonzern Rheinmetall. In allen Fällen gilt: Eingekauft wird der bekannte Name, mehr aber noch die Kontakte des Politikers, der diese künftig für seinen neuen Arbeitgeber nutzen soll. Es sind, je nachdem, Kontakte zu anderen Staaten, zu einflussreichen Politikern oder tief in Parteien und Ministerien hinein. Dorthin also, wo Gesetze vorbereitet und beraten werden. Niemand weiß, niemand kann kontrollieren, wie häufig diese Kontakte dann auch im Sinne der neuen Auftraggeber benutzt werden.

»Drehtür-Effekt« nennen Experten diese häufig gewordene Erscheinungsform von Lobbyismus. Die öffentlichen Diskussionen darüber entzünden sich in der Regel an bekannten Namen wie den erwähnten Schröder, Fischer oder Pofalla. Daneben allerdings gibt es Politiker aus der zweiten Reihe, die allerdings über kaum weniger erstklassige Kontakte verfügen.

Hildegard Müller ist so ein Beispiel, die frühere Bundesvorsitzende der CDU-Nachwuchsorganisation Junge Union, Abgeordnete und Kanzleramtsministerin (von 2005 bis 2008). Anschließend wurde sie Hauptgeschäftsführerin des Bundesverbands der Energie- und Wasserwirtschaft (BDEW), also Cheflobbyistin der Energiebranche in Berlin. Hildegard Müller gilt in Berlin allerdings nicht nur ihrer früheren politischen Ämter wegen als einflussreiche Strippenzieherin, sondern vielmehr weil sie bis heute eine enge Vertraute der CDU-Chefin und Kanzlerin Angela Merkel ist.

Anfang 2016 wurde bekannt, dass Hildegard Müller in den Vorstand des Energieriesen RWE wechselt. Zu ihrem Nachfolger an der Spitze des Energie-Lobbyverbands BDEW wurde Stefan

Kapferer auserkoren, als ehemaliger Staatssekretär auch ein Mann mit besten Kontakten. In dieser Funktion diente er dem früheren FDP-Vorsitzenden Philipp Rösler, als dieser niedersächsischer Wirtschafts- und später Bundesgesundheitsminister war. Zuletzt war der FDP-Mann Kapferer stellvertretender Generalsekretär der Organisation für wirtschaftliche Zusammenarbeit OECD in Paris.

Das Amt des Kanzleramtsministers scheint übrigens ein besonders gutes Sprungbrett in den Lobbyismus zu sein. Müllers Nachfolger auf diesem Posten, Eckart von Klaeden, wechselte direkt als Cheflobbyist zur Daimler AG.

Wie der Seitenwechsel gelingt, zeigt auch das Beispiel Stéphane Beemelmans: Er war seit dem 16. März 2011 einer der beiden beamteten Staatssekretäre des Bundesministeriums der Verteidigung und zuständig für Administration und Ausrüstung. Am 20. Februar 2014 wurde er von Verteidigungsministerin Ursula von der Leyen in den einstweiligen Ruhestand versetzt. Sie hatte ihm vorgeworfen, Risiken bei Rüstungsprojekten systematisch heruntergespielt zu haben. So schrieb die Ressortchefin zur Begründung für die Versetzung an ihre Mitarbeiter.

Beemelmans war auch in die Kritik geraten, weil er beim Jagdflugzeug »Eurofighter« 2013 eine Zahlung von 55 Millionen Euro am Parlament vorbei an die Industrie freigab. Ein Karriereknick?

Ach was. Nur ein gutes halbes Jahr nach seiner Demission aus dem Ministerium heuerte der Vertraute des Von-der-Leyen-Vorgängers Thomas de Maizière als Geschäftsführer der Lobbyagentur Eutop in Berlin, Unter den Linden 38, an. Beemelmans, Jurist mit deutschen und französischen Wurzeln, verantwortet dort den weiteren Aufbau der Geschäftsaktivitäten des Unternehmens in Paris. Eutop (Slogan: »Ihr Partner für Governmental Relations«) begleitet nach eigenen Angaben die Arbeit der Interessenvertretungen von privaten Unternehmen, Verbänden und Organisationen bei den Institutionen der Europäischen Union und ausgewählter EU-Mitgliedsstaaten. Eutop-Gründer und Geschäftsführer Klemens Joos kommt aus dem CSU-Umfeld und gehörte früher dem Vorstand der Jungen Union in Bayern an. Die Agentur gilt als eher konservativ und gut vernetzt in der Union. Eine Art konservatives Pendant zum SPD-Netzwerk von Heino Wiese also, von dem später noch die Rede sein wird.

In früheren Jahrzehnten waren solche Seitenwechsel vor allem von Spitzenpolitikern weitaus seltener und kaum vorstellbar. Doch je höher die Gehälter, mit denen die Wirtschaft winkt, desto stärker die Verlockung. Irgendwie hat sich die Gesellschaft ohnehin an die Nähe von Wirtschaft zur Politik gewöhnt. Trotzdem: Ein Ex-Kanzler Helmut Schmidt wäre als Dealmaker für einen Energieversorger unvorstellbar gewesen. Willy Brandt als bezahlter Lobbyist für einen Konzern, oder vielleicht Egon Bahr, Hans-Jochen Vogel, Annemarie Renger, Karl Schiller, Thomas Dehler, Rainer Barzel, Richard von Weizsäcker, Johannes Rau? Sie hätten wohl ihr politisches Lebenswerk, sie hätten die Politik insgesamt erniedrigt gesehen.

Inzwischen entwickeln sich Seitenwechsel scheinbar von der Ausnahme zur Regel. Das ist per se nicht verwerflich. Abgeordneter zu sein bedeutet, ein Mandat auf Zeit innezuhaben. So nicht anschließend sofort die Pension winkt, muss auch ein Volksvertreter seinen Lebensunterhalt verdienen. Wechsel aus der Politik in die Wirtschaft können und sollen nicht verhindert werden. Die Frage ist nur, nach welchen Regeln die Drehtür durchschritten wird.

Mehr als 15 Jahre wurde diskutiert, ehe die Bundesregierung im Juli 2015 endlich eine Kabinettsvorlage mit Regeln verabschiedete. Seither gilt eine Karenzzeit, eine Abkühlphase, binnen derer Minister und Staatssekretäre keine neue Tätigkeit in der Wirtschaft annehmen dürfen. Die Regelwartezeit beläuft sich auf ein Jahr und kann bis auf 18 Monate ausgedehnt werden.

Damit werde verhindert, »dass durch den Anschein einer voreingenommenen Amtsführung im Hinblick auf spätere Karriereaussichten oder durch die private Verwertung von Amtswissen nach Beendigung des Amtsverhältnisses das Vertrauen der Allgemeinheit in die Integrität der Bundesregierung beeinträchtigt wird«, wie es in dem Kabinettsbeschluss heißt. Die Zwangspause soll aber nur in kniffligen Fällen gelten, wenn durch den neuen Job »öffentliche Interessen beeinträchtigt« werden könnten. Entscheiden soll darüber die jeweilige Bundesregierung, die sich ihrerseits Rat bei einer Art Ethik-Kommission einholt.

Viele Beobachter hielten die Karenzzeit-Regelung für längst überfällig. Anderen geht sie längst noch nicht weit genug. Die Nichtregierungsorganisationen Transparency International und LobbyControl kritisierten die Kabinettsbeschlüsse zu Recht als nicht ausreichend; sie fordern eine dreijährige Abkühlphase.

Nun ist es an sich ein relativ transparenter Vorgang, wenn prominente Politiker als Lobbyisten zu Konzernen wechseln. Allein deswegen, weil durch ihren Bekanntheitsgrad und die öffentliche Aufmerksamkeit weithin klar ist, in wessen Auftrag der Politiker fortan unterwegs ist. Weit weniger gilt dies, wenn in der breiten Öffentlickeit unbekannte Ministerialbeamte die Fronten wechseln. Sie verfügen ebenfalls über Insiderkenntnisse, wissen haarklein, wie der Regierungs- und Behördenapparat funktioniert und wo sie als Lobbyisten gegebenenfalls ansetzen müssen. Nur kriegt das außerhalb dieses Netzwerkes niemand mit.

Umgekehrt funktioniert der Drehtüreffekt übrigens auch, und das ist nicht weniger problematisch. Immer wieder wechseln Lobbyisten in Ministerien und werden dort plötzlich zu Entscheidern. Etwa 2010, als der stellvertretende Chef im Verband der privaten Krankenversicherung, Christian Weber, zum Abteilungsleiter für Grundsatzfragen im Bundesgesundheitsministerium wurde.

Die folgende Tabelle zeigt eine Übersicht über Seitenwechsler der vergangenen Jahre. Sie stammt von der Nichtregierungsorganisation LobbyControl, die seit 2005 entsprechende Aufzeichnungen führt.

2017

Name	Partei	Alter Job bis	Neuer Job ab
Stephan Holthoff-Pförtne	CDU	06/2017 Präsident Bundesverband Deutscher Zeitungsverleger, weiterhin Mitgesellschafter der Funke-Mediengruppe	07/2017 nordrhein-westfälischer Minister für Bundesangelegenheiten, Europa, Internationale Medien
Franz-Josef Jung	CDU	10/2009 Bundesverteidigungsminister, bis 2017 Mitglied des Deutschen Bundestags und stellv. Vorsitzender der CDU/CSU-Fraktion für Außen- und Sicherheitspolitik	05/2017 Mitglied des Aufsichtsrats von Rheinmetall

2016

Name	Partei	Alter Job bis	Neuer Job ab
Roland Wöller	CDU	03/2012 Sächsischer Staatsminister für Kultus und Sport	01/2016 Bundesgeschäftsführer des Bundesverbands mittelständische Wirtschaft (BVMW)
Steffen Kampeter	CDU	06/2015 Parlamentarischer Staatssekretär im Bundesfinanzministerium	07/2016 Hauptgeschäftsführer bei der Bundesvereinigung der Deutschen Arbeitgeberverbände (BDA)

2015

Name	Partei	Alter Job bis	Neuer Job ab
Michael Paul	CDU	03/2015 Referatsleiter im Bundesumweltministerium	03/2015 Konzernbevollmächtigter Politik und Verbände, Stadtwerke Köln
Dieter Gorny	parteilos	seit 2007 Bundesverband Musikindustrie (BVMI)	03/2015 Beauftragter für kreative und digitale Ökonomie des Bundesministeriums für Wirtschaft und Energie
Katherina Reiche	CDU	02/2015 Parlamentarische Staatssekretärin im Bundesverkehrsministerium	09/2015 Hauptgeschäftsführerin des Verbands kommunaler Unternehmen (VKU)
Andreas Breitner	SPD	09/2014 Innenminister des Landes Schleswig-Holstein	05/2015 Direktor des Verbands Norddeutscher Wohnungsunternehmen (VNW)
Sebastian Lange	parteilos	12/2014 persönlicher Referent des NRW-Wirtschaftsministers Garrelt Duin (SPD)	01/2015 Cheflobbyist des Wohnungsunternehmens Deutsche Annington Immobilien
Ursula Heinen-Esser	CDU	10/2013 Parlamentarische Staatssekretärin im Bundesumweltministerium	01/2015 Hauptgeschäftsführerin des Bundesverbands Garten-, Landschafts-, Sportplatzbau (BGL)
Dirk Niebel	FDP	12/2013 Bundesminister für wirtschaftliche Zusammenarbeit und Entwicklung	01/2015 Cheflobbyist des Rüstungsunternehmens Rheinmetall
Ronald Pofalla	CDU	2013 Chef des Bundeskanzleramtes und Bundesminister für besondere Aufgaben	01/2015 Generalbevollmächtigter für politische und internationale Beziehungen bei der Deutschen Bahn, heute Vorstand

2014

Name	Partei	Alter Job bis	Neuer Job ab
Silvana Koch-Mehrin	FDP	05/2014 Abgeordnete und Vize-Präsidentin des Europäischen Parlaments	11/2014 Senior Policy Advicer bei Gplus
Stéphane Beemelmans	partei-los	02/2014 Beamteter Staatssekretär im Bundesverteidigungs-ministerium	12/2014 Geschäftsführer der Lobby-Agentur EUTOP Berlin
Daniel Bahr	FDP	12/2013 Bundesminister für Gesundheit	11/2014 Generalbevollmächtigter der Allianz Private Krankenversicherung
Birgit Grundmann	FDP	01/2014 Als Beamtete Staatssekretärin »Amtschefin« im Bundesjustizministerium	09/2014 »Vorstandsbevollmächtigte Politik und Verbände« und damit Cheflobbyistin beim Allianz Versicherungskonzern
Katrin Suder	partei-los	07/2014 Direktorin der Unternehmensberatung McKinsey, Leiterin des Öffentlichen Sektors in Deutschland	08/2014 Beamtete Staatssekretärin im Bundesverteidigungsministerium
Patrick Meinhardt	FDP	09/2013 Abgeordneter des Deutschen Bundestages	08/2014 Geschäftsleitung des Bundesverbands mittelständische Wirtschaft (BVMW)
Jan Mücke	FDP	10/2013 Parlamentarischer Staatssekretär im Bundesministerium für Verkehr, Bau und Stadtentwicklung	07/2014 Geschäftsführer Deutscher Zigarettenverband (DZV)
Birgit Homburger	FDP	2013 Abgeordnete im Deutschen Bundestag	06/2014 Partnerin bei der Unternehmensberatung Odgers Berndtson
Thomas Ilka	partei-los	2011–2013 Beamteter Staatssekretär im Bundesgesundheits-ministerium	05/2014 Leiter des Bereiches Europa/Internationales beim Gesamtverband der Deutschen Versicherungswirtschaft (GDV)
Rolf Koschorrek	CDU	2013 Abgeordneter im Deutschen Bundestag	05/2014 Leiter des Berufsverbands der Hals-Nasen-Ohren-Ärzte

Martin Brüning	FDP	2014 Stellvertretender Geschäftsführer und Pressesprecher der FDP-Landtagsfraktion Niedersachsen	05/2014 Pressesprecher der WirtschaftsVereinigung Metalle
Martin Stadelmaier	SPD	2013 Leiter der Staatskanzlei Rheinland-Pfalz	05/2014 Leitung des Hauptstadtbüros des Deutschen Lotto- und Totoblocks
Volker Schlotmann	SPD	12/2013 Landesminister für Energie, Infrastruktur und Landesentwicklung (Mecklenburg-Vorpommern)	04/2014 Kommunikationsdirektor für Windkraft- und Solarprojekte bei Kloss New Energy
Sabine Heimbach	CSU	2010–2013 Stellvertretende Sprecherin der Bundesregierung	04/2014 Leitung des Hauptstadtbüros Deutsches Aktieninstitut (DAI)
Otto Fricke	FDP	2009–2013 Parlamentarischer Geschäftsführer der FDP-Fraktion; 2005–2009 Vorsitzender des Haushaltsausschusses	03/2014 Partner der PR-Agentur CNC Communications & Network Consulting
Hans-Josef Fell	Grüne	2013 Abgeordneter im Deutschen Bundestag	03/2014 Präsident der Energy Watch Group
Rolf Hempelmann	SPD	09/2013 MdB, zuletzt Mitglied im Ausschuss für Wirtschaft und Technologie	02/2014 Berater der Unternehmen STEAG und Trimet Aluminium SE
Jürgen Häfner	SPD	05/2011–01/2014 Innenstaatssekretär von Rheinland-Pfalz	02/2014 Geschäftsführer von Lotto Rheinland-Pfalz
Dietrich Birk	CDU	12/2013 MdL in Baden-Württemberg; 2006–2011 Politischer Staatssekretär im Wissenschaftsministerium Baden-Württembergs	01/2014 Geschäftsführer des Verbandes deutscher Maschinen- und Anlagenbau (VDMA) Baden-Württemberg

2013

Name	Partei	Alter Job bis	Neuer Job ab
Friedrich-Otto Ripke	CDU	02/2013 Staatssekretär im Niedersächsischen Landwirtschaftsministerium	11/2013 Präsident des NGW-Niedersächsischen Gefügelwirtschaft-Landesverbands
Eckart von Klaeden	CDU	09/2013 Staatsminister bei Bundeskanzlerin Angela Merkel	11/2013 Leiter des Bereichs »Global External Affairs und Public Policy« bei der Daimler AG und damit Cheflobbyist des Daimler-Konzerns
Holger Eichele	parteilos	10/2013 Referatsleiter Presse im Bundeslandwirtschaftsministerium	11/2013 Hauptgeschäftsführer des Deutschen Brauer-Bunds
Jost de Jager	CDU	01/2013 Landesvorsitzender der CDU Schleswig-Holstein 06/2012 Minister für Wissenschaft, Wirtschaft und Verkehr in Schleswig-Holstein	12/2013 »Senior Advisor« bei dem Personalberatungsunternehmen Rochus Mummert Mitte 2012 Beratertätigkeit im Bereich Public Private Partnership
Rita Pawelski	CDU	09/2013 Mitglied im Bundestag, Vorsitzende der Gruppe der Frauen in der Unions-Fraktion	08/2013 Tätigkeit bei der Berliner Niederlassung der PR-Agentur g+ germany
Kurt Beck	SPD	01/2013 Ministerpräsident von Rheinland-Pfalz	06/2013 Berater des Pharmakonzerns Boehringer Ingelheim
Christoph Hartmann	FDP	01/2012 Wirtschaftsminister des Saarlandes	01/2013 Director bei der PR-Agentur Hering Schuppener, Bereiche Corporate Affairs & Public Strategies
Joachim Koschnicke	CDU	2011 Bereichsleiter Strategische Planung auf Bundesebene	01/2013 Lobbyist bei Opel, Posten als Vice President European Government Relations & Public Policy
Karl Schlich	parteilos	2012 Leiter des Pressereferats des Bundeskanzleramtes	01/2013 Mitglied der Geschäftsführung der Unternehmensberatung know:bodies

2012

Name	Partei	Alter Job bis	Neuer Job ab
Walther Otremba	CDU	03/2011 Staatssekretär im Bundesverteidigungsministerium	12/2012 Vorsitzender Bundesverband Briefdienste
Dieter Posch	FDP	05/2012 Hessischer Minister für Wirtschaft, Verkehr und Landesentwicklung	11/2012 Bundesverband der Deutschen Luftverkehrswirtschaft
Ulrich Freise	SPD	Ende 2011 Staatssekretär in Berlin für Inneres und Sport	09/2012 in der Geschäftsleitung der PIN Mail AG
Georg Fahrenschon	CSU	2011 Bayerischer Finanzminister	05/2012 Präsident des Deutschen Sparkassen- und Giroverbandes
Christine Scheel	Grüne	01/2012 Mitglied des Bundestages	02/2012 Aufsichtsrat der HEAG Südhessische Energie AG
Thomas Steg	parteilos	11/2005–10/2009 stellv. Sprecher der Bundesregierung und stellv. Leiter des Presse- und Informationsamtes	Gründung der Steg Kommunikation und Beratung GmbH 02/2012 Cheflobbyist bei Volkswagen
Ernst Uhrlau	SPD	12/2011 Präsident des BND	02/2012 Berater Deutsche Bank

2011

Name	Partei	Alter Job bis	Neuer Job ab
Thomas Matussek	parteilos	2011 Deutscher Botschafter in Indien	11/2011 Erster Head of Public Affairs der Deutschen Bank
Martin Biesel	FDP	06/2011 Beamteter Staatssekretär im Auswärtigen Amt	11/2011 Direktor für internationale Verkehrsrechte und Vorstands-Bevollmächtigter bei airberlin
Georg Adamowitsch	SPD	2002-08/2006 Staatssekretär im Bundeswirtschaftsministerium	09/2011 Hauptgeschäftsführer des Bundesverbands der Deutschen Sicherheits- und Verteidigungsindustrie (BDSV)

Stefan Mappus	CDU	05/2011 Ministerpräsident des Landes Baden-Württemberg	08–12/2011 bei der Pharmafirma Merck
Markus Kerber	parteilos	2011 Chefvolkswirt im Bundesfinanzministerium	07/2011 Hauptgeschäftsführer des BDI
Wolfgang Hahn	parteilos	2009 Leiter der Grundsatzabteilung im Bundesverkehrsministerium	05/2011 Interessenvertreter der Deutschen Gesellschaft für Kombinierten Güterverkehr
Jürgen Rüttgers	CDU	2010 Ministerpräsident Nordrhein-Westfalen	03/2011 Rechtsanwalt in der Kanzlei Beiten Burkhardt
Andreas Krautscheid	CDU	11/2010 Generalsekretär der CDU in NRW	03/2011 stellv. Hauptgeschäftsführer des Bundesverbands Deutscher Banken (BdB)
Peter Bleser	CDU	2008–2011 Mitglied des Präsidiums Deutscher Raiffeisenverband	2/2011 Staatssekretär im Bundesministerium für Ernährung, Landwirtschaft und Verbraucherschutz
Roland Koch	CDU	08/2010 Ministerpräsident des Landes Hessen	01/2011 im Aufsichtsrat von UBS 07/2011 Vorstandsvorsitzender bei Bilfinger Berger
Silke Lautenschläger	CDU	2010 Hessische Umweltministerin	01/2011 Mitglied des Vorstandes der DKV
Axel Gedaschko	CDU	08/2010 Wirtschaftssenator in Hamburg	02/2011 Präsident beim Bundesverband deutscher Wohnungs- und Immobilienunternehmen (GdW)
Leo Dautzenberg	CDU	02/2011 Mitglied im Deutschen Bundestag	01/2011 Bevollmächtigter des Vorstandes und Leiter der Abteilung Public Affairs bei Evonik
Bernd Pfaffenbach	parteilos	2011 Staatssekretär im Bundeswirtschaftsministerium	2011 Senior Advisor JP Morgan Chase
Tim Arnold	CDU	2006–2010 Leiter der Vertretung des Landes Nordrhein-Westfalen beim Bund	2011 Senior Vice President Political Strategy der ProSiebenSat.1 Group

2010

Name	Partei	Alter Job bis	Neuer Job ab
Ulrich Junghanns	CDU	11/2009 Wirtschafts-minister in Brandenburg	06/2010 Aufsichtsratsmitglied bei ArcelorMittal Eisen-hüttenstadt 2010–Anfang 2012 Berater der Odersun AG
Astrid Grote-lüschen	CDU	2001–04/2010 Geschäftsführerin der Mastputen-Brüterei Ahlhorn	04–12/2010 Niedersächsische Landwirtschaftsministerin
Andreas Dombret	CDU	09/2009 Bank of America Vice Chairman Europa & Vorsitzender der Geschäftsleitung	05/2010 Vorstand der Deutschen Bundesbank
Anne Herkes	FDP	2009 Vice President Policy and Communications BP Biofuels, London	03/2012–12/2013 Beamtete Staatssekretärin im Bundes-wirtschaftsministerium 2010–2012 Deutsche Botschafterin in Katar
Dieter Althaus	CDU	09/2009 Ministerpräsident von Thüringen	02/2010 Autozulieferer Magna International, Vice President
Georg Brunnhuber	CDU	2009 Mitglied des Deutschen Bundestags u. a. Verkehrsausschuss	07/2010–12/2010 Sonderbeauf-tragter für Politik von Deutsche Bahn-Chef Rüdiger Grube, von 01/2011–03/2014 Cheflobbyist der Bahn
Ole von Beust	CDU	2010 Erster Bürgermeister der Freien und Hansestadt Hamburg	2010–05/2013 »Senior Advisor« für die Hamburger Niederlassung von Roland Berger
Ralf Nagel	SPD	02/2010 Senator für Wirtschaft, Häfen, Justiz & Verfassung von Bremen	02/2010 Verband Deutscher Reeder (VDR), Geschäftsführen-des Präsidiumsmitglied
Christian Weber	FDP	01/2010 stellv. Direktor des Verbands der Privaten Krankenversicherung (PKV)	02/2010–03/2014 Abteilungs-leiter für Grundsatzfragen im Bundesgesundheitsministerium
Volker Hoff	CDU	02/2009 Hessischer Minister für Bundes- und Europaangelegenheiten	02/2010–07/2012 Cheflobbyist bei Opel

Michael Jansen	CDU	12/2009 Leiter des Büros der Bundesvorsitzenden Angela Merkel in CDU-Bundesgeschäftsstelle	2015 Leiter der Repräsentanz der Volkswagen AG in Berlin 01/2010–04/2015 Deutsche Post DHL

2009

Name	Partei	Alter Job bis	Neuer Job ab
Ditmar Staffelt	SPD	01/2009 Mitglied des Deutschen Bundestags; 2005 Koordinator für die deutsche Luft- und Raumfahrt	2009–2012 EADS – Leitung des Bereichs Politik- und Regierungsangelegenheiten
Michael Glos	CSU	2009 Wirtschaftsminister	2009–2012 RHJ International-Berater; seit 2013 Berater für den Gipshersteller Knauf
Gerald Hennenhöfer	parteilos	2009 Anwalt bei der Kanzlei Redeker Sellner Dahs, die u. a. zum Atomlager Asse beriet	2009–01/2014 Leiter der Abteilung Reaktorsicherheit im Bundesumweltministerium
Heinz Marzi	parteilos	03/2009 Generalleutnant der Bundeswehr / Stellvertreter des Inspekteurs der Luftwaffe	2009–11/2010 Geschäftsführer des Bundesverbands der Deutschen Sicherheits- und Verteidigungsindustrie (BDSV)
Matthias von Randow	SPD	10/2008 Beamteter Staatssekretär im Bundesverkehrsministerium	01/2009–06/2011 Bevollmächtigter des Vorstandes für Politik bei der Fluggesellschaft Air Berlin 07/2011 Hauptgeschäftsführer des Bundesverbands der deutschen Luftverkehrswirtschaft (BDL)
Rainer Wend	SPD	04/2009 MdB 2005–2008 Wirtschaftspolitischer Sprecher der SPD-Bundestagsfraktion	04/2009 Leiter des Zentralbereichs Politik und Unternehmensverantwortung bei der Deutschen Post DHL
Walter Riester	SPD	2009 MdB 1998–2002 Bundesminister für Arbeit und Sozialordnung	10/2009–6/2012 Mitglied im Aufsichtsrat von Union Investment

2008

Name	Partei	Alter Job bis	Neuer Job ab
Kurt Faltlhauser	CSU	10/2007 Finanzminister Bayerns	02/2008 Mitglied des deutschen Beirats der Investmentbank Rothschild
Helmut Bauer	parteilos	07/2007 Erster Direktor Bankenaufsicht bei der Bundesanstalt für Finanzdienstleistungsaufsicht (BaFin)	02/2008–09/2009 Leiter der Abteilung »Aufsichtsangelegenheiten« / Head of Regulatory Affairs bei der Deutschen Bank
Hildegard Müller	CDU	2008 Staatsministerin unter Bundeskanzlerin Angela Merkel	10/2008–01/2016 Vorsitzende der Hauptgeschäftsführung beim Bundesverband der Energie- und Wasserwirtschaft (BDEW). Ab 05/2016 Vorstand bei RWE
Jörg Hennerkes	SPD	2008 Beamteter Staatssekretär im Bundesverkehrsministerium	07/2008 Hennerkes Projektberatung GmbH, Geschäftsführender Gesellschafter 06/2008–12/2010 Leiter des Kompetenzzentrums Logistik Bremen (KLB)
Joachim Wuermeling	CSU	2008 Beamteter Staatssekretär im Bundeswirtschaftsministerium	11/2011 Vorstandsvorsitzender Verband der Sparda-Banken 07/2008–10/2011 Mitglied der Hauptgeschäftsführung des Gesamtverbands der Deutschen Versicherungswirtschaft (GDV)
Marianne Tritz	Grüne	2008 Vorstandsreferentin des Grünen-Fraktionsvorsitzenden Fritz Kuhn	05/2013 Geschäftsführerin Gesamtverband Dämmstoffindustrie (GDI) 03/2008–10/2012 Geschäftsführerin Deutscher Zigaretten verband (DZV)
Martin Jäger	parteilos	09/2008 Sprecher des Auswärtigen Amts unter Frank Walter Steinmeier	09/2008–08/2013 Daimler AG – Leiter des Bereichs »Global External Affairs and Public Policy«

Wolfgang Ischinger	parteilos	04/2008 deutscher Botschafter in Großbritannien	05/2008 Generalbevollmächtigter für Regierungsbeziehungen für die Allianz SE 05/2008 Vorsitzender der Münchner Sicherheitskonferenz
Thomas Mirow	SPD	2007 Staatssekretär im Bundesfinanzministerium	07/2008–06/2012 Präsident Europäische Bank für Wiederaufbau und Entwicklung (EBRD)

2007

Name	Partei	Alter Job bis	Neuer Job ab
Werner Schnappauf	CSU	10/2007 Bayerischer Staatsminister für Umwelt, Gesundheit und Verbraucherschutz	11/2007–3/2011 Hauptgeschäftsführer des BDI 01/2012 Partner und Berater der Anwaltskanzlei Graf von Westphalen
Edmund Stoiber	CSU	2007 Bayerischer Ministerpräsident	2007 Mitglied im Aufsichtsrat der Nürnberger Versicherungsgruppe 2011 Vorsitzender des Beirats der Pro Sieben Sat1 Media AG
Joachim Lang	parteilos	2007 Leiter im Bereich Koordinierung der Europapolitik der Bundesregierung im Kanzleramt	2007 Cheflobbyist von Eon
Birgit Fischer	SPD	2006 Stellv. Fraktionsvorsitzende SPD-NRW	2011 Geschäftsführerin des Verbands der forschenden Arzneimittelhersteller (vfa) 2007–2010 Stellv. Vorstandsvorsitzende der Barmer Ersatzkasse
Joschka Fischer	Grüne	2005 Außenminister und Vizekanzler der BRD	2009 Gründung der Lobbyorganisation Joschka Fischer & Company 2007 Unternehmensberater

Margareta Wolf	Grüne	2005 Parlamentarische Staatssekretärin im Bundesumweltministerium unter Trittin	12/2007 Unternehmensberaterin bei der Strategie- und Beratungsagentur Deekeling Arndt Advisors
Matthias Berninger	Grüne	2007 Wirtschaftspol. Sprecher der Bundestagsfraktion der Grünen 2001–2005 parl. Staatssekretär im BMELV	2007 Leiter des Bereichs Gesundheits- und Ernährungsfragen beim Nahrungsmittelkonzern Mars Inc.
Norbert Schellberg	Grüne	04/2007 Vorstandsreferent der Bundestagsfraktion der Grünen	05/2007 Mitarbeiter der Hauptgeschäftsführung des Verbands Forschender Arzneimittelhersteller (VFA)
Volker Halsch	SPD	2006 Beamteter Staatssekretär im Bundesfinanzministerium	05/2013 »Head of Public Sector« bei der Bertelsmann-Tochter arvato AG 02/2007–2013 Mitglied der Geschäftsleitung von Vivento
Matthias Wissmann	CDU	05/2007 MdB 1993–1998 Bundesverkehrsminister	06/2007 Präsident Verband der Automobilindustrie (VDA)

2006

Name	Partei	Alter Job bis	Neuer Job ab
Andrea Fischer	Grüne	2001 Bundesgesundheitsministerin	2004–2006 Mitglied des Führungsstabes bei der IFOK GmbH 2006–2009 Beraterin bei Pleon
Gerhard Schröder	SPD	11/2005 Bundeskanzler	03/2006 Aufsichtsratsvorsitzender des Pipeline-Konsortiums NEGP-Company, später bekannt als Nordstream AG (Teil von Gazprom)
Otto Schily	SPD	10/2005 Bundesinnenminister	2006 Gründung der Otto Schily Rechtsanwaltsgesellschaft mbH (2009 umbenannt in Tressa Verwaltungs- und Beteiligungsgesellschaft mbH) Aufsichtsratsmitglied und Anteilseigner bei SAFE ID Solutions AG (Insolvenz 03/2011) Aufsichtsratsmitglied bei Byometric Systems AG (Insolvenz 06/2009)
Gerald Thalheim	SPD	2005 Parlamentarischer Staatssekretär im Bundesverbraucherschutzministerium	05/2012 Mitglied des Vorstands des Mitteldeutschen Genossenschaftsverbands 02/2006 Agrarpolitischer Berater
Peter Ruhenstroth-Bauer	SPD	2005 Staatssekretär im Bundesfamilienministerium	2006 Gründung der Beratungsfirma Kommunikation & Strategie
Axel Horstmann	SPD	2002–2005 Energieminister in NRW	seit 2010 Partner der Beratungs- gesellschaft S/E/ Strategie und Ergebnisse 2006–2010 Konzernbevollmächtigter der EnBW für Nordrhein-Westfalen
Tim Arnold	CDU	2004 Leiter Unternehmenskommunikation von Random House / Bertelsmann	2011 Senior Vice President Political Strategy der ProSiebenSat.1 Group 2006–2010 Leiter der Vertretung des Landes NRW beim Bund

Wolfgang Clement	SPD	09/2005 Bundesminister für Wirtschaft und Arbeit	07/2012 Kuratoriumsvorsitzender der Initiative Neue Soziale Marktwirtschaft (INSM) 02/2006 Aufsichtsratsmitglied der RWE Power AG und weitere 12/2007 Berater bei Deekeling Arndt Advisors
Andreas Renner	CDU	01/2006 Minister für Arbeit und Soziales in Baden-Württemberg	2009 Leiter der Repräsentanzen Berlin und Brüssel der EnBW 2006 Konzernbevollmächtigter für regenerative Energien bei EnBW

2005

Name	Partei	Alter Job bis	Neuer Job ab
Alfred Tacke	SPD	04/2004 Staatssekretär im Bundeswirtschaftsministerium	05/2005–12/2008 Vorstandsvorsitzender STEAG
Caio Koch-Weser	parteilos	11/2005 Staatssekretär im Bundesfinanzministerium	2006 Berater als »Vice Chairman« der Deutschen Bank
Hans Martin Bury	SPD	2005 Staatsminister für Europa	04/2009 Managing Partner bei Hering Schuppener 2005–11/2008 Managing Director /Mitglied des Vorstands bei Lehman Brothers
Jürgen Chrobog	parteilos	2005 Staatssekretär im Auswärtigen Amt	07/2005–06/2013 Vorsitzender des Vorstands der BMW Stiftung Herbert Quandt
Otto Wiesheu	CSU	11/2005 Bayerischer Wirtschaftsminister	01/2006–05/2009 Vorstandsmitglied der Deutschen Bahn, Ressort Wirtschaft und Politik
Rezzo Schlauch	Grüne	2005 Parlamentarischer Staatssekretär im Bundeswirtschaftsministerium	10/2005–12/2009 Beiratsmitglied bei EnBW

2004

Name	Partei	Alter Job bis	Neuer Job ab
Hartmut Meyer	ehem. SPD	09/2003 Rücktritt als Verkehrsminister Brandenburgs	01/2004–Ende 2004 Berater der Deutschen Bahn AG

2003

Name	Partei	Alter Job bis	Neuer Job ab
Bruno Thomauske	partei-los	2003 Bundesamt für Strahlenschutz (BfS)	Herbst 2003–07/2007 Vattenfall Europe AG – Leiter des Geschäftsbereichs Kernkraft-werke
Werner Müller	partei-los	2002 Bundeswirtschafts-minister	12/2012 Vorstandsvorsitzender der RAG-Stiftung 06/2003–12/2008 Vorstands-vorsitzender der RAG AG (später Evonik Industries)

2002

Name	Partei	Alter Job bis	Neuer Job ab
Jürgen Heyer	SPD	07/1994–04/2002 Verkehrsminister von Sachsen-Anhalt	04/2003–Ende 2007 Aufsichtsratschef bei Scandlines, einer Fähr-Reederei, an der die Deutsche Bahn damals beteiligt war 12/2002 Berater der Deutschen Bahn AG
Reinhard Klimmt	SPD	09/1999–11/2000 Bundesverkehrsminister	07/2002–2009 »Beauftragter des Vorstandes der Deutschen Bahn AG« für die Interessen des Unternehmens bei der französischen Regierung in Paris und bei der Europäischen Union in Brüssel
Bodo Hombach	SPD	10/1998–07/1999 Chef des BKamts und Bundesminister f. besondere Aufgaben 07/1999–12/2001 EU-Sonderkoordinator für den Stabilitätspakt in Südosteuropa	02/2002–01/2012 Geschäftsführer der WAZ-Mediengruppe

2000

Name	Partei	Alter Job bis	Neuer Job ab
Gunda Röstel	Grüne	2000 Parteivorsitzende (Grüne)	10/2000 Prokuristin der Gelsenwasser AG 04/2011 im Aufsichtsrat von EnBW
Günter Rexrodt	FDP	10/1998 Bundeswirtschaftsminister	10/2000–08/2004 Vorstand bei der WMP Eurocom AG, außerdem zahlreiche Aufsichtsratsmandate, unter anderem bei AWD

1997

Name	Partei	Alter Job bis	Neuer Job ab
Cornelia Yzer	CDU	10/1994–01/1997 Staatssekretärin im Bundesbildungsministerium	03/1997–05/2011 Hauptgeschäftsführerin beim Verband Forschender Arzneimittelhersteller (vfa)

1992

Name	Partei	Alter Job bis	Neuer Job ab
Ludwig-Holger Pfahls	CSU	02/1992 Staatssekretär für Rüstungskontrolle	03/1992–06/1992 Berater der Daimler-Benz AG 07/1992–10/1999 Manager von Daimler-Benz AG Belgien später Südostasien

1991

Name	Partei	Alter Job bis	Neuer Job ab
Lothar Späth	CDU	01/1991 Ministerpräsident Baden-Württemberg	06/1991–06/2003 Übernahme der Leitung von Jenoptik in Jena

Seit Jahren versäumt es die Politik, mehr Transparenz zu schaffen. So gibt es in Deutschland zwar seit 1972 ein Verzeichnis aller beim Bundestag registrierten Verbände und ihrer Vertreter. Ausgedruckt umfasst die Ausgabe vom 18. Dezember 2015 sage und schreibe 849 Seiten. Die Liste reicht von Apothekerorganisationen bis zum Zweirad-Industrieverband. Trotz ihres telefonbuchdicken Umfangs enthält sie ausgerechnet jene nicht, die im Lobbyismus immer zahlreicher und wichtiger werden: Anwaltskanzleien, Lobbyfirmen, Denkfabriken und andere Organisationen, die Lobbyarbeit weitaus diskreter und effektiver betreiben als registrierte Verbandsfunktionäre.

Nicht wenige von ihnen besitzen Hausausweise für den Bundestag, die ihnen dort den Zutritt nahezu jederzeit ermöglichen. Vergeben werden sie von der Bundestagsverwaltung, an wen, ist deren Ermessensentscheidung. Dann gibt es aber noch ein »dunkles Schlupfloch«, wie der SZ-Parlamentsjournalist Robert Roßmann schrieb. Lobbyisten können auch über die parlamentarischen Geschäftsführer der jeweiligen Fraktionen an die heißbegehrten Dauerkarten kommen. Unter tätiger Mithilfe der Parteien also, die doch eigentlich ein Interesse haben müssten, möglichst unbeeinflusst von lobbyistischen Zugängen ihr parlamentarisches Tagwerk zu verrichten.

Die Bundestagsverwaltung weigerte sich lange, die Namen der Begünstigten zu veröffentlichen. Und auch die Parteien selbst waren wenig gesprächig. Lediglich Bündnis 90/Die Grünen und Die Linken gaben von sich aus bekannt, welche Organisationen ihnen die begehrten Plastikkärtchen verdanken. Union und SPD aber, die zusammen mehr als 90 Prozent der Hausausweise ausgereicht haben, verweigerten diese Auskunft. Die Politikplattform abgeordnetenwatch.de verklagte daher den Bundestag – und bekam im Juni 2015 vor dem Berliner Verwaltungsgericht recht. Doch: Der Bundestag ging auf Druck von Union und SPD in die Berufung und rief in zweiter Instanz das Oberverwaltungsgericht Berlin-Brandenburg an.

Es gab ein monatelanges, öffentliches Gezerre, das immer lauter die Frage aufwarf, weshalb die beiden großen Parteien die von ihnen protegierten Lobbyisten derart massiv schützen. Kurz vor Weihnachten lenkte die Bundestagsverwaltung mutmaßlich angesichts des öffentlichen Drucks schließlich ein und zog die Berufung zurück. Nachdem das Oberverwaltungsgericht vorher bereits in einer Eilentscheidung im Sinne von abgeordnetenwatch.de entschieden hatte. Daraufhin wurden kurz vor Jahresende die Namen der Lobbyisten veröffentlicht, die ihre Bundestags-Hausausweise den Parteien und Abgeordneten verdanken.

Zwischenzeitlich waren die peinlichen Vorgänge längst Gegenstand kabarettistischen Spotts geworden. Oliver Welke lästerte in der ZDF heute-show über den täglichen »Tag der offenen Hintertür« im Berliner Parlament. Und Urban Priol rechnete vor: Von 1111 der fragwürdigen Hausausweise wurden 765 von CDU und CSU ausgegeben (übrigens die meisten an Lobbyisten der Pharma-, der Rüstungs- sowie der Autoindustrie). »Das heißt, auf jeden ihrer Abgeordneten kommen drei Lobbyisten, um ihm beizubringen, wie unabhängiges Regieren geht.«

4
»Wir erledigen das«
Diskrete Helfer der Konzerne

Wie Lobbyagenturen und Kanzleien unbemerkt von der breiten Öffentlichkeit Regierungen und Parlamente bearbeiten und die Demokratie für ihre Zwecke formen.

Die Platane war ein kleiner Baum, als sie der internationale Lobbyistenverband Seap, die Society of European Affair Professionals, stiftete und 2001 in Brüssel einpflanzte. Ein Gedenkstein erinnert heute noch an die Spender. Und zwar direkt vor der gläsernen Fassade des Europaparlaments in Brüssel. Als Symbol dafür, wie Europas Lobbyfirmen Ideen so wirksam einpflanzen, dass sie wachsen, gedeihen und noch Jahre später ihre Saat aufgehen lassen.

Entstanden ist aber auch ein wachsendes Wahrzeichen für die Schlüsselrolle, die Lobbyfirmen in den Entscheidungsprozessen in Europas Hauptstädten längst spielen. Konservative Schätzungen gehen davon aus, dass sich allein in Brüssel rund 15 000 Lobbyisten tummeln. Niemand allerdings vermag verlässlich zu sagen, ob es nicht vielleicht doch doppelt so viele sind, wie Nichtregierungsorganisationen munkeln. Klar ist nur: Ein großer Teil arbeitet nicht unmittelbar und gut erkennbar für die Wirtschaft und ihre Interessenverbände. Sondern ganz diskret für Agenturen, Kanzleien und Beratungsdienste, die immer massiver versuchen, auf die Gesetzgebung der Europäischen Kommission und die der EU-Mitglieder Einfluss zu nehmen. Auf jene Paragraphen also, die immer wichtiger für das Leben der Europäer werden. Denn inzwischen haben vier von fünf Gesetzen, die die Europäer betreffen, auch in Europas Kapitale ihren Ursprung.

Das Treiben dieser Lobbyfirmen ist immer mehr Politikern und Nichtregierungsorganisationen ein Dorn im Auge. Denn es spielt sich in der Regel im unkontrollierten Schattenreich der Politik ab.

Es geht um Firmen, die schon von Berufs wegen am liebsten diskret im Hintergrund arbeiten und sich oft nicht trauen, offen mit der eigenen Lobbytätigkeit umzugehen. Zu sehr umweht die Klinkenputzer der Ruch des Dubiosen. Sie heißen Hill & Knowlton, Pleon oder Deekeling Arndt Advisors und bezeichnen sich meist zurückhaltend und benannt nach weiteren Arbeitsfeldern als PR- oder Strategieberater und -agenturen. Die hohen Honorare für intensive Stimmungsmache nimmt man gerne mit. Den Ärger in der öffentlichen Debatte erspart man sich dagegen lieber.

Sie agieren diskret wie geheimnisvoll im Hintergrund, doch für Insider ist ihr Wirken nicht mehr zu übersehen. Sie haben sich mit hoch spezialisierten Experten in Europas Hauptstädten in den feinsten Adressen eingenistet und spinnen immer intensiver ihre Netze. Im Sinne von Steuerzahlern, Wählern oder der Mehrheit ist diese intensive Arbeit selten. Warum sollten Konzerne auch Zehntausende Euro pro Monat an den Lobbyisten ihres Vertrauens überweisen, wenn demokratische Prozesse von sich aus ohnehin das gewünschte Ergebnis erzielen würden?

Nein, es geht darum, Europa bis hinein in die Politik der Mitgliedsländer nach eigenem Gusto zu formen – oft genug zum Schaden seiner Bürger. Etwa wenn es darum geht, Gesetze zum Schutz der Konsumenten oder schärfere Umweltregeln im Interesse der Industrie aufzuweichen. In jedem Fall aber sind die Firmen offenbar mühelos in der Lage, politische Prozesse wenigstens zu beeinflussen und so eine demokratische Schieflage zu erzeugen. Ihr Erfolg zeigt: Wer die Mittel hat, hat oft auch die Wahl.

Beispiele für problematische, schädliche oder auch einfach dubiose Einflussnahme gibt es zuhauf. Etwa rund um den europäischen Datenschutz. Seit 2012 versuchte die Europäische Union die Datenschutzverordnung von 1995 zu aktualisieren. Erst brachte die EU-Kommission ihre Vorschläge ein, 2014 folgte das Parlament. Dann war der Rat an der Reihe. Eigentlich soll eine neue Richtlinie den Bürgern der EU mehr Privatsphäre verschaffen. Doch so einfach ist das nicht. Denn auch die Lobbyisten von Unternehmen wie Facebook, Google, Amazon und der Schufa schwärmten aus und machten ihren Einfluss geltend.

Für die Konzerne ging es um viel. Die neuen Vorschriften sollten eine Art europäisches Grundgesetz für die Behandlung personenbezogener Daten werden. Binnen zwei Jahren soll die Richtlinie nach dem Beschluss von EU-Kommission und Rat der Europäischen Union – einer vergleichsweise kurzen Übergangsfrist – alle bestehenden Gesetze in allen 28 EU-Ländern ablösen. Das machte die Angelegenheit für die Wirtschaft bedeutend. Vor allem für die Deutschen und ihre strengen datenschutzrechtlichen Vorgaben stand dabei viel auf dem Spiel.

Die Fronten waren klar umrissen: Die Wirtschaft wünschte sich, dass es künftig in einigen Ländern leichter wird, Daten etwa aus sozialen Netzwerken oder anderen Diensten für Persönlichkeitsprofile zu nutzen. Darauf zielen so neue wie lukrative Geschäftsmodelle von IT-Konzernen. Ein Beispiel: Setzen sich die Befürworter einer laxen Regelung immer stärker durch, könnte es viel leichter werden, Daten für ganz andere Ziele zu verwenden, als sie Nutzer preisgeben. So könnten etwa Facebook-Einträge für die Prüfung der Kreditwürdigkeit genutzt werden. In Deutschland könnte dies nach bisheriger Rechtslage mit dem Datenschutz kollidieren.

Vor allem Irland springt den IT-Riesen in Europa bei Problemen gerne bei. Kein Wunder: US-Internetunternehmen wie Google haben auf der Insel ihren Europa-Sitz. Die Gegner etwa in Deutschland wünschen sich, dass Bürger die Möglichkeit bekommen, sich mit ein paar Handgriffen vor solcher Überwachung wenigstens zu schützen. Geht es nach Datenschützern hierzulande, können Verbraucher künftig auf einen Blick sehen, wie viele Daten sie den Konzernen gewollt oder ungewollt zur Verfügung stellen. Verletzen Konzerne die Richtlinie, sollen sie den Hardlinern zufolge hohe Strafen zahlen – zur Abschreckung.

Davon halten die Konzerne, die Milliarden am Geschäft mit Daten verdienen, wenig. Es gilt für sie, strengere Regeln möglichst wirksam zu verhindern. Und wenn das misslingt, sie wenigstens zu entschärfen oder zu verzögern.

Für die Nichtregierungsorganisation Transparency International ist der Kampf um die Datenschutzrichtlinie geradezu ein Paradebeispiel für modernen Lobbyismus. Internetkonzerne hätten versucht, massiv Einfluss zu nehmen, klagt die Organisation. Wortgleich hätten sich Passagen aus Stellungnahmen amerikanischer IT-Konzerne später in Änderungsanträgen von Europaparlamentariern wiedergefunden. So belegen es die Recherchen der Crowdsourcing-Initiative Lobbyplag.[1]

Lobbyplag dokumentiert akribisch, welche Abschnitte aus Papieren von Unternehmen und Lobby-Organisationen teils wörtlich in eine Stellungnahme des EU-Ausschusses für Binnenmarkt und Verbraucherschutz (IMCO) eingeflossen sind. Es geht um Papiere von Amazon, der US-Handelskammer für den Handel mit der EU, dem europäischen Bankenverband EBF oder dem Verband der Kreditauskunfteien. So stamme etwa der im Binnenmarkt- und Verbraucher-Ausschuss (IMCO) zur Datenschutzverordnung namentlich eingebrachte Änderungsvorschlag des Europaabgeordneten Andreas Schwab (CDU) zum Artikel 4 Ziffer 13 teilweise Wort für Wort aus einem Lobby-Papier von Amazon, macht

Lobbyplag klar. Die gewünschte Änderung würde es Unternehmen erlauben, ihren Hauptsitz selbst zu bestimmen. Nach der ursprünglichen Formulierung wäre ein Mitgliedsstaat der faktischen Hauptverwaltung zuständig gewesen. Käme die Änderung durch, könnten Konzerne sich das Land mit den schwächsten Behörden oder Kontrollen aussuchen.[2] Eine Einigung von EU-Parlament, Rat und Kommission im Dezember 2015 erschwert das zwar. Doch zu Ende ist der Kampf der Lobbyisten noch nicht. Nun muss noch über nationale Regelungen beraten werden – dort, wo die Einigung dies vorsieht. Die Verordnung tritt erst 2018 in Kraft.

Wie, fragen sich viele Bürger besorgt, gelingt es Unternehmen in diesen Zeiten nur, ihre Ziele in Brüssel immer wieder an so entscheidender Stelle einzubringen? Wie kann es sein, dass in Zeiten wachsenden Demokratiebewusstseins in einigen Fällen noch immer mehr in Hinterzimmern verhandelt wird als im Parlament? Wie ist es Unternehmen möglich, ihre Stimme in diesem Chor der Interessen so in Szene zu setzen, dass vor allem sie Gehör finden?

Eine Kanzlei wie ein Kraftwerk

Andreas Geiger kennt Antworten. Der Anwalt, den wir schon zu Beginn des Buches vorgestellt haben, ist in dieser Welt zu Hause. Wir haben Geiger als höflichen Menschen kennengelernt, dessen Freundlichkeit schnell und gleitend in fordernden Ton umschlagen kann. Seine Lobbyfirma Alber & Geiger gehört zu denen, die keineswegs nur im Windschatten der Politik segeln. Sie gestaltet als Akteur in der neuen europäischen Polit-Welt offensiv und direkt mit. Ohne jedes demokratische Mandat.

Andreas Geiger ist eine Spitzenkraft im europäischen Lobbygeschäft – so wie seine Kanzlei, der er als Managing Partner einen Teil des Namens gibt. Mal sitzt er in den Alber-&-Geiger-Büros in Brüssel in einem Prachtbau der Rue des Colonies, mal in seinem Büro am Pariser Platz in Berlin.

»We get it done« – wir erledigen das, heißt der Slogan seiner Firma. Ein Scheitern von Zielen der Mandanten ist nicht vorgesehen. Verteidigung, Finanzen, Bildung, Wettbewerb, Handel, Gesundheit, Umwelt – es gibt kein wichtiges Brüsseler Thema, dem sich Alber & Geiger nicht verschrieben hat. Man kenne die Entscheidungsträger, verspricht die Firma. Und man vermöge es, Allianzen und Prioritäten zum Wohl der eigenen Klienten zu verändern. Alber & Geiger beschreibt sich selbst als »Political Lobbying Powerhouse« – als politisches Lobby-Kraftwerk also.

Um auch wirklich den maximalen Erfolg in Brüssel oder Berlin zu erzielen, empfehlen Lobbyisten den Betroffenen neuer Gesetzesvorschläge möglichst früh im Laufe eines Gesetzgebungsprozesses einzuschreiten – und nicht erst, wenn die öffentliche Debatte längst Fahrt aufgenommen hat. Denn wenn engagierte Bürger und Nichtregierungsorganisationen erst mal mitmischen, wird die Arbeit der Hinterzimmer-Drahtzieher immer schwieriger. Die öffentlichen Debatten und der Widerstand gegen die Geheimniskrämerei beim transatlantischen Handelsabkommen TTIP etwa zeigen, was dann passiert.

Wie aber arbeitet Alber & Geiger?

In Newslettern weist die Kanzlei einen Kreis von Entscheidern in einem besonders frühen Stadium auf drohende Veränderungen in der EU-Gesetzgebung hin. Mal geht es um die Regulierung von Drohnen, mal um schärfere Auflagen für Tabakwerbung. Oft wissen die Firmen längst Bescheid. Auch sie sind in der Regel gut verdrahtet. Manchmal aber ist Alber & Geiger den entscheidenden Schritt schneller. Wer sich gegen die Vorhaben wehren will, kennt meist die entscheidende Telefonnummer eines Brüsseler Lobbyisten seines Vertrauens. Kommt eine Anfrage, nehmen Kanzleien wie Alber & Geiger die Neuregelungen in juristischer und politischer Hinsicht erst mal im Sinne des Interessenten unter die Lupe. In Memos, nicht länger als eine Seite, listen sie kurz und knapp Probleme auf und entwerfen eine aus Sicht der Kundschaft sinnvolle Lösung.

Dann folgt die eigentliche Lobbyarbeit. Alber & Geiger weist in der Administration und bei Politikern erst mal diskret auf Probleme hin, die man sonst in einer späteren Phase öffentlich einbringen würde. Mit anderen Worten: Man macht die Politik auf Ärger aufmerksam, der da auf sie zukommen könnte. Ein Wink mit dem Zaunpfahl, den man auch als subtile Drohung verstehen kann.

Nicht immer geht es dabei freundlich zu. Die Lobbyisten müssen einem Ministerium oder einer nachgeordneten Behörde schon mal klarmachen, welche Konsequenzen sich aus falschen Entscheidungen für seinen Mandanten ergeben können. Im Zweifel weise man auch auf mögliche Schadensersatzansprüche hin, sagt Geiger.

In Berlin, Brüssel und London tritt Alber & Geiger prominent auf. Die offensive Vermarktung zahlt sich aus. Könige und Konzerne vertrauen ihr Schicksal gleichermaßen den Anwälten an. Mal will man für das Königreich Marokko die EU im Zusammenhang mit dem West-Sahara-Konflikt beeinflussen – der Konflikt schuf Probleme bei neuen Handelsabkommen. Mal wollen Glücksspiel- oder Tabakunternehmen schärfere Gesetze verhindern – neue Geldwäschevorschriften wollten doch tatsächlich mehr Transparenz. Und mal gilt es, für einen Hersteller ein sofortiges Verbot umweltfeindlicher Plastiktüten zu umschiffen.

Es gibt kaum eine Anfrage, die es nicht gibt. Selbst die Vertreter eines afrikanischen Schurkenstaats klopften höflich an.

Er vertrete eine afrikanische Regierung, erklärte der Absender. Eine Nation mit einer ernsten politischen Krise, die sich mit Tausenden Toten derzeit verschärfe. Die Regierung wünsche sich Lobbyarbeit in der EU, denn die Rebellen machten die bessere PR-Arbeit in Europa und den USA. Sie sei derzeit jedoch zu sehr damit beschäftigt, die eigenen Namen aus Korruptionsskandalen herauszuhalten, schrieb der Absender offen.

»Wir haben das natürlich nicht gemacht«, sagt Geiger. Ob eine andere Lobbyfirma eingestiegen ist, vielleicht des schnellen Geldes wegen? Wer sich in der Szene der lobbyierten Interessen auskennt, würde dafür seine Hand nicht ins Feuer legen.

Je komplexer die Welt wird, je internationaler und verwobener, desto besser ist es für das Geschäft von Leuten wie Andreas Geiger. Brüssel und Berlin erlebten derzeit einen grundlegenden Wandel der Lobby-Arbeit, sagt Geiger. Die Folge: Allgemeine Kontaktpflege reicht nicht aus. Geigers Kanzlei versucht den Weg über die Öffentlichkeit zu vermeiden. Anzeigenkampagne, öffentliche Schlammschlachten. Eine solche Quasi-Erpressung der Handelnden komme in der Politik heute nicht mehr gut an, sagt Geiger. Entscheidend sei es, maßgeschneiderte Lösungen zu liefern und Vorgänge von A bis Z zu begleiten. »Wir gehen die Leute direkt an, die mit den Themen zu tun haben – mit Argumenten.«

Mal sind es Referentinnen und Referenten in der Kommission oder Ministerien auf Arbeitsebene. Mal sind es Minister und Kommissare. Besonders wichtig dabei: schwergewichtige Aushängeschilder. Geigers Co-Chef Siegbert Alber saß drei Wahlperioden für die CDU im Bundestag, war Abgeordneter im EU-Parlament, wurde schließlich Vizepräsident des Europäischen Parlaments und sogar Generalanwalt beim Europäischen Gerichtshof (EuGH). So einer kennt das politische wie juristische Parkett aus dem Effeff. So einem schlagen auch Leute wie der ehemalige Parlamentspräsident Martin Schulz (SPD) kein Treffen aus.

»Gute Lobbyisten brauchen permanenten Zugang zu den wichtigsten Entscheidern«, sagt ein anderes Schwergewicht einer konkurrierenden Lobbyfirma. »Den bekommen Sie nicht, wenn Ihr Konzern RWE heißt, und Sie eben mal ein aufgetretenes Problem lösen müssen – ohne Vertrauen zu den Spezialisten auf diesem Gebiet aufgebaut zu haben. Das bekommen Sie nur nach jahrelanger Arbeit in der Nähe der Entscheider hin.«

Illegal sind solche Zugänge selbstverständlich nicht. Es zeigt sich aber in der Welt der gelenkten Interessen, dass Geld häufiger Macht und Erfolg in politischen Entscheidungsprozessen garantiert, als sich viele das vorstellen. Wer über die nötigen Ressourcen verfügt, hat in diesem System deutlich bessere Chancen, mit politischen Anliegen durchzukommen, als jemand ohne. Was das für die Zukunft der Gesellschaft bedeutet, zeigt sich an den erfolgreichen Fällen der Kanzlei Alber & Geiger.

Der Fall der Aliyew-Brüder – Werte oder Geld?

Die Brüder Farhad und Rafiq Aliyew aus Aserbaidschan sind zwar überaus vermögend, konnten die Lobbyfirma Alber & Geiger für ihren eigenen Fall aber dennoch nicht selbst einspannen. Sie waren verhindert, sie saßen im Gefängnis.

Der ehemalige Wirtschaftsminister von Aserbaidschan und der Chef des aserbaidschanischen Ölkonzerns Azpetrol wurden 2005 wegen eines angeblichen Putschversuchs gegen Aserbaidschans Präsidenten und Autokraten Ilham Aliyew und weiterer Vorwürfe verhaftet und eingesperrt. Ohne fairen Prozess, wie auch der Europäische Gerichtshof für Menschenrechte später feststellte. 2007 wurden sie zu zehn beziehungsweise neun Jahren Haft verurteilt. Begründung: Korruption, Betrug und Putschversuch.

Nach der Hälfte der Haft wollte der Aliyew-Clan dem ein Ende setzen. Ein Sohn und ein Neffe der Inhaftierten heuerten die Spezialisten von Alber & Geiger an. Das Ziel: die schwerreichen Brüder, den Ex-Politiker und den Unternehmer, endlich aus dem Gefängnis zu bugsieren.

Kein leichtes Mandat in Zeiten, in denen Europa ganz andere Sorgen hatte. Eines in jedem Fall, für das es beste Kontakte und Fürsprecher in höchsten Ämtern braucht. Am besten gleich solche, die kreuz und quer über den Erdball reichen. Ein Netz also, das in kurzer Zeit wie von Zauberhand gelenkt ein sorgsam orchestriertes internationales Tauziehen um Wirtschaftsbeziehungen und Menschenrechte einfädeln kann, das nicht nur zeigt, wie beeinflussbar internationale Politik ist. Es hält der EU auch noch einen wenig schmeichelhaften Spiegel vor. Besonders deutlich aber macht es, wie in Brüssel und Washington internationaler Lobbyismus ganz praktisch und wirksam funktioniert.

Denn in Brüssel hatte sich schon eine Zeit lang niemand mehr so richtig für die Missachtung von Menschenrechten in Aserbaidschans Hauptstadt Baku interessiert. Die Regierung des Landes war zudem fest entschlossen, der Welt eindringlich klarzumachen, dass sie und ihr rohstoffreiches Land ein bedeutender Akteur auf der internationalen politischen Bühne sind. Fernsehzuschauer erinnern sich vielleicht daran, dass Aserbaidschan im Mai 2012 Gastgeber des Eurovision Song Contests war. Die schillernde Veranstaltung wurde durch die breite Berichterstattung über die Zwangsräumungen getrübt, die Platz für den Austragungsort des Song Contests schufen. Auch über andere Menschenrechtsverletzungen in dem Land wurde in Zusammenhang mit dem Songwettbewerb weltweit berichtet. Aserbaidschan gehört zu jenen etwa 50 Ländern, denen Amnesty International Menschenrechtsverletzungen und das Einkerkern politischer Gefangener vorwirft. Die Politik des Westens hält sich dennoch bis heute mit Kritik auffällig zurück.

Bei Alber & Geiger ahnt man, warum: »Europa musste mit Aserbaidschan in Sachen Energie verhandeln«, heißt es in einem Memo der Kanzlei. Der Gaslieferant sei zentral in der Politik Brüssels gewesen, unabhängiger vom ungeliebten Rohstofflieferanten Russland zu werden. In einem Klima, in dem die EU das Land also für ihre wirtschaftlichen Interessen brauchte, sei es für Brüssel wohl leichter gewesen, bei Menschenrechten ein Auge zuzudrücken.

Das ist eine Steilvorlage für Lobbyisten. Im Fall Aliyev beginnt die Kanzlei genau hier mit der Suche nach Argumenten für einen Strategiewechsel der Europäer. Sie sucht nach Verbündeten für mögliche Allianzen. Und sie findet sie in höchsten politischen Ämtern und bei führenden Köpfen, die mit der Lobbyfirma verdrahtet sind. John McCain zum Beispiel. Weltweit gilt der einflussreiche US-amerikanische Senator und ehemalige Präsidentschaftskandidat der Republikaner als Verfechter einer bedingungslosen »America First«-Politik. McCain schien nie sonderlich viel für die Staaten der ehemaligen Sowjetunion übrigzuhaben, früher nicht und heute auch nicht. Am 30. Dezember 2011 jedoch schreibt der Senator geradezu schmeichelnde Zeilen an den aserbaidschanischen Präsidenten, die er über die Botschaft des Landes in Washington D.C. an ihn richtet. Auf Bitten von Lobbyisten.

»Lieber Präsident Aliyev«, heißt es da, »wir kennen uns seit vielen Jahren, und ich bin seit Langem ein Unterstützer Ihres Landes und Ihrer Regierung.« Der Senator gibt sich verbindlich. »Unsere bilaterale Beziehung war niemals wichtiger, und ich arbeite weiterhin persönlich daran, sie zu stärken. Es ist meine andauernde Hoffnung, dass die Kooperation zwischen unseren Ländern, unseren Bürgern und Regierungen tiefer und breiter wird. Ich werde Ihr Partner bei diesen Bemühungen bleiben.«

Er hoffe doch sehr, schreibt McCain weiter, dass die Partnerschaft zunehmend nicht allein durch gemeinsame Interessen, sondern auch durch gemeinsame Werte definiert werde. Er wolle die Bedeutung der Menschenrechte dabei hervorheben. Dass das Regime in diesem Zusammenhang den Jugendaktivisten Jabbar Savalan, der wegen der Organisation friedlicher Demonstrationen zu einer langjährigen Haftstrafe verurteilt worden war, freigelassen habe, sei ja schon mal ein positives Zeichen.

Dann kommt McCain zum Kern seines Anliegens. Und das gilt den wohlhabenden Inhaftierten: Ernsthaft beunruhigt sei er allerdings darüber, »dass Ihre Regierung Farhad und Rafiq Aliyew seit 2005 inhaftiert hat«. McCain appelliert: »Sie haben die Macht, die Aliyew-Brüder und die anderen politischen Gefangenen zu befreien, die Ihre Regierung inhaftiert hält.« Das wäre der richtige und gerechte Kurs und würde »unseren Ländern ermöglichen, die Grenzen unserer bilateralen Partnerschaft zu erweitern«.

Schon diese deutlichen Zeilen aus Washington sind eine erstklassige Unterstützung für die Lobbyfirma. Bessere Kontakte mit den USA – ein feines Argument. Doch bei der Mithilfe durch den prominenten US-Politiker bleibt es nicht. Auch in den Büros europäischer Spitzenpolitiker werden plötzlich Briefe aufgesetzt. Die Lobbyfirma schaltet zum Beispiel den damaligen Präsidenten des Europaparlaments ein, den SPD-Politiker Martin Schulz. Auch er fordert in einem Brief an den aserbaidschanischen Präsidenten Ilham Aliyew die Freilassung der inhaftierten Brüder.

»We get it done« – kein zu großes Versprechen an die Kundschaft. Die konzertierte Aktion für die prominenten Häftlinge zeigt in der Hauptstadt Baku am kaspischen Meer mit etwas Verzögerung Wirkung. Im Oktober 2013 wird schließlich eine kleine Gruppe von Häftlingen begnadigt. Mehrere Gefangene dürfen die berüchtigte Haftanstalt Nr. 6 im Nizami-Viertel von Baku im Morgengrauen des 15. Oktober verlassen. Darunter: die Aliyew-Brüder.

Eine politische Entscheidung, die ohne Lobbyisten und deren prominente Mitstreiter wohl kaum zustande gekommen wäre. Drei Jahre sollen sie in Europa und den USA an dem Fall gearbeitet haben. Die Öffentlichkeit erfuhr nur von der Inhaftierung und der Freilassung der Brüder. Aber nichts von der Arbeit der Spezialisten dazwischen. Wie viel Honorar floss, wer Geld bekam oder einen Gefallen im Gegenzug? Ob auch Politiker ein Honorar erhielten? All das bleibt im Dunkeln. Zwischen Anfang und Ende herrscht Schweigen. Allein: Farhad Aliyew ist seither voll des Lobes über die Fähigkeiten der Lobbyfirma. »Alber & Geiger half uns in einer sehr sensiblen Zeit, die politische Landschaft in Europa zu steuern«, erklärt Aliyew wörtlich. Er soll heute in London leben.

Ein Erfolg für die Lobbyisten, zweifellos. Womöglich ist der undurchschaubare Fall der Aliyew-Brüder auch ein Erfolg für die Menschenrechte, was gut wäre. Der Fall zeigt aber auch eine Schieflage. Denn: Europas politische Landschaft zu steuern und gleich noch Teile der US-Spitzenpolitik mit – davon können viele andere politische Gefangene in Aserbaidschan nur träumen. Die anderen Geiseln des Regimes, wie die bekannten Journalisten Khadija Ismayilova und Parviz Hashimli, sind weiter in Haft. Sie wurden beide unter dubiosen Umständen zu einer jahrelangen Haftstrafe verurteilt. Sie verfügen nicht über die großen Vermögen der Aliyew-Brüder. Lobbyisten können sie sich nicht leisten. Sie sind weit davon entfernt, freizukommen. Ist ihr Leben, ihre Freiheit, sind ihre Schicksale weniger wert? Warum erwärmt sich die globale Spitzenpolitik nicht für den Kampf um die Freiheit dieser Frau und dieses Mannes? Warum werden nicht auch in diesem Fall sorgsam orchestriert so freundliche wie bestimmte Briefe nach Baku geschickt? Geht es bisweilen etwa in der höchsten Politik eben doch um andere als nur ideelle Werte?

Der Fall Asarow – Wie man von Sanktionslisten verschwindet

In den Büros der Lobbyisten hoffen indes schon die nächsten Mandanten auf eine Rettung. Eine der ganz anderen Art. Es kommt auch bei Firmen wie Alber & Geiger nicht jeden Tag vor, dass ein ehemaliger Premierminister anruft. Im Mai 2014 aber klingelt Mikola Asarows Büro in der vornehmen Brüsseler Dependance in der Rue de Colonies durch. Asarow gilt als enger Vertrauter des ehemaligen ukrainischen Präsidenten Wiktor Janukowitsch und wird im Westen deshalb äußerst kritisch beäugt. Denn die Clique um Janukowitsch soll sich am Vermögen ihres Landes bedient und Reichtümer außer Landes geschafft haben, etwa nach Wien. Asarow war von 2010 bis Februar 2014 Ministerpräsident der Ukraine, trat dann während der wochenlangen Proteste und Demonstrationen auf dem Maidan-Platz in Kiew auf Anweisung Janukowitschs zurück, ehe er sich mit seinem Privatjet nach Österreich absetzte. Am Kiewer Michailowski-Platz besaß der Multimillionär eine 11-Zimmer-Wohnung. Der Umsturz bereitete Asarow bereits vor seiner Flucht nach Wien gewaltiges Kopfzerbrechen. Denn plötzlich fand sich der Politiker auf einer Schwarzen Liste der EU wieder. Asarows Eigentum in EU-Mitgliedsländern war damit eingefroren. Und nicht nur das. Visa-Probleme hinderten ihn am freien Reisen. Eigentümer an die Liebsten zu verschenken war auch keine Lösung. Denn auch sein Sohn Alexej, ein Geschäftsmann, der aus Österreich heraus arbeitete, war auf der Liste gelandet. Er residierte bereits in einer Prachtvilla im Wiener Vorort Währing.

Vor diesem Hintergrund erschloss sich den Lobbyisten von Alber & Geiger der Grund des Anrufs schnell. Die Botschaft war deutlich: Teile der alten ukrainischen Machtclique wollten runter von der bedrohlichen Sanktionsliste der EU. Damit ging die alte

Staatsführung also ziemlich unverfroren hinter den Kulissen gegen die zentrale Strafmaßnahme der EU-Kommission gegen die Annexion der Krim durch Russland und das Maidan-Massaker vor.

Was Brüsseler oder Berliner Lobbyisten in einem solchen Fall tun? Natürlich: Sie nehmen den Fall an. Es geht schließlich um viel Geld. Experten aus der Branche schätzen das Monatssalär für derartige Lobbyarbeit auf rund 80 000 Euro.

Bei Alber & Geiger begann man für die feine ukrainische Gesellschaft das große Rad zu drehen. Bekannt ist, dass die Lobbyisten im Frühjahr 2014 eine ganze Reihe von Offiziellen im Auswärtigen Dienst der Europäischen Union, dem European External Action Service (EEAS), kontaktierten. Catherine Ashton, damals EU-Außenbeauftragte und Chefin des Dienstes, lehnte ein Treffen ab. Aber Beamte aus der mit den Ukraine-Sanktionen betrauten Abteilung reagierten. Ein erster Erfolg.

Die Lobbyisten hatten sich für solche Gespräche eine spitzfindige Strategie ausgedacht, mit der sie den Brüsseler Apparat herausforderten. Denn nach EU-Recht sind Sanktionen zulässig, wenn sie Regierungen zu einer Änderung des Verhaltens zwingen wollen. Die Sanktionsliste trat jedoch im März 2014 erst in Kraft, als die betroffene Machtclique schon gar nicht mehr am Ruder war. Zudem richteten sich die Sanktionen gegen die Hinterleute des Maidan-Massakers, bei dem Scharfschützen im Februar 2014 im Zentrum der ukrainischen Hauptstadt Kiew auf Demonstranten schossen. Eine persönliche Verstrickung der Asarows aber, argumentierte Alber & Geiger, sei gar nicht erwiesen. Die Sanktionen deshalb gar nicht rechtens.

Und auch das war erst der Anfang. Die zweite Lobbywelle richtete sich an den Ministerrat. Dort vor allem an die ständigen Vertreter der 28 EU-Mitglieder. Die Hoffnung: Das Problem möge seinen Weg zu den Botschaftern und so auch zu den zuständigen Außenministern finden. Selbst die Lobbyisten räumen in einer eigenen Einschätzung ein: Es habe eines raffinierten Einsatzes »juristischer und emotionaler Aufklärung« bedurft, um durch diese politischen Turbulenzen zu navigieren. Am Ende der intensiven Bearbeitung der Bürokraten stand ein erstaunlicher Erfolg: Brüssel beugte sich zumindest teilweise dem Druck.

Das eingefrorene Vermögen des Politikersohns Alexej Asarow wurde wieder freigegeben. Im März 2015 wurde er zusammen mit drei weiteren Mitgliedern der Janukowitsch-Clique von der Sanktionsliste gestrichen. Auch die Position des Vaters habe man wahrnehmbar verbessert, heißt es bei Alber & Geiger. Details will man nicht nennen. Wie Lobbyisten über einen solchen Auftrag denken? Es gebe Geldwäschevorwürfe, sagt Geiger. Aber bewiesen sei noch nichts.

Eine gewisse Skrupellosigkeit gehört wohl zum Geschäftsprinzip mancher Lobbyfirma. Bei Alber & Geiger jedenfalls geht es nicht darum, das gesellschaftlich Wünschenswerte zu erzielen. Sondern das, was der Mandant wünscht. Die Kanzlei schaffte es so immer wieder, ganze Branchen und Konzerne aus beinahe ausweglosen Situationen zu manövrieren. Für die Mehrheit muss das kein Erfolg sein. Die Firma half etwa Tabakkonzernen wie Philip Morris oder Davidoff im Kampf gegen härtere Regulierung der gesundheitsschädigenden Tabakgeschäfte. Und sie half Deutschlands bekanntestem Glücksspielunternehmer, sein fragwürdiges Milliardengeschäft am Laufen zu halten – gegen alle öffentliche Kritik.

Der große Spieler: Automatenkönig Gauselmann

Mit Glücksspielmaschinen, bei denen sich Kirschen oder Orangen auf Walzen drehen, hat Paul Gauselmann sein Glück gemacht. Ein Mann, der meist einen Dreiteiler, eine goldene Krawattennadel und den eckigen Goldring trägt und aus dem ostwestfälischen Städtchen Espelkamp heraus ein kleines Imperium dirigiert, das mit Geldspielautomaten ein jährliches Geschäftsvolumen von 1,8 Milliarden Euro erwirtschaftet. Gauselmann, Jahrgang 1934, ist Unternehmensgründer und Chef von rund 8000 Leuten.

Gut 45 000 Automaten produziert Gauselmann jedes Jahr. Mehr als die Hälfte der derzeit bundesweit 250 000 Geldspielgeräte stammen aus seiner Produktion. Marktführer ist Gauselmann zudem mit seinen mehr als 200 Spielhallen bundesweit. Hinzu kommen weitere 300 Spielstätten in neun Ländern Europas. Wie sich das für ihn auszahlt? Über Gewinne spricht Gauselmann nicht. Auf eine Milliarde Euro wird das Vermögen des Unternehmers geschätzt, das ihm die Spielotheken unter dem Logo der Merkur-Sonne und andere Kasinogeschäfte bislang einbrachten. Die Quintessenz seiner Karriere: Ab und zu gewinnt der Kunde. Unter dem Strich gewinnt Paul Gauselmann.

Für Gauselmann ist selbstverständlich, dass dies möglichst auch für den Umgang mit der Politik gelten soll. Spenden und Sponsoring des Automaten-Königs sorgen in der deutschen Lobbydebatte bereits seit Langem für Schlagzeilen. Die Firmengruppe beziehungsweise deren Manager, die allesamt von der Liberalisierung der Regeln für Spielhallen 2006 enorm profitierten, spendete jahrelang Millionen an CDU, FDP und SPD – legal mit Einzelbeträgen jeweils unter der Grenze von 10 000 Euro, um eine Namensnennung der Spender in den Partei-Rechenschaftsberichten zu umgehen.

An dieser Form der politischen Landschaftspflege kann der betagte Glücksspiel-Veteran mit den besonders engen Beziehungen zur FDP nichts Verwerfliches erkennen. Gute Beziehungen setzt er auch ganz gezielt in Brüssel ein, um sein in der Politik in Ungnade gefallenes Geschäft am Laufen zu halten. Gauselmann habe sich gemeldet, als in gleich mehreren EU-Staaten schärfere Regulierungen für privates Glücksspiel drohten, die für ihn »verheerende« Auswirkungen gehabt hätten, heißt es bei Alber & Geiger. Man sei beauftragt worden, eine Benachteiligung gegenüber staatlichem Glücksspiel sowie die Folgen der Gesetze im Kampf gegen Geldwäsche und Terrorismusfinanzierung auf das Glückspielgeschäft zu begrenzen und zu beseitigen.

Terrorismus, Geldwäsche? Wenigstens hier, sollte man meinen, müsste die Kommission doch hart bleiben. Bei Alber & Geiger weiß man es besser. In der Firma erinnert man sich an einen geradezu wegweisenden Lobbyerfolg.

Dabei hatte die EU konsequent begonnen. Sie kündigte Mitte 2012 an, Geldwäsche und Terrorismusfinanzierung durch mehr Kontrolle bei Glücksspielen und Steuerzahlungen besser zu bekämpfen – nur ein Teil neuer Regelungen, die die Hersteller fürchteten. Im Herbst werde dazu eine Reform der Anti-Geldwäsche-Richtlinie vorgelegt, erklärte Brüssel damals. Der ehemalige Binnenmarktkommissar Michel Barnier wollte definieren, welche Arten von Glücksspiel von den bestehenden Kontrollen erfasst werden sollen. Die Palette sollte nach ersten Überlegungen der Kommission über Kasinos auf Online-Spiele hinaus ausgeweitet werden.

Etwa auch die der Automatenwirtschaft?

Nicht mit Gauselmann. Nicht mit Alber & Geiger. Es ging diesmal darum, direkt auf die Kommission einzuwirken. Wie genau? In diesem Fall bleibt Alber & Geiger zugeknöpft. Man habe im Markt fundamentale Freiheiten verteidigt und erfolgreich auf das neue Geldwäschegesetz eingewirkt, indem man die Kommission etwa auf drohende Einbußen im Geschäft der Glücksspielunternehmen hingewiesen habe.

Das Ergebnis kann sich sehen lassen: Die Gegner einer Verschärfung schafften es, eine Ausnahmeregelung für Glücksspiele außerhalb des Internets aufzunehmen, die nicht für große Casinos gilt. EU-Mitgliedsstaaten können über die Anwendung dieser Ausnahmen selbst entscheiden. Sogar im Gauselmann-Lager war man verblüfft über den Lobbyerfolg. »Raffinierte EU-Lobbyisten«, urteilt Maik Sellenriek beeindruckt, Finanzchef der Merkur Casinos in der Gauselmann-Gruppe, über Alber & Geiger.

Wer den neuesten Kampf gewinnt? Man darf gespannt sein, denn die jüngsten Bemühungen um mehr Regulierung des anrüchigen Marktes laufen in Deutschland bereits. Mindestens 500 Meter Abstand bis zur nächsten Spielhalle, maximal acht Spielautomaten pro Standort und all das nicht in der Nähe von Kinder- oder Jugendeinrichtungen – mit diesen Regulierungen gegen Spielsucht wollen sich Berliner Spielhallenbetreiber nicht abfinden. Vor Gericht kämpfen sie gegen das Spielhallengesetz. Die Gauselmann-Gruppe argumentiert: Ein wirtschaftlicher Betrieb sei mit den Regulierungen nicht mehr möglich, sie kämen einem Berufsverbot gleich.

Je tiefer man in diese Lobbyszene eintaucht, desto stärker fühlt man sich erinnert an »Kir Royal«. Jene inzwischen mit Kult-Status versehene Fernsehserie aus den 80er-Jahren um den Klatschreporter Baby Schimmerlos. Alle wollen in seiner Gesellschaftskolumne vorkommen, denn nur wer drinsteht, ist wichtig in der Münchner Schickeria. Entsprechend hartnäckig buhlt der von Mario Adorf gespielte Klebstofffabrikant Heinrich Haffenloher, ein Provinzling mit viel Geld und wenig Manieren, um die Gunst des Baby Schimmerlos. Als der ihn abblitzen lässt, kauft ihn sich Haffenloher: »Ich scheiß dich so was von zu mit meinem Geld«, sagt er und macht dem Reporter klar, wer aus seiner Sicht der wirkliche Hauptdarsteller in der Gesellschaft ist: das Geld. »Wer reinkommt, der ist drin«, so der Titel der ersten Folge, an deren Ende die Schickeria mit Haffenloher Cancan tanzt.

Geld kann führen und verführen. Das weiß man auch in Berlin.

Die Skatbrüder – das Russland-Netzwerk und die SPD-Genossen

Ein böiger Wind bläst durch die deutsche Hauptstadt, als Heino Wiese an einem Novembertag 2015 kurz nach 12 Uhr die »Peking-Ente« betritt. Das chinesische Restaurant in Berlin-Mitte steht an historischer Stelle. Früher war auf dem riesigen Areal Ecke Voßstraße/Wilhelmstraße die Reichskanzlei Adolf Hitlers. Zu DDR-Zeiten wurden die letzten Reste abgebrochen und an ihrer Stelle Plattenbauten für privilegierte Ost-Berliner errichtet. So gesehen ist es ein besonderer Ort, an dem wir Heino Wiese zum Mittagessen treffen. Von hier aus sind es nur wenige Meter zu seiner Firma, der Wiese Consult in der Behrenstraße, direkt hinter dem Brandenburger Tor. Eine Firma, die nach eigenen Angaben ganz direkt »an der Schnittstelle zwischen Wirtschaft und Politik«, insbesondere in den Bereichen »Internationale Geschäftsbeziehungen und Investments«, arbeitet. Schön formuliert.

Wer sich dieser Firma nähert, stößt auf einen Hansdampf an ihrer Spitze. Heino Wiese, Jahrgang 1952, scheint auch international bestens verdrahtet. Er war einige Jahre Sprecher im Advisory Board von TÜSIAD, dem wichtigsten Unternehmerverband der Türkei. Er ist Vorstandsmitglied des Deutsch-Russischen Forums und der

Emiratisch-Deutschen Freundschaftsgesellschaft sowie Mitglied in der DeutschTürkischen Gesellschaft, der Deutsch-Arabischen Freundschaftsgesellschaft und in der Parlamentarischen Gesellschaft. Wiese also wirft sein Netz in solchen Regionen aus, die als lukratives wie schwieriges Pflaster für deutsche Geschäftsleute gelten. Regionen in jedem Fall, in denen gute, einflussreiche Kontakte die halbe Miete sind.

Wer dann allerdings wissen will, was Wiese Consult eigentlich für Beratungsleistungen erbringt, wird auf der Internetseite der Firma kaum fündig. Die kleine Firma bietet zwar ein breites Spektrum an, darunter Politik- und Behördenkontakte. »Wir beraten national und international agierende Unternehmen, Institutionen und Verbände auf Landes- und Bundesebene«, heißt es etwa. Doch was heißt das im Detail? Immerhin, der Aktionsradius ist riesig: »Aserbaidschan, China, Costa Rica, Indien, Kasachstan, Kroatien, Lettland, Mongolei, Nordzypern, Rumänien, Russland, São Tomé und Príncipe, Serbien, Slowenien, Turkmenistan, Türkei, Ukraine, Usbekistan, Vereinigte Arabische Emirate.« Vor allem ein Land sticht hervor: Durch langjähriges Engagement in Russland sei Wiese Consult einer der »TOP-Spezialisten und Ansprechpartner für Investitionen und wirtschaftliche Fragen im russischen Sprachraum«, verspricht der Inhaber. Mit fünf Mitarbeitern?

Wer sich in Berlin umhört, unter Sozialdemokraten oder bei führenden Unternehmen, bekommt erstaunliche Antworten über die Reize dieser kleinen Firma im Herzen der Hauptstadt. Es gehe weniger um die Expertise auf den genannten Märkten, heißt es. Der Unternehmensberater Heino Wiese sei für einige Kunden vor allem aus einem Grund interessant, sagt ein ehemaliger Geschäftspartner: weil er Kontakte zu deutschen Politgrößen vermitteln und sie für Lobbytätigkeiten gewinnen könne. Vor allem solche der SPD.

Aus diesen Kontakten macht Heino Wiese auch kein Geheimnis,

ganz im Gegenteil. »Gestern Abend war ich mit Otto Schily essen«, erzählt er scheinbar beiläufig, gleich nachdem er im China-Restaurant Platz genommen hat. Im Fußballstadion in Hannover hat der Familienvater mit Freunden eine eigene VIP-Loge. Viele Fotos zeigen ihn dort mit einem noch wichtigeren Deutschen als dem früheren RAF-Anwalt und späteren Bundesinnenminister Schily: mit Gerhard Schröder.

Der ehemalige Bundeskanzler ist ein enger Freund Wieses, was nicht nur mit einer langjährigen, gemeinsamen Zugehörigkeit zur SPD zu tun hat. Als junge Kerle schon trafen sie sich in der legendären Hannoveraner Kneipe Plümecke häufig zum Skat. Daraus wurde eine dicke Freundschaft. Zwei Arbeiterkinder mit unbändigem Ehrgeiz, es nach oben zu schaffen. Der eine, Schröder, wurde Vorsitzender der Jungsozialisten, Bundestagsabgeordneter, niedersächsischer Ministerpräsident und schließlich Bundeskanzler. Kumpel Heino brachte es über einen Job als Personalentwickler beim Autozulieferer Continental, die Posten des Bezirks- und später des Landesgeschäftsführers der SPD in Hannover für vier Jahre als Abgeordneter in den Bundestag. Nachdem er 2002 die Wiederwahl verpasste, kam Wiese auf einem lukrativen Posten beim Bekleidungsunternehmen s.Oliver unter, wo er nach eigenem Bekunden zuletzt für Business Development, Export und International Sales verantwortlich war. Dann machte er sich selbstständig. »Als Lobbyist«, sagen die einen. »Falsch«, sagt Heino Wiese, »als Unternehmensberater.«

Was macht den Unterschied? »Ein Lobbyist vertritt direkt die Interessen seiner Auftraggeber. Ich berate Unternehmen vorwiegend bei ihren Aktivitäten in Russland und China. In allen meinen Verträgen mit Kunden steht drin, dass ich in Deutschland nicht lobbyistisch tätig werde, höchstens mal im Ausland.«

Vereinfacht zusammengefasst geht Heino Wieses Unterscheidung so: Ich selbst werde bei keinem Politiker für meine zahlenden Auftraggeber vorstellig. Sondern ich sage ihnen nur, wie sie selbst die Türen öffnen können.

Wenn er hierzulande doch einmal als Lobbyist auftrete, dann als solcher für Russland und dann auch nicht gegen Geld, sondern aus eigenem Antrieb. Denn das Land werde im Westen oft verkannt, falsch verstanden und ungerecht, zumindest aber nicht unbefangen behandelt. Da halte er dann argumentativ dagegen und versuche, seine Gesprächspartner zu überzeugen. Sigmar Gabriel zum Beispiel, den SPD-Chef, Vizekanzler und zuletzt Bundeswirtschafts- und Außenminister . »Den habe ich beim Thema Russland bearbeitet«, sagt Wiese. Auch diese beiden sind eng miteinander, auch privat. »Einmal im Jahr gehen wir miteinander auf Abspeckkur«, sagt Wiese.

Protzt da einer nur mit seinen Kontakten? Kokettiert er nur mit der Nähe zur Macht? Oder kann er es sich schlicht leisten, über sein Netzwerk zu sprechen?

Menschen, die Heino Wiese und sein Geschäftsmodell länger und besser kennen, sagen, er sei der am besten verdrahtete Lobbyist in der Sozialdemokratie. Sein Handwerk: Diskretion. Sein Netzwerk? »Alle Sozis, die älter sind als 55 Jahre«, sagt er selbst und lächelt vielsagend. Vor allem seine Nähe zu Gerhard Schröder fällt auf. Wenn der Ex-Kanzler im kleinsten Freundeskreis Geburtstag feiert, dann gehören auch Wiese und Wladimir Putin dazu. »Gerhard ist für mich so etwas wie ein Idol, wie ein großer Bruder«, schwärmt Heino Wiese. Mehr Verehrung geht nicht. Und Sigmar Gabriel? »Ich könnte den Sigmar jederzeit anrufen, aber ich tue es nicht«, sagt Wiese. Höchstens privat.

Selbstverständlich schadet ihm all das nicht, im Gegenteil. »Die Leute wissen natürlich, mit wem ich befreundet bin«, sagt er. »Nur nutze ich das nicht aus.« Nicht einmal fürs Geschäft? Ach, er wolle doch keine großen Reichtümer verdienen, sagt Wiese, sondern nur so viel, dass es für ein gutes Leben und eine sichere Altersversorgung langt. Wie bescheiden.

Die Frage nach dem Nutzen – sie stellt sich bei Heino Wiese durchaus. Sie stellt sich aber auch für Politiker, die mit ihm zusammenarbeiten. Und sie stellt sich für diejenigen, die diese Politiker wählen.

Wer Gerhard Schröder eine Lobbytätigkeit andienen wolle, versuche dies über Wiese, behauptet einer, der beide gut kennt. »Da ist der Draht kurz, der Rückruf kommt schneller als beim offiziellen Weg über die Büros der Politiker«, sagt der Manager. Allerdings stehe immer im Raum, dass dieser kurze Draht einiges koste. »Wir wollten Schröders Kontakte, also engagierten wir Wiese«, erinnert sich der Manager an den Auftrag seiner Firma für Wiese Consult. Das Unternehmen habe von den Kontakten beider profitieren wollen. »Uns war klar, dass vor allem für solche Kontakte das Honorar für die Agentur fällig wird.«

Dient Wiese Consult also höchst diskret auch der Vermarktung von Schröder-Kontakten – etwa nach Russland? Ist die Firma, die keine Lobbyagentur sein will, eine Anbahnungseinrichtung für Geschäfte des Ex-Kanzlers – oder auch anderer Politiker? Und wie sieht es mit einer Gegenleistung aus? Gute Kontakte gegen Honorar?

Diese Fragen sind Anlass genug, sich die Geschäfte des Schröder-Kumpels einmal genauer anzusehen.

Nach einigen Wochen können wir Unterlagen sichten, die zeigen, wie hilfreich die Arbeit der Agentur Wiese und deren Kontakte für Unternehmen in Schwierigkeiten sein können. Es geht um interne Dokumente des niedersächsischen Unternehmens EWE. Sie zeigen, wie ein kleiner Spieler plötzlich und überraschend auf den Märkten der ganz Großen aktiv wird. Denn EWE ist eigentlich ein regionaler

Stromversorger aus Norddeutschland mit allerhand Zusatzgeschäften. Ein kleines Energie-Firmenreich, das vom niedersächsischen Oldenburg aus gesteuert wird. Eigentlich, denn die EWE und ihr ehrgeiziger Ex-Chef Werner Brinker mochten viel lieber eine Liga höher spielen. Auf Augenhöhe mit Weltkonzernen.

Es gab Zeiten, da sah es nicht gut aus, für das Unternehmen, seinen langjährigen Chef und die ehrgeizigen Pläne. Im September 2011 geriet EWE wegen eines dubiosen Präventionsprogramms namens »Sign« gegen Gewalt und Drogen- und Alkoholkonsum von Jugendlichen immer heftiger in die Kritik. Ausgaben in Millionenhöhe für die betreibende Agentur Prevent seien über mehrere Jahre nicht ausreichend kontrolliert worden. Kritiker hinterfragten, ob das Programm wirklich so ehrenwert war, wie es selbst vermittelte. »Sign« wirkte wie eine dubiose Geldsammelmaschine. Eine, die eine ganze Menge Geld von der EWE bekam – wohl deutlich mehr, als das Präventionsprogramm brauchte. Wozu?

Die Sache sah so dubios aus, dass zwei beteiligte Banken 2010 Alarm schlugen und die Vorgänge als verdächtig meldeten. Auffällig fanden die Banker, dass neben einem Salär der Agentur Prevent 2008 und 2009 eine Millionensumme auf Privatkonten der Prevent-Chefin bei einem anderen Institut weiterfloss. Die Bank urteilte, die Überträge auf die Privatkonten stünden »in keinem Verhältnis zu den Eingängen für das Projekt«. Eine missbräuchliche Verwendung der von der EWE Netz GmbH gezahlten Gelder könne man »nicht ausschließen«.[3]

Die EWE und ihr Chef Brinker gerieten in Erklärungsnot und standen öffentlich ziemlich dumm da. Die Staatsanwaltschaft Oldenburg stellte die Ermittlungen zwar ein, da die Geldflüsse auf vertraglichen Vereinbarungen zwischen den beteiligten Unternehmen beruht hätten; Geldwäsche aber setze Geld aus rechtswidrigen Geschäften voraus. Die konnte also niemand nachweisen. Das

Vertrauen in den Konzern und seine Führung aber war dennoch gewaltig erschüttert. Zumal dem ehemaligen Vorstandschef Werner Brinker die Rechnungen der Agentur, die das Programm ausrichtete, immer persönlich vorgelegen haben sollen.

Die Zweifel wuchsen, als der damalige EWE-Chef ein weiteres Compliance-Problem einräumen musste. Konzernmanager hatten bei der Übernahme von Anteilen an einem ostdeutschen Stadtwerk 2002 dem damaligen Bürgermeister der brandenburgischen Stadt in einem Brief 307 000 Euro als Zuschuss für die dort stattfindende Landesgartenschau gezahlt. Die für Wirtschaftskriminalität zuständige Staatsanwaltschaft Neuruppin ermittelte wegen Vorteilsgewährung gegen Brinker und ein weiteres Vorstandsmitglied, die Ermittlungen wegen Vorteilsgewährung wurden 2007 eingestellt. Diesmal allerdings nur gegen eine Unternehmensgeldbuße in Höhe von 400 000 Euro. Koscher war die Sache mit der Zahlung nicht. Der Bürgermeister wurde wegen Annahme von Vorteilen durch die EWE zu einer Bewährungsstrafe verurteilt.

Als der ältere Vorgang 2011 ans Licht kam, geriet Brinker darüber noch mehr unter Druck. Ihm und den anderen Verantwortlichen bei EWE wurde klar: Es galt jetzt mit allen Mitteln um den Vorstandschef zu kämpfen – und um den Ruf der Firma. Für so eine heikle Mission braucht es natürlich ein gut verdrahtetes Lobbyunternehmen aus Berlin an der Schnittstelle zwischen Politik und Wirtschaft, dessen gute Kontakte in die niedersächsische SPD obendrein nicht schaden können. Also holte sich die Oldenburger EWE 2012 Wiese Consult ins Haus. Mit großen Hoffnungen.

Diese geschäftliche Liason startete genau am 25. Juli in den EWE-Räumen der alten Fleiwa in Oldenburg, einst Europas modernste und größte Fleischfabrik. Fünf Stunden, von 13 bis 18 Uhr, tagte in dem roten Backsteinbau mit seinem markanten Wasserturm ausweislich interner Protokolle eine erlesene Runde beim »Workshop Kick Off EWE«. Auch Heino Wiese war vor Ort. Es fehle ein einheitlich schlüssiges Gesamtbild des Unternehmens EWE in der Öffentlichkeit, mäkelte die Beraterfirma dem Papier zufolge in der Eventlocation der Energiefirma. Skandale dominierten die Wahrnehmung. Ziel müsse es nun sein, die Wahrnehmung zu vermitteln, dass EWE es wert sei, von Seiten der Politik geschützt und unterstützt zu werden – trotz aller unschönen Geschichten.

Klingt gut, befand man bei EWE und beauftragte WiCo, wie die Lobbyfirma kurz heißt, unter anderem, innerhalb der kommenden 14 Tage eine Liste mit sogenannten »Stakeholdern« zusammenzustellen, mit jenen dem Unternehmen verbundenen Personen also, die als Nächstes angesprochen werden müssten. »Es geht um Personen aus dem Kreis: Kommunalpolitik, Landespolitik, Parteien, Fraktionsreferenten, Referenten in Ministerien, Pressesprecher in Ministerien«, hält das Papier fest. Im Klartext: Ziel war es offenkundig nicht in erster Linie, das Verhalten des Unternehmens zum Positiven zu wenden. Ziel war vielmehr zunächst die Beeinflussung von Multiplikatoren mit einem Fokus auf andere, positivere Nachrichten aus dem Hause EWE.

Der Plan ging offenbar auf. Die Sache wirkte schon nach kurzer Zeit. Die Drähte von Wiese in die niedersächsische Landespolitik glühten nach Angaben von Insidern und besänftigten die Kritiker ziemlich schnell. Brinker durfte trotz aller Vorwürfe und Ungereimtheiten erst mal Chef des Unternehmens bleiben. Wiese habe dabei geholfen, ihm den Posten zu retten, erinnert sich ein EWE-Manager. Vor allem dank seiner glänzenden Kontakte in die niedersächsische SPD. Die erste Mission also hatte der Lobbyist Wiese mit Bravour erfüllt. Billig war das für das kommunale Unternehmen mit einem öffentlichen Haushalt nicht. Denn der Honorarsatz des Lobbyisten liegt nach seinen eigenen Angaben bei stattlichen 2800 Euro pro Tag. Ein Honorar, das im Monat bei größerer

Auslastung für Mandanten Kosten von bis zu 60 000 Euro bedeutet – und für Wiese Consult ein solches Salär. Mögliche Provisionen für den Abschluss von Geschäften etwa nicht eingerechnet.

Die Image-Offensive mit freundlichen Gesprächen war dennoch erst der Anfang. Heino Wiese entwickelte sich nach und nach zum unentbehrlichen Helfer des Unternehmens aus der Provinz. Die Aufträge wurden immer verantwortungsvoller, die Themen immer brisanter – und die Beteiligten immer hochkarätiger. Plötzlich wird eine Nähe zwischen der Lobbyfirma und einem einflussreichen Politzirkel sichtbar, die zeigt, dass Wiese durchaus Spitzenpolitiker wie den ehemaligen Bundeskanzler Gerhard Schröder in die eigenen Strategien einwebt, sogar für eine Art Lobbying im Sinne der Kunden. Auch wenn er selbst das bestreitet. Und so wird die kleine Geschichte um EWE plötzlich zu einer, die sich um ganz große Namen der deutschen Politik dreht. Und um ein ziemlich großes Problem mangelnder Transparenz hinter den politischen Kulissen Berlins.

Es ist Frühjahr 2014, als EWE in einen bizarren Streit in der Türkei gerät. Die türkische Gas-Tochterfirma soll auf Anweisung der türkischen Regulierungsbehörde bis zu 120 Millionen türkische Lira – fast 40 Millionen Euro – zahlen, weil sich Durchleitungsgebühren für Gas geändert haben. Eine ernste Bedrohung. EWE wehrte sich juristisch, doch die Sache kam nicht so recht voran. Also entschied man sich in Oldenburg für einen anderen Weg. Einen, der einen selten unverstellten Blick in den Maschinenraum des Berliner Lobbyings freilegt.

EWE schickte nun Lobbyist Heino Wiese mit einem neuen Auftrag los. Es ging jetzt darum, das Türkei-Geschäft von EWE wieder auf Kurs zu bringen – und den Streit auf dem staatlich regulierten Energiemarkt in den Griff zu kriegen. Ob Wiese bei derartigen Aufträgen wie dem in der Türkei seinen Vertrauten, den Altkanzler, einschaltet? Ob der gar an den Geschäften der Agentur beteiligt ist? Wiese verneint entschieden. Er schalte Schröder in solchen Dingen nicht ein. Die hätten nicht die Kragenweite des Altkanzlers. Nach außen soll nicht der Eindruck entstehen, dass Wieses Agentur vom Politnetzwerk lebt. Und schon gar nicht, dass dies von ihm leben könnte. Doch die Kontakte sind offenkundig enger, die Interessen zwischen Beratern und Politikern wohl vermengter, als es Lobbykritikern lieb sein kann.

Hoffnungsvoll entwarfen EWE-Manager angesichts des Engagements von Wiese hinter den Kulissen eine Art internes und vertrauliches Drehbuch für das Lobbying und das gewünschte Ergebnis. So entstand auch ein vierseitiges Briefing, das uns vorliegt – und das Zweifel an Wieses Darstellung weckt. Es richtete sich an genau jene Akteure, von denen man sich eben gemeinsam eine Lösung erhoffte: das Duo Heino Wiese und Gerhard Schröder.

Wiese und seine Kontakte, das hatte sich in Niedersachsen herumgesprochen, konnten so manches Problem lösen. Beim Autozulieferer Continental in Hannover kennt man noch die Geschichte vom Ökoreifen. Einem Label, das der Konkurrent Michelin aus Frankreich in Brüssel etablieren wollte. Einem, das dem eigenen Geschäft zupass kam, weil es eher um Langlebigkeit als um grüne Produktionsstoffe ging. Michelin hatte 14 Lobbyisten in Brüssel, Continental einen, erinnert sich Wiese an seinen Kampf um Gummi. Der Reifen der Franzosen kam nie.

In einer vertraulichen Mail also schickt der für die Türkei verantwortliche EWE-Manager Frank Quante das Papier an einem Freitag im Juli 2011 auch an den Konzernchef in Oldenburg. Quante stellt klar: »Mein Ziel ist es, die aus Sicht der EWE Türkei bestehenden ›Machbarkeiten‹ für eine Lösungsfindung über die Ansprache der Top-Ebene in der Türkei bei Herrn Wiese/BK Schröder so gut wie möglich zu kommunizieren. Damit steigen – hoffentlich –

die Erfolgswahrscheinlichkeiten«, erklärt Quante freimütig. Im Kopf des Briefing-Protokolls vom 7. Juli 2014 heißt es kurz und knapp: »Ziel: ›Information von Bundeskanzler Gerhard Schröder, Herr Heino Wiese, Wiese Consult‹«.

Es ist eines der seltenen Dokumente einer ansonsten höchst diskreten Zusammenarbeit des Strippenziehers und des einst so mächtigen Politikers, die der breiten Öffentlichkeit bislang unbekannt ist. Bei EWE indes weiß man, wie Wiese in dem komplexen Fall in der Türkei, der sich mit einem Streit vor regionalen Gerichten kaum lösen lässt, Ergebnisse erzielen will. Schon im Mai 2014 erreicht Teile der Konzernspitze eine E-Mail mit vielsagendem Betreff: »Bursagaz Lobbying, BK Gerhard Schröder«. »Dear Gentlemen«, heißt es in dem Schreiben von EWE-Direktor Frank Quante an einen Kreis um den damaligen EWE-Chef Werner Brinker. »Heute hat mich Heino Wiese angerufen und mich darüber informiert, dass BK Schröder das Bursagaz-Thema in seinem persönlichen Treffen mit Premierminister Erdoğan besprechen will.«

Und Wiese? Konfrontiert mit unseren Rechercheergebnissen, fällt seine Antwort einsilbig aus: Er wolle und dürfe sich zu seinen Aufträgen nicht äußern, teilt er mit.

Schröder ist zwar kein Kanzler mehr. Er scheint dennoch der ideale Mann für die Probleme des Unternehmens in der Türkei. Schließlich kam der heutige türkische Präsident – und damalige Premier – Recep Tayyip Erdoğan in Schröders Haus in Hannover schon mal zum privaten Frühstück vorbei. Beide kennen sich seit Schröders Kanzlerschaft bestens. Zum 65. Geburtstag des Ex-Kanzlers im April 2009 flog Erdoğan eigens zur Party nach Hannover ein. Die Kontakte Schröders können also durchaus noch immer auf höchster Ebene nutzen.

Nicht nur Schröder wird im Sinne von EWE aktiv. Gleich mehrere Bundesminister mischen sich in den Streit ein. »Mittels intensivem Lobbying unter Aktivierung« etwa des Bundeswirtschaftsministeriums, damals noch unter der Regie von Gabriel und der deutschen Botschaft in Ankara, habe EWE versucht, das eigene Risiko zu minimieren. Der Schröder/Wiese-Genosse und -Kumpel Gabriel habe »die Angelegenheit« im März 2014 in Schreiben an Premierminister Erdoğan und Energieminister Yildiz adressiert. Auch Finanzminister Schäuble habe »das Thema« am 2. April 2014 bei seinem Treffen mit Deputy Prime Minister Babacan zur Sprache gebracht. Offenkundig nicht ohne Erfolg: »Bisher wurde von Deputy PM Babacan und Energieminister Yildiz das Signal gegeben, EWE von den drohenden Zahlungen zu entlasten.«

Und siehe da. Der kollektive Druck wirkt. Auf einmal tun sich erstaunliche Dinge. Die türkische Seite bittet EWE sogar plötzlich um eine der EWE genehme Gesetzesvorlage. Das Entgegenkommen verblüfft sogar hartgesottene Manager. »Wegen der Zinszahlungen ist EWE Turkey Holding gebeten worden, einen Gesetzentwurf zu erstellen, der die Zahlung verhindert oder verringert. Aktuell besteht eine besonders gute Möglichkeit, ein solches Gesetz im Rahmen eines umfassenden Maßnahmen-Gesetzes einzubringen und zu verabschieden«, heißt es in EWE-Papieren weiter. Mit anderen Worten: Deutsche Lobbyisten eines Regionalversorgers aus der Provinz schicken sich an, die Gesetzgebung in der Türkei zu beeinflussen – dank guter Kontakte zu deutschen Lobbyisten und deren Verbindungen zu deutschen Spitzenpolitikern.

Der Ex-Kanzler äußert sich auf Anfrage nicht zu den Kontakten. Auch nicht zur Frage, ob er von Wiese Consult für Arbeiten honoriert wird oder in bestimmte Geschäfte, etwa den Kauf von Unternehmensteilen durch EWE, eingebunden war. »Über anwaltliche Tätigkeiten gibt Herr Bundeskanzler a. D. Gerhard Schröder grundsätzlich keine Auskunft«, lässt er uns von einer Mitarbeiterin mitteilen.

Es sind in jedem Fall Verbindungen wie diese, die inzwischen auch führenden Sozialdemokraten in Deutschland aufstoßen – und die Liaison zwischen Wiese Consult und dem einen oder anderen Parteigranden in ein schummriges Licht tauchen. Nicht wenige Beobachter hegen den Verdacht, dass die Lobbyfirma letztlich auch ein Vehikel ist, die Kontakte Schröders und möglicherweise weiterer SPD-Granden zu vermarkten, ohne dass in der Öffentlichkeit deren Namen fallen. »Viele in der SPD sehen die Nähe führender Genossen zu Wiese inzwischen kritisch. Mancher Minister hält Abstand zum Lobbyisten«, sagt uns ein führender SPD-Mann in Berlin.

Die SPD und das Russland-Netzwerk

Doch nicht jeder geht auf Distanz. Im Gegenteil. Ein Berliner Altbau, eine Privatwohnung. Und ein Manager, der der SPD nahesteht. Ein Gespräch und eine Warnung: »Wenn Sie sich Wiese zum Feind machen, haben Sie einflussreiche Feinde«, sagt der Parteiinsider. Auch in Russland. Vor allem, wer die Verbindungen Wieses nach Russland beleuchte, müsse fürchten, ins Visier des russischen Geheimdienstes zu geraten. In der SPD würde sich wegen Wieses Draht in die SPD-Spitze auch kaum jemand trauen, dem Lobbyisten das Handwerk zu legen.

Heino Wiese und Russland. »Ich kenne die Gouverneure von 13 russischen Regionen persönlich«, erzählt Wiese, »und auch drei, vier Leute aus der Regierung in Moskau kenne ich ganz gut.« Wladimir Putin, den er immer wieder gemeinsam mit Kumpel Schröder treffe, schreibe er ab und an einen Brief. »Da teile ich ihm unaufgefordert mit, was er besser machen könnte«, sagt Wiese. Eine Antwort komme immer, auch schon mal direkt vom Kreml-Chef.

Gibt da einer an? Oder stimmen die Geschichten von der Nähe

des kleinen, in der breiten Öffentlichkeit unbekannten Lobbyisten in eines der Machtzentren dieser Welt hinein?

Unsere Recherchen werden auf ein anderes Geschäft gelenkt: eine Firmenübernahme. In der niedersächsischen Provinz lernt der Energiekonzern EWE eine weitere Seite von Heino Wiese schätzen. Denn Wiese wirbt in der Folge gegenüber dem Energiekonzern nun auch damit, auf höchster Ebene politische Kontakte nach Russland, etwa zu Gazprom, knüpfen zu können. Und die können für EWE durchaus vorteilhaft sein, wie man in der Zentrale weiß. Man verfolgt schließlich große Pläne.

Der kleine Regionalversorger EWE will sich die Kontrolle über das größte ostdeutsche Unternehmen, mit rund zehn Milliarden Euro Umsatz größer als man selbst, sichern: den Leipziger Gaskonzern VNG. Das Problem: Im Jahr 2013 hatten sich die Oldenburger nur mit einem Minderheitsanteil von 49,9 Prozent an VNG beteiligt. Weitere Teile gehören dem russischen Energieriesen Gazprom und der BASF-Gas-Tochter Wintershall, die wiederum über gemeinsame Gasförderung eng mit Gazprom verbandelt ist. Wintershall hält etwa 15 Prozent. Mit diesem Paket, schwant den EWE-Leuten, wäre schon viel gewonnen. Nun plötzlich die Mehrheit am Gasriesen VNG übernehmen zu wollen, ist ein ziemlich großes Ding für ein vergleichsweise kleines Unternehmen aus der Provinz wie EWE. Und eine harte Nuss obendrein, denn Gazprom verkauft viel Gas über VNG. Würde der Milliardenmulti aus Moskau einem solchen Deal wirklich zustimmen?

Wieder wird Heino Wiese eingeschaltet und wieder wird er nach Angaben aus EWE-Kreisen mit seinem engen Zirkel aktiv. Der damalige Wintershall-Chef Rainer Seele und Gazprom-Manager – ein kleiner Kreis von Eingeweihten wickelt den Angaben zufolge nun höchst diskret ein ziemlich dickes Geschäft ab. Und wieder spielt der Altkanzler Gerhard Schröder angeblich eine wichtige

Rolle. Er soll Beteiligten zufolge sogar Gazprom-Chef Alexej Miller den Deal empfohlen haben – Zugänge, die nur ein Vertrauter Putins genießt.

Am Ende funktioniert das Geschäft: Die kleine EWE kapert elegant den größeren VNG. Im März 2014 schließlich wird der Deal unterschrieben. Mehr als 60 Prozent gehören dem Konzern aus Oldenburg. Damit wird auch eine saftige Provision für Heino Wiese fällig – behauptet ein Insider von EWE. Wiese sei wohl nicht der Einzige, der von den Deals persönlich profitiert habe, vermutet er weiter.

Das Geschäft ist ein Musterbeispiel dafür, wie es geht. Da ist ein Lobbyist mit besten Kontakten in die Spitze der russischen Politik und womöglich einem Ex-Kanzler als Helfer. Am Ende schluckt ein westdeutscher Konzern ein ostdeutsches Aushängeschild gegen alle politischen Widerstände. Dabei, so heißt es hinterher, soll man sich sogar bei Gazprom gefragt haben, ob es wirklich eine gute Idee war, sich zu trennen. Gremienbeschlüsse zum Verkauf verzögerten sich deshalb massiv. Doch wie es scheint, war kein Widerstand zu groß.

Diese Nähe von Heino Wiese zu einflussreichen Sozialdemokraten lässt in jedem Fall aufhorchen. Offiziell gibt es keine Verbindung zwischen seiner Firma und den Politikern. Doch dass die intensiven Kontakte und Hilfen für den Lobbyisten auf Arbeitsebene nur aus Freundlichkeit erfolgen, mag inzwischen kaum noch jemand glauben. Geht es da nicht um mehr?

Ein fragwürdiger Freundschaftsdienst

Der Fairness halber sei gesagt: Die Arbeit für Lobbyagenturen ist Politikern natürlich nicht verboten. Sowenig eine Grenze zwischen Politik und Wirtschaft hochgezogen werden sollte, so wenig lässt sich aber auch erklären, warum große Parteien sich seit Jahren nicht mal einen unverbindlichen Verhaltenskodex für Lobbyismus zumuten wollen, der etwa die Modalitäten eines Wechsels oder den Umgang mit Lobbyisten definiert.

Die Vorgänge um Wiese Consult im Herzen der Berliner Macht lassen auch die Nähe von Parteifunktionären zu Lobbyisten. So pflegte der Lobbyist enge Kontakte, so zum langjährigen SPD-Chef Sigmar Gabriel. Zum Beispiel bei jener Buchvorstellung im März 2015, bei der Heino Wiese seine Gäste in der prachtvollen russischen Botschaft begrüßte. Wirtschaftsminister Gabriel verlieh dem Abend Glanz. Vor Russlands Botschafter Michailowitsch Grinin und vielen führenden Managern aus Deutschland und Russland, etwa dem Statthalter von Gazprom in Berlin, Gazprom-Germania-Hauptgeschäftsführer Vyacheslav Krupenkov.

Just auf dem Höhepunkt der Krim-Krise hat Wiese damit eine ziemlich illustre Runde zusammengetrommelt. Wohl kaum jemand weiß an diesem Abend, dass ein paar Monate später ein ziemlich brisantes Geschäft über die Bühne gehen soll. Denn die Oldenburger EWE will nun auch noch Gazprom dessen Anteil am ostdeutschen Gasunternehmen VNG abkaufen. Wieder ein großer Deal. Wieder kein leichtes Unterfangen. Denn die Sanktionen gegen Russland haben die Stimmung mit Moskau drastisch verschlechtert. Der EWE-Plan aber lebt auch vom Gas aus Russland, mit dem VNG versorgt wird. Der damalige Wirtschaftsminister Gabriel hat in diesen Tagen Einfluss auf Wohl und Wehe dieser Branche.

Es wird ein Abend, der am Ende vielen Teilnehmern in fragwürdiger Erinnerung bleibt. Auch weil sich Vizekanzler Gabriel nicht etwa an dem Konflikt abarbeitet, sondern sich kaum eine Kritik am russischen Vorgehen erlaubt. Gabriel wünscht sich zudem eine Wiederbelebung des »Petersburger Dialogs«. Deutsche Nichtregierungsorganisationen hatten den 2014 wegen Repressalien der russischen Führung gegen zivilgesellschaftliche Organisationen abgesagt. »Die Stimme der Zivilgesellschaft« hingegen sah Gabriel an diesem Abend aus dem neuen Russland-Buch sprechen, das er sehr empfehlen konnte. Auch eine handfeste Utopie hatte er in die russische Botschaft mitgebracht. Eine mit Mehrwert: Er träume von einem Freihandelsabkommen von Lissabon bis Wladiwostok. Eine Idee, die vor einigen Jahren Russlands Präsident Putin erstmals in Berlin ins Spiel gebracht hatte. Ein wirklich unabhängiger Auftritt des Wirtschaftsministers?

Die SPD-Granden und die Nähe zu Russland – eine natürliche Nähe oder das Ergebnis der Verquickung politischer und geschäftlicher Interessen? Ex-Kanzler Schröder hat sich in der jüngeren Vergangenheit jedenfalls mit Verve der fragwürdigen Aufgabe verschrieben, Russland und seinen Präsidenten und Schröder-Freund Putin gegen viele Kritiker zu verteidigen. »Es gibt bestimmte Ängste in Russland, auf die ein russischer Präsident reagieren muss«, sagte Schröder noch im Mai 2015 der *Bild*-Zeitung. »Deswegen ist die Art und Weise, wie der Westen mit Russland umgeht, nicht immer richtig.« Auf die Frage, ob er Putin auch heute noch als seinen Freund bezeichnen würde, antwortete er mit: »Ja, sicher.«[4]

Putin belohnt solche Treue mindestens mit großem Vertrauen. Dass mit Schröder ein deutscher Ex-Politiker so effektiv in Russland vermitteln kann, gilt als förderlich für die deutsche Wirtschaft. Es ist aber durchaus auch gut für Schröder. Allein an der Spitze des Nord-Stream-Aufsichtsrats bekommt er eine Vergütung von 250 000 Euro im Jahr. 2017 wurde er auch noch in den Aufsichtsrat des Energieriesen Rosneft gewählt. »Mir war klar, dass ich meine in der Politik zusätzlich erworbenen Kenntnisse nicht am Amtsgericht Hannover umsetzen kann, sondern besser in Form von Beratung an der Nahtstelle zwischen Wirtschaft und Politik«, sagte Schröder einst dem *Manager Magazin*. Selbst Berater Wiese bemüht in seinem Firmenslogan die Schnittstelle zwischen Wirtschaft und Politik.

Politik als Wirtschaftssalon

Die Berliner Politik, so scheint es bisweilen, muss aufpassen, dass sie nicht zum Wirtschaftssalon verkommt. Einem, wie an jenem 11. März 2014. Gerade mal 100 Tage Regierungszeit, da lud die Wiese Consult GmbH zu einem Gesprächskreis Wirtschaft mit Minister Gabriel. »Zum Thema ›Von der Energiewende bis zur Außenwirtschaft: Politische Schwerpunkte des BMWi in den nächsten vier Jahren‹ referierte Gabriel vor geladenen Gästen aus Wirtschaft und Politik über anstehende Herausforderungen und Chancen der deutschen Wirtschaft«, schwärmt man bei Wiese Consult selbst. Die Teilnehmerliste des Abendsalons liest sich wie eine Kontaktbörse zwischen Wirtschaft und Politik: Sigmar Gabriel, Jörg Asmussen, Beamteter Staatssekretär im Bundesministerium für Arbeit und Soziales, der Honorarkonsul der Mongolei, Marcus Reinberg, Hubertus Heil, stellvertretender Fraktionsvorsitzender der Bundestagsfraktion seiner Partei mit Zuständigkeit für die Themen Wirtschaft und Energie, Bildung und Forschung, Volkswagen-Cheflobbyist und Ex-Regierungssprecher Thomas Steg und natürlich gleich mehrere EWE-Manager, wie der damalige Vorstand Heiko Sanders.

Wie nah bewegt sich die Spitze der Sozialdemokratie da an der Wirtschaft? Wie eng ist sie mit ihr verbunden?

Heino Wiese jedenfalls, der Lobbyist, ist nah dran. Ganz nah. Als Gabriel am 13. Juli 2015 noch als Wirtschaftsminister zu einer dreitägigen Reise nach China aufbricht, wird er nach Angaben seines Ministeriums nicht nur von Mitgliedern des deutschen Bundestags begleitet, sondern auch von einer hochrangigen Wirtschaftsdelegation. Bei solchen Reisen sind die Plätze meist hart umkämpft. Viele hochrangige Manager wollen mit, nicht alle finden Platz im Regierungsjet. Oft wird hart ausgesiebt. Am Ende bleiben meist Vertreter großer Konzerne oder besonders hoffnungsvoller Start-ups im Tross. Diesmal dürfen gut 60 Manager mit, darunter etwa Mittelstandspräsident Mario Ohoven. Und einer, der eigentlich nicht zu den ganz großen Repräsentanten der deutschen Wirtschaft gehört: Heino Wiese. Für den ist die Reise eine gewaltige Chance. Denn er treibt gerade ein deutsch-chinesisches Projekt voran – in China. Es geht um den Bau einer Gesundheitsstadt in Yingkou im Nordosten des Landes für 260 000 Menschen. Noch kurz vor Gabriels Reise hatte Wiese im Februar 2015 selbst eine Delegation aus Niedersachsen nach China organisiert. Angeführt wurde diese Mission übrigens von Ex-Kanzler Gerhard Schröder.

Der Draht ist eng. So eng, dass der Lobbyist im Ringen um Macht im Herbst 2015 einen so sensiblen wie inoffiziellen Auftrag aus der Parteispitze bekommen haben soll. Gabriel selbst soll den Abspeck-Genossen Wiese gebeten haben, der SPD für den Bundestagswahlkampf zur Wahl 2017 als Eintreiber von Geldern für die Wahlkampfkasse zu dienen. Ein Lobbyist, der mithilft, die Kassen der deutschen Sozialdemokratie zu füllen? Ein Politiker und ein Lobbyist, die sich gegenseitig fördern? Selbst Parteikollegen attestieren Gabriel wenig Gefühl für Compliance-Regeln. Wiese hält sich in der Sache bedeckt. Gabriel lässt einen Fragenkatalog zu seinen Kontakten unbeantwortet.

Anwälte der Wirtschaft

Wiese, Alber & Geiger: die spezialisierten Lobby-Boutiquen sind längst nicht mehr allein auf dem Markt der Macht-Kontakte. Vor allem ohne die Handwerker aus den Fabriken des Rechts kommt heute beim Promoten der eigenen Interessen kein Konzern mehr aus. Egal ob Konflikte mit EU-Richtlinien, dem Kartellrecht, mit geplanten Vorgaben beim Klimaschutz oder in der Lebensmittelkontrolle – fast immer sind inzwischen für die Wirtschaft auch spezialisierte Großkanzleien am Werk, die den Weg aus kritischen Situationen weisen sollen. Sie beraten, antichambrieren, warnen oder klagen. Sie heißen Linklaters, Freshfields, Clifford Chance, Noerr oder Hengeler Mueller. Und sie sind inzwischen selbst ein florierender Wirtschaftszweig.

Allein die 100 größten Kanzleien in Deutschland kommen jährlich nach aktuellen Zahlen des Informationsdienstleisters Juve zusammen auf mehr als fünf Milliarden Euro Jahresumsatz. Mandanten lassen sich den Einsatz der Experten so einiges kosten. Versierte Wirtschaftsanwälte berechnen schon mal 1000 Euro pro Stunde.

Mit kauzigen Typen wie »Liebling Kreuzberg« und mit den reinen Lobbyfirmen, die von einzelnen Kontakten leben, haben diese Kanzleien nichts zu tun. Ihre Angestellten sind die besten Absolventen der Unis und lassen sich das auch bezahlen. Schon viele Einsteiger beginnen mit 100 000 Euro im Jahr. Wer ein paar Jahre dabei ist, kann mit noch mehr rechnen. Die Anwälte arbeiten in Kanzleien mit Hunderten Kollegen und in Büros in den feinsten Lagen von Washington, Berlin, London oder Brüssel. Die Kanzleien profitieren davon, dass immer mehr Dinge des Lebens per Gesetz geregelt werden. »Verrechtlichung« nennen das die Experten. Und sie holen das Beste für ihre Mandanten heraus. Auf allen Ebenen.

Kritische Beobachter sehen genau das mit großer Sorge. Denn viele Gesetze sind längst so kompliziert, dass sie selbst die Fachleute in den Ministerien überfordern, wo Gesetze eigentlich mit neutralem Wissen entstehen sollen. Die Praxis ist deshalb inzwischen oft eine andere. Nicht selten lagern Ministerien Teile der Gesetzeswerdung aus und beauftragen große Kanzleien mit dem Ausformulieren der Paragraphen.

Mit der Transparenz um solche Aufträge ist es nicht weit her. In der Regel hüllen sich Ministerien in Schweigen, wenn es um die Details der Aufträge oder um die Höhe der Honorare geht. Beispiel Finanzministerium. Das Haus zahlte etwa von 2005 bis 2009 in der Amtszeit des damaligen Ministers Peer Steinbrück (SPD) etwa 1,8 Millionen Euro Beraterhonorar an die Kanzlei Freshfields Bruckhaus Deringer, einer führenden Wirtschaftskanzlei für Bankenrecht. Ans Licht kam die Summe nur durch eine Klage.

Schließlich ist Diskretion oberstes Gebot in diesem Metier. Das gilt auch für Alexander Glos, den Sohn des CSU-Politikers und ehemaligen Wirtschaftsministers Michael Glos. Der Top-Jurist mit Einser-Examen ist Partner bei Freshfields Bruckhaus Deringer. Glos junior verfolgt wohl kaum eigene politische Ziele. Schon eher die Interessen seiner Mandanten. Meistens kommen die aus der Finanzbranche. Doch manchmal klingelt auch die Politik durch. So wie in dem Fall aus dem Jahr 2008, als Glos und einige Freshfields-Kollegen den Auftrag bekamen, den Eilentwurf für das Gesetz zur Finanzmarktstabilisierung – also zur Bankenrettung – mit zu formulieren. Dass die Anwälte somit halfen, den Bankenrettungsschirm aufzuspannen, gilt noch immer als fragwürdig. Denn Freshfields-Berater vertraten später auch solche Geldinstitute, die vorübergehend Hilfe aus dem Fonds beanspruchten. Klar, dass man kompetent beim Ausnutzen der Instrumente helfen konnte.

Für Aufsehen sorgte nur zwei Jahre später ein weiterer Fall von »Outsourcing«. Der damalige Bundeswirtschaftsminister Karl-Theodor zu Guttenberg (CSU) hatte die Großkanzlei Linklaters an einem Entwurf für das »Gesetz zur Ergänzung des Kreditwesengesetzes« arbeiten lassen. Der Verwaltungsrechtler Prof. Dr. Ulrich Battis ärgerte sich im Zusammenhang mit diesem Auftrag über eine »Bankrotterklärung des Wirtschaftsministeriums«, das sich trotz 1800 Mitarbeitern in der heiklen Frage noch Sachverstand von außen geholt habe.[5]

Schließlich wirft diese Form der Privatisierung einer der zentralsten Aufgaben von Parlament und Regierung auch politische Fragen auf. Nicht nur, ob die hohen Honorare ihren Preis wirklich wert sind und ob die Kompetenz in den Ministerien nicht ausreicht. Sondern auch die, welche Risiken damit verbunden sind, das Ausarbeiten von Gesetzesentwürfen oder wenigstens Teilen davon, an Fachkräfte auszulagern, die nicht allein per Gesetz dem Gemeinwohl verpflichtet sind. Wie groß ist das Einfallstor für Lobbyismus für solche Kanzleien, die gleichzeitig Mandanten jener Branchen vertreten, die Gesetze in Schranken weisen sollen?

Zumal manche Kanzlei ganz offensiv auch Lobbydienste anbietet. Beispiel: ausgerechnet die Großkanzlei Freshfields. Unumwunden wirbt die Kanzlei mit politischen Eingriffen um Kunden. »Unser Public-Affairs-Arm in Berlin bietet eine umfangreiche Bandbreite an Dienstleistungen an, die es uns ermöglicht, Kunden strategische Politikberatung und Unterstützung beim Formen der Gesetzgebung und administrativer Entscheidungen auf (lokaler wie auch auf) nationaler Ebene anzubieten. Wir stehen in ständigem Austausch mit den verantwortlichen Akteuren im politischen Meinungsbildungsprozess und werden als kompetente Gesprächspartner in der Hauptstadt ebenso geschätzt wie in den Ländern oder vor Ort in Städten und Gemeinden. So können wir jederzeit die richtigen Ansprechpartner auf allen politischen Ebenen vermitteln, Gespräche organisieren und – wenn nötig – professionell begleiten.« Zur Erinnerung: Es geht um jene Spitzenkanzlei, die in der Ausarbeitung des Gesetzes zur Bankenrettung aktiv wurde – und immer wieder auch von Banken wie Deutschlands Marktführer Deutsche Bank mit Aufträgen bedacht wird.

Welche Kanzlei an welchem Gesetz mitarbeitet – nachverfolgen lässt sich das in der Regel nicht. Organisationen wie Transparency International machen sich deshalb für die Einführung einer legislativen Fußspur stark. Das Ziel: eine amtliche Dokumentation aller an den Gesetzen beteiligten Kanzleien und Berater.

Dass Kanzleien einen Großteil des Geschäfts übernehmen, das Lobbyisten für sich reklamieren, führt inzwischen zu einem skurrilen Streit in Brüssel. Denn dort bekämpfen sich die beiden Gruppen, die das Lobbygeschäft heute prägen, inzwischen gegenseitig. Die Lobbyfirmen kämpfen nicht ganz uneigennützig für eine Reform der Lobbyregulierung nach US-Vorbild. Denn dort wird Kanzleien, die auch lobbyieren, das Recht genommen, ihre Klienten vertraulich zu behandeln. Experten erwarten, dass die Kommission einen öffentlichen Beratungsprozess startet, wie die Regeln verschärft werden können. Mehr Transparenz war eines der zentralen Versprechen in der Kampagne zur Wahl des EU-Kommissionspräsidenten von Jean-Claude Juncker 2014. Damit wäre ein großer Vorteil der Kanzleien dahin. Denn Lobbyisten, die hochrangige Offizielle der Kommission treffen wollen, müssen ihre Klienten in ein Transparenzregister eintragen, eine Datenerhebung von Kommission und EU-Parlament. Anwälte, die auf EU-Ebene lobbyieren, mussten dies bislang nicht. Es scheint allerdings einigermaßen unwahrscheinlich, dass am Ende wirklich wirksame Transparenz steht, wenn zwei mächtige und auf Diskretion bedachte Lobbygruppen aufeinander losgehen.

Für Organisationen wie Transparency International ist das ohnehin nur eines von vielen kritischen Feldern. EU-Regeln gegen Korruption gebe es zwar, doch diese würden oft nicht umgesetzt, analysiert die Organisation in einer Studie. So kritisiert Transparency unter anderem, dass die Erklärungen über Nebeneinkünfte der Europaparlamentarier nicht kontrolliert würden. Es mangele auch noch immer am Schutz für »Whistleblower«, Hinweisgeber aus dem Inneren des Apparats. Ganz allgemein reiche nicht aus, was

Brüssel dem ausufernden Lobbyismus entgegensetze, sagt der Leiter der Studie Mark Perera bei deren Vorstellung in Brüssel.

Die EU-Institutionen machten zwar viele Dokumente und Informationen aus ihren Entscheidungsprozessen öffentlich zugänglich, vor allem das EU-Parlament. Viele wichtige Verhandlungen liefen aber auch noch immer hinter verschlossenen Türen ab. Das betreffe insbesondere die sogenannten Triloge, also jene diskreten Unterredungen zwischen Vertretern von EU-Parlament, Rat und Kommission, die bei Gesetzgebungsvorhaben das entscheidende Glied in der Kette sind. Allein in der vergangenen Legislaturperiode habe es mehr als 1500 »Triloge« gegeben. Doch mitunter sei nicht mal mehr zu eruieren gewesen, an welchen Daten sich die Vertreter der Institutionen zusammengesetzt hatten, klagte Perera.

Wer die Aktivitäten dieser Lobbyfirmen in Deutschland überwacht? Wer immer wieder vor ihrer wachsenden Macht warnt? Von den noblen Lobbyfirmen in Berlin-Mitte ist das kleine Büro am Schiffbauer Damm in Berlin so weit entfernt wie Lobbyisten von echter Transparenz. Kein Marmor, kein Sandstein, kein Vitra oder USM. Kiefer-Schreibtische, ein Flur in einem Plattenbau, ein paar Hundert Euro Miete. Das gute Gewissen leistet sich ein paar Ikea-Klappstühle für Besucher. Mehr ist nicht drin. Außer den Aktivisten von LobbyControl gibt es kaum eine andere Adresse, die so beständig bei versteckter Einflussnahme auf die Hygiene in den Regierungsvierteln der Republik achtet. Doch auch Campaigner Timo Lange weiß, dass dem Einfluss seiner Organisation Grenzen gesetzt sind. »Beobachten, brandmarken – mehr geht oft nicht«, sagt Lange und ist sich sicher: »Viele Türen bleiben auch für uns verschlossen.«

5
Verraucht
Der erbitterte Kampf der Tabakindustrie gegen besseren Gesundheitsschutz

Es war eine der größten und erbittertsten Lobby-Schlachten der vergangenen Jahre: Hunderte Söldner schickten die Tabakkonzerne los, um schärfere Raucherschutzgesetze zu verhindern. Die Kriegskasse war prall gefüllt, kein Mittel war ihnen zu schmutzig, um Politiker auch persönlich unter Druck zu setzen.

Auf der Weihnachtskarte ist das Bild eines Schoko-Weihnachtsmannes. »Schokolade fördert Karies« steht als schwarz gerahmter Warnhinweis auf dem Nikolaus, genau so, wie auf Zigarettenschachteln vor den Gefahren des Rauchens gewarnt wird. Daneben wünscht Reemtsma frohe Weihnachten und ein erfolgreiches neues Jahr. »Uns allen wünschen wir eine Zukunft, in der wir auch ohne Bevormundung durch die EU selbst bestimmen, was wir genießen wollen und was nicht – egal, ob es um Schokolade geht, um Cigaretten oder um unsere Entscheidungsfreiheit«, steht da. Eine hintersinnige Anspielung. Reemtsma ist mit einem Marktanteil von etwa einem Viertel der zweitgrößte deutsche Tabakanbieter, mit Zigarettenmarken wie Peter Stuyvesant, Gauloises, West oder John Player Special. Seit 2002 gehört das Hamburger Unternehmen zur britischen Imperial Tobacco Group, einem der größten Tabakkonzerne der Welt.

Lothar Binding fand den Weihnachtsgruß alles andere als lustig.

Er sei typisch für eine »hinterhältige Marketingstrategie«, schrieb der SPD-Bundestagsabgeordnete in einem offenen Brief an das Unternehmen.[1] »Sie stellen ironisierend einen Zusammenhang zwischen Schokolade und Nikotin bzw. krebserregenden Stoffen und dem schwer gesundheitsschädigenden Rauchen her.« Und weiter: »Sie wollen Ihr Produkt verharmlosen und die Betroffenen auf eine schier aberwitzige Art und Weise verhöhnen.« Krebskranke Menschen zum Beispiel und deren Angehörige.

Viele Abgeordnete von Bundestag und Europaparlament erhielten jahrelang zu Weihnachten und anderen Anlässen immer wieder solche zweideutige Glückwunschkarten und Geschenke der Zigarettenindustrie. Eine Flasche Rotwein mit Schock-Aufkleber und der Warnung »Drinking can cause cancer« zum Beispiel. Oder eine Karte mit einem dicken Männerbauch auf dem Foto. »Zu viel Kuchen macht dick« stand daneben. Die Gaben waren stets verbunden mit dem Wunsch auf eine Zukunft, »in der wir ohne Bevormundung selbst bestimmen können, was wir genießen oder nicht«.

Rauchen also als ein Symbol der Freiheit? Tabaklobbyisten als Freiheitskämpfer? Edle Streiter, die sich für Liberalismus im besten Sinne und die Interessen der Allgemeinheit einsetzen? Selbstlos und allein dem Allgemeinwohl verpflichtet? Nicht Konzernen und deren Profit dienend?

Der Abgeordnete Lothar Binding hat mit dem Berufsstand im Lauf der Jahre seine eigenen Erfahrungen gemacht und daraus ein klares Bild entwickelt: »Lobbyisten geht es stets darum, gesellschaftliche Interessen durchzusetzen – die Interessen ihrer Gesellschaft.«[2]

Rauchen ist ein Megageschäft. Für die Hersteller und Händler, ihre Zulieferer, aber auch für den Staat. Von 700 Milliarden Euro jährlichem Umsatz mit Rauchwaren weltweit ist die Rede. Statistisch werden in Europa jede Viertelstunde 17,5 Millionen Zigaretten gequalmt, was den vier größten Tabakkonzernen in diesen

15 Minuten fast 230 000 Euro Gewinn beschert.[3] Die Bundesbürger gaben allein von April bis Juni 2015 einer Erhebung des Statistischen Bundesamtes zufolge 6,5 Milliarden Euro für Zigaretten, Zigarillos, Zigarren, Feinschnitt- und Pfeifentabak aus, 4,1 Prozent mehr als im selben Quartal des Vorjahres.[4] Der Staat kassierte im selben Jahr 14,61 Milliarden Euro Tabaksteuer. Allein mit Zigaretten setzte die Zigarettenindustrie 2014 in Deutschland etwa 20,5 Milliarden Euro[5] um. Den Markt hierzulande bestimmen die Tabakriesen Philip Morris, die deutsche Imperial-Tobacco-Tochter Reemtsma, sowie British American Tobacco. Die drei Konzerne machen zusammen mehr als 80 Prozent des Geschäftes.

Das ist die wirtschaftliche Seite. Die andere: Rauchen macht süchtig, ist hochgradig gesundheitsschädigend, fördert Herz-und-Kreislauf-Erkrankungen, Lungenleiden und Krebs. Jährlich sterben nach Erkenntnissen der Drogenbeauftragten der Bundesregierung allein in Deutschland etwa 110 000 Menschen an den direkten Folgen des Tabakgenusses, weitere 3300 Todesfälle sind auf Passivrauchen zurückzuführen.[6] Das sind etwa 30-mal mehr Menschen, als bei Verkehrsunfällen hierzulande sterben. Karl-Heinz Florenz, CDU-Europaabgeordneter vom Niederrhein, macht eine weitere Rechnung auf: »Jeden Tag sterben 300 Raucher. Um weiter genauso viele Zigaretten zu verkaufen wie bisher, muss die Tabakindustrie also täglich 300 Nichtraucher vom Rauchen überzeugen.«

Dafür tut sie einiges. Schließlich kommen, hoher Tabaksteueranteil hin oder her, beim Verkauf Unmengen von Geld rein, um es in Werbung, Marketing und Lobbyisten zu investieren. Der Werbeaufwand der Nikotinindustrie ist immens. Rauchen wird dabei als Ausdruck von Freiheit, Gemütlichkeit und Geselligkeit und als Attribut der Erfolgreichen dargestellt. Dabei sind es oft genug eher sozial schwache Kreise, die zur Zigarette greifen. Zum Weltnichtrauchertag 2010 warnte die WHO, die Tabakkonzerne würden

Rauchen verstärkt als glamourös und sexy darstellen, um vor allem junge Frauen zu ködern.

Frauen werden aber auch anderweitig umworben. Ihnen soll das Gefühl vermittelt werden, in Philip Morris zum Beispiel einen starken Partner an der Seite zu haben und keinen Hersteller einer gesundheitsgefährdenden Droge. Der US-Marktführer finanziert seit Jahren Projekte gegen häusliche Gewalt an Frauen und Kindern von Lettland bis Spanien und von den USA bis Japan. Ob Unterkünfte oder Rechtsberatung für misshandelte Frauen oder finanzielle Nothilfeprogramme für Kinder – so viel soziales Engagement mag löblich sein, doch steckt dahinter ein handfestes ökonomisches Ziel: Es soll Philip Morris und der ganzen Nikotinbranche in der Öffentlichkeit ein positives Image verpassen.

Weit höher als alle sozialen Ausgaben ist freilich der Aufwand für Werbekampagnen. Und für Lobbyisten. Die Branche beschäftigt Heerscharen davon. Neun Tabakkonzerne und 22 Lobbyorganisationen sind nach Angaben der Nichtregierungsorganisation Corporate Europe Observatory (CEO) in Brüssel registriert, am Sitz von EU-Kommission und EU-Parlament. Sie beschäftigen ständig etwa 100 Interessenvertreter, die pausenlos die Beamten und Politiker der EU im Sinne ihrer Auftraggeber bearbeiten. Die Nikotin-Söldner in Europas Hauptstadt verteilen sich auf Vertretungen der einzelnen Konzerne, auf Dach- und Interessenverbände der Tabakbranche und auf kleine, wendige Agenturen und Kanzleien, die oftmals nur Einmannbetriebe sind. Ihnen allen stehen nach Schätzungen des CEO jährlich 5,3 Millionen Euro Budget zur Verfügung.[7] Allein der Lobby-Etat der Brüsseler Vertreter des amerikanischen Branchenführers Philip Morris belief sich 2011 angeblich auf 1,125 Millionen Euro.

Wenn es sein muss, füllen die Tabakkonzerne ihre Kriegskassen noch üppiger, werden noch mehr Lobby-Soldaten rekrutiert und in die Schlacht geworfen. Manchem dieser Krieger scheint nahezu jedes Mittel recht, auch massive und fragwürdige Methoden der Einflussnahme. Das zeigten die vergangenen Jahre, als in Brüssel die neue EU-Tabakrichtlinie beraten und beschlossen wurde. Eine EU-weite Vorgabe also, die von den Mitgliedsstaaten der Europäischen Union in deren jeweiliges nationales Recht umgewandelt wird, mithin also Gesetz wird.

Die EU-Tabakrichtlinie definiert die geltenden Rahmenbedingungen für den Verkauf von Rauchwaren. Sie erlaubt oder verbietet bestimmte Formen von Tabakwerbung, legt Größe und Optik der Warnhinweise auf den Verpackungen fest. Aus der Sicht der Konzerne bedeutet dies: Es geht um Milliardeneinnahmen. Die kleinste Änderung der Tabakrichtlinie zuungunsten der Hersteller kann deren gewaltige Gewinne schrumpfen lassen. Und es geht bei alldem um gesellschaftliches Klima: ob etwa Rauchen als lässiger Ausdruck cooler Cowboy-Freiheit gilt oder ob es stigmatisiert, ja geächtet wird. Denn Image und Geschäft hängen in diesem Gewerbe untrennbar zusammen. Und diesmal drohte besondere Gefahr.

Im Sommer 2010 machten von der EU-Kommission eingesetzte Sachverständige Vorschläge, die in den Chefetagen der Zigaretten-Multis sämtliche Alarmglocken schrillen ließen. Die Experten schlugen vor, die EU solle sich an Australien orientieren und nur noch den Verkauf von Zigaretten in neutralen Schachteln ohne Firmenlogo erlauben. All die schönen, mit Milliardenaufwand in die Köpfe der Konsumenten gepaukten Markenzeichen und -symbole, um die herum so hübsche PR-Botschaften von Freiheit und Abenteuer entworfen wurden, das Marlboro-Dreieck und das Camel-Kamel, der Gallier-Helm bei den Gauloises und das Philip-Morris-Wappen – alles von heute auf morgen verboten und Geschichte?

Es drohte sogar noch mehr Ungemach. Bis zu 75 Prozent der Zigarettenschachteln sollten nach dem Willen von Nichtraucherschützern in der EU künftig mit abschreckenden Fotos von verkrebsten Lungen, faulenden Zähnen oder hässlich gammeligen Raucherbeinen bedruckt werden. Ein Verbot der ultradünnen Slim-Zigaretten stand im Raum, weil diese nach Ansicht von Kritikern speziell Mädchen und junge Frauen zum Rauchen verführen. Den Managern der Tabakkonzerne war schnell klar: Sie mussten gegen all diese Pläne etwas tun.

Damit begann ein Lobby-Krieg um die EU-Tabakrichtlinie, der auch ein tauglicher Beweis dafür ist, wie am Ende politischer und parlamentarischer Prozesse allzu oft Allgemeininteressen wie Gesundheits- und Verbraucherschutz zugunsten von Profitinteressen zurückstecken müssen oder ganz auf der Strecke bleiben. Ganz einfach, weil die Kräfte ungleich verteilt sind.

Das Ringen um die EU-Richtlinie zeigt exemplarisch, wie professionell und rücksichtslos mächtige Konzerne und Wirtschaftsverbände ihre Bataillone auf EU-Beamte und Politiker ansetzen, die mit der Gesetzgebung handwerklich betraut sind. Die Entstehung der neuen EU-Tabakrichtlinie, schrieb Cerstin Gammelin, langjährige Brüssel-Korrespondentin der *Süddeutschen Zeitung*, sei aber auch »ein Paradebeispiel dafür, wie in Europa Regeln für 506 Millionen Bürger entstehen«.[8] So gesehen muss Otto Normalbürger himmelangst werden.

Karl-Heinz Florenz hat an vorderster Front gekämpft. Der Kaufmann und Landwirtschaftsmeister mit eigenem Bauernhof vertritt seine niederrheinische Heimat seit 1989 als Abgeordneter der CDU im Europäischen Parlament. Dort hat sich Florenz, Jahrgang 1947, als Gesundheits- und Umweltpolitiker einen Namen gemacht. Der verheiratete Familienvater und passionierte Reiter ist ein zupackender und bodenständiger Mann. »Ab und zu rauche ich selbst eine Zigarre«, sagt er.[9] Aber alles in Maßen.

Es sind vor allem die Chemikalien in den Zigaretten, denen Florenz den Kampf angesagt hat. 60 Substanzen würden unter anderem dafür sorgen, dass jede Zigarette einer Marke immer gleich schmecke, obwohl der Grundstoff Tabak, wie jedes Naturprodukt, nie gleichbleibend identisch sei im Geschmack, klärt Florenz auf. Weil aber niemand weiß, wie diese Chemikalien beim Abbrennen und vor allem beim Inhalieren im menschlichen Körper reagieren, wollte Florenz entsprechende Untersuchungen – und in der neuen Tabakrichtlinie ein Chemieverbot für Glimmstängel. Fortan machte er seine ganz eigenen Erfahrungen mit Tabaklobbyisten und deren Methoden.

Den Streit um diese EU-Richtlinie muss man sich als großes Machtspiel vorstellen. Als Erstes erhöhten die Konzerne den Einsatz kräftig. Mehrere Hundert Lobbyisten waren in Hochzeiten unterwegs, um Einfluss auf die neue Richtlinie zu nehmen, Politiker und Beamte entsprechend zu penetrieren. Allein Philip Morris schickte mehr als 160 Leute los. In einer ersten Phase spielten sie detailliert den kompletten Prozess durch, den die neue Richtlinie parlamentarisch und in den EU-Institutionen durchlaufen würde. »In diesem Planspiel wurden alle möglichen Abstimmungsergebnisse simuliert«, schildert Florenz. Und jeweils die aus der Sicht der Industrie »richtigen« Reaktionen darauf festgelegt. In zig Varianten. Argumente wurden aufgelistet und Schlachtpläne für alle nur erdenklichen Szenarien entworfen. Dann folgte der Theorie die Praxis.

Die Journalistin Cerstin Gammelin rekonstruierte, wie Tabaklobbyisten über Monate hinweg die verschiedenen EU-Felder beackerten, um den Entwurf der neuen EU-Tabakrichtlinie in ihrem Sinne zu beeinflussen. Ihr erster Ansatzpunkt waren die Beamten der EU-Kommission. Jene, die mit dem Ausformulieren der ersten Gesetzesentwürfe befasst sind. Man muss wissen: Im Geflecht der

EU-Institutionen darf nur die Kommission Gesetze vorschlagen. Danach waren die Politiker dran. Das Ziel der Lobbyisten war auf beiden Ebenen klar: Alles verhindern, was Rauchen unattraktiver machen könnte.

Dazu bauten sie massiven Druck auf. »Intrigen, heimliche Einflussnahme, offener Druck – die Lobby hat nichts ausgelassen«, beschreibt der in Brüssel gut verdrahtete Journalist Claas Tatje[10] einen »Feldzug ohnegleichen«. Abgeordnete und andere Funktionsträger nicht nur auf EU-Ebene wurden massiv bearbeitet und bedrängt. Sie erhielten massenweise Briefe, in denen eindringlich an sie appelliert wurde. Tatje zitiert aus einem Protokoll von Business Europe, einem europäischen Arbeitgeber-Lobbyverband, dessen 1200 Mitarbeiter pausenlos Entwürfe für Richtlinien, Gesetze und Programme der EU dahingehend durchforsten, wo man Einfluss nehmen sollte. Nach Möglichkeit, so heißt es in besagtem Protokoll, müsse die Lobbyarbeit in Sachen Tabakrichtlinie so gestaltet werden, dass »Kommissare oder Kabinettsmitglieder erreicht« werden. Ganz oben also.

Die Grünen im Deutschen Bundestag fanden über eine parlamentarische Anfrage später heraus, dass sich im Zuge der Beratungen über die neue EU-Verordnung Tabaklobbyisten binnen 15 Monaten auch 12-mal mit Staatssekretären der deutschen Bundesregierung getroffen haben. Hinzu kam eine unbekannte Zahl an Treffen mit Fachleuten und Referenten aus den Ministerien. Vertreter des Branchenführers Philip Morris haben sich einem Bericht der Nichtregierungsorganisation CEO zufolge mit 233 Europaabgeordneten mindestens einmal getroffen.[11]

Pausenlos wurden die Abgeordneten mit Geschenken, Warnungen und Positionspapieren überhäuft. Es gab Hintergrundgespräche und andere Einladungen – Lobbyisten sollen Parlamentarier sogar beim sonntäglichen Kirchgang angesprochen und bedrängt haben. Sie gingen gezielt auch ranghöhere Politiker in den Parteien an, auf dass diese die tabakkritischen Abgeordneten in den eigenen Reihen in Schach hielten oder umstimmten. Schließlich hinterlässt der ein oder andere Fingerzeig von oben durchaus Wirkung. Denn auch Politiker wollen Karriere machen.

Die Lobbyisten gingen noch weiter. Sie definierten gezielt Abgeordnete, die nicht tief in der Rauch-Materie stecken, daher mutmaßlich leicht zu beeinflussen und für die Interessen der Raucherindustrie einzuspannen sind. Änderungsanträge wurden vorformuliert, die man willfährigen Politikern unterschieben wollte.

Allein der deutsche FDP-Europaabgeordnete Holger Krahmer brachte im Zuge des Gesetzgebungsverfahrens 36 Änderungsanträge ein, die einer Auswertung der lobbykritischen Organisation CEO zufolge frappierende Übereinstimmungen mit Positionspapieren der Tabakindustrie aufwiesen. Den Vorwurf, ein parlamentarischer Handlanger der Nikotin-Lobby zu sein, wies Krahmer jedoch weit von sich: »Ich nehme mein Wahlmandat ernst, habe eine eigene Meinung und leide nicht unter Fremdbestimmtheit irgendeiner Lobby.«[12] Allerdings, so der Abgeordnete weiter, sei etwa bei den geplanten Schockbildern auf Zigarettenpackungen schon »die Frage zu stellen, ob sie nicht eher die Vermarktung der Produkte erschweren sollen«. So etwas sähe er dann schon skeptisch.

»Der Lobbyist kommt nicht plump daher mit dem Vorschlag: Schreiben Sie das Gesetz mal so oder so für mich«, sagt der Bundestagsabgeordnete Binding.[13] »Nein, er gibt den Anstoß für eine schon lange vorbereitete Erkenntnis zu einem Zeitpunkt, von dem er glaubt, es gäbe praktisch kaum noch Möglichkeiten, alle Aspekte kritisch zu hinterfragen. Er triggert lange eingeübte Denk- und Sprachmuster.«

Was das konkret bedeuten kann, erfuhren Bindings Kollegen aus dem europäischen Parlament hautnah. Die Tabak-Lobbyisten erstellten ein 160 Seiten umfassendes Dossier über die 765 EU-Parlamentarier, das nicht nur deren Kurzbiografien enthielt. Die Politiker wurden auch einzeln klassifiziert, in Freund und Feind eingeteilt und etwaige Schwächen als Ansatzpunkte definiert. Christina Berndt, Ärztin und Wissenschaftsredakteurin der *Süddeutschen Zeitung*, konnte die entsprechenden, geheimen Papiere einsehen und anschließend beschreiben. Demnach enthielt das Dossier auch »explizite Angaben zum beruflichen Hintergrund« der Abgeordneten, vor allem dann, wenn dieser relevant für das Thema Tabak ist: »Abschluss in Wirtschaftswissenschaften, spezialisiert auf Krankenversicherungsfonds«, steht da zum Beispiel, oder »besaß einmal ein Restaurant«. Ein »niedrig« oder »hoch« zeigt an, welche Priorität Gespräche mit dieser Person für Philip Morris haben. Und Farben signalisieren, wie der Konzern die Haltung des Abgeordneten in Sachen Tabak und Tabakkontrolle einschätzt.«[14]

»In Fußnoten stehen mitunter süffisante Kommentare«, so Berndt weiter. »Über Franzosen heißt es zum Beispiel: Der Kontakt mit ihren Assistenten ist der Schlüssel« oder »sehr unterstützend – empfänglich für das Argument vom Bevormundungsstaat – wird eine positive Botschaft an F. Grossetete übermitteln«. Über die konservative Politikerin Françoise Grossetete selbst ist zu lesen, sie sei »eine glühende Gegnerin der Tabakindustrie«. Es bestehe die »Notwendigkeit, ihr Potenzial in Anti-Tabak-Initiativen genau zu beobachten«.[15]

Wer nicht im Sinne der Tabakindustrie tickt, dessen Name wurde in dem Dossier rot markiert. So auch der des nordrhein-westfälischen CDU-Gesundheits- und -Umweltpolitikers Karl-Heinz Florenz. Er hat erlebt, dass es nicht bei der Klassifizierung von Abgeordneten auf dem Papier blieb. »Anschließend hat man sich überlegt und Pläne dafür ausgearbeitet, wie man solche Leute wie mich politisch isolieren kann«, erzählt der Christdemokrat.

Also wurden auch im Hintergrund Kräfte gegen ihn mobilisiert. Plötzlich musste der Abgeordnete auch in seinem Heimat-Wahlkreis und in der nordrhein-westfälischen CDU Fragen dergestalt über sich ergehen lassen, warum er denn eine so industrie-, überhaupt wirtschaftsfeindliche Politik betreibe? Wo es doch um Arbeitsplätze gehe! Plötzlich musste Florenz, der mit seiner Familie selbst mehrere landwirtschaftliche Unternehmen betreibt, sich sogar den Vorwurf gefallen lassen, er sei ein Gegner der Industrie.

Den Lobbyisten gelang es, auch die Vertreter anderer Branchen und wirtschaftlicher Organisationen für ihre Ziele einzuspannen. Die Hersteller von Maschinen oder Verpackungen etwa, zu deren Kunden auch Tabakhersteller oder -händler gehören. Allen voran aber auch die Repräsentanten der deutschen Hotellerie und Gastronomie. Die wichtigsten Industrieverbände Europas einigten sich darauf, die Nikotinbranche nicht allein kämpfen zu lassen, sondern auch ihre Truppen gegen die Tabakrichtlinie in Marsch zu setzen. Sogar Gewerkschafter machten mit.

In der Folge bekam nicht nur der Abgeordnete Florenz aus allen möglichen politischen und gesellschaftlichen Ecken immer mehr empörte Briefe mit dem Tenor, er möge sich doch nicht so sehr gegen die Richtlinie stemmen und stattdessen lieber an die Arbeitsplätze denken. Wohl wissend, dass alle Parteien von ihren Abgeordneten auch Wohlverhalten und diszipliniertes (also einheitliches) Abstimmen erwarten, beackerten die Lobbyisten auch die Parteifreunde. Aus der Spitze seines CDU-Landesverbandes musste sich Florenz die vorwurfsvolle Frage anhören, warum er sich den Gesprächsanfragen der Tabakbranche verweigert habe? »Dabei hat es solche Anfragen gar nicht gegeben, denen ich mich verweigert haben sollte«, so Florenz.

»Die Lobbyisten haben sehr strategisch gearbeitet«, sagt er rückblickend. »Sie haben Halbwahrheiten über mich und meine Arbeit verbreitet und ich geriet plötzlich selbst in meiner eigenen politischen Familie unter Rechtfertigungsdruck.« Auch im Parlament gab es organisierten Gegenwind für den Gesundheitsschützer vom Niederrhein und seine Mitstreiter. Wann immer sich einer von ihnen mit kritischen Beiträgen gegen die Tabakindustrie und ihre Lobby zu Wort meldete, standen andere Abgeordnete auf, die ihm heftig widersprachen. Abgeordnete, die sich bis dahin beim Thema Nichtraucherschutz nicht hervorgetan hatten, mischten plötzlich eifrig in den Debatten mit. Meistens mit Argumenten, die Florenz und seinen Mitstreitern aus Einlassungen der Tabakfirmen ziemlich bekannt vorkamen.

Eines Tages sah sich Florenz neuen wütenden Angriffen ausgesetzt, weil er angeblich auch die E-Zigarette verbieten wolle. »Dabei stimmte das gar nicht. Ich wollte nur, dass die in E-Zigaretten verwendeten Stoffe vorher geprüft und offiziell zugelassen sein müssen.« Denn vielfach kämen die Substanzen, die Raucher anstelle von Nikotin in E-Zigaretten inhalieren, »aus chinesischen Hinterhoffabriken«. Florenz sagt, es gehe ihm nur darum »Zulassungsregeln einzuführen, wie sie heutzutage für jedes Bügeleisen gelten«. Dafür wurde er rüde attackiert. Übrigens auch von Wissenschaftlern, die auf der Seite der Tabakbranche unterwegs sind.

Auch Lothar Binding, der Heidelberger SPD-Bundestagsabgeordnete, kennt solche Methoden. »Hauptelemente dieses Lobbyismus sind die Übertreibung, die übertriebene Zuschreibung von Verantwortung und die Drohung«, schreibt er.[16] »Oft muss als letztes Argument die Bedeutung der Arbeitsplätze herhalten – selbst dort, wo mühelos Arbeitsplätze vernichtet werden, wenn es dem Aktienwert oder der Dividende eines Konzerns hilft, oder in Branchen, in denen vergleichsweise wenige Arbeitsplätze hohe Gewinne erzeugen, die in die Taschen weniger fließen.« Strategie der Tabaklobby sei es, »nicht nur von der Gefährlichkeit ihrer Produkte abzulenken, sondern auch die Diskriminierung ihrer Kritiker gleich mitzuliefern«.

Wer das Rauchen bekämpft, wird schnell lächerlich gemacht. Die Nachrichtenagentur dapd zitierte im September 2010 aus internen Papieren der Raucherlobby. Das »Image der Tabakfamilie«, so hieß es dort, müsse folgende Attribute vermitteln: »objektiv, nüchtern, rational, tolerant, professionell«. Den Anti-Rauchern müsste man hingegen möglichst folgende Eigenschaften zuschreiben: »unsachlich, fanatisch, emotional, dilettantisch«.[17] In Hintergrundgesprächen mit Politikern sollen Lobbyisten ihre Gesprächspartner ernsthaft gefragt haben, ob diese es denn befürworten würden, wenn bei Fischgerichten vor Gräten gewarnt würde. Am Ende hätte immer dieselbe Frage gestanden, so *FAZ*-Autorin Lydia Rosenfelder: »Macht es Ihnen Spaß, in einer so reglementierten Gesellschaft zu leben?«[18]

Abgeordnete, die trotzdem bei ihrer kritischen Linie bleiben, müssen mit massivem Gegenwind rechnen. Sozialdemokrat Binding etwa erinnert sich gut an jene 1000 E-Mails, die ihm 2006 von heute auf morgen den elektronischen Briefkasten verstopften. Angeblicher Absender: »22 Millionen Tabakfreunde«. So viele Raucher soll es offenbar in Deutschland geben. Was war der Anlass für die Spam-Attacke? Der Abgeordnete Binding hatte es gewagt, einen Antrag im Bundestag einzubringen mit dem Ziel, Rauchen unter anderem in öffentlichen Gebäuden und Verkehrsmitteln zu verbieten.

Für Karl-Heinz Florenz, den altgedienten Parlamentarier aus Neukirchen-Vluyn, hat Lobbyismus beim Kampf um die EU-Tabakrichtlinie generell eine neue Dimension erreicht. »Seine Qualität ist anders geworden«, sagt er. Soll heißen: professioneller, massiver, schranken- und rücksichtsloser. »Dieser Lobbyismus ist Lepra für die Demokratie«, warnt der CDU-Mann. »Er ist gefährlich für die Demokratie, weil er die Demokratie untergräbt.« Rebecca Harms, Florenz' Parlamentskollegin von den Grünen, sieht »das Primat der Politik gefährdet«, wenn das Vorgehen der Nikotin-Lobby bei der EU-Tabakrichtlinie Schule machen sollte. Mit anderen Worten: Der politisch-parlamentarische Prozess wird ausgehebelt, die Demokratie untergraben.

Im Gegensatz dazu argumentieren Lobbyisten gerne, sie täten doch nur, was zu tun das Recht, ja fast sogar die staatsbürgerliche Pflicht aller sei. Nämlich Sichtweisen, Fachwissen und Argumente bei Entscheidungsträgern anbringen und damit Kompetenz in den politischen Prozess einspeisen. Ihr Einfallstor? »Abgeordnete sind in der Regel Laien auf den Gebieten, für die sie Gesetze verabschieden sollen«, bekennt der Grünen-Europaabgeordnete Sven Giegold offen.[19] »Die Unternehmen nutzen dieses Informationsgefälle knallhart aus, um sie nach allen Mitteln der Kunst zu beeinflussen.« Und sie argumentieren dabei scheinbar arglos, ihr Tun wäre schließlich in einem demokratischen System nicht nur völlig legitim, sondern sogar wünschenswert und im Interesse aller. Weil die Politiker doch anschließend auf breiter Faktengrundlage entscheiden könnten. Soweit die hübsche Theorie.

Der Kampf um die Tabakrichtlinie zeigte jedoch exemplarisch, wie es wirklich zugeht, wenn Lobbykraten statt Demokraten am Werk sind: solche mit vielen Ressourcen, vor allem also mit viel Geld. Weil sie weitaus wirkmächtiger in der Lage sind, Politik, Gesellschaft und die breite Öffentlichkeit zu beeinflussen und zu manipulieren, ist es ein ungleicher Kampf, bei dem meist das Allgemeinwohl verliert.

Und bei dem es auch um politische Karrieren geht.

Der Fall Dalli

Rue de Trèves 49–51 ist die Adresse eines schmucklosen Bürogebäudes in Brüssel, eines seelenlosen Kastens, zwischen dem Europaparlament und der EU-Kommission gelegen. 20 Organisationen beherbergt das Haus, doch nur bei dreien von ihnen wurden in der Nacht vom 17. auf den 18. Oktober 2012 die Türen aufgebrochen, Schränke und Schreibtische durchwühlt und digitale Datenträger gestohlen: bei der Smoke Free Partnership (SFP), der European Respiratory Society (ERS) und der European Public Health Alliance (EPHA). Drei Organisationen, die der Tabakindustrie den Kampf angesagt haben.

Zufall?

Die Anti-Tabak-Aktivisten mochten nicht so recht dran glauben. Augenscheinlich waren Profis am Werk gewesen. Den Aktivisten fiel weiter auf, dass die Einbrecher zwar eine immense Unordnung und großes Chaos hinterlassen hatten, jedoch nur Datenträger stahlen, die sich mit der Reform der EU-Tabakrichtlinie befassten. Der Tabakrichtlinie des John Dalli.

Der Malteser, Jahrgang 1948, war erst wenige Stunden vor dem Einbruch von seinem Amt als EU-Kommissar für Gesundheit und Verbraucherschutz zurückgetreten. Unfreiwillig. Von Februar 2010 an im Amt, verfolgte er von Anfang an erklärtermaßen das Ziel, das Rauchen zu bekämpfen und vor allem zu erschweren, dass junge Leute zum Glimmstängel greifen. Entsprechend scharf sollte die neue EU-Tabakrichtlinie ausfallen, die der frühere Kettenraucher Dalli auf den Weg bringen und zum Schwerpunkt seiner Arbeit machen wollte. Am 16. Oktober 2012 war von jetzt auf gleich Schluss damit.

Am Nachmittag jenes Tages zitierte EU-Kommissionspräsident José Manuel Barroso John Dalli kurzfristig zu sich. Gegen ihn werde wegen Korruption ermittelt, er habe 30 Minuten Zeit, »freiwillig« zurückzutreten. Die entsprechende Pressemitteilung hatte Barroso bereits ausformulieren lassen. Der Öffentlichkeit wurde der Rücktritt zunächst tatsächlich als »freiwillige« Entscheidung Dallis verkauft.

Viele Brüssel-Insider, ob in EU-Institutionen oder Medien, hegen an den Vorgängen von Anfang an gehörige Zweifel. Auch der CDU-Europaabgeordnete Florenz glaubt: »Der Mann hat sich nichts zuschulden kommen lassen. Da sind ganz komische Dinge gelaufen, und ich vermute, dass Dalli von der Tabakindustrie hintenrum politisch erschossen wurde.«

Dalli selbst sagte wenige Wochen nach seinem Rückzug selber gegenüber dem *Zeit*-Reporter Claas Tatje, er sei »in eine Falle der Tabakindustrie getappt«. Seine Geschichte liest sich wie ein schmutziger Krimi. Der Wirtschaftsjournalist Tatje hat sie akribisch recherchiert und aufgeschrieben.[20]

Was war geschehen? John Dalli wurde vorgeworfen, er habe über einen maltesischen Bekannten 60 Millionen Euro Schmiergeld von einem schwedischen Tabakkonzern dafür verlangt, die EU-Richtlinie in dessen Sinne abzuändern. Die Geschichte soll so gelaufen sein: Ein maltesischer Unternehmer namens Silvio Zammit soll von der schwedischen Firma Swedish Match 60 Millionen Euro Schmiergeld verlangt haben. Angeblich in Dallis Namen und dafür, dass der Kommissar dafür sorgt, dass im Zuge der neuen EU-Tabakrichtlinie der von Swedish Match hergestellte Lutschtabak »Snus« künftig in ganz Europa zugelassen wird und nicht nur in Schweden. Dortige Medien schrieben später, eine solche Zulassung würde dem Unternehmen jährlich 300 Millionen Euro mehr Einnahmen einbringen.

Es gibt erhebliche Zweifel daran, dass all dies wirklich so stattgefunden hat. Eine angebliche Bestechung um die Ecke, die angekündigt, aber nie vollzogen wurde. Wenn es den Versuch denn überhaupt je gegeben hat, was viele Insider in Brüssel bezweifeln. Kaum vorstellbar weil »zu 100 Prozent aussichtslos« nannte etwa der ehemalige deutsche EU-Kommissar Günter Verheugen die John Dalli vorgeworfene Geschichte. Aufklärung täte not.

Zuständig dafür wäre auf EU-Ebene zuvörderst Olaf, das Europäische Amt für Betrugsbekämpfung. Es soll Kommissionspräsident Barroso in einem frühen Stadium angeblich erste Argumente dafür geliefert haben, mit denen er John Dalli von jetzt auf gleich aus dem Amt drängen konnte. Nun muss man zweierlei wissen: Erstens, der Portugiese Barroso selbst pflegte intensive Kontakte zur Tabakwirtschaft. Er warb sogar, wie Reporter Tatje herausfand, einige Zeit mit seinem Namen für ein Forschungsprojekt der »Stiftung für Zukunftsfragen«, hinter der bei genauerem Hinsehen der Konzern British American Tobacco (BAT) steckte.

Zweitens: Mehrfach hatten Tabak-Lobbyisten im Zuge der Beratungen über die EU-Tabakrichtlinie direkten Zugang zum ansonsten streng abgeschirmten 13. Stock des Kommissionsgebäudes, der Etage des Präsidenten Barroso. Dessen Mitarbeiterin Clara Martínez Alberola soll sich auch mit einem Topmanager jener schwedischen Lutschtabak-Firma getroffen haben, über die Kommissar John Dalli wenige Monate später stolpern sollte. Und, was am fragwürdigsten ist: Olaf, die Betrugsermittler-Einheit der EU, ist mit der Tabakindustrie wirtschaftlich eng verflochten. Tabakkonzerne zahlen bis 2030 insgesamt 1,6 Milliarden Euro an die EU, um deren Kampf gegen den Zigarettenschmuggel zu unterstützen. Verwaltet werden die Mittel – von Olaf.[21] Ausgerechnet. Unabhängigkeit sieht anders aus.

Tischfußball und frisches Pils

Allerdings: Wie üblich mit dem Finger auf Brüssel zu zeigen und die Verhältnisse dort als prinzipiell weniger geordnet, unübersichtlich und fragwürdiger als im ordentlichen Deutschland abzutun, funktioniert bei diesem Thema nicht. Denn auch hierzulande treiben Tabaklobbyisten ihr Unwesen, haben viel Geld zur Verfügung und penetrieren die politisch Verantwortlichen.

Wie jeder Wirtschaftszweig, der etwas auf sich hält, hat auch die Tabakbranche dafür einen Berliner Politiker eingekauft. Im Juli 2014 wechselte Jan Mücke, ehemaliger Staatssekretär im Bundesverkehrsministerium mit FDP-Parteibuch, als Geschäftsführer zum Deutschen Zigarettenverband (DZV), der sich als »zentraler Ansprechpartner für Politik, Wirtschaft und Medien rund um das Thema Rauchen und Zigarette«[22] versteht. DZV-Mitglieder sind fünf Tabakfirmen: British American Tobacco, Reemtsma, von Eicken, Heintz van Landewyck und Japan Tobacco International.[23]

Mücke hatte früher als Verkehrs-Staatssekretär, als Politiker also, nicht unmittelbar mit der Tabakwirtschaft zu tun. »Das heißt aber nicht, dass sein politischer Hintergrund für den DZV unbedeutend ist«, kommentierte Ulrich Müller von LobbyControl den Seitenwechsel. »Der DZV wird von den politischen Kontakten Mückes profitieren, ebenso wie von seinem Insiderblick auf die Bundesregierung.«

Mückes Vorgängerin als oberste Berliner Zigarettenlobbyistin war übrigens die frühere Grünen-Abgeordnete Marianne Tritz. Das sei kein Zufall gewesen, glaubt der SPD-Bundestagsabgeordnete Lothar Binding, Tritz sollte »als grünes Feigenblatt« fungieren. »Wer könnte die Gefahren des Tabakkonsums besser relativieren als ein ehemaliges Mitglied der grünen Bundestagsfraktion, die Gesundheitsschutz und Naturschutz wie keine andere Fraktion für sich reklamiert?«[24]

Umschmeichelt und bearbeitet werden die Berliner Politiker von der Tabaklobby auf vielfache Weise. Auf Tagungen mit unverfänglichen Titeln etwa, wie »Risikoreduzierung von Tabakprodukten – ein Tabuthema«. Bisweilen bieten die Veranstalter den Politikern an, Übernachtung und Anreise zu bezahlen. Oder man lädt zum »Treffpunkt Berlin« in den mondänen und nur Mitgliedern und ihren Gästen zugänglichen Business-Treff »China Club« neben dem Hotel Adlon ein. Ähnlich edle Locations für vertraute Kungelei gibt es auch andernorts in Laufweite zum Reichstag, den Capital Club am Hilton-Hotel am Gendarmenmarkt zum Beispiel.

Tabakfirmen und ihre Lobby-Söldner veranstalten auch Parlamentarische Abende, sponsern Parteitage, Konferenzen und Sommerfeste, bei denen Politiker, Wirtschaftsvertreter und Journalisten sich zwanglos treffen. Sie liefern bei Bedarf Argumentationshilfen für politische Debatten, selbstredend in ihrem Sinne.

2000 rühmte sich ein Lobbyist der deutschen Zigarettenindustrie sogar, einem alten Kumpel und SPD-Landtagsabgeordneten auf ganz besondere Weise »geholfen« zu haben. Der Politiker aus Niedersachsen war damals Mitglied im EU-Ausschuss der Regionen, der über eine Tabak-Produktrichtlinie diskutieren sollte. »Manuskript bekommt er von mir«, schrieb der Lobbyist über seinen Abgeordnetenkumpel.[25]

Sogar Tischfußball-Turniere wurden schon organisiert, um »bei einem frischen Pils« und idealerweise auch der einen oder anderen Kostenlos-Kippe locker zu plaudern. »Man soll mit den Leuten von den Tabakfirmen ins Gespräch kommen und einander irgendwie nett finden«, umreißt Harald Terpe, Gesundheitspolitiker der Grünen-Bundestagsfraktion, das Ziel solcher Veranstaltungen, wie sie allerdings keineswegs nur die Tabaklobbyisten veranstalten. Sinn und Zweck des gemütlichen Beisammenseins seien klar. Sie seien der »klare Versuch, Politiker und Vertreter gesellschaftlicher Gruppen für ihre eigenen Interessen einzunehmen«, so der SPD-Abgeordnete Binding. Und zwar langfristig. »Der Lobbyist bricht nicht über uns herein«, sagt Binding. »Er will bisweilen über Jahre und Jahrzehnte Wahrnehmungen und Meinungen verändern, subtil, aber wirksam, so lange, bis sie sich in den Köpfen als vermeintliches Allgemeingut festgesetzt haben.«

Und das funktioniert.

Wie anders soll man sich erklären, dass Meinungsumfragen zufolge fast drei Viertel der Deutschen Nichtraucherschutz gut finden und Rauchen für gefährlich halten. Dass es aber trotzdem viele Jahre dauerte und zahlreicher politischer Vorstöße bedurfte, ehe der Schutz von Passivrauchern durch das Verbot von Rauchen in öffentlichen Gebäuden und Lokalen durchgesetzt wurde? Und das auch nur nach einem mühsamen und über Gebühr langen Entscheidungsprozess, bei dem am Ende die Länder zuständig waren und nicht der Bund. Was die Bundesregierung übrigens in einem Gutachten klären ließ, das Binding zufolge ein Jurist schrieb, der zuvor bereits für die Tabakindustrie tätig geworden war. Einer der Wirte, der später gegen das Rauchverbot in Lokalen klagte, wurde von einem Anwalt vertreten, der früher Bundesminister der Verteidigung war: Rupert Scholz (CDU). Der wiederum war auch Mitglied im Beirat der Stiftung Verum, der, so Binding, »Nachfolgeorganisation der ›wissenschaftlichen‹ Einrichtung Forschungsrat Rauchen und Gesundheit, einer Stiftung des Verbands der Cigarettenindustrie«[26].

Wie anders, wenn nicht durch den Einfluss der Tabaklobby, lässt es sich erklären, dass Deutschland sich bereits 2005 über ein von der WHO initiiertes Abkommen verpflichtete, binnen fünf Jahren Tabakwerbung zu verbieten, diese Zusicherung aber nicht eingehalten wurde? Ein entsprechender Gesetzentwurf liegt im Bundestag seit Langem auf Eis, und auch aus dem Koalitionsvertrag wurde das Tabakwerbeverbot im letzten Moment wieder gestrichen.

Damit ist Deutschland inzwischen das einzige Land in der Europäischen Union, in dem die Außenwerbung für Zigaretten zu diesem Zeitpunkt noch erlaubt ist. »Dies konterkariert unsere intensiven Bemühungen in der Tabakprävention gerade bei Kindern und Jugendlichen«, beklate bereits 2015 der zuständige Bundesagrarminister Christian Schmidt (CSU). Nach seinen Plänen soll nun auch Werbung auf Plakaten oder im Kino komplett verboten werden. »Wissenschaftliche Studien belegen, dass Werbung in der Öffentlichkeit den Einstieg in das Rauchen aktiv fördert.« Es sei beinahe unfassbar, welchen Druck die Zigarettenlobby in Deutschland aufbaue, um Entscheidungen zu beeinflussen, sagt ein hochrangiger Vertreter eines Ministeriums. Und die Zigarettenindustrie läuft Sturm gegen die Pläne. Für sie ist das Vorhaben ein »wirtschaftspolitischer Dammbruch«.

Der SPD-Abgeordnete Binding wundert sich über all dies schon lange nicht mehr. Er hat selbst erlebt, »wie weit der Arm der Tabaklobby ins Parlament reicht«. Der Heidelberger Politiker gehörte einem achtköpfigen Gremium der Großen Koalition an, das einen Gesetzentwurf zum besseren Nichtraucherschutz entwerfen sollte. Als dieser sich zum ersten Mal traf, lag ein Arbeitspapier auf dem Tisch, das als Grundlage der Besprechung dienen sollte.

Binding kam es bekannt vor, auch wenn der Briefkopf fehlte und das Papier äußerlich einen neutralen Eindruck machte. Tatsächlich stammte es vom Lobbyverband der deutschen Zigarettenindustrie. Wer es auf den Tisch der Parlamentarier gelegt hatte und damit von Anfang an zur Arbeitsgrundlage machen wollte, konnte Binding nicht herausfinden.

Bleibt die Frage, was aus der EU-Tabakverordnung wurde.

Am 20. Mai 2014 trat sie in Kraft. Die Mitgliedsstaaten haben von diesem Tag an zwei Jahre Zeit, sie in nationales Recht umzuwandeln. Die Zustimmung des jeweiligen Landes vorausgesetzt, kann die Tabakindustrie in einer Übergangsfrist ein weiteres Jahr lang solche Erzeugnisse verkaufen, die sie noch auf Lager hat und die den neuen Vorgaben noch nicht entsprechen.

Die Zigarettenindustrie zog trotzdem gegen die Tabakverordnung juristisch zu Felde. Sie klagte dagegen, ebenso übrigens, wie Polen. Im Mai 2016 wies der Europäische Gerichtshof (EuGH) in Luxemburg diese Klagen jedoch letztinstanzlich zurück. Und dennoch können die Lobbyisten zufrieden sein, denn die ursprünglich strengen Pläne der EU wurden verwässert.

Ein kleines Beispiel nur: Die ultraschlanken, bei Mädchen und jungen Frauen beliebten Slim-Zigaretten sind weiterhin erlaubt. Ursprünglich sollten sie verboten werden.

Faulende Beine, zerstörte Lungen – seit Mai 2016 werden Deutschlands Raucher zwar beim Griff zur Zigarette mit Schockbildern konfrontiert. Die Packungen, die noch mit bunter Werbung und Logos Lust aufs Rauchen machen sollen müssen seither mit noch größeren und drastischeren Warnhinweisen auf die Gefahren des Rauchens aufmerksam machen. Etwa zwei Drittel der Fläche sind für die Abschreckung reserviert.

Doch das intensive Lobbyieren hat »noch Schlimmeres« verhindert. Die Warnhinweise samt Schockbildern sollten ursprünglich 75 Prozent der Zigarettenschachteln bedecken. Nun sind es 65 Prozent. Und noch wichtiger für die Branche: Die Einheitsverpackungen nach australischem Vorbild ohne die Markenlogos der Zigarettenfirmen wurden entgegen anfänglichen Plänen doch nicht eingeführt.

Die Hersteller müssen auch nicht nachweisen, dass die Chemikalien und Zusatzstoffe in den Zigaretten gesundheitlich unbedenklich sind. Das hätte für sie einen riesigen Test- und dementsprechend Kostenaufwand bedeutet, wäre jedoch mit Blick auf Verbraucher- und Gesundheitsschutz ein enormer Fortschritt gewesen.

Stattdessen gibt es eine Negativliste mit Stoffen, die dem Tabak nicht mehr beigemischt werden dürfen. Nur für wenige Chemikalien gelten strengere Anforderungen und müssen umfassende Studien über ihre Gefährlichkeit eingeholt werden.

Auf den Punkt gebracht: Die Tabaklobbyisten haben mehr als nur das Schlimmste verhindert. Für sich jedenfalls.

6
Hilfst du mir, helf ich dir
Ein Netzwerk an der Basis unserer Nahrungskette

Lobbyisten haben nicht nur eine verbraucher- und gesundheitsfreundliche Lebensmittelampel verhindert. Ihr Erfolgsgeheimnis: Sie setzen ganz früh an, bei den Erzeugern. Wie eine Clique von Multifunktionären und ihre Verbündeten in der Industrie Einfluss auf die Ernährung der Deutschen nimmt.

Heidi Bank wurde stutzig. Sie hatte gerade ihr erstes Kind geboren, und wie alle Mütter stand sie vor der Frage, wie lange sie den Jungen stillen sollte. Die Weltgesundheitsorganisation WHO empfiehlt, einen Säugling sechs Monate lang ausschließlich mit Muttermilch zu ernähren und erst dann mit dem Zufüttern von Flaschenkost zu beginnen. Während Bank noch hin und her überlegte, machte plötzlich in den Medien eine neue Studie die Runde. Wissenschaftliche Untersuchungen hätten ergeben, dass es für das Kind besser und gesünder wäre, bereits nach vier Lebensmonaten Babynahrung zuzufüttern. Das helfe Allergien vorzubeugen, las Heidi Bank, hegte daran aber aus reiner Gewohnheit so ihre berufsbedingten Zweifel.

Zwei Monate mehr – für die Milupas und Aletes dieser Welt macht das im Absatz ihrer Säuglingsnahrung und damit in Euro und Cent einen riesigen Unterschied. Heidi Bank beauftragte einen ihrer Mitarbeiter, der Sache mit der Studie einmal auf den Grund zu gehen. Das Ergebnis seiner Recherchen überraschte die Politikwissenschaftlerin nicht wirklich. »Drei von vier Autoren der Studie waren mit der Lebensmittelindustrie verbandelt«, schildert Heidi Bank. Die Studie sei »ein Beispiel dafür, wie Lobbyismus in das ganz normale Alltagsleben hineinwirkt«. Das Papier wirkte neutral, nach unbestechlichen wissenschaftlichen Kriterien erstellt. Tatsächlich jedoch waren Zweifel angebracht, ob das, was nach objektivem Rat klang, nicht in Wirklichkeit gesteuert war von wirtschaftlichen Interessen derer, auf deren Payroll drei der Verfasser standen.

Ein Fall von verdecktem Lobbyismus, den viele Mütter gar nicht erst erkennen können. Heidi Bank half, dass sie Mitbegründerin und geschäftsführende Vorständin von LobbyControl ist und bei ihrem persönlich motivierten Test auf Kapazität und vor allem Kompetenz für das Thema besonders sensibilisierter Mitarbeiter zurückgreifen konnte.

Alle anderen Verbraucher stehen täglich vor dem Problem, nicht zu wissen, welches Produkt tatsächlich gesünder und besser ist und welches nur von Konzernen und ihren Helfern dazu erklärt wurde. Die Informationen auf den Verpackungen helfen in der Regel auch nicht weiter, denn regelmäßig bekämpfen die Lebensmittelkonzerne es vehement, wenn die EU strengere Kennzeichnungspflichten einführen will. Dann setzen die Nahrungsmittel-Multis Heerscharen von Lobbyisten allein in Brüssel in Marsch, um bei der EU-Kommission und dem EU-Parlament das aus ihrer Sicht Schlimmste zu verhindern.

Dass der schöne Schein beim Thema Lebensmittel und Landwirtschaft eine große Rolle spielt, ist einmal im Jahr in Berlin zu besichtigen. Immer im Januar dürfen Besucher dort Ferkel in geräumigen Holzställen auf frischem Stroh sehen. Kühe tragen in ihren Ställen Namen wie »Paola«.

Die Rede ist von der Grünen Woche, der weltgrößten Messe für Ernährung und Landwirtschaft. In Zeiten von Agrarkonzernen und Massentierhaltung ist sie vor allem eine Show. Eine, die den Menschen das Vertrauen in die Lebensmittelproduktion zurückgeben soll. Mit Streuobstwiese und Erlebnisbauernhof.

Doch immer mehr Deutsche glauben den Botschaften nicht mehr. Denn immer seltener dürfen Rinder, Schweine oder Hühner wirklich Naturprodukte sein. Zu häufig sind sie mit Antibiotika vollgestopfte Hochleistungsmaschinen. Der Ruf der Agrar- und Ernährungsindustrie ist schlecht. Weil sich im Grundwasser rekordverdächtige Düngemittelrückstände finden. Weil in Eiern Dioxin und in Obst und Gemüse Pestizide auftauchen. Ausgerechnet die Produktion von Lebensmitteln offenbart eklatante Defizite beim Tier- und Umweltschutz.

Der Streit um unsere Ernährung polarisiert deshalb wie nie zuvor. Wie schon bei der Energiewende wächst der Druck der Öffentlichkeit auf eine radikale Kurskorrektur. Unter dem Motto »Wir haben es satt« gingen Anfang 2016 in Berlin Zehntausende gegen die konventionelle Agrarwirtschaft auf die Straße. Ihr Protest richtete sich vor allem gegen die industrielle Produktion, die in ihren Augen zu wenig mit Land und zu viel mit Wirtschaft zu tun hat. Die Grünen fordern bereits ein Ausstiegsszenario wie einst bei der Atomkraft. Auch der damalige Bundespräsident Joachim Gauck mischte sich in die Debatte ein und forderte mehr Nachhaltigkeit auf deutschen Feldern und Ställen. Doch bislang ändert sich wenig.

Lobbyismus, ein besonders aggressiver Lobbyismus zumal, hat einen stärkeren Wandel bislang verhindert. Es geht uns hier nicht darum, die ganze Branche auszuleuchten. Im Folgenden wollen wir ein Schlaglicht darauf werfen, wie Lobbyisten eine für den Alltag der Deutschen so wichtige Branche im Griff haben. Es ist eine Form von Lobbyismus, die sich von anderen in diesem Buch beschriebenen dadurch unterscheidet, dass Industrie, Politik und Verbände so eng kooperieren wie in keinem anderen Sektor. Für den Verbraucher bedeutet das in diesem Fall nichts Gutes.

Wer bei dem Thema Lobbyismus ausschließlich an die großen Lebensmittelkonzerne denkt, an Firmen wie den Schweizer Weltmarktführer Nestlé mit seinen etwa 100 Milliarden Euro Jahresumsatz, der denkt viel zu kurz. Der verdeckte Lobbyismus beginnt viel früher. Bei den Erzeugern. In der Landwirtschaft zum Beispiel.

Es geht um ein unglaublich verschachteltes Konglomerat von Unternehmen, Organisationen, Institutionen, das nicht nur in engem Schulterschluss mit Teilen der Politik steht, sondern seit Jahrzehnten eng mit ihr verbandelt ist. Ein Lobbyismus, der häufig ohne die externen Dienstleister und Public-Affairs-Experten auskommt. Weil er über Multifunktionäre aus der Branche selbst funktioniert, die sich gegenseitig protegieren, unterstützen – und in vielen Fällen eigentlich auch gegenseitig kontrollieren sollten. Auch dieser Lobbyismus geschieht diskret und im Verborgenen. Man hält nach außen zusammen und lässt Systemfremde nicht tief hineinblicken. Auch dieser Lobbyismus richtet sich nicht nur an die Politik, in der man sich ohnehin längst selbst gut verankert hat, wie die vielen Bauern-Lobbyisten in deutschen Parlamenten zeigen. In letzter Konsequenz zielt dieser Lobbyismus darauf ab, das Verhalten der Verbraucher beeinflussen und bestimmen zu können. Oft ohne dass uns Konsumenten dies bewusst ist.

Wählen wir für den Zugang zu diesem Thema einen kleinen, politischen Umweg. Bayern, dieses im Rest der Republik bisweilen als etwas sonderbar empfundene Bundesland, wird ganz wesentlich auch deshalb seit Jahrzehnten von der CSU regiert, weil die konservative Partei vor allem im ländlich-konservativen Milieu tief und fest verankert ist. Dieses Milieu strahlt weit über Dörfer hinaus und tief in mittlere und größere Städte sowie in die Wirtschaft hinein.

Das Wurzelgeflecht des CSU-Staates Bayern bildet seit Jahrzehnten ein stabiles Netz, geknüpft aus Institutionen wie dem Bauernverband, anderen landwirtschaftlichen Organisationen, den genossenschaftlichen Verbünden (wiederum vor allem im landwirtschaftlichen Sektor) und seinem Bankenwesen. Es ist ein Beziehungsgeflecht, das sich vielfach personell überlappt.

Als Bayer hat man häufig das Gefühl, dass es nirgendwo sonst auf der Welt auf einem Flecken mehr Multifunktionäre als im Agrar- und Lebensmittelwesen des Freistaates gibt. Dort hat die Landwirtschaft eine nicht zu unterschätzende wirtschaftliche Bedeutung. Sie sei »ein gewaltiger Wirtschaftsfaktor«, teilte das bayerische Staatsministerium für Ernährung, Landwirtschaft und Forsten mit, als Minister Helmut Brunner im Oktober 2014 den bayerischen Agrarbericht im Landtag vorstellte.[1] Jeder siebte Arbeitsplatz im Freistaat hänge direkt oder indirekt mit der Land- und Forstwirtschaft zusammen. Deren gut 153 Milliarden Euro Umsatz entsprächen 15 Prozent der Gesamtumsätze in Bayerns Wirtschaft. Und das, obwohl das Höfesterben anhält und vor allem kleine bäuerliche Betriebe teilweise nach Jahrhunderten aufgeben. Mehr als ein Drittel der deutschen Bauernhöfe sind im Freistaat angesiedelt. Obwohl es im Freistaat viel Industrie gibt, darunter Siemens, Allianz, Adidas, BMW, und ein dichtes, starkes Netz an modernen Forschungseinrichtungen, ist das südöstlichste Bundesland nach wie vor auch ein bedeutendes Agrarland.

Das genossenschaftlich-landwirtschaftliche Netzwerk funktioniert dabei vielerorts seit Jahrzehnten nach dem Motto: Machst du mir den Aufsichtsrat, mach ich in deiner Organisation den Vorstand – oder umgekehrt. So hält man sich gegenseitig den Rücken frei, und wer diesen Filz, diese Verkrustungen aufbrechen will, hat dazu von außen kaum eine Möglichkeit. Es gibt eine Nomenklatura von Funktionären in landwirtschaftlichen und genossenschaftlichen Organisationen, die sich abzuschotten und ihre Macht auszuleben weiß.

Viele Kommunal- und Regionalpolitiker der CSU sind auch Bauernverbandsfunktionäre und Würdenträger in anderen landwirtschaftlichen Berufsverbänden und Zusammenschlüssen. Sie bündeln die Interessen und halten zusammen, was der Einfachheit halber – nicht unbedingt immer im Sinne von Bauern und Verbrauchern – zusammengehalten werden soll. Umgekehrt sind sie eine Macht innerhalb der CSU, an der man dort nicht vorbeikommt. Das bayerische Genossenschaftswesen, der Bauernverband, die CSU (früher gehörte auch noch die katholische Kirche dazu) – seit vielen Jahrzehnten bilden sie eine Einheit. Noch jeder bayerische Landwirtschaftsminister hat sich als verlängerter Arm vor allem des Bauernverbands und der mit ihm verbandelten Agrarwirtschaft verstanden. Und politisch immer so gehandelt. Dieser Ministerposten ist eigentlich völlig überflüssig; man könnte ihn gleich dem bayerischen Bauernverbandschef mit übertragen. So groß ist die politische Hörigkeit.

Festhalten an den alten Strukturen, lautete die Devise. Es ist eine Form von Konservatismus, der oft und gerne als Tradition beschworen wird. Das klingt ja auch hübscher. Nur ja nichts ändern. Nur ja nichts ausprobieren. Vor allem nichts, was den herrschenden Strukturen gefährlich werden könnte. Als im Zuge der Umwelt- und der grünen Bewegung in den 90er-Jahren ökologische Landwirtschaft zum Thema wurde, fuhren Vertreter dieses bayerischen Agrar-Netzes rabiat dazwischen. Auf unzähligen Bauernversammlungen wurden Biobauern von Funktionären der alten Schule mehr oder weniger zu Spinnern erklärt und den anderen Landwirten dringend empfohlen, nur ja nicht dem Beispiel dieser grünen Ideologen zu folgen. Das hat sich geändert, aber erst spät.

Die einseitige Beeinflussung führte zu geradezu absurden Verwerfungen. Inzwischen ist die Nachfrage hierzulande nach Bio-Ware seit Jahren deutlich größer als das Angebot. Also muss häufig an Früchten und Fleisch importiert werden, was mühelos auch hierzulande angebaut werden könnte. Dabei wäre es doch besser, die Wende selbst voranzutreiben – auch mit gutem Marketing –, als von ihr getrieben zu werden. Die Gewinnmargen für Biobauern sind angesichts besser bezahlter Produkte in der Regel deutlich höher als jene ihrer konventionell wirtschaftenden Berufskollegen. Die Frage drängt sich daher auf, wessen Interessen die landwirtschaftlichen Lobbyisten all die Jahrzehnte verfolgt haben und warum.

Einen Hinweis darauf geben die Institutionen, Organisationen und Unternehmen rings um die bäuerlichen Erzeuger, die zu diesem System gehören und es stabilisieren. Die Raiffeisenbanken, die Landmaschinenhersteller, die Saatgut-, Kraftfutter-, Düngemittelproduzenten, die Hersteller von Pflanzenschutzmitteln, dazu die Agrarhändler, die all dies und andere Wohltaten verkaufen. Wie die Baywa AG, eine genossenschaftliche Aktiengesellschaft mit 15,4 Milliarden Euro Konzernumsatz (2016), die jahrzehntelang prächtig damit verdiente, allerhand Dopingmittel für Vieh und Feld zu verkaufen. Schon in den 80er-Jahren spöttelte die Kabarett-Combo Biermösl Blosn in Anlehnung an den Text der Bayernhymne: »Gott mit dir, du Land der Baywa« statt »… Land der Bayern«.

Die Baywa selbst ist freilich alles andere als eine folkloristische Einrichtung. Das Unternehmen verkauft Produkte und Dienstleistungen in den Bereichen Agrar, Obst, Kraft- und Baustoffe. Im Klartext: Es lebt von der Agrarwirtschaft in ihrer bisherigen Form. Nur knapp 40 Prozent der Aktien sind im Streubesitz; größter Aktionär dort ist die Bayerische Raiffeisen-Beteiligungs-AG. Aufsichtsratsvorsitzender ist Manfred Nüssel, ein Multi-Agrarfunktionär, von dem gleich noch die Rede sein wird.

In Bayern mögen die Verhältnisse ganz besondere sein, sie lassen sich hier wie unter einem Brennglas fokussieren. Doch auch in anderen Bundesländern und auf Bundesebene gibt es vergleichbare Strukturen. Wer nach intransparenten, in sich unübersichtlich verflochtenen und verkrusteten Strukturen sucht, der findet sie in der deutschen Agrar- und Ernährungswirtschaft landauf, landab.

Sie ist ein Paradies für Lobbyisten. Lobbyismus funktioniert hier über ein filigranes, fein austariertes Geflecht aus Vertretern der Landwirtschaft, der Agrarmaschinenhersteller sowie der Chemie-, der Saatgut- und der Gentechnikindustrie. Eine Balance der jeweiligen Interessen ist dabei nicht unbedingt gewährleistet, denn die Position der einzelnen Bauern ist über die Jahrzehnte hinweg immer schwächer geworden. Viele hängen ab von immer weniger großen Abnehmern der Lebensmittelbranche. Die Folge: Der Druck auf die Preise wächst. Jene für Milch und Fleisch sind auf Tiefststände gefallen. Weder Mittel noch Chancen sind in diesem Markt ausgewogen verteilt.

Lobbyismus in der Agrarwirtschaft geschieht subtil. Lange bevor die Lebensmittelkonzerne in Brüssel oder Berlin Lobbyisten losschicken müssen, um strengere Regeln oder bessere Kennzeichnungen bei den Endprodukten zu verhindern. Ihre Posten schieben sich Funktionäre und Manager innerhalb des Systems gegenseitig zu. Wer für wen lobbyiert, ist häufig unklar. Dafür ist umso absehbarer, wessen Interessen auf der Strecke bleiben: die der einfachen bäuerlichen Familien, des Tier- und des Naturschutzes. Und in letzter Konsequenz die Interessen der Verbraucher. Lobbyismus funktioniert hier vor allem über Menschen, die auf vielen sprichwörtlichen Hochzeiten gleichzeitig tanzen. Menschen wie Manfred Nüssel.

Sein Vater Simon war von 1970 bis 1987 Staatssekretär und anschließend noch drei Jahre Minister im bayerischen Landwirtschaftsministerium, eine feste CSU-Größe wie auch der Sohn. Nur dass besagter Manfred Nüssel nicht wie der Herr Papa eine Karriere im Licht der Öffentlichkeit startete. Der Agraringenieur aus dem fränkischen Bad Berneck, Jahrgang 1948, sammelte anderweitig Pöstchen mit der Emsigkeit eines Eichhörnchens. Wichtige Pöstchen. Nüssel ist im genossenschaftlich-landwirtschaftlichen Geflecht dieses Landes seit vielen Jahren eine ganz große Nummer – ohne dass die breite Öffentlichkeit davon angemessen Notiz nimmt.

Von 1999 bis 2017 war der Oberfranke Präsident des im Genossenschaftsbereich mächtigen Deutschen Raiffeisenverbands (DRV) und seit 2000 ist er Aufsichtsratsvorsitzender der erwähnten Baywa AG, die jährlich etwa 16 Milliarden Euro Umsatz erwirtschaftet. Das sind nur zwei von vielen Spitzenfunktionen. Im Laufe der Jahrzehnte bekleidete der abseits der landwirtschaftlichen Szene weitgehend unbekannte Nüssel Dutzende Ämter in genossenschaftlichen und landwirtschaftlichen Organisationen. Selbstredend ist er aktiver CSU-Mann; im bayerischen Senat saß er auch, ehe diese neben dem Landtag zweite Kammer 1999 per Volksentscheid abgeschafft wurde. »Der Manfred arbeitet von jeher auf seinen Gebieten sehr effektiv«, sagt ein bekannter Parteifreund des umtriebigen Multi-Funktionärs. »Sein Wort hat in der Partei Gewicht, was von außen oft unterschätzt wird.« Was der Grund ist, weshalb sich der Parteifreund nicht öffentlich mit ihm anlegen mag und bat, seinen Namen an dieser Stelle nicht zu schreiben. Denn wie mächtig Spitzenfunktionäre in diesem Sektor sind, verdeutlicht allein der Umstand, dass sich zu Nüssels offizieller Verabschiedung als DRV-Präsident am 30. Juni 2017 die Bundeskanzlerin höchsstselbst einfand und eine warmherzige Abschiedsrede hielt. Und apropos DRV: In ihm sind fast 2200 Unternehmen mit 82 000 Beschäftigten und einem Jahresumsatz von gut 60 Milliarden Euro zusammengeschlossen. Mit anderen Worten: Dieser Verband ist ein politischer Machtfaktor.

Und Manfred Nüssel ein Lobbyist mit gewaltiger Hausmacht. In einem Sektor, auf dem Netzwerke enorm dabei helfen, Milliardengeschäfte zu steuern. Die deutsche Agrar- und Ernährungswirtschaft erwirtschaftet mehr als 330 Milliarden Euro Umsatz pro Jahr und damit etwa 16 Prozent des Bruttoinlandsprodukts. Nüssel ist nicht der einzige Multifunktionär an ihren Schaltstellen. Joachim Rukwied, seit Juni 2012 Präsident des Deutschen Bauernverbands, ist nicht weniger emsiger Postensammler wie sein Vorgänger Gerd Sonnleitner. Ein CDU-Mann, der viele Interessen vertritt, unter anderem als stellvertretender Vorstandsvorsitzender bei der Süddeutschen Zuckerrübenverwertungsgenossenschaft SZVG, dem Mehrheitsaktionär des größten Zuckerproduzenten der Welt, der Südzucker AG.

Ebenfalls ziemlich umtriebig ist Peter Bleser, CDU-Landwirtschaftspolitiker im Bundestag seit 2005 und bis 2018 als parlamentarischer Staatssekretär im entsprechenden Ministerium an einer der Schaltstellen der deutschen Agrarpolitik. Auch Hinterbänkler sollte man nicht unterschätzen, was die Lobbykraft angeht, die sie entfalten können. Albert Deß etwa, ein Landwirt aus der Oberpfalz, spielte innerhalb seiner CSU nie eine vordere Rolle. Aber auch Deß sammelt seit Jahrzehnten Ämter wie andere Münzen oder Briefmarken. Als Vorstandsvorsitzender der Bayernland AG steht der Europaabgeordnete quasi nebenbei einer großen Molkereigenossenschaft mit etwa einer Milliarde Euro Jahresumsatz vor. Ein besonders prägnantes Beispiel eines Lobbyisten ist Franz-Josef Holzenkamp. Bis Oktober 2017 vertrat er als CDU-Abgeordneter den Wahlkreis Cloppenburg-Vechta im deutschen Bundestag, wo er zugleich als agrarpolitischer Sprecher seiner Fraktion fungierte. Als Aufsichtsratschef des Agrarkonzerns Agravis und als Aufsichtsrat in gleich zwei Gesellschaften der LVM Versicherung verdiente er zu seinen Diäten kräftig hinzu. 2012 verriet er gegenüber der *Frankfurter Rundschau* auch ganz ungeniert, wie er es denn so hält mit der im Grundgesetz festgeschriebenen Verpflichtung, Abgeordneter des ganzen deutschen Volkes zu sein: Er sei »überzeugter Lobbyist«.[2] Das kann Holzenkamp nun ganz öffentlich ausleben, ohne Rücksichten auf das Amt eines Bundestagsabgeordneten. Statt nach seiner Zeit im Parlament in den Ruhestand zu gehen, ließ er sich 2017 als Nachfolger von Manfred Nüssel zum Präsidenten des Deutschen Raiffeisenverbands wählen. Der Diplom-Agrarwissenschaftler Veikko Heintz legte im August 2013 eine 357 Seiten umfassende Studie über die Vernetzung der Agrarindustrie und der Politik in Deutschland vor. Er tat dies im Auftrag der Bundestagsfraktion Der Grünen, weshalb auch diese Studie – wie alle anderen auch, die von Auftraggebern mit klaren Interessen stammen – mit gebührender Vorsicht zur Kenntnis genommen werden sollte. Allerdings besticht die Studie von Heintz durch sehr umfangreiche und saubere wissenschaftliche Quellenarbeit; seine Schlussfolgerungen decken sich in vielen Fällen mit unseren Recherchen nicht zuletzt für dieses Buch. Und nicht nur das – der parteipolitisch völlig unverdächtige, hochkarätig besetzte wissenschaftliche Beirat für Agrarpolitik beim Bundesministerium für Ernährung und Landwirtschaft kommt zu einer ähnlich kritischen Einschätzung, was Interessengruppen etwa in der Nutztierhaltung angeht. Diese würden, so heißt es in einer im März 2015 vorgelegten Studie, politische Prozesse stark beeinflussen. Wörtlich stellen die Experten fest: »Die Landwirtschaft insgesamt und Tierhalter sowie die vor- und nachgelagerte Industrie sind traditionell gut organisierte Interessengruppen.«[3] Ein Mitglied der Bundesregierung brachte es in einem Hintergrundgespräch in Berlin noch deutlicher auf den Punkt: »Im Bereich Landwirtschaft sind die Interessen unglaublich gut organisiert – durch den Bauernverband, aber auch durch die Industrie. Es ist nicht leicht, dagegen mehr Umweltschutz durchzusetzen.« Namentlich zitiert werden wollte das Regierungsmitglied damit jedoch nicht.

Auch Vikko Heintz, inzwischen Mitarbeiter bei der grünen Bundestagsfraktion, findet prinzipiell nichts dagegen einzuwenden, wenn Abgeordnete und andere politische Funktionsträger sich auch für Vereine, Verbände und womöglich auch Unternehmen engagieren. Vorausgesetzt, dies geschieht transparent und es kommt zu keinen Interessenkollisionen.

Genau das aber ist in diesem Sektor die Regel. »Insbesondere der Deutsche Bauernverband kann aufgrund seiner starken Präsenz in den Parlamenten als stark vernetzte Lobbyorganisation mit hohem Einfluss auf die politische Meinungsbildung betrachtet werden«, schreibt Heintz als ein Fazit.[4] »Die Spitzenverbände der Agrar- und Ernährungswirtschaft sind geprägt von der Tätigkeit von Doppel- und Vielfachfunktionären ausgeprägten sozialen und funktionellen Netzwerken. Dies schließt Tätigkeiten in der Politik mit ein. In starkem Maße trifft das für die Spitzenfunktionäre des Deutschen Bauernverbandes zu, für die allermeisten anderen Spitzenverbände in geringerem Maße.« Und weiter: »Spitzenfunktionäre des Bauernverbandes üben Funktionen in weiteren Interessenverbänden, Körperschaften und der Politik sowie in Entscheidungs- und Aufsichtsgremien von Spitzenunternehmen der Agrar- und Ernährungsindustrie aus. Unternehmen der Weiterverarbeitung, des Agrarhandels oder des landwirtschaftlichen Dienstleistungssektors sowie große landwirtschaftliche Betriebe verfügen über eine starke Repräsentanz im Tätigkeitsprofil verschiedener Bauernverbandsfunktionäre. Daraus kann auf die Existenz von Interessenkollisionen in Bezug auf die Vertretung der Interessen kleiner und mittlerer landwirtschaftlicher Betriebe und Unternehmen im Verband geschlossen werden.«

In diesem Zusammenhang mahnt Agrarwissenschaftler Heintz

erheblich mehr Transparenz an: »Im Gegensatz zu den Tätigkeiten der Parlamentsabgeordneten existiert über die verschiedenen Nebentätigkeiten von Verbandsfunktionären und ihre Einkommen nur eine sehr eingeschränkte Transparenz. Ebenfalls eine geringe Transparenz bezüglich der Einflussnahme, Interessenvertretung und Doppelfunktionen von Entscheidungsträgern besitzt das politische System der berufsständischen Selbstverwaltung und landwirtschaftsrelevanter öffentlich-rechtlicher Körperschaften.«

Problematisch hinsichtlich Transparenz und Interessenvertretung ist nach seinen Erkenntnissen »insbesondere die Überschneidung und personelle Verflechtung zwischen Landwirtschaftskammern und Bauernverbänden. Landwirtschaftskammern als Organe der berufsständischen Selbstverwaltung und Körperschaften des öffentlichen Rechts sind mit hoheitlichen Rechten und Aufgaben ausgestattet und sollen die Gesamtheit der berufsständischen Interessen widerspiegeln. Insbesondere die bayerische Praxis, die Aufgaben der Landwirtschaftskammer direkt dem Bayerischen Bauernverband zu übertragen, und die Praxis in einigen anderen Bundesländern, als Kammerpräsidenten Funktionsträger des Bauernverbandes zu bestimmen, erscheint in dieser Hinsicht problematisch.«[5]

Wer gerade bei welcher Organisation das Sagen hat, hat durchaus weitreichende Auswirkungen darüber hinaus. Ein simples Beispiel, um die etwaigen Folgen zu verdeutlichen: Haben etwa im Bauernverband oder in anderen landwirtschaftlichen Organisationen die Vertreter von Ackerbaubetrieben die Oberhand, geraten die Interessen von Milchbauern oder Schweinezüchtern gerne mal in den Hintergrund. Damit ist schnell eine Richtungsentscheidung verbunden, denn das Gros der Ackerbauern möchte vor allem erreichen, auf den Feldern möglichst viel mit möglichst wenig Kosten zu produzieren. Das wiederum öffnet ein Einfallstor für die Landmaschinenindustrie, etwa für die Hersteller von Traktoren und anderen Gerätschaften, die satelliten- und computergestützte Systeme zum Säen, Düngen und Ernten von Feldern anbieten. So nimmt letztlich ein Milliardengeschäft seinen Ursprung in oftmals kleinen, scheinbar unbedeutenden Organisationen vor Ort.

Damit das Geschäft funktioniert und wie geschmiert läuft, halten Lobbyisten diskret zusammen, was eigentlich nicht zusammengehört. Wie bei der Fördergemeinschaft nachhaltige Landwirtschaft (FNL), die sich vor nicht allzu langer Zeit elegant in »Forum moderne Landwirtschaft« umbenannt hat. Allein der Begriff nachhaltig ist in diesem Zusammenhang irreführend. Denn die FNL ist eine reine Lobbyorganisation der konventionellen Landwirtschaft.

Nach außen tritt die Organisation ausweislich ihrer Internetseite für »moderne Landwirtschaft in der Mitte der Gesellschaft« ein.[6] Es geht also nicht nur um Lobbyismus gegenüber der Politik, sondern in die Gesellschaft hinein. »Im Forum Moderne Landwirtschaft haben sich Verbände, Organisationen und Unternehmen der Landwirtschaft sowie der vor- und nachgelagerten Bereiche zusammengeschlossen«, heißt es da. »Ihr gemeinsames Anliegen ist es, den Dialog zwischen der Gesellschaft und der heutigen, modernen Landwirtschaft zu ermöglichen«, heißt es auf der Homepage. Nicht-Landwirte sollten einen Einblick in das Leben und Arbeiten der Bauern erhalten, deren »faszinierende Branche« kennenlernen und moderne Landwirtschaft erleben. Das klingt hübsch.

Weitaus aussagekräftiger als die Lektüre solcher PR-Phrasen ist ein Blick auf die Liste der Mitglieder, die nach Lesart der zum Forum umbenannten FNL »eine starke Gemeinschaft« bilden. Dort finden sich allerhand bäuerliche Organisationen, vom Bauernverband selbst bis zur Arbeitsgemeinschaft deutscher Rinderzüchter. Vor allem aber gehören Konzerne und andere Großunternehmen dazu, die ein Ziel verfolgen: So viel wie möglich aus der Landwirtschaft, aus den Bauernhöfen herauspressen, denn dann erst laufen ihre Geschäfte richtig gut. Als da beispielsweise wären: Chemiekonzerne wie BASF oder Bayer CropScience, die ein Interesse daran haben müssen, ihre Kunstdünger und Schädlingsbekämpfungsmittel zu verkaufen. Der US-Konzern Monsanto, der seit Jahren massiv dafür kämpft und lobbyiert, dass Gentechnik in der europäischen und deutschen Landwirtschaft großflächig zum Einsatz kommt, weil er entsprechende Produkte entwickelt und verkauft. Auch andere Düngemittelhersteller sind dabei, wie Eurochem Agro, Rohstofffirmen wie K+S Kali, Landmaschinenbauer wie die bayerische Horsch Maschinen GmbH.

Als Vorstand der Lobbyorganisation fungieren der deutsche Bauernverbandspräsident Joachim Rukwied, selbstredend gehörte lange Zeit auch Multifunktionär Manfred Nüssel dazu, der später von Franz-Josef Holzenkamp ersetzt wurde. Dazu noch Carl-Albrecht Bartmer, Chef der Deutschen Lebensmittelgesellschaft (DLG), einem Verein, dessen Zweck nicht nur die Fortentwicklung von Land- und Ernährungsfortschritt sein soll, sondern der auch Qualitätsprüfungen absolviert. Als viertes Mitglied sitzt im Vorstand von FNL alias »Forum moderne Landwirtschaft« der geschäftsführende Vorstand Christoph Amberger. Noch interessanter ist allerdings ein Blick in den Aufsichtsrat, in das Gremium also, das den Vorstand und damit letztlich die operative Arbeit der Organisation kontrollieren soll: Von sechs Mitgliedern sind zwei Vertreter der Chemieindustrie (darunter der Aufsichtsratsvorsitzende Helmut Schramm von Bayer CropScience), hinzu kommen jeweils ein Vertreter des Düngemittelherstellers Beiselen, der Südzucker AG und der Berliner Lobbyist von K+S, dem größten Salzproduzenten der Welt und zugleich einem der größten Kalianbieter. Immerhin gehört dem Aufsichtsrat auch ein Vertreter des Bundesverbands für Tiergesundheit an.

Mit anderen Worten: Die Industrie kontrolliert die Aktivitäten und bestimmt somit das Bild der »modernen Landwirtschaft«, welches die FNL vermitteln will. Das lässt sie sich einiges kosten. 2,2 Millionen Euro betrug der Jahresetat des Forums moderne Landwirtschaft im Jahr 2014, wie eine Sprecherin auf Anfrage mitteilte. 2015 waren es circa 2,4 Millionen Euro. Finanziert wird der Etat durch Partner bei einzelnen Projekten, vor allem aber durch die 45 Mitgliedsorganisationen und -unternehmen. Sechs Mitglieder firmieren als sogenannte »Hauptmitglieder«. Sie zahlen, Stand Januar 2016, 300 000 Euro pro Jahr und haben sich verpflichtet, diese Summe mindestens drei Jahre lang zu bezahlen. Damit erkauft sich jedes Hauptmitglied auch das Recht, einen Vertreter in den Aufsichtsrat zu entsenden. Zur Erinnerung: Im Aufsichtsrat sitzen, abgesehen von einem Vertreter des Bundesverbands für Tiergesundheit e.V., fünf Vertreter der Industrie. Mit anderen Worten: Diese fünf Unternehmen allein steuern zum Etat der landwirtschaftlichen Lobbyorganisation 1,5 Millionen Euro bei, weit mehr als die Hälfte also. Schafft nicht bekanntlich an, wer bezahlt?

Halten wir uns demgegenüber noch einmal vor Augen, was die FNL alias das Forum moderne Landwirtschaft ausweislich der eigenen Internetseite sein will: Förderer nachhaltiger Landwirtschaft. Förderer des Wissenstransfers aus der Forschung in die Praxis. Informant für Medien und die Öffentlichkeit darüber, was nachhaltige Landwirtschaft ist, wie sie funktioniert, insbesondere beim Pflanzenbau und bei der Tierhaltung. Verbindungsbrücke zwischen Verbraucher und Landwirtschaft. Ansprechpartner für Medien, Bildungseinrichtungen, Schulen, Politik und andere Branchen der Wirtschaft.

Man kann sich gut vorstellen, wie all diese Rollen ganz wesentlich von einer Organisation ausgeübt werden, in der die Chemie- und anderen Industriekonzerne ganz wesentlich das Sagen haben.

Was wiederum zwei Fragen aufwirft: Wieso machen die Vertreter der Landwirtschaft, der bäuerlichen Betriebe also, gemeinsame Sache mit denen, die vorwiegend ein Interesse haben: dass die Landwirte ihre Produkte möglichst teuer kaufen und damit möglichst viele und billige Waren produzieren? Und zum Zweiten: Wer profitiert in diesem Beziehungsgeflecht vor allem? Die kleinen Landwirtsfamilien, die dem Druck zur Massenfertigung ohnehin nicht mehr standhalten? Oder etwa die Verbraucher, die Umwelt und die Tiere?

Vornehme Aufgabe der Multifunktionäre und -lobbyisten der Agrarwirtschaft müsste es aber seit Jahren sein, ebendiese Interessen zu vertreten und ein Gegengewicht zu den Konzentrationsprozessen aufzubauen. Die sehen so aus: Einige wenige Handelskonzerne kontrollieren den Markt und diktieren die Lebensmittelpreise. Auf dem Fleischsektor schlachten allein die drei größten deutschen Schlachtkonzerne die Hälfte aller Schweine, die hierzulande unters Messer kommen. Die zehn größten Schlachter decken sogar 75 Prozent des Marktes ab. Im Milchbereich sieht es kaum anders aus. Die Molkereien werden immer größer und damit mächtiger. Sie machen die Milchpreise. In der Zuckerindustrie beherrschen Südzucker, Nordzucker, sowie die Firma Pfeifer & Langen etwa 75 Prozent des europäischen Marktes.

Doch warum sollten die Funktionäre gegen diese mächtigen Player auch angehen? Wo sie doch zum Teil selbst in diesen Unternehmen und Verbünden auf hübschen Pöstchen sitzen.

Zusammengefasst: Es gab in den vergangenen Jahrzehnten eine enorme Konzentration von Macht auf dem Ernährungssektor. Die großen Verlierer sind am Anfang der Kette die kleinen und mittleren landwirtschaftlichen Betriebe, die Bauernhöfe um die Ecke, die nur dann überleben konnten, wenn sie sich eine Nische (z. B. Bio) erschlossen, oder aber in der Lage waren, auf Masse zu setzen. Also Fleisch, Milch, Zuckerrüben oder was auch immer vor allem billig zu produzieren und trotzdem auf ihren Schnitt zu kommen. Die also auf Masse setzen, damit die Nahrungsmittelpreise schön niedrig bleiben. Der Bundesbürger gibt etwa zehn Prozent seines Einkommens für Nahrungsmittel aus, der Franzose etwa ein Drittel.

All das hat sehr viel mit Lobbyismus zu tun, damit nämlich, dass einflussreiche Kräfte die Regeln bestimmen, nachdem die Kräfte des Marktes dank einer aberwitzigen Subventionspolitik schon vor Jahrzehnten ausgeschaltet wurden.

Die Politik hat gegenüber diesen Lobbyisten, den Nüssels, Holzenkamps, Sonnleitners, Rukwieds, Deß' und wie sie alle heißen mögen, bis auf wenige Ausnahmen scheinbar längst kapituliert. Abgeordnete vor allem aus ländlichen Regionen verstehen sich als Handlanger des Bauernverbands und der Genossenschaften. Viele Landwirtschaftsminister handeln kaum anders und wählen damit einen bequemeren Weg. Mächtig Unruhe brachte in dieses eingespielte Gefüge Renate Künast, als sie 2001 in der ersten rot-grünen Bundesregierung Landwirtschaftsministerin wurde. Und umgehend zwei Signale setzte: Dem Ministerium wurde auf ihre Anregung hin der Verbraucherschutz als gleichrangiges Betätigungsfeld zugeordnet. Und Künast verkündete die Agrarwende, gewissermaßen die Ökologisierung der auf industrielle Massenproduktion ausgelegten Landwirtschaft. Das System, der Bauernverband allen voran, schäumte. Es fühlte sich bedroht. So waren es auch meistens sehr unbequeme, weil von herber Kritik und Anfeindungen begleitete Auftritte, welche die Grünen-Politikerin Künast fortan bei Bauerntagen und anderen Großveranstaltungen erleben musste. Sie selbst ließ sich davon nicht beirren und öffnete das bis dahin fest in Bauernverbands-Hand befindliche und dementsprechend abgeschottete Agrarministerium auch für Natur- und Tierschützer, Bio-Organisationen und Querdenker.

Man mag grüne Landwirtschaftspolitik für richtig oder falsch halten, Renate Künast für geeignet oder nicht für ein solches Ministeramt – eines allerdings wird wohl jeder für sich beanspruchen: gesunde Lebensmittel und, soweit es um tierische Erzeugnisse geht: ethisch einwandfrei erzeugte Lebensmittel, die den Menschen guttun.

Das System, für das sich vor allem Verbraucherschützer, Ärzteverbände und Gesundheitspolitiker lange einsetzten, scheiterte auf absehbare Zeit im Juni 2010 im Europäischen Parlament: die Lebensmittelampel.

Dabei wäre die Sache so einfach gewesen. Mit den Farben Rot, Gelb und Grün sollte fortan auf Lebensmittelverpackungen der Fett-, der Zucker- und der Salzgehalt des entsprechenden Produktes dargestellt werden. Jeder Konsument hätte sich einfach und auf einen Blick darüber informieren können. Und sinnvoll wäre es obendrein gewesen, angesichts von immer mehr übergewichtigen Erwachsenen und Kindern in Deutschland und Europa.

Doch das EU-Parlament lehnte die Lebensmittelampel mehrheitlich ab. Das sei ein Sieg für die Lobbyisten und eine Niederlage der Verbraucher, waren sich Medien quer durch alle politischen Lager einig. Zuvor hatten die Nahrungsmittelkonzerne Lobbyisten in Heerscharen in Marsch gesetzt, um die Abgeordneten mit ihren Positionen zu penetrieren. Eine Milliarde Euro gab die Lebensmittelindustrie nach Angaben von *Spiegel Online* dafür aus.[7] »Das Votum ist ein fatales Beispiel dafür, wie Politik sich ihren Gestaltungsspielraum von der Industrie hat abnehmen lassen«, hieß es dort. Der schwedische Europaabgeordnete Carl Schlyter sprach von einer der »größten Lobbyschlachten« der vergangenen Jahre. Die Vorgehensweise und die Methoden der Lobbyisten glichen dabei über weite Strecken den in diesem Buch beschriebenen beim Kampf der Tabakindustrie gegen besseren Nichtraucherschutz.

Begründet wurde die Ablehnung von der konservativ-liberalen

Mehrheit im EU-Parlament weitgehend exakt mit den Argumenten, mit denen an einer Lebensmittelampel nicht interessierte Konzerne wie Nestlé oder Coca-Cola dagegen argumentiert hatten: Eine Ampel vereinfache zu sehr, stigmatisiere bestimmte Lebensmittel, sei wissenschaftlich nicht genug fundiert und führe in die Irre. Als Schlupfloch wurde den Abgeordneten erfolgreich die Argumentation ans Herz gelegt, natürlich wäre eine bewusste und ausgewogen-gesunde Ernährung sinnvoll und es lohne sich auch, dafür politisch einzutreten. Nur eben anders, nicht mit einer Ampel. Frei nach dem Motto: Warum einfach, wenn es auch kompliziert geht.

»Die Argumente der Industrie wurden sowohl in den internen Verhandlungen als auch in den Ausschusssitzungen ständig wiederholt«, so Schlyter. »Das hatte wirklich einen großen Einfluss auf die Entscheidungen.« Der Lobbydruck der Industrie sei viel größer gewesen als die Interessenvertretung der Verbraucher. »Das ist ein echtes Demokratieproblem, weil es so ein großes Ungleichgewicht der Einflussmöglichkeiten gibt.«[8]

7

Die Freiheit nehm ich dir

Die unterwanderte Wissenschaft

Wie Konzerne mit Geld und Geschick Forscher und Denkfabriken nutzen, um die Gesellschaft zu beeinflussen – und ihre eigene Macht auszubauen.

Die Adresse Unter den Linden 14 in Berlin-Mitte sieht von außen aus wie viele andere auf Berlins wichtigster Meile der Selbstvermarktung und des Lobbyings: edler Marmor, Messingglanz, dezente Firmenschilder, gedämpft surrende Aufzüge. In den Schaufenstern im Erdgeschoss glänzen die teuersten Modelle von Mercedes-Benz. Der Konzern will den eigenen Mythos hier »in all seinen Facetten spürbar und erlebbar« machen. Im Restaurant »Daimlers« werden dazu Vitallunch oder vegetarische »Maultäschle« gereicht.

Wer das Gebäude betritt und in den dritten Stock fährt, erlebt allerdings plötzlich eine ganz andere Markenwelt. In der erst vor wenigen Jahren eröffneten Hauptstadtrepräsentanz des amerikanischen IT-Weltkonzerns Google geht es ziemlich salopp und hemdsärmelig zu.

Bunte Wandfarben, eine Schale mit Bonbons im Firmenlogo auf dem Empfangstresen, Kicker, Passfoto-Maschine und eine Spieleecke für Besucher – schon der Eingangsbereich in diesem vornehmen Prachtbau an einer von Berlins teuersten Adressen soll klarmachen: Das traditionsreiche Firmenmotto »Don't be evil« ist hier quasi zu Hause. Verspielter Gründergeist weht durch die mehr als 1000 Quadratmeter große Repräsentanz des milliardenschweren

Unternehmens. »Explore your World« empfiehlt ein Terminal, das für den Satelliten-Dienst Google Earth und die Möglichkeiten der virtuellen Reise an jeden Ort der Welt wirbt. Spielekonsolen und Spielzeugtrabbis – auf Sofas dürfen sich Gäste mit Niedlichkeiten beschäftigen, während Presseleute, Vertriebler und sieben Lobbyisten nebenan am Ausbau der Google-Geschäfte feilen.

Und das tun sie mit gewaltigem Erfolg. Bei Suchmaschinen hat der Konzern 2016 einen Marktanteil von 92 Prozent in Deutschland erreicht – vor den Konkurrenten Bing (2,9 Prozent) und Yahoo (2,8 Prozent). Kaum ein anderer Markt wird derart von einem einzigen Unternehmen dominiert. Mit Chrome betreibt Google auch noch den meistgenutzten Browser, mit GMail den am häufigsten genutzten E-Mail-Dienst und mit Android eines der meistgenutzten mobilen Betriebssysteme. Der Wert des Konzerns wächst so rasant, dass er inzwischen unter den wertvollsten der Welt rangiert. Der Computerhersteller Apple ist die Nummer eins. Die Google-Mutter Alphabet aber rangiert mit einem Marktwert von gut 500 Milliarden US-Dollar schon auf Platz zwei und macht klar: Die New Economy löst damit auch nach und nach die alten Industriekonzerne ab. Auch traditionsreiche Größen wie der Ölkonzern Exxon Mobil oder die Warren Buffett-Holding Berkshire Hathaway sind längst geschlagen.

Die Macht von Google wächst. Die Außendarstellung bleibt dennoch verspielt. »Kita für Erwachsene« nennen manche Beschäftigten ihre Büros. Die Besprechungsräume heißen »Oberbaumbrücke« oder »Pfaueninsel«. Die Botschaft der Firma: Hier ist ein freundlicher Konzern in der deutschen Hauptstadt angekommen, einer, der sich einfügt und in Berlin zu Hause fühlt.

Die Charmeoffensive hat einen guten Grund. Deutschland ist für Google nach den USA und Großbritannien nicht nur der drittwichtigste Markt der Welt. Die Bundesrepublik zählt auch zu den

Ländern, in denen besonders intensiv über Datenschutz debattiert wird. Jenes »D«-Wort, das man bei Google nicht allzu gerne hört. Schließlich lebt das Geschäftsmodell des Unternehmens aus Mountain View in Kalifornien davon, Daten der Nutzer zu verwenden und an Unternehmen zu verkaufen. Oder wenigstens die Anzeigen im Zusammenhang mit solchen Daten.

Für Google selbst steht dieses Geschäft erst am Anfang. Eric Schmidt, lange Jahre Google-Chef und inzwischen oberster Verwaltungsrat der neu gegründeten Konzernholding Alphabet, erwartet für seine Firma noch viel mehr Dominanz.

In seinem Buch »Die Vernetzung der Welt«, das er zusammen mit dem smarten Chef der Google-Denkfabrik »Ideas«, Jared Cohen, geschrieben hat, legt der IT-Manager freimütig offen, wie er die Schwergewichte der IT-Industrie sieht. »Wir sind überzeugt, dass Portale wie Google, Facebook, Amazon und Apple weitaus mächtiger sind, als die meisten Menschen ahnen. Ihre Macht beruht auf der Fähigkeit, exponentiell zu wachsen. Mit Ausnahme von biologischen Viren gibt es nichts, was sich mit derartiger Geschwindigkeit, Effizienz und Aggressivität ausbreitet wie diese Technologieplattformen, und dies verleiht auch ihren Machern, Eigentümern und Nutzern neue Macht.«

Schmidt und Cohen erklären auch, warum: »Die Nutzer geben mehr von sich preis, als sie ahnen.« Dieser Datenstrom sei für Behörden und Unternehmen ein Geschenk. Ihr Schluss: Das verändere nicht nur die gesellschaftlichen Spielregeln, sondern auch Werte und Normen.

Weltweit schwant Politikern und IT-Experten, dass es nicht im Interesse ihrer Gesellschaften ist, die Konzerne einfach gewähren zu lassen. Harvard-Ökonomin Shoshana Zuboff etwa wirft Google Absolutismus vor. Google sei dabei, ein neues Reich zu errichten, dessen Stärke auf einer ganz neuen Art von Macht basiere – allgegenwärtig, verborgen und keiner Rechenschaft pflichtig. Falls dies gelinge, werde sie alles übertreffen, was die Welt bisher gesehen hat.

Die deutsche Monopolkommission, die die Bundesregierung in problematischen Fragen der Marktmacht berät, ist zwar weniger blumig in ihren Formulierungen, aber genauso entschlossen in der Warnung. »Die größte Suchmaschine lernt, aufgrund eines immensen Aufkommens an Suchanfragen, schneller und besser als jede andere, was für die Menschen relevant ist und was nicht«, erklärt Daniel Zimmer, der frühere Chef der Monopolkommission. Sie fordert deshalb, gegen die großen Internetkonzerne wie Google mit harter Hand vorzugehen, etwa beim Datenschutz.

Das deutsche Wirtschaftsministerium brachte sogar schon mal eine Zerschlagung von Google ins Gespräch. Und die EU- Wettbewerbskommission drohte dem Unternehmen mit einer Kartellbuße in Milliardenhöhe. Beim Abstecken der Claims in der neuen digitalen Welt drohen in Europa also heftige Debatten zwischen Wirtschaft und Politik. In einem Bereich, in dem Gesetze und Märkte doch erst noch entstehen.

Google weiß: Es ist wohl besser, als weltweit freundliches wie gutmütiges Unternehmen – und Partner der Politik – wahrgenommen zu werden, anstatt als Gegner der Verbraucher, Politiker und Wähler dazustehen. Der Konzern nutzt deshalb Gelegenheiten, der Gesellschaft ein wenig unter die Arme zu greifen.

Da ist zum Beispiel die 2014 eröffnete sogenannte Factory, Deutschlands größtes Gründerzentrum in Berlin-Mitte, das nach dem Vorbild des Google-Firmensitzes Googleplex im kalifornischen Mountain View geplant wurde. An historischer Stelle, in der Nähe der Grenzstelle Bernauer Straße, ist auf dem Gelände einer Brauerei, gefördert von Google, ein Start-up-Campus – samt Basketballplatz und Kunstgalerie – entstanden. Bis zu 12 000 Quadratmeter Nutzfläche wird die Factory am Ende haben. Neben

Twitter haben hier inzwischen neue Start-ups Büros bezogen. Eine Million Euro investierte Google selbst in das Berliner Prestigeprojekt. Als die Anlage im Sommer 2014 im Beisein von Eric Schmidt, feierlich eröffnet wurde, lobten Berliner Politiker wie der damalige Regierende Bürgermeister Klaus Wowereit (SPD) Google als starken Partner bei der Realisierung der Factory.

Wenn Google forschen lässt

Wenn sich schon mancher Politiker von der Freundlichkeit des Konzerns einlullen lässt – wie gut, dass sich in Deutschland wenigstens die Wissenschaft kritisch und neutral mit dem Einfluss der Digitalisierung auf die Gesellschaft befasst. Sollte man wenigstens meinen. Als kritische und unbestechliche Stimme, etwa beim Thema Monopolisierung des Netzes oder dem Umgang mit dem Datenschutz. Was soll erlaubt sein, was nicht? Wie sehen Marktregeln aus, die die Daten des Einzelnen ausreichend vor unerwünschter Vermarktung schützen? Es braucht Fachinstanzen, die Antworten auf diese Zukunftsfragen liefern.

Als die zentrale wissenschaftliche Anlaufstelle für Internetthemen in Deutschland schlechthin sieht sich dabei das »Alexander von Humboldt Institut für Internet und Gesellschaft« (HIIG) in Berlin. Die Hauptaufgabe dieses Instituts liege in der »problemorientierten Grundlagenforschung zu den Herausforderungen der digitalen Gesellschaft«, so die Einrichtung selbst. Es gehe um Themen wie digitale Politik und Verfassungsrecht, teilen die Träger mit. Klingt ganz so, als könnte hier ein Institut die Politik beim richtigen Umgang mit den rasant wachsenden Konzernen des Digitalzeitalters beraten, beim Thema Datenschutz etwa – oder beim

Urheberrecht, das etwa Verlage bedroht sehen. Der Name klingt jedenfalls nach langer Tradition, das Logo strahlt Seriosität aus. »Die Kriterien unserer Arbeit sind wissenschaftliche Kompetenz und Unabhängigkeit«, versichert die Einrichtung selbst.

Doch wie weit ist es wirklich her mit der Unabhängigkeit der Wissenschaft auf diesem so neuen wie relevanten Forschungs- und Politikberatungsfeld?

Das HIIG ist eine ziemlich neue Einrichtung. Es existiert seit 2011. Gründungsgesellschafter sind die Humboldt-Universität zu Berlin, die Universität der Künste Berlin und das Wissenschaftszentrum Berlin für Sozialforschung. Sie stehen eigentlich tatsächlich für Unabhängigkeit. Doch der Name HIIG und die wohlklingenden Organisationen dahinter verbergen, wer der bislang größte private Geldgeber der Einrichtung ist: der IT-Riese Google höchstselbst. Etwa 4,5 Millionen Euro spendierte der Konzern bereits zum Start.

Google wurde dabei von der deutschen Politik und den Trägern mit offenen Armen empfangen. Schließlich sind private Gelder für die deutsche Wissenschaft durchaus erwünscht und willkommen. Als »gelebte unternehmerische Verantwortung« lobte der damalige Staatssekretär für Wissenschaft und Forschung in der Berliner Senatsverwaltung, Knut Nevermann, das Google-Engagement und erklärte sicherheitshalber gleich noch, dass das HIIG sicher nicht der »intellektuelle Wurmfortsatz einer Suchmaschine« werde.

Diese Einschätzung allerdings blieb in den vergangenen Jahren nicht ungeteilt. Und das liegt nur zum Teil an der Finanzierung. Von 2014 bis 2016 fließen weitere 4,5 Millionen Euro, und auch darüber hinaus wurde bereits eine Anschlussfinanzierung bis 2019 vereinbart. Damit kommt der Löwenanteil der dem Institut zur Verfügung stehenden Mittel von Google. 2012 seien es 100 Prozent des Budgets gewesen. 2015 »nur« noch 80 Prozent, teilt uns das Institut mit.

Für Google-Kenner ist ein so großzügiges Engagement alles andere als selbstlos. Es folgt einem seit Jahren bekannten Wunsch nach mehr Einfluss auf vielen Ebenen. In den USA fährt der Konzern bereits seit Längerem eine knallharte Lobbypolitik. Um das Jahr 2005 schickte Google den ersten Interessenvertreter nach Washington. 2012 schließlich, als die amerikanische Wettbewerbsbehörde FTC gegen Google ermittelte, gab der Konzern bereits über 18 Millionen Dollar allein für die direkte politische Einflussnahme in Washington aus und schaltete ein ganzes Heer von weit über 20 Anwaltsfirmen in die Politikbearbeitung ein. Innerhalb weniger Jahre rüstete Google in den USA so zu einer der größten Lobby-Mächte überhaupt auf.

Das Beispiel USA zeigt, wie sich solche Bemühungen um Unterstützer im richtigen Augenblick auswirken. Es war wohl kein Zufall, dass gleich mehrere US-Kongressmitglieder Warnbriefe an ihre Kollegen im Europäischen Parlament schickten, als dem Konzern auch in Brüssel gewaltige Wettbewerbsprobleme drohten. So schrieb etwa der Republikaner Bob Goodlatte, der Vorsitzende des Rechtsausschusses im Repräsentantenhaus, an mehrere Fraktionsvorsitzende des EU-Parlaments, er sei besorgt, dass einige Europaabgeordnete Kartellregelungen anstrebten, die offenbar von politischen Erwägungen statt faktischen und juristischen Prinzipien geleitet seien.

Die Politiker selbst erweckten dabei den Eindruck, dass sie selbst natürlich allein diesen faktischen Prinzipien folgten. Das Internet allerdings – bei Google müsste man die Allmacht des Mediums kennen – fand noch ein paar andere gute Gründe heraus. Es ist vor allem die Plattform Opensecrets.org, die der Wahrheit im Netz auf die Sprünge helfen will. Sie durchleuchtet etwa Wahlkampfspenden und offenbarte so, dass der US-Abgeordnete Goodlatte seit 2011 zu den großen Empfängern von Wahlkampfspenden durch Google zählte. An ihn flossen gut 40 000 US-Dollar. Weitere neun Unterzeichner von insgesamt drei Brandbriefen erhielten allein in der Wahlkampfperiode 2013/14 von Google zusammen mehr als 260 000 Dollar. Aber natürlich ging es beim Kampf der US-Politiker für Google allein um faktische und juristische Prinzipien.

Die Fälle aus Washington machen klar, mit welchen Bandagen der Streit um schärfere Regeln für die Arbeit der IT-Konzerne ausgetragen wird – fernab von Spielekonsolen und Spielzeugtrabis. Dem Konzern geht es um weit mehr als nur den »offenen Dialog« in der Gesellschaft. Google ist dabei in der IT-Branche natürlich nicht allein. Auch auf der Gegenseite, etwa bei europäischen Medienkonzernen, die ihre Inhalte besser schützen wollen, werden Lobbyagenturen auf nationaler wie internationaler Ebene eingeschaltet. Google-Manager sprechen inzwischen gar von einem regelrechten Kriegsgebiet.

In Europa, so fürchtet man offenbar bei Google, kann man einen solchen Krieg kaum gewinnen, wenn er offen ausgetragen wird. Man vermeidet die direkte Konfrontation auf politischer Ebene und versucht stattdessen über den Aufbau geschickter Netzwerke und mit finanzieller Förderung sein Anliegen voranzutreiben, so unreguliert wie möglich Daten sammeln und vermarkten zu können. »Google ist in Europa sehr darauf bedacht, nicht öffentlich als Lobbyist wahrgenommen zu werden«, beschreibt Jan Philipp Albrecht, innen- und justizpolitischer Sprecher der Grünen-Fraktion im EU-Parlament, die Google-Strategie. Der Konzern sei aber nicht nur in den USA, sondern auch in den politischen Strukturen Europas »bestens verankert«. Netzpolitiker Albrecht, mit Anfang 30 einer der Jungen im Parlament, zählt dennoch zu denen, die es wissen müssen. Als Verhandlungsführer des EU-Parlaments für die neue Datenschutzverordnung saß der Mann mit Bart und Studentenbrille auf der Gegenseite der Lobbyisten. »Google bezahlt vor allem große Anwaltskanzleien, Interessenverbände und Wissenschaftler, um seine Anliegen in Politik und Öffentlichkeit zu tragen«, sagt er.[1]

Auf europäischer Ebene gab Google laut EU-Transparenzregister 2013 maximal 1,5 Millionen Euro für Lobbying aus. In Deutschland dürfte der Konzern vergleichbare Summen investieren. Deutlich weniger also als in den USA. In Berlin wächst deshalb auch die Sorge, dass angesichts der Finanzierung der wissenschaftlichen Einrichtung durch Google mit dem HIIG ein Lobbyinstrument durch die Hintertür heranwächst und wirkt.

Bei Google widerspricht man entschieden: »Zur Förderung der Internetforschung in Berlin hat Google schon 2011 die Gründung eines unabhängigen und interdisziplinären Forschungsinstituts unterstützt: das Alexander von Humboldt Institut für Internet und Gesellschaft«, erklärt Google-Manager Schmidt in einem Gastbeitrag im *Tagesspiegel* 2015. »Unser Ziel dabei war es, die Forschung zu stärken und eine Grundfinanzierung zur Verfügung zu stellen. Die wissenschaftliche Arbeit und Ausgestaltung der Organisation blieb allein den akademischen Trägern überlassen.«

»Die wissenschaftliche Unabhängigkeit des HIIG ist seit dessen Gründung vor vier Jahren ein zentrales Anliegen der beteiligten Partner«, sagt auch ein Google-Sprecher. Sie werde durch verschiedene Mechanismen sichergestellt: Die regelmäßige Kontrolle des Instituts durch einen wissenschaftlichen Beirat sowie einen Stifterrat. Die strikte Trennung des Forschungsinstituts selbst und dessen Fördergesellschaft. Und durch das Renommee der beteiligten Häuser und der Direktoren sowie die stetige Erweiterung des Kreises der Förderer des HIIG. »Google kann und will auf die Forschung keinen Einfluss nehmen. Es gibt weder ein Vetorecht noch Denkverbote«, heißt es im Konzern.

Doch reichen solche Bekenntnisse aus?

Es gibt Zweifel. Denn natürlich verfolgen IT-Konzerne in Europa handfeste Ziele für jene IT-Gesetzes-Architektur, die gerade entsteht. Sie wollen weiter ihre Firmenzentralen in das Land mit den schwächsten Standards verlegen können. Sie wollen das Strafmaß für Gesetzesverstöße mindestens abmildern. Und sie wollen verhindern, dass den Nutzern ihrer Dienste zu viel Mitspracherecht darüber eingeräumt wird, was der Konzern mit ihren Daten machen darf. Es geht im Kern darum, den Datenschutz abzuschwächen. Ein Forschungsinstitut, das Google bei solchen Themen die Stirn bietet, könnte gefährlich werden.

Ob sich ein Institut wie das HIIG bei sensiblen Themen tatsächlich kritisch mit Google auseinandersetzte, sei fraglich, glaubt nicht nur Timo Lange von LobbyControl. Und Literaturwissenschaftler Roland Reuß greift das Institut und seine Finanziers in der *FAZ* hart an: »Die Kooperation einer Institution wie der Humboldt-Universität mit dieser Firma wird, wenn unsere Gehirne in 20 Jahren nicht vollständig gewaschen sind, als herausragendes Beispiel peinlicher Anbiederung in die Annalen eingehen.«

Beim HIIG betont man die Unabhängigkeit des Instituts. »Die war seit Gründung für uns ein großes Thema«, räumt HIIG-Direktor Wolfgang Schulz ein. »Wir haben uns natürlich gefragt, wie wir eine unabhängige Forschung gewährleisten können. Uns war klar: Google, wie auch jedes andere Wirtschaftsunternehmen darf keine Mehrheit in den Gremien haben.«

Heute werde das Institut, eine gemeinnützige GmbH, von einer Stiftung getragen, in deren Entscheidungsgremium Google nur einen von sieben Plätzen besetze. »Die Forschungsagenda wird außerdem von einem Wissenschaftlichen Beirat begleitet und evaluiert. Das garantiert: Wir bestimmen selbst über die Forschung.« Da die Kontrollgremien mit profilierten Forschern und Direktoren wie etwa den Professoren Jan-Hendrik Olbertz und Martin Rennert, den Präsidenten der Humboldt-Universität und der Universität der Künste, besetzt sind, seien Gefälligkeitsarbeiten nicht zu befürchten.

Nur: Würde das HIIG auch veröffentlichen, was Google ganz sicher nicht gefällt? Bislang jedenfalls bleibt das Institut diesen Beweis schuldig. Häufig geht es um wirtschaftsnahe Themen ohne gesellschaftspolitische Brisanz. Im Forschungsbereich Internet- und Medienregulierung erforschen die Mitarbeiter nicht etwa im großen Stil naheliegende und polarisierende Themen wie den Streit um den Datenschutz. Der spiele im Augenblick keine zentrale Rolle, räumt ein Mitarbeiter des Instituts ein. Dafür etwa die »Rechtsfragen von Crowdsourcing«.

Dass es auch anders geht, zeigt ein Beispiel aus den USA: Keine 24 Stunden nach ihrem eigenen Verkauf an den Amazon-Gründer Jeff Bezos druckte die Redaktion der *Washington Post* ein ziemlich deutliches Zeichen der Unabhängigkeit. Sie veröffentlichte einen kritischen Bericht über die Lobbyaktivitäten von Amazon in Washington. »Eine Zeitung zeigt ihre Zähne«, urteilten die Kollegen der britischen *Guardian*-Redaktion.[2] Dies sei ein klares Signal an die eigenen Leser wie auch den neuen Besitzer. Denkt bloß nicht, dass wir um kritische Themen einen Bogen machen – für dieses Signal hatte das HIIG nun immerhin vier Jahre Zeit. Zähne zeigte die Einrichtung bis heute nicht.

Im Gegenteil. In der Universität im Umfeld des Instituts ist man ganz auf Google-Linie. So etwa im Streit um das sogenannte Leistungsschutzrecht. Diesen gesetzlichen Anspruch hatten Verlage gefordert, um für ihre im Internet verbreiteten Inhalte Lizenzgebühren verlangen zu können. Ein Rechtsgutachten zweier Professoren von der juristischen Fakultät der Berliner Humboldt-Universität, in deren räumlicher wie fachlicher Nähe das HIIG gegründet wurde, hielt das Instrument für verfassungswidrig. In

Auftrag gegeben wurde es vom Verband der deutschen Internetwirtschaft (eco) und dem Suchmaschinenkonzern. Die Gutachter kommen zu dem Ergebnis, dass das von vielen europäischen Medienunternehmen geforderte Leistungsschutzrecht mit der Pressefreiheit unvereinbar sei. Es greife in die Informationsrechte der Internetnutzer ein, beeinträchtige die Betätigungsfreiheit der Internetunternehmen und führe zur »Enteignung« von Journalisten.

Das HIIG ist beileibe nicht die einzige Denkfabrik, die eine gewisse Nähe zu Google hat. So mischte sich etwa die European Privacy Association (EPA) in Brüssel in die öffentliche Debatte ein, eine auf den ersten Blick neutrale Denkfabrik, die mit Nichtregierungsorganisations-Charakter und Mitmachangebot eher als Bürgerrechtsorganisation auftritt und weniger als Industrieverband. Erst der Druck der Nichtregierungsorganisation Corporate Europe Observatory beim europäischen Lobbyregister zwang die »Denkfabrik«, ihre wahren Unterstützer preiszugeben. Die EPA räumte ein, dass zu ihren Mitgliedern die großen IT-Firmen gehören, darunter Google, Facebook, Microsoft und Yahoo.

Im EU-Transparenzregister wird klar, was das bedeutet. Vollmitglieder zahlen in der Organisation demnach 10 000 Euro Mitgliedsgebühr pro Jahr. Von den Beiträgen hatte die EPA mithilfe von Public-Affairs-Agenturen zahlreiche Parlamentarier-Lunches zum Thema Datenschutz organisiert. Die Organisation gebe vor, sie sei ein Unterstützer der Bürgerrechte beim Datenschutz, warnt die konzernkritische Organisation CEO. »Aber in der Realität ist sie Teil einer Industrie-Offensive, um geplante neue Regeln abzuschwächen und Einschränkungen beim kommerziellen Nutzen privater Daten zu verhindern.«[3]

Die Debatten um Institute wie das HIIG zeigen, dass Bürger, Medien und Nichtregierungsorganisationen ihren kritischen Blick gegenüber dem Lobbyismus auch in neuen Bereichen schärfen müssen. Wer sich bislang über die Macht der Wirtschaft in Politik und Gesellschaft ganz allgemein wundert, denkt meist an Vertrautes: An Hinterzimmer-Gespräche zwischen Top-Managern und Spitzenpolitikern etwa. An den Besuch eines Deutsche-Bank-Chefs im Kanzleramt. An scharfe Schreiben von Wirtschaftsverbänden an Minister. An den öffentlichen Druck, den manche teure Anzeigenkampagne auslöste – etwa die führender Konzerne gegen den Atomausstieg. Oder an prominente Seitenwechsler aus der Politik in Konzernzentralen vielleicht und die Kunst der sanften Überzeugung. Doch im Schatten von Lobbyagenturen und Kanzleien blüht eine weitere sehr effektive Form des versteckten Einflusses. Die Einbindung von Forschungsinstituten, um den eigenen Standpunkt so gut wie objektiv in Szene zu setzen und Debatten schon in ihrer Entstehung in die richtige Richtung zu lenken.

Damit betreten Lobbyisten ein besonders sensibles Feld einer modernen Gesellschaft. Denn wie Menschen heute leben, wird maßgeblich von den aktuellen Erkenntnissen der Wissenschaft beeinflusst. Egal ob Klimawandel, Besteuerung, Gesundheitsthemen, Energie oder Sozialpolitik. Man vertraut Professoren und Forschungsinstituten manchmal mehr als der Politik. Im Glauben, dass es neutrale Stimmen sind.

Die Arbeitgeber-Kampftruppe an der Uni

Dass ausgerechnet Universitäten derzeit deutlich anfälliger werden für fremdes Geld, vor allem das der Wirtschaft, ist den staatlichen Hochschulen des Landes nicht mal vorzuwerfen. Weil sich die öffentliche Hand immer weiter aus der Finanzierung zurückzieht, zugleich aber die Zahl der Studierenden wächst, werden Drittmittel für Universitäten immer wichtiger. Bundesweit habe sich die Relation hochschulübergreifend seit 2005 im Durchschnitt von 54 auf 63 Studierende pro Professor verschlechtert, stellt etwa das Zentrum für Hochschulentwicklung fest, das selbst unter anderem aus der Bertelsmann Stiftung hervorging. Da liegt der Wunsch nahe, die Verhältnisse mit einer Stiftungsprofessur zu bessern.

Das Problem sieht man selbst beim Deutschen Hochschulverband (DHV), der Standesvertretung der Professoren in Deutschland. »Unparteilichkeit und Unabhängigkeit bedingen einander«, heißt es in einer Resolution des Verbands. »Die Unabhängigkeit der Wissenschaft setzt eine ausreichende Grundfinanzierung von Forschung und Lehre voraus. Daran mangelt es aber: Neun von zehn Wissenschaftlern haben in den letzten fünf Jahren Drittmittel beantragt, weil sie nur auf diese Weise Projektmitarbeiter beschäftigen können«, kritisiert der Verband. Solange Einwerbungserfolge bei Drittmitteln reputations- bzw. karrierefördernd wirkten, finanziell belohnt würden »und sich immer mehr zum Fetisch und zur Währung des Wissenschaftsbetriebs entwickeln«, wachse die Gefahr sachfremder Einflüsse auf die Wissenschaft. »Der Deutsche Hochschulverband sieht deshalb die wachsende Abhängigkeit von Drittmitteln in der Forschungsförderung mit Sorge«, heißt es in aller Deutlichkeit in dem Papier weiter.[4]

Der Wissenschaftssoziologe Stefan Böschen, er ist der Forschungsbereichsleiter für die Themen Wissensgesellschaft und Wissenspolitik am Karlsruher Institut für Technikfolgenabschätzung und Systemanalyse, bringt auf den Punkt, was viele innerhalb des Forschungsbetriebs so erleben. Es entstünden Grauzonen, warnt Böschen. »Die Universitäten werden dazu angehalten, immer unternehmerischer zu werden. Das führt dazu, dass unter der Hand manches über Bord geworfen wird, was früher als ehernes Prinzip galt.« Ob die Wissenschaft so käuflich wird? Die Wahrheit verschiebe sich wohl auf subtilere Weise, glaubt Böschen.[5]

Die Zahlen jedenfalls sprechen für sich. Es vergeht kaum eine Woche, in der nicht irgendeine Hochschule eine neue Kooperation mit einem Unternehmen, einem Verband oder einer Stiftung verkündet. Der Anteil der Drittmittel steigt seit Jahren beständig. Mal sind es Gutachten, mal eine direkte Finanzierung, mal Auftragsforschung. 1990 warben Deutschlands Hochschulen noch insgesamt 1,5 Milliarden Euro an Drittmitteln ein. 2001 waren es schon drei Milliarden Euro. 2011 lag die Summe bereits bei sechs Milliarden Euro. 2013, bei der letzten verfügbaren Untersuchung, stellte das statistische Bundesamt sieben Milliarden Euro fest. Ein großer Teil davon stammte direkt aus der Wirtschaft.

Besonders eine Organisation kämpft in Deutschland seit Jahren dafür, die Berührungsängste zwischen privaten Geldgebern und staatlichen Universitäten abzubauen: der Stifterverband für die Deutsche Wissenschaft. In ihm haben sich große Unternehmen und Verbände zusammengeschlossen. Zu seinen Hauptförderern gehören eine Reihe großer Konzerne wie die Deutsche Bank, Daimler und Bosch, aber auch Mittelständler und Privatpersonen. Aus eigener Sicht mit Erfolg.

»Universitäten und Fachhochschulen haben schon seit Längerem ihren Elfenbeinturm verlassen, ihre grundsätzlich skeptische Haltung gegenüber der Wirtschaft abgelegt und zeigen eine große Offenheit für langfristige Kooperationen«, sagt Andreas Schlüter, Generalsekretär des Stifterverbandes. »Die Zusammenarbeit zwischen Wirtschaft und Wissenschaft wird für beide Seiten immer wichtiger.« Das habe nicht einmal unbedingt damit zu tun, dass ausgehungerte Hochschulen von der Politik zum Klinkenputzen geschickt würden. Die Firmen selbst dränge es an die Hochschulen. »Immer mehr Produkte und Dienstleistungen sind forschungsbasiert«, so Schlüter. Es gebe immer mehr Kooperationsprojekte zwischen Unis und Unternehmen. Diese »Verwissenschaftlichung der Wirtschaft« wirke auch auf die Wissenschaft zurück. »Unternehmen sind beispielsweise immer häufiger im Besitz von Informationen und Daten, die für die Wissenschaft von hohem Interesse sind.«

Wer bestimmt eigentlich, was erforscht wird? Wer entscheidet, wer an einem bestimmten Thema forscht? Und wie kritisch dürfen die Forscher mit denen umgehen, die ihre Arbeit zahlen?

Der Stifterverband weiß, dass es einige Fragen gibt. Der »allergrößte Teil der Forschungsfragestellungen führe nicht zu direkten oder indirekten Urteilen oder Bewertungen über den Finanzier«, sagt Schlüter. Trotzdem werbe der Verband dafür, dass die den Studien oder Gutachten zugrundeliegenden Finanzierungsstrukturen offengelegt würden, um Interessenkonflikte sichtbar zu machen. Der Verband spürt, dass das Unbehagen in Teilen der Gesellschaft wächst. In der Bevölkerung sei der Rückhalt für Kooperationen groß. Auch Studierende lehnten Kooperationen im Studium nicht ab. »Eine wachsende Sensibilität ist teilweise in den Medien festzustellen.« Es bleibe abzuwarten, ob sich unter Bürgern und Hochschulmitgliedern eine skeptischere Haltung ausbreiten werde, erklärt der Verbandschef.

Ein Beispiel der Ludwig-Maximilians-Universität München (LMU) zeigt, warum die Zweifel wachsen.

Professor Volker Rieble zählt zu denen, die sich gerne einmischen in mediale Debatten. Zuletzt in die zur Rolle der Arbeitnehmer als Aufsichtsräte großer Konzerne. Der Arbeitsrechtler geißelt in Gastbeiträgen etwa in der *Frankfurter Allgemeinen Sonntagszeitung* schon mal den »Filz in Vorständen und Aufsichtsräten« und erklärt, »warum Arbeitnehmer nicht als Kontrolleure taugen« und »Betriebsräte im Aufsichtsrat ihres eigenen Unternehmens nichts zu suchen haben«. Immer wieder setzt sich Rieble so für die Sache der Arbeitgeber ein – und gegen die Arbeitnehmer.

Etwa in jenem Fall einer Kaisers-Kassiererin, der bundesweit für Aufsehen sorgte. Der Professor kritisierte das als »Emmely«-Entscheidung bekannt gewordene Urteil des Bundesarbeitsgerichts scharf. Die Richter gaben dabei der Berliner Kassiererin Barbara E. ihren Job zurück, obwohl sie zwei Pfandbons im Wert von zusammen 1,30 Euro unterschlagen hatte. Die Bons hatte offenbar ein Kunde im Markt verloren. E. hatte sie mit einem privaten Einkauf verrechnet. Scharfmacher Rieble beschimpfte die Kassiererin in der Folge als »notorische Lügnerin« und sprach sich für die fristlose Kündigung und die Einleitung eines Strafverfahrens aus.[6] Eigene Texte betitelt Rieble schon mal mit »Mehr Spaß ohne Tarif«.

Professoren einer renommierten Universität gelten eigentlich als unabhängig. Wer Riebels Beiträge liest, könnte also vermuten, dass sich da ein gänzlich unabhängiger Wissenschaftler äußert. Doch Zweifel sind angebracht. Denn seine Professur wird nicht vom Staat finanziert. Die Arbeitgeberverbände der bayerischen Metall- und Elektroindustrie, der Verband der Metallindustrie Baden-Württemberg sowie der Bundesarbeitgeberverband Chemie hatten im Jahr 2003 über eine eigens gegründete Stiftung das Zentrum für Arbeitsbeziehungen und Arbeitsrecht, kurz Zaar, an der LMU ins Leben gerufen. Rieble ist einer seiner Direktoren. Laut Stiftungssatzung brachten die Gründer dafür zusammen 55 Millionen Euro ein. Von den Zinsen wird das Institut finanziert.

Ziel war offenbar eine Denkfabrik im eigenen Sinn mit dem Logo einer staatlichen Uni. Die Gründer hatten jedenfalls klare Vorstellungen. »Das deutsche Arbeitsrecht ist ein wichtiger Standort- und Wettbewerbsfaktor«, heißt es in der Präambel zur Stiftungssatzung. Gleichwohl werden die ökonomischen Folgewirkungen arbeitsrechtlicher Schutzmaßnahmen – insbesondere für kleine und mittlere Unternehmen (KMU), aber auch für Existenzgründer – bislang zu wenig berücksichtigt«, heißt es in den Statuten weiter.

Das Zaar ist als sogenanntes An-Institut, also eine eigenständige wissenschaftliche Einrichtung an der LMU München, organisiert. Es hat drei Abteilungen mit je einem Professor plus Mitarbeitern. Sie besetzen Stiftungslehrstühle: Die Uni beruft sie, beurlaubt sie aber sogleich. Fortan bezahlt sie der Stifter, obwohl sie eine normale Lehrverpflichtung an der Uni haben. Für die unterfinanzierten Hochschulen ist das ein verlockendes Modell.

Bei der feierlichen Stiftungsgründung stellten die Geldgeber ohne Umschweife klar, was sie von »ihrem« Institut erwarten.

Nach »herkömmlichem Verständnis« sei »Arbeitsrecht in erster Linie Arbeitnehmerschutzrecht«, ärgerte sich etwa Chemieverbands-Vize- und BASF-Vizechef Eggert Voscherau in seiner Rede. Man habe aber in den letzten Jahrzehnten in Deutschland erfahren müssen, welche kontraproduktiven Wirkungen dieses Verständnis auf den Arbeitsmarkt gehabt habe. Der Funktionär war sich sicher: »Es besteht ernster Anlass zur Sorge um Deutschland.« Das neue akademische Zentrum aber soll aus Arbeitgebersicht die Rettung bringen: »Meine sehr verehrten Damen und Herren«, schloss Voscherau seine Rede, »wir brauchen diese heute errichtete unabhängige Stiftung dringend.« Man wolle doch schließlich, dass sie dazu beiträgt, »unser Land dahin zu bringen, dass wir national, europäisch und international mit Deutschland wieder Staat machen können«.

Professoren an einer deutschen Universität als Kampftruppe von Arbeitgeberverbänden? Damit nichts aus dem Ruder läuft, bauen die Industrieverbände gleich noch vor. Die drei Professoren des Zentrums werden sicherheitshalber von einem Beirat aus »herausragend qualifizierten Persönlichkeiten« beraten, die dem Zaar-Vorstand »in Fragen hinsichtlich der Verwirklichung des Stiftungszweckes« zur Seite stehen. Sie alle kommen selbstverständlich von Unternehmen oder Unternehmensverbänden. Und so ist auch Bayerns DGB-Chef Matthias Jena nicht gut auf das Zaar zu sprechen. Es solle, so glaubt Jena, im Auftrag der Arbeitgeberverbände etwa gezielt nach Schlupflöchern fahnden, um ganz legal Löhne zu drücken. Der harte Vorwurf: Das Zaar schule Unternehmen in Sachen Lohndumping.

Am Zaar sieht man die Sache anders. Rieble widerspricht den Vorwürfen. Der Institutsbetrieb laufe vollkommen unabhängig von den Stiftern. Die Geldgeber hätten ihr Vermögen an die Wissenschaft übertragen. Er fühle sich in seiner Arbeit unabhängig, berate auch Betriebsräte gegen die eigenen Unternehmen, etwa beim Streit um Betriebsrenten. Warum es deutlich weniger Mandate sind als von Unternehmen? »Weil die IG Metall eine Kampagne gegen unser Institut fährt«, ist sich Rieble sicher. Alle drei Direktoren hätten schon vor der Institutsgründung in der akademischen Welt einiges geleistet. Ob die Finanzierung durch die Wirtschaft nicht doch eine Schere im Kopf erzeugen kann? »Die innere Unabhängigkeit ist doch viel wichtiger als die äußere«, findet Rieble und arbeitet bereits am nächsten Werk: einem Buch, das die aus seiner Sicht viel zu hohe Bezahlung von Betriebsräten thematisiert.

Klar ist: Immer mehr Professoren sind zumindest äußerlich nicht mehr ganz unabhängig. Nach Angaben des Stifterverbandes gibt es bundesweit derzeit etwa 1000 Lehrstühle, die von privaten Geldge bern auf Zeit finanziert werden. Das sind deutlich mehr als doppelt so viele wie vor zehn Jahren. Mit 41 Prozent seien Unternehmen dabei die wichtigsten Förderer. Wie stark die Wissenschaft dabei geknebelt werden kann, zeigt das Beispiel zweier Berliner Universitäten, die sich in einem Vertrag mit der Deutschen Bank sogar verpflichteten, Forschungsveröffentlichungen vorab abzustimmen.

Das Entsetzen war groß, als der Deal zwischen der Bank, der Humboldt-Universität und der TU Berlin bekannt wurde.

Die Kooperation zeugte von einer sehr ungleichen Partnerschaft. Ein empörter Professor brachte die Sache 2011 mit der Veröffentlichung eines bis dahin geheimen Dokuments ans Licht und beklagte damit die »Selbstaufgabe zweier Universitäten«. Das Geldhaus stiftete bis 2011 ein Institut zur Finanzmathematik und ließ sich dafür von den beiden Universitäten weitreichende Mitspracherechte zusichern. Dazu zählte, dass die Besetzung der Professuren im Einvernehmen mit der Bank geschehen sollte. Veröffentlichungen sollten ihr zur Freigabe vorgelegt werden. Man kann sich des Eindrucks nicht erwehren, dass hier Wissenschaft eingekauft werden sollte, ließ sich der Geschäftsführer des Deutschen Hochschulverbandes, Dr. Michael Hartmer, in den Medien zitieren. Ein Einzelfall, hieß es damals.

Wirklich? Werden die Kooperationen allgemein auch an den Hochschulen und von ihren Trägern befürwortet, so wie es der Stifterverband gerne sieht? Sind nur die Medien kritisch?

Beispiel Kiel. In der nördlichsten Großstadt Deutschlands mokierten sich die Studenten über eine Professur der schleswig-holsteinischen Milchwirtschaft. Thema: Milchökonomie. Die Studierenden warnten, es werde erwartet, dass sich der Berufene mit Projekten für die Milchwirtschaft engagiere. Ein solcher Professor werde sich im politisch umkämpften Milchpreisstreit kaum neutral verhalten oder gar auf die Seite der Bauern stellen.

In Bremen bezeichneten 70 Hochschullehrer und Wissenschaftler 2011 in einer Erklärung extern finanzierte Lehrstühle als »Außensteuerung der Universität« und warnten vor der »Gefährdung der Unabhängigkeit von Wissenschaft, Forschung und Lehre«. Anlass war eine Stiftungsprofessur für Weltraumfahrt-Technologie, finanziert von der Bremer OHB System AG, die auch militärisch nutzbare Güter produziert. Die Unterzeichner sahen einen Verstoß gegen eine Klausel der Uni, wonach jedwede Forschung mit militärischer Nutzung abzulehnen sei.

Viele der Verträge kommen allerdings nie ans Licht. Denn sie sind geheim. In Köln erregte die Zusammenarbeit der Universität mit dem Pharmakonzern Bayer Argwohn. Die »präferierte Partnerschaft« der Hochschule mit dem Pharmakonzern lief von 2008 bis 2014. Sie sollte die Ausbildung von Doktoranden an der Uniklinik und bei Bayer fördern. Die Universität hält den Text der Vereinbarung wie auch die Summe, mit der Bayer die Partnerschaft förderte, unter Verschluss.

Einblicke in die Tiefen vieler Unternehmenskooperationen der Hochschulen liefern erst staatliche Prüfer. Sie stießen teilweise auf Erstaunliches: »Bei der Besetzung der Stiftungsprofessuren sowie bei deren inhaltlicher Ausrichtung waren teilweise erhebliche Einflussnahmen der Stifter festzustellen«, urteilt etwa der Landesrechnungshof Nordrhein-Westfalen im Jahr 2011. Er hatte sich alle Verträge der damals 74 Stiftungsprofessuren an 33 Landeshochschulen zeigen lassen. Fast immer haben die Stifter die Vereinbarungen entworfen. In mehreren Fällen, stellten die Rechnungsprüfer aus NRW fest, hätten sich die Hochschulen gar dazu verpflichtet, dass nur ein Kandidat berufen werden darf, »mit dem der Stifter vertrauensvoll zusammenarbeiten kann«. An einer Universität habe der Stifter bereits in den Vertragsverhandlungen eine Person als Lehrstuhlinhaber benannt und der Hochschule Geräte in Aussicht gestellt, wenn der Wunschkandidat den Posten erhält.[7] Der Kandidat bekam die Stelle.

Der Drang der Konzerne an die Unis treibt bisweilen seltsame Blüten: So gibt es an der Universität Erlangen-Nürnberg nicht nur den GfK- (Gesellschaft für Konsumforschung), sondern auch den

Müller-Medien- und den easyCredit-Hörsaal. Im Gegenzug zur Namensgebung zahlte allein die Nürnberger Team-Bank, die diesen Kredit anbietet, 130 000 Euro für die Förderung der WiSo-Fakultät.

An der Fachhochschule Würzburg pauken Studenten im Aldi-Süd-Hörsaal oder im Sparkassen-Hörsaal. Dass Studenten jetzt auch beim Lernen mit Werbung konfrontiert werden, wird die deutsche Universitätslandschaft nicht erschüttern, könnte man zugunsten der Kooperationen einwenden. Werbung ist heute ja ohnehin omnipräsent. Andererseits: Wie können Universitäten Sensibilität für die Einflussnahme der Wirtschaft auf die Forschung erwarten, wenn sie die nicht einmal selbst vorleben? Oder muss man sich eben doch damit abfinden, dass Forschung Teil des Wirtschaftslebens geworden ist – und teilweise selbst als Produkt daherkommt? Man denke nur an die vielen Studien, die sich Unternehmen bei Universitäten gegen Geld quasi bestellen können.

Und das, obwohl wissenschaftliche Studien doch inzwischen für beinahe jede Entscheidung von Rang herangezogen werden – und allein von daher besonders sorgfältig und vor allem neutral und nach seriösen wissenschaftlichen Kriterien fundiert sein sollten. Egal ob Euro-Rettung, Energiewende oder Gesundheitspolitik – Studien können Bundestagsentscheidungen beeinflussen oder steuern, wie die Deutschen ihr Geld für die Rente anlegen.

Union Investment etwa, eine der größten Fondsgesellschaften in Deutschland, ließ sich den »Vorsorgeatlas Deutschland« vom »Forschungszentrum Generationenverträge« der Universität Freiburg erstellen. Das Ergebnis ist glasklar: Die »Riester-Rente erfüllt ihre sozialpolitische Funktion und fördert vor allem Menschen mit niedrigen und mittleren Einkommen«, heißt es in einer Erklärung der Gesellschaft. Alles andere hätte auch überrascht. Union Investment ist einer der größten Anbieter bei der privaten Riester-Rente.

Die Zeit fand heraus, dass die Kapitalanlagegesellschaft für die Studie in Freiburg eine Summe bezahlte, die etwa 10 Prozent der gesamten Mittel des »Forschungszentrums Generationenverträge« der Universität ausmacht.[8]

Die ersten Länder steuern bereits um und beschränken die Freiheiten bei der Zusammenarbeit von Unis und Wirtschaft wieder. In Baden-Württemberg hat Wissenschaftsministerin Theresia Bauer (Grüne) unlängst den Hochschulen auferlegt, in einer Datenbank alle Forschungsprojekte mit fremdem Geld nachprüfbar festzuhalten. Mit dem unter der schwarzgelben Vorgängerregierung geschaffenen Leitbild einer »unternehmerischen« Hochschule im Südwesten sollte das neue Landeshochschulgesetz von 2014 aufräumen. »Das hat nie zu den Hochschulen gepasst«, sagt Bauer.[9]

Auch Niedersachsen machte kürzlich sämtliche Militärforschungsprojekte der Landeshochschulen öffentlich, nachdem deutsche Universitäten mit ihren Arbeiten für das amerikanische Pentagon in die Schlagzeilen gerieten. »In einer Demokratie verbietet es sich, dass öffentlich geförderte Hochschulen hinter verschlossenen Türen forschen«, sagte Wissenschaftsministerin Gabriele Heinen-Kljaji (Grüne).[10]

Und auch der Deutsche Hochschulverband ruft Wissenschaftlerinnen und Wissenschaftler dazu auf, alle nicht aus der staatlichen Grundausstattung finanzierten Forschungsprojekte und Drittmittelprojekte einschließlich der Auftraggeber offenzulegen, zum Beispiel auf der Webseite des Instituts.

Wie sensibel der Punkt für die Hochschulen, aber auch für die Wirtschaft längst ist, zeigte sich in Nordrhein-Westfalen. Svenja Schulze (SPD), bis 2017 Wissenschaftsministerin, wollte ebenfalls mehr Transparenz in der Drittmittelforschung durchsetzen, wogegen die Rektoren Sturm liefen. Die Hochschulen warfen der Politikerin vor, sich zu stark in die Forschungsvorhaben einzumischen.

Die Sozialdemokratin verschrecke so die mit den Hochschulen kooperierenden Unternehmen. Der Punkt wurde im Hochschulzukunftsgesetz stark verwässert.

Fragwürdige Vorgänge sind hierzulande bislang die Ausnahme – nicht die Regel. Der Großteil der Forscherinnen und Forscher, der Professorinnen und Professoren hält die Unabhängigkeit der Wissenschaft hoch. Doch der Druck wächst, Drittmittel einzuwerben. Und bislang deutet wenig darauf hin, dass es dabei künftig transparenter zugeht. Und das, obwohl Universitäten eigentlich ein großes Interesse daran haben müssten, ihre Glaubwürdigkeit zu bewahren – und für mehr Transparenz vor allem bei den Kooperationen mit der Wirtschaft zu sorgen.

Welche Dimension Lobbyschlachten annehmen können, die über die Wissenschaft ausgetragen werden, weiß Naomi Oreskes am besten. Sie war erstaunt darüber, wie erschreckend einfach es möglich ist, mit unlauteren Absichten in der Wissenschaft für Wirbel zu sorgen, sagt sie uns bei einem Gespräch in Berlin. Wie es etwa einer Clique von amerikanischen Forschern gelang, den Klimawandel kleinzureden – sogar ohne dass die breite Öffentlichkeit von ihrer Mission erfuhr. Unter US-Präsident Donald Trump verschärfe sich das Problem sogar. Die Industrie sei dabei, ganze Ämter wie die Umweltbehörde EPA, regelrecht zu übernehmen.

Den Klimawandel kleinreden

Wenn die Professorin an der Harvard University in Cambridge bei Boston, eine der angesehensten der USA, über die Machenschaften internationaler Konzerne spricht, entschlüsselt sie die vertraulichen

Pläne der Industrie wie einen geheimen Code. In jahrelanger Arbeit hat sie sich an die Fersen von Lobbyisten in der Forschungsgemeinschaft geheftet.

Oreskes fand nicht nur heraus, wie die Klimapolitik der USA bis heute von einer mächtigen Lobby beeinflusst wird, die wirksamere Reduktionen der Treibhausgas-Emissionen über viele Jahre verhindert und damit den Kampf gegen die Erderwärmung ausgebremst hat. Zusammen mit ihrem Kollegen Erik Conway hat sich die Wirtschaftshistorikerin eine kleine Gruppe renommierter und sehr konservativer Forscher genauer angesehen, die immer wieder Zweifel an den Grundthesen und -erkenntnissen wichtiger Forschungsgebiete verbreitet hat.

Egal ob Rauchen, Ozonloch, saurer Regen oder Klimawandel – Teile der Wirtschaft versuchten in den USA in den vergangenen Jahrzehnten mithilfe dieses Zirkels unliebsame Erkenntnisse der Wissenschaft mit Kritik zu überziehen – und so zu diskreditieren. Das Ziel: das Vertrauen der Öffentlichkeit in den Forschungskonses zu erschüttern und so das eigene Geschäft der Wirtschaft mit Zigaretten oder Öl am Laufen zu halten. Wohlgemerkt: Es waren in allen Fällen dieselben Personen am Werk. Spezialisten nicht etwa in Sachen Lungenheilkunde oder Klimaforschung – sondern Experten in der zweifelhaften Kunst, den Menschen Gründe zu geben, unbequeme Wahrheiten bequem zu ignorieren.[11]

Oreskes war überrascht von den eigenen Ergebnissen. Gehörte es etwa zum Geschäftsmodell eines eng verbundenen Zirkels von Forschern, andere Wissenschaftler zu diskreditieren und solche Ergebnisse anzuzweifeln, die der Wirtschaft gefährlich wurden? Die Forschung erhärtete den Verdacht. Oreskes arbeitete sich tief hinein in die Geschichte des Forschungslobbyismus und landete schließlich bei dessen Ursprung.

Alles begann schon vor mehr als einem halben Jahrhundert. Mit

Zigaretten. 1953 erschien ein sehr populärer Artikel im *Reader's Digest* mit überzeugenden wissenschaftlichen Belegen, dass Zigarettenrauch Krebs auslöst. Es ging zwar »nur« um einen Test mit Laborratten, doch der Branche war klar, was das bedeutet. »Die Tabakfirmen dachten, das ist das Ende der Industrie, und beauftragten die PR-Agentur Hill & Knowlton. Der Chef gab ihnen einen folgenreichen Rat: Ihr müsst die Wissenschaft mit Wissenschaft bekämpfen und den Amerikanern einreden, dass die Frage in der Forschung nicht entschieden ist. Dieser Strategie folgen Unternehmen hier seit 60 Jahren«, sagt Oreskes. »Der Schlüssel ist, dass die Zweifel von Leuten kommen, die unabhängig erscheinen.«

Es war der Anfang eines ganz realen Krimis, in dem skrupellose Manager seriöse Forscher diffamieren ließen und gezielt Falschinformationen streuten. Die Universität San Francisco führt dazu heute eine große Sammlung interner Dokumente der Tabakindustrie. Darin stecken Hunderte Belege. Da heißt es zum Beispiel bei einer Tarnorganisation in den 90er-Jahren: »Passt auf, dass ihr die Fingerabdrücke von Philip Morris versteckt.«[12] Dokumentiert wird, dass sich Forscher dafür bezahlen ließen, dubiose Studien zu erstellen und renommierte Forscher zu diskreditieren. Zum Plan gehörte es, Organisationen zu gründen und zu finanzieren, die nach außen nichts mit der Industrie zu tun haben – Thinktanks.

Die Strategie wirkte. In der Öffentlichkeit sei die wissenschaftliche Debatte zum Tabak als nicht abgeschlossen präsentiert worden, lange nachdem die Wissenschaftler zu einem festen Schluss gekommen waren, sagt Oreskes. Fast zwei Drittel aller untersuchten Medienbeiträge zwischen 1992 und 1994 kamen zur Erkenntnis, dass die Ergebnisse der Forschung zu den Folgen des Passivrauchens kontrovers seien. Dabei hatte die Forschung zu diesem Zeitpunkt längst den Konsens gefunden, dass Passivrauchen der Gesundheit auch derjenigen schade, die den Rauch als Nichtraucher einatmen.

Das Gleiche passierte in den 90er-Jahren beim sauren Regen: In den Medien wurde die Vorstellung transportiert, die Ursachen stünden noch nicht fest – ein Jahrzehnt nachdem sie bereits geklärt waren. Bis vor kurzem präsentierten in den USA Massenmedien auch noch die Klimaerwärmung als heftige Debatte. Eineinhalb Jahrzehnte nachdem Ex-Präsident George W. Bush die UN-Klimarahmenkonvention unterzeichnet hatte und zweieinhalb Jahrzehnte nachdem die Nationale Akademie der Wissenschaften der USA erstmals verkündete, dass die Klimaerwärmung zweifellos von der Verwendung fossiler Brennstoffe durch den Menschen herrühre.[13] Die Folge jeweils: dramatische Verzögerungen bei der Anpassung und bei schärferen Gesundheits- und Umweltgesetzen für die Industrie.

Wie das möglich ist? Ben Santer kann ein Lied davon singen, was passiert, wenn man ins Visier dieser Forscher-Lobbyisten gerät. Der Atmosphärenwissenschaftler war Autor jenes Teilberichts des Intergovernmental Panel on Climate Change (IPCC) von 1995, der bestätigte, dass der Einfluss des Menschen auf das Klima »wahrnehmbar« sei – ein wissenschaftlicher Paukenschlag. Das IPCC ist die wichtigste internationale Organisation für Klimafragen und wird gemeinhin als Weltklimarat bezeichnet.

Santer, der eigentlich am Programm zur vergleichenden Klimamodellierung am Lawrence Livermore National Laboratory arbeitete und der zeitweise auch am Hamburger Max-Planck-Institut für Meteorologie geforscht hatte, war es gelungen, in seinem Kapitel des IPCC erstmals einen menschlichen »Fingerabdruck« bei der Entwicklung des Klimas zu dokumentieren. Die Erkenntnisse schlugen hohe Wellen. »In einer bedeutsamen Verschiebung der wissenschaftlichen Beurteilung sagen erstmalig Experten, die die Regierungen der Welt zum Klimawandel beraten, dass menschliche Aktivitäten die wahrscheinliche Ursache für die Erwärmung der

Erdatmosphäre sind.« So verkündete es die *New York Times* auf ihrer Titelseite.

Doch Santers Kampf um die Wahrheit hatte erst begonnen. Der Forscher hatte beste wissenschaftliche Referenzen. Er hatte sich nie etwas zuschulden kommen lassen. Doch plötzlich beschuldigte ihn eine Gruppe von Physikern aus Washington, den Bericht im eigenen Sinne manipuliert zu haben. Sie publizierten Beiträge mit Titeln wie »Anhaltende Treibhausdebatte« oder »Manipulierte Dokumente« in Zeitschriften wie *Energy Daily* und *Investor's Business Daily*. Um die Anschuldigungen breit zu streuen, schrieben sie Briefe an Kongressabgeordnete und an Verantwortliche in wissenschaftlichen Zeitschriften. Das Energieministerium wurde bedrängt, Santer zu entlassen. Im wirtschaftsnahen *Wall Street Journal* erschien ein Gastkommentar, der dem Forscher vorwarf, mit Änderungen am Bericht die Öffentlichkeit gezielt zu täuschen.[14]

Santer hatte zwar tatsächlich im Abstimmungsprozess Änderungen eingearbeitet. Dies jedoch nicht eigenmächtig, sondern weil Kommentare beteiligter Wissenschaftler es so forderten. Ein völlig normales Verfahren: Jeder wissenschaftliche Bericht wird dieser kritischen Prüfung durch andere Experten unterzogen, gerade um Fehler zu vermeiden. Santer bekam in der Folge denn auch jede Unterstützung aus der Wissenschaft: Die Amerikanische Meteorologische Gesellschaft erklärte die Angriffe für haltlos. Der Weltklimarat stärkte ihm den Rücken. Auch Santer selbst rechtfertigte sich gegenüber der Zeitung in einem offenen Brief, der von 29 Co-Autoren unterzeichnet wurde, lauter hochrangige Forscher wie der Direktor des US-Forschungsprogramms für globale Veränderungen.

Doch die Zweifel blieben hängen, so, wie es die Absender wünschten. Die Anschuldigungen wurden von Industriegruppen dankbar aufgegriffen und verbreitet. Wirklich begründet wurden sie nie.

Warum, fragt Oreskes, machten sich die Ankläger im Fall Santer nicht die Mühe herauszufinden, was wirklich passiert war? Warum wiederholten sie die Anschuldigungen selbst lange nachdem klar war, dass sie falsch sind? »Sie waren gar nicht an den Tatsachen interessiert. Sie waren daran interessiert, genau die zu bekämpfen«, ist sich Oreskes sicher.[15]

Santer wurde erst Jahre später klar, in welche Mühle er geraten war. Er las einen Bericht über Forscher, die für die Tabakindustrie aktiv wurden – und wissenschaftliche Ergebnisse diskreditieren sollten, die einen Zusammenhang zwischen Rauchen und Krebs herstellten. Die Strategie: Die Debatte am Leben halten, denn so lange war die Industrie sicher vor Regulierung und Schadenersatzforderungen. Santer sah Parallelen zu seinem eigenen Fall. Und er lag richtig. Denn nicht nur die Strategie wies Parallelen auf. Dahinter standen auch noch die gleichen Leute.

Vorangetrieben hatten die Angriffe gegen Santer die Physiker Fred Singer und Fred Seitz. Seitz war einmal Präsident der US-Akademie der Wissenschaften. Singer war der erste Direktor des nationalen Wettersatellitendienstes. Beide standen mit einer konservativen Denkfabrik in Verbindung, dem George-C.-Marshall-Institut. Und beide hatten zuvor für die Tabakindustrie gearbeitet, um die Forschung zum Gesundheitsrisiko anzuzweifeln. Seitz leitete Anfang der 80er-Jahre ein Programm von R. J. Reynolds, das mit beinahe 50 Millionen Euro Forschung unterstützte, die dem Tabakimperium bei Gerichtsprozessen half. Singer war Co Autor einer Studie, die die US-Umweltschutzbehörde frontal anging. Die hatte sich erdreistet zu behaupten, Rauchen gefährde nicht nur den Raucher selbst, sondern auch alle anderen, die dem Rauch ausgesetzt sind. Singers Vorwurf: Die Arbeit sei manipuliert und von Experten aus politischen Gründen verzerrt worden. Finanziert wurde Singers Arbeit übrigens aus Töpfen der Tabakindustrie.[16]

Die Strategien der Desinformation gingen auf Ölmultis und Autokonzerne über. »Zu Anfang kam das meiste Geld für die Zweifelssäer von der Tabakbranche, später von Stiftungen, Denkfabriken und aus der Treibstoffbranche«, sagt Oreskes. Firmen wie Shell und BP, Ford und General Motors unterstützten die inzwischen wieder aufgelöste Global Climate Coalition, um staatliche Maßnahmen zur Senkung des CO_2-Ausstoßes zu verhindern. Exxon Mobil rief später noch das Global Climate Science Team ins Leben, das den wissenschaftlichen Konsens beim Klimawandel in Zweifel zog. Bald schien es eine breite Front in der Wissenschaft gegen die Lehre vom Klimawandel zu geben.

Organisationen wie das National Center for Policy Analysis, das Heartland Institute oder das Center for Science and Public Policy traten auf den Plan. In Wirklichkeit allerdings steckten hinter diesen Namen oft nur dieselben wenigen Konzerne. Immer wieder tauchen Auto- und Ölunternehmen als Financiers auf. Das Heartland-Institut etwa erhielt auch noch Geld von Fred Singer. Singer ist gleichzeitig Direktor des Umwelt- und Wissenschaftsprojekts des Instituts.

Ein enges Netz, das sogar bis nach Europa und Deutschland wirkte. Noch 2010 leugnete Singer in Berlin bei einer Diskussionsrunde von FDP-Abgeordneten im Bundestag, dass der Klimawandel vom Menschen beeinflusst sei. Die Natur sei schuld, erklärte Singer. »Politiker, die den Klimawandel aufhalten wollen, sind gefährlicher als der Klimawandel selbst«, polterte der Physiker. Bei den Liberalen traf Singer auf besonders großes Interesse. Schon ein halbes Jahr zuvor, im Dezember 2009, fast zeitgleich zum Klimagipfel von Kopenhagen, hatte der Physiker seine Klimathesen im Liberalen Institut in Berlin zum Besten gegeben.

Mit Kritik an der eigenen Arbeit gingen die Berufskritiker auf spezielle Weise um: Oreskes selbst erreichte der Zorn der Leugner.

Sie wurde bedrängt, als sie die Vorgänge öffentlich machte. Sie wurde diskreditiert als eine Kommunistin, eine Alarmistin, die von einer »größtenteils feministischen Mafia« unterstützt werde. Beschwerden erreichten die Universität, für die sie arbeitete. Ihr wurden rechtliche Schritte angedroht.

Für die Forscherin ist klar: Die Bemühungen der Industrie werden immer größer, die Chancen, ihnen zu entkommen, immer kleiner.[17] »Wir wissen, dass Hunderte Millionen Dollar der Öl- und Gasindustrie in einen Unternehmensverband fließen, der wiederum Stiftungen finanziert, die Klimaleugner bezahlen.«

Und die Beeinflussung geht weiter, auf ganz anderen Feldern.

Im August 2010 hatte die *New York Times* einen Fall von Wissenschaftssponsoring von Coca-Cola enthüllt. Daraufhin musste der Softdrink-Konzern zugeben, in Nordamerika in den vergangenen fünf Jahren mehr als 100 Millionen Dollar für seine »Gesundheitspartnerschaften« und Wissenschaftskooperationen ausgegeben zu haben, und veröffentlichte eine Liste von Gesundheitsorganisationen und Wissenschaftlern, die das Unternehmen finanziell unterstützt. Die Zeitung enthullte unter anderem, dass der Weltmarktführer für Softdrinks 1,5 Millionen Dollar für die Einrichtung des »Global Energy Balance Network« (GEBN) gespendet hatte. Entgegen den wissenschaftlichen Fakten behaupte die Forschungseinrichtung, es gebe keine Belege dafür, dass zuckrige Getränke Übergewicht verursachen, erklärt dazu die Nichtregierungsorganisation Foodwatch. Vielmehr sei mangelnde Bewegung das Problem. Auch in Deutschland legte der Konzern inzwischen eine Liste vor.

Bereits bekannt sei, dass Coca-Cola mehrere Sport- und Gesundheitsinitiativen fördere, heißt es bei Foodwatch. »Es ist offensichtlich, dass Coca-Cola in Europa dieselben Ablenkungsmanöver fährt wie in Nordamerika: Nicht die Limo soll schuld sein, sondern der Bewegungsmangel. Dabei ist längst klar: Softdrinks fördern Übergewicht, Diabetes Typ II und Herzkrankheiten«, sagt Oliver Huizinga, Experte für Lebensmittelmarketing bei Foodwatch. Coca-Cola kündigte unterdessen an, für ganz Europa Zahlungen an Wissenschaftler und Gesundheitsprojekte offenzulegen. Coca-Cola betont, Einflussnahme auf Forscher habe es nicht gegeben.

Von amerikanischen Verhältnissen ist die hiesige Forschung zwar um einiges entfernt. Doch die Beispiele zeigen, was möglich ist, wenn Transparenz nicht rechtzeitig für einen freien Blick auf gesponsorte Forschung sorgt. In Berlin fragen sich Spötter jedenfalls längst, was es wohl für die Lobbyschlacht der IT-Konzerne um den Datenschutz bedeutet, wenn Google in diesen Monaten seinem freundlichen Motto abschwört: »Don't be Evil.«

Denn als Google 2015 die eigene Aufspaltung vollzog und gemeinsam mit seinen bekanntesten Produkten wie dem E-Mail-Dienst Gmail und Android Teil der neuen Holding Alphabet wurde, beerdigte der Konzern auch jenen historischen Slogan. Im neuen Verhaltenskodex von Alphabet taucht das Motto nicht mehr auf. Stattdessen heißt es, dass alle Mitarbeiter des Konzerns und seiner Tochterfirmen »das Richtige tun« sollen: sich an die Gesetze halten, ehrenwert verhalten und andere mit Respekt behandeln. Er habe es nach seinem Einstieg bei Google als »die dümmste Regel überhaupt« empfunden, ganz einfach weil es keine allgemein gültige Definition von »gut« und »böse« gebe, klagte Schmidt. Die Auslegung liege eben immer im Auge des Betrachters.

8
Wie geschmiert
Wie Schulen und Bildung vereinnahmt werden

Offiziell geht es nur um die selbstlose Förderung von Nachwuchs für technische Berufe und mehr wirtschaftliche Kompetenz bei Jugendlichen. Tatsächlich missbrauchen Konzerne und Lobbyisten Schulen und teilweise sogar Kindertagesstätten für ihre Zwecke. Es tobt ein versteckter Kampf um die Köpfe unserer Kinder.

Die Schulleitung will nichts mehr dazu sagen. Auch eine schriftliche Anfrage lässt sie unbeantwortet. Man möge sich doch an das niedersächsische Kultusministerium wenden, rät die Mitarbeiterin aus dem Direktorat des Gymnasiums Sulingen im Sommer 2015 am Telefon.[1] Etwa 12 500 Einwohner zählt die Gemeinde im Landkreis Diepholz 50 Kilometer südlich von Bremen. Keine zehn Autominuten entfernt bei Barenburg pumpt der Mineralölkonzern Exxon Mobil Öl aus dem Boden. In der Region lagern die größten Erdölvorkommen Deutschlands. Allein Exxon Mobil fördert in diesem Teil Niedersachsens auf sieben Feldern Reinöl, das anschließend in Raffinerien zu Treibstoff weiterverarbeitet wird.

Exxon Mobil und das Gymnasium Sulingen – acht Jahre lang waren sie ein Herz und eine Seele. Da redeten sie gerne, gut und viel übereinander in der Öffentlichkeit. Mitarbeiter des amerikanischen Ölmultis – mit zeitweise knapp 500 Milliarden US-Dollar Umsatz und etwa 77 000 Beschäftigten einer der größten Konzerne der Welt – gingen in der Schule ein und aus. Sie hielten dort Vorträge, luden umgekehrt zu Werksbesichtigungen ein, organisierten Exkursionen, boten Praktikumsplätze, halfen Lehrern im Unterricht und Schülern bei Facharbeiten. Exxon Mobil war im Schulleben omnipräsent. Und wenn dem Sulinger Gymnasium für das eine oder andere Vorhaben das nötige Geld fehlte, sprang Exxon Mobil als großzügiger Sponsor ein. Jährlich 10 000 Euro ließ der Konzern springen. Völlig uneigennützig natürlich.

Von Anfang an stand diese Partnerschaft unter allerhöchstem politischem Segen. Der damalige niedersächsische Ministerpräsident und spätere Kurzzeit-Bundespräsident Christian Wulff (CDU) persönlich übernahm die Schirmherrschaft für ein im Schuljahr 2007/08 beginnendes, höchst fragwürdiges Kooperationsmodell. Es ermöglichte erdgas- und erdölgewinnenden Unternehmen uneingeschränkten Zugang nicht nur in die Oberstufen-Klassenzimmer des Sulinger Gymnasiums.

Der Öffentlichkeit wurde das Pilotprojekt so verkauft: Man wolle mehr Praxis in den Schulunterricht bringen und die Jugendlichen für die bei den meisten von ihnen ungeliebten, aber für Wirtschaft und Gesellschaft wichtigen MINT-Berufe – also Berufe in den Feldern Mathematik, Informatik, Naturwissenschaft und Technik – begeistern. »Das Projekt unterstützt das Land Niedersachsen in seinem Bemühen, das Interesse von Schülerinnen und Schülern zu fördern und diese für die Beschäftigung mit Natur- und Ingenieurswissenschaften zu gewinnen«, jubelte dementsprechend der damalige Kultusminister des Bundeslandes, Bernd Busemann (CDU).[2] Wo doch der Mangel an Technikern und Naturwissenschaftlern schon jetzt besorgniserregend groß sei, klagte Gernot Kalkoffen, Deutschlandchef von Exxon Mobil und zugleich Vorsitzender des Wirtschaftsverbands Erdöl- und Erdgasgewinnung (WEG). Eigene wirtschaftliche und politische Interessen? Ach, wo!

Tatsächlich ist das Pilotprojekt ein besonders prägnantes Beispiel dafür, wie Lobbyismus in Schulen und teilweise sogar schon in Kindertagesstätten um sich greift. Wie finanzstarke Interessengruppen und Unternehmen damit begonnen haben, massiv und meistens gut getarnt hinter einem angeblichen Bildungsauftrag (den sie sich selbst gegeben haben) in die Klassenzimmer zu drängen, um in den Köpfen der Kinder und Jugendlichen eine Saat zu sähen, die mittel- und langfristig aufgehen soll: Die Jugendlichen (und in ihrem Sog auch deren Familien und Freunde) sollen nicht nur als Konsumenten für Marken und Produkte angefüttert, sondern hauptsächlich für die gesellschaftspolitischen Interessen der Konzerne vereinnahmt werden.

Es ist eine Form von mehr oder weniger subtiler Beeinflussung und Manipulation, die bisweilen einhergeht mit schnöder PR und Werbung. »Es tobt ein Kampf um die Köpfe der Kinder«, sagt der Bielefelder Sozialwissenschaftler und Wirtschaftssoziologe Prof. Dr. Reinhold Hedtke, der sich seit Jahren wissenschaftlich mit dem Thema Lobbyismus in Schulen und Bildung beschäftigt. »Dabei werden bestimmte Denkweisen, Sichtmuster und Perspektiven verbreitet, die sich immer mehr bei den Schülern als scheinbar unumstößliche Fakten festfressen. Und man tut so, als gäbe es nichts Wichtigeres als betriebswirtschaftliche Prozesse und Sichtweisen.«[3] Es ist eine besonders raffinierte, langfristig und tief im Wurzelwerk von Staat und Gesellschaft angelegte Form von Lobbyismus.

Obendrein kann in manchen Fällen aus der Sicht von Firmen ein bisschen Imagepflege nicht schaden. Der Fall Exxon Mobil ist für all dies ein Musterbeispiel. Die Geschichte des texanischen Konzerns ist eine lange Kette an Skandalen, Unglücken, Umweltkatastrophen und fragwürdigem Geschäftsgebaren. Eine kleine Auswahl:

- Am 24. März 1989 lief vor Alaska der Öltanker Exxon Valdez auf ein Riff. Offenbar war der Kapitän betrunken und die Besatzung überfordert. 37 000 Tonnen Rohöl liefen aus und verseuchten

2000 Kilometer Küste. Hunderttausende Vögel, Fische und andere Tiere verendeten qualvoll. Es handelte sich um eine der spektakulärsten Umweltkatastrophen.

- 2001 warfen die österreichischen Autoren Klaus Werner-Lobo und Hans Weiss in ihrem »Schwarzbuch Markenfirmen« Exxon Mobil vor, Bürgerkriege, Waffenhandel und die Zerstörung von Lebensgrundlagen in Ölfördergebieten mit viel Geld zu fördern.
- Die kritische amerikanische Wissenschaftlervereinigung Union of Concerned Scientists (UCS) hielt dem Ölmulti vor, mit vielen Millionen US-Dollar Skeptiker des Klimawandels zu unterstützen.
- 2006 erhielt Exxon Mobil den Negativpreis »Worst EU Lobby Award« für beharrliche Lobbyarbeit im Sinne des eigenen Profits und gegen Klimaschutzinteressen.
- 2007 wurde bekannt, dass offenbar über viele Jahre hinweg auf einem Exxon-Firmengelände in New York ungehindert giftige Chemikalien und Öl ins Erdreich gesickert sowie in Grundwasser und Kanalisation gelangt waren, was zu Gesundheitsbeschwerden bei Anwohnern führte.
- 2013 platzte eine Uralt-Pipeline im Erdboden unter der US-Kleinstadt Mayflower im Bundesstaat Arkansas. Bis zu 800 000 Liter Öl und giftiger Schlamm sickerten aus; die Umweltschutzbehörde ging sogar von mehr als einer Million Litern aus. Erst Stunden nach der Havarie wurde die Leitung abgedreht. Journalisten, die den Umweltskandal und seine Folgen recherchierten und kritisch beschrieben, soll Exxon Mobil behindert und bedroht haben.
- 2014 begann Exxon Mobil gemeinsam mit dem russischen Energiekonzern Rosneft in der Arktis nach Öl zu bohren – ein ökologisch höchst umstrittenes Unterfangen.
- 2016 leiteten mehrere Ermittlungsbehörden in den USA, allen voran die New Yorker Generalstaatsanwaltschaft, Ermittlungen

gegen Exxon Mobil ein. Es geht um die Frage, ob der Konzern Aktionäre in puncto Klimaerwärmung seit Jahrzehnten täuscht, in dem das Unternehmen die Risiken und Gefahren verharmlost. Auch mögliche Verstöße gegen US-Verbraucherschutzgesetze werden untersucht.

Angesichts von alldem ist klar: Exxon Mobil kann gute Publicity dringend brauchen.

Die Kooperation des deutschen Konzernablegers mit dem Gymnasium Sulingen geschah mitnichten mit dem selbstlosen Ziel, den Nachwuchs in naturwissenschaftlichen Disziplinen zu begeistern und zu fördern. Sie folgte vielmehr einem detailliert ausgeklügelten Masterplan des WEG, des Wirtschaftsverbands Erdöl- und Erdgasgewinnung, dem Lobbyverband der Branche. Auch andere Schulen beteiligten sich an dem Pilotprojekt mit dem unverfänglich-sperrigen Titel: »Erdöl- und Erdgasgewinnung als Thema für die gymnasiale Oberstufe«.

Exxon Mobil machte sich auch im Gymnasium Antonianum in Vechta breit, GdF SUEZ kooperierte mit dem Franziskus-Gymnasium in Lingen, Wintershall mit der Graf-Friedrich-Schule in Diepholz sowie dem Gymnasium Lohne, und RWE Dea hielt Einzug im Dom-Gymnasium in Verden.

Das alles mit dem ausdrücklichen Segen der niedersächsischen Staatskanzlei und des Kultusministeriums. Das für Lehrerausbildung zuständige Studienseminar in Meppen machte sich bereitwillig zum Handlanger der Lobbyisten, wie in seiner Dokumentation über das Pilotprojekt nachzulesen ist: »Möglicherweise auf Schülerseite bestehende Vorurteile (gemeint ist gegen die jeweiligen Erdöl- und Erdgasfirmen, die Verf.) können so abgebaut und berufliche Perspektiven unmittelbar eröffnet werden«, heißt es da. Die Lehrerausbilder sorgen sich also um den Ruf der Erdgas- und Erdölindustrie.

Insgesamt 50 Seiten umfasst das uns vorliegende Drehbuch dafür, wie sich Schulen, Schulbehörden und Politik in beispielloser Form den Interessen profitorientierter Konzerne unterwarfen. Zum Auftakt werden darin nicht nur harmlose, allgemein gehaltene Ziele formuliert, wie: Man wolle die naturwissenschaftlichen Kompetenzen der Jugendlichen stärken und sie für Berufe in der Branche begeistern. Aufhorchen lässt der Hinweis, man wolle obendrein die gesellschaftliche Debatte über die Arbeit der Erdöl- und Erdgasfirmen »versachlichen«. Dann aber kommen die Verfasser unmissverständlich auf den eigentlichen Kern: Das Kooperationsprojekt solle zur »Verbesserung der Reputation der Branche« beitragen, heißt es, und »zur Verbesserung der Akzeptanz vor Ort durch die Unterstützung örtlicher Schulen«.

Letzteres ist politisch besonders brisant. Denn in der betreffenden Region Niedersachsens stoßen die Ölförder- und Fracking-Aktivitäten von Konzernen wie Exxon Mobil in weiten Teilen der Bevölkerung auf Skepsis, Kritik, Protest und Widerstand. Und nicht nur dort. Das Umweltbundesamt, immerhin Deutschlands zentrale Umweltbehörde, warnt vor den Risiken durch Fracking. »Grundsätzlich halten wir die Gefahren dieser Technik für zu groß«, sagt UBA-Präsidentin Maria Krautzberger und würde die Technik gerne flächendeckend verbieten.

Fracking ist eine Fördermethode, bei der Wasser, Sand und Chemikalien unter hohem Druck in den Untergrund gepresst werden, damit durch kleine Risse Erdgas an die Oberfläche steigt. In den USA erlebt die Methode derzeit einen gewaltigen Boom, der die Energiepreise im Land rapide fallen lässt. Auch mehrere europäische Länder wie Polen und Großbritannien wollen die Methode im großen Stil anwenden. Und auch in Deutschland würden Konzerne wie Wintershall die Methode gerne nutzen. Vor allem die mögliche Verunreinigung des Grundwassers durch die eingesetzten Chemikalien löst dagegen bei Umweltschützern große Sorgen aus. »Fracking ist und bleibt eine Risikotechnologie«, urteilt auch das Umweltbundesamt.

Ob wirklich jede Form von Fracking riskant ist, ist noch nicht erwiesen. Aufgabe von Schulen, die ihren Allgemeinbildungsauftrag ernst nehmen, wäre es eigentlich, das Für und Wider solcher Techniken und Themen argumentativ ausgewogen aufzuarbeiten. Und nicht einer Seite das Feld zu bereiten und sich obendrein finanziell ein Stück weit von ihr abhängig zu machen.

Wenn Regeln missachtet werden

Wie politische Bildung vor allem in Schulen korrekterweise ablaufen soll, darüber herrschte hierzulande jahrzehntelang Konsens. Festgeschrieben wurde er 1976, als in einem kleinen Ort in Baden-Württemberg einschlägige Experten aus allen möglichen politischen und ethischen Richtungen den »Beutelsbacher Konsens« formulierten. Eine Art Grundgesetz für politische Bildung, das drei Prinzipien festschreibt:

- Erstens: Lehrer dürfen ihren Schülern ihre Meinung nicht überstülpen.
- Zweitens: Der freien Meinungsbildung wegen müssen alle gegensätzlichen Positionen zur Sprache kommen und diskutiert werden.
- Drittens: Die Schüler sollen lernen, eigene Positionen zu entwickeln und zu hinterfragen. Frei und unbeeinflusst.

Bis heute müssen Bildungsträger, die finanziell von der Bundeszentrale für politische Bildung unterstützt werden wollen, sich ausdrücklich zu diesem »Beutelsbacher Konsens« bekennen. Die Verantwortlichen in deutschen Schulen und Kultusministerien kündigen ihn jedoch immer häufiger und weitgehend unbemerkt von der breiten Öffentlichkeit auf. Teilweise aus Gedankenlosigkeit, teilweise aus Gleichgültigkeit, teilweise aus purem Kalkül heraus. Damit treffen sie durchaus den Zeitgeist.

In einer zunehmend durchökonomisierten Leistungsgesellschaft scheint es immer weniger darum zu gehen, in den Schulen die Persönlichkeiten Jugendlicher zu entwickeln, ihnen breites, fundiertes Allgemeinwissen zu vermitteln und sie zu kritisch-mündigen Staatsbürgern zu erziehen. Landauf, landab reißen Direktoren, Lehrerinnen und Lehrer die Schultore auf und überlassen die ureigenste staatliche Aufgabe, Unterricht und Bildung von Kindern und Jugendlichen nämlich, externen Kräften ohne jedwede Legitimation und oft auch Ausbildung. Abgesegnet, ja in vielen Bundesländern sogar angetrieben von Schulpolitikern und Ministerien, halten Lobbyisten von ökonomischen Interessenverbänden oder Unternehmen Unterricht – ohne jemals dafür ausgebildet worden zu sein. Es werden Schülerfirmen gegründet, Business-Wettbewerbe und Firmen-Planspiele abgehalten, Firmen dürfen sich nicht nur präsentieren, sondern ungeniert für sich werben und ihre gesellschaftspolitischen Anliegen ausbreiten. Und in den vielzitierten Schulfamilien scheinen alle dafür auch noch dankbar zu sein: Direktoren für das mit alldem häufig verbundene Sponsoring, Lehrer für die nicht selten tendenziösen Unterrichtsmaterialien und von Externen übernommenen Schulstunden, Eltern für die vermeintliche Praxis im Unterricht und die Jugendlichen selbst für die Abwechslung im Schulalltag.

»Die Berufsorientierung hat in allen Schulformen in den vergangenen Jahren enorm zugenommen«, sagt der Bielefelder Soziologe Reinhard Hedtke. »Das führt dazu, dass Lerninhalte, welche die

Wirtschaft und ihre Interessenverbände für wichtig halten, zunehmend andere Lerninhalte verdrängen.«[4] Es geht schließlich in erster Linie darum, den Unternehmen frischen, möglichst sofort und reibungslos funktionierenden Arbeitskräftenachwuchs zu liefern. Einen solchen nahtlosen Übergang fordern die Wirtschaft und ihre Interessenverbände auch immer drängender ein.

Gewiss: Schule funktioniert nicht im luftleeren Raum. Es war schon immer eine ihrer wichtigsten Aufgaben, junge Menschen vernünftig auf das Erwerbsleben vorzubereiten. Ihnen naturwissenschaftliche, mathematische und sprachliche Fähigkeiten und entsprechendes Basiswissen als Grundlagen für ihr Berufsleben zu vermitteln, auf denen sie ihre weitere Laufbahn aufbauen können. Das war und ist auch gut so. Es spricht auch überhaupt nichts dagegen, Schule und berufliche Praxis besser zu verzahnen. Die Frage ist nur, wie bei alldem die Spielregeln sind. Und vor allem: Wer diese Spielregeln aufstellt und anschließend das Spiel und vor allem seine Inhalte und die Vorgehensweisen bestimmt.

Dahinter wiederum steckt eine Grundsatzfrage: Wollen wir tatsächlich ein Schulsystem, in dem es nur noch um die Vorbereitung passgenauer Arbeitskräfte geht und die erzieherischen und demokratischen Aspekte vollends in den Hintergrund treten? Oder eines, das umfassend und ganzheitlich bildet, im besten Sinne dieses Begriffes. Wo argumentativer Diskurs, konstruktiver Streit und kritisches Nachdenken gewünscht und eingeübt werden. Dazu gehört es, Jugendlichen beizubringen, wie sie Fakten sammeln, Argumente abwägen und sich ein eigenes Urteil bilden. Demokratie einzuüben, wenn man so will. Die Schultore für einseitige Souffleure zu öffnen, die dann in Klassenzimmern häufig unwidersprochen ihre eigenen gesellschaftspolitischen und ökonomischen Ziele verfolgen, läuft dem zuwider.

Da habe sich bereits einiges negativ verschoben, kritisiert Wissenschaftler Hedtke und macht es am Beispiel der sozialen Marktwirtschaft als solcher fest. »Es gibt sie auch in anderen Ländern wie Schweden oder Frankreich«, sagt er. »In unseren Schulen wird jedoch eine völlig reduzierte Sichtweise nur auf die deutsche Ausprägung vermittelt, als wäre die soziale Marktwirtschaft hierzulande eine singuläre Erscheinung in der Welt.« Mehr noch: Dass die Wirtschaftsordnung hierzulande kapitalistisch ist, kommt im Schulunterricht so gut wie überhaupt nicht vor. »Am Ende verlassen Jugendliche die Schule, die nicht wissen, was Kapitalismus ist, und ihn für eine längst überkommene Erscheinung des 19. Jahrhunderts halten.« In den Schulen, so das Fazit des renommierten Bielefelder Sozialwissenschaftlers, werde häufig »eine gewollte, völlig reduzierte Sichtweise vermittelt.«

Vielfach wird von Wirtschaftsvertretern (und häufig auch von Wirtschaftsjournalisten) die generelle Klage erhoben, die ökonomische Bildung vieler Kinder und Jugendlicher lasse sehr zu wünschen übrig. Das kann man so sehen. Die Frage ist allerdings, wie man dem Problem begegnet. Denn die vermeintliche Konsequenz, dass – wenn schon die Lehrpläne und die Schulen versagen – dann angeblich im Interesse aller eben die Wirtschaft einspringen müsse, ist falsch. Genau das muss sie nicht. Denn wenn in unseren Schulen ein zweifellos wichtiges Fach einen nach allgemeiner Auffassung zu geringen Stellenwert hat, dann ist es Aufgabe der Politik und der Kultusministerien, daran etwas zu ändern, die Lehrpläne und die Stundentafeln also neu aufzustellen und die Lehrerbildung auf diesem Sektor zu intensivieren. Das ist Aufgabe des Staates und nicht die Aufgabe von Dritten wie Unternehmen und ihren Interessenverbänden.

Baden-Württemberg hat es getan. Seit dem Schuljahr 2016/17 gibt es dort erstmals in einem Bundesland ein Pflichtfach »Wirtschaft und Berufsorientierung«. Es solle Schülerinnen und Schüler befähigen, sich in ökonomisch geprägten Lebenssituationen zurecht zu finden und grundlegende ökonomische Zusammenhänge zu verstehen, heißt es aus dem Kultusministerium in Stuttgart. Auch die aus den Wahlen im Mai 2017 hervorgegangene schwarz-gelbe Landesregierung von Nordrhein-Westfalen plant ein Pflichtfach Wirtschaft einzuführen, voraussichtlich ab 2020. In anderen Bundesländern ist Wirtschaft im Lehrplan eher ein Anhängsel, etwa an den sozialkundlichen oder den politischen Unterricht. Oder aber Wirtschaft ist Wahlfach. Der Wert ist in der Praxis umstritten, auch unter Schülern.

Im Januar 2015 twitterte die 17-jährige Schülerin Naina aus Köln: »Ich bin fast 18 und hab keine Ahnung von Steuern, Miete oder Versicherungen. Aber ich kann 'ne Gedichtanalyse schreiben. In vier Sprachen.« Der Tweet sorgte für einen Diskussionssturm im Netz. Binnen weniger Stunden wurde er zehntausendfach geteilt, favorisiert und die Zahl der Follower von Naina beim Kurznachrichtendienst Twitter wuchs rasant. Umgehend sprang auch die damalige Bundesbildungsministerin Johanna Wanka (CDU) auf die Welle auf, wohl wissend, dass die Gestaltung von Schulunterricht und Lehrplänen Länderangelegenheit ist. Nainas Tweet kam einigen politisch gerade recht. »Ich finde es sehr positiv, dass Naina diese Debatte angestoßen hat«, erklärte die Politikerin. Gedichte lernen und interpretieren sei zwar durchaus Aufgabe von Schulunterricht. Sie sei aber auch dafür, »in der Schule stärker Alltagsfähigkeiten zu vermitteln«, so Wanka.

Was ein Fach Wirtschaft angeht, ist es gar nicht so einfach, die Inhalte dafür festzulegen. Das wiederum hat sehr viel mit Lobbyismus zu tun, der im Schulsystem um sich greift. Auch das zeigt das Beispiel Baden-Württemberg. Prompt setzte in dem grün-rot regierten Bundesland ein massiver Streit ein über die Inhalte dessen, was an wirtschaftlicher Bildung im Unterricht vermittelt werden soll. Die Arbeitgeber plädierten für rein ökonomische Inhalte, für klassische Volks- und Betriebswirtschaft. Der Philologenverband, der Interessenverband der Gymnasiallehrer also, warnte, Wirtschaft dürfe inhaltlich nicht von ethischen und sozialen Inhalten getrennt betrachtet und unterrichtet werden. Auch Soziologenverbände sprachen sich dafür aus, wirtschaftliche Fragen einzubetten in einen gesamtgesellschaftlichen Kontext. Gewerkschaften waren die ersten Lehrplanentwürfe zu arbeitgeberfreundlich; Unternehmensverbände lasen daraus das Gegenteil. Die einen wollten einen kritischen Blick auf Marktwirtschaft geworfen haben, anderen ging die Skepsis viel zu weit und sie forderten, wie der Verband der Familienunternehmer, eine positivere Perspektiven auf Unternehmertum. Und Eltern sprachen sich dafür aus, alles möglichst praktisch, berufsvorbereitend also zu gestalten, was wiederum dem Philologenverband viel zu kurz gesprungen war. »Dies suggeriert, dass man nur in der Wirtschaft Karriere machen kann«, kritisierte Verbandsvertreter Bernd Saur.[5]

Neben direkt oder mittelbar betroffenen mischten also die einschlägigen Wirtschaftsverbände in der öffentlichen Diskussion um die Lehrplaninhalte kräftig mit, was prinzipiell auch ihr gutes Recht ist. Ihre Forderungen nach einem Pflichtfach Wirtschaft an den Schulen haben jedoch immer auch eine zweite Seite. Die Lobbyisten wollen nicht nur ihre Argumente einbringen und mitreden, was in den Klassenzimmern über Ökonomie gelehrt und gelernt wird. Sie wollen es auch selbst bestimmen. Indem sie eigene Leute in den Unterricht schicken oder zumindest an den Lehrplänen mitstricken.

Im Herbst 2015 wurde diesbezüglich ein besonders bizarres Lehrstück aufgeführt. Mit Peter Clever in der Hauptrolle, seines Zeichens Bundesgeschäftsführer bei der Bundesvereinigung der Arbeitgeberverbände. Dem Arbeitgeber-Lobbyisten stieß ein Buch sauer auf, das die radikaler Umtriebe völlig unverdächtige Bundeszentrale für politische Bildung für die Lehrerausbildung im Bereich Wirtschaft auf den Markt gebracht hatte. Titel: »Ökonomie und Gesellschaft«. Autoren sind zahlreiche, zum Teil renommierte Wissenschaftler.

In dem knapp 360 Seiten dicken Buch, so echauffierte sich Clever in einem fünfseitigen Protestbrief an die Bundeszentrale und das ihr vorgesetzte Bundesinnenministerium, werde »einseitige Propaganda gegen die Wirtschaft« betrieben. »Ideologisch, voreingenommen, skandalös und nicht hinnehmbar« sei das Werk. Das deutsche Unternehmertum werde darin völlig falsch dargestellt. Es werde ein »monströses Gesamtbild von intransparenter und eigennütziger Einflussnahme der Wirtschaft auf Politik und Schule« gezeichnet und ein System geschildert, »in dem die Wirtschaft ihre Interessen in der Politik mit allen Mitteln, vor allem aber Geld, durchsetzt«. Die »konstruktive und zentrale Rolle« deutscher Unternehmen etwa in der Berufsausbildung werde dagegen unterschlagen.[6] Die Publikation transportiere »ideologische und voreingenommene Anschuldigungen«, die der BDA aus »interessierten Kreisen« schon länger kenne. Die Bundeszentrale begäbe sich damit auf »ein Niveau einseitiger Propaganda gegen die Wirtschaft«.[7]

Der Lobbyist hatte damit Erfolg – kurzzeitig zumindest. Denn tatsächlich stoppte das Bundesinnenministerium daraufhin umgehend den Vertrieb des Buches. Zwischenzeitlich hieß es im Internetshop der Bundeszentrale, es sei »vergriffen«. So lange zumindest, bis der Wissenschaftliche Beirat der Bundeszentrale für politische Bildung das Werk nach eingehender Prüfung für unbedenklich erklärte.

Ein erfundenes Defizit?

Im Streit, wie viel Wirtschaftsunterricht und mit welchen Inhalten es an deutschen Schulen braucht, vertritt der Bielefelder Sozialwissenschaftler Reinhold Hedtke eine klare Haltung: Er hält die ganze Debatte um angebliche Defizite über die ökonomische Bildung von Schülern für Unsinn. Sie sei, beginnend in den 90er-Jahren des vorigen Jahrhunderts, von unternehmensnahen Lobbyisten mithilfe von Wirtschaftsmedien künstlich hochgezogen worden, kritisiert er. »Sie haben einen Glaubenssatz in Medien und Öffentlichkeit platziert: Man brauche mehr ökonomische Bildung in den Schulen, denn ökonomisches Wissen sei besonders mangelhaft und besonders wichtig. Dieser Gemeinplatz ist ebenso populär wie falsch. Er steht für einen kolossalen kommunikationspolitischen Erfolg der Wirtschaftslobby und ihrer Unterstützerszenen«, so der Wissenschaftler.[8]

Hedtke spricht sogar von einem erfundenen Problem: »Der von Lobbyisten verbreitete Gemeinplatz von der defizitären ökonomischen Bildung sitzt inzwischen so fest, dass er sich auch von der Realität nicht beirren lässt. Aber unvoreingenommen und empirisch betrachtet ist er falsch. Das zeigen zum einen Stundentafeln und Lehrpläne. Hier kommt der Bereich Wirtschaft im Durchschnitt nicht schlechter weg als andere Bildungsfelder, etwa Politik oder Gesellschaft. Lernfelder wie Recht, Technik, Gesundheit, Pädagogik oder Philosophie schätzten sich glücklich, hätten sie nur annähernd so viel Schul- und Lernzeit wie Wirtschaft. Der dominante Diskurs über ökonomische Bildung ignoriert also alle Alternativen, er argumentiert weitgehend kontextfrei.«[9]

Wirtschaftliches Wissen sei in Wirklichkeit »keineswegs lückenhafter als irgendein anderes Wissen«, so Reinhold Hedtke. »Es ist auch nicht von vornherein wichtiger als rechtliches, psychologisches, technisches oder philosophisches Wissen. Schließlich glauben viele, mit mehr ökonomischer Bildung besserten sich das wirtschaftliche Handeln und damit die wirtschaftliche Position der Kinder und Jugendlichen. Gründe dafür gibt es kaum.«

Die einseitige Ausrichtung von Schulen auf die Bedürfnisse der Wirtschaft hin scheint mancherorts politisch gewollt. Eine gemeinsame Zukunftskommission der Bundesländer Bayern und Sachsen formulierte bereits 1997 in einem Bericht, Lehrer müssten sich »unternehmerischer verhalten, um mit Erfolg unternehmerische Verhaltensweisen vermitteln zu können«. Und weiter: »Das Leitbild der Zukunft ist der Mensch als Unternehmer seiner Arbeitskraft und Daseinsvorsorge.« Und damit das funktioniert, muss die Wirtschaft ran: Wirtschaftsverbände müssten »ihre Anstrengungen noch verstärken. Das gilt auch für die Schulen.«[10]

So gibt es kaum noch ein Bundesland, das Kooperationen von Schulen mit wirtschaftlichen Institutionen, Berufsverbänden oder Kammern nicht befürwortet, zulässt und sogar aktiv fördert. Immer häufiger schlüpfen Lobbyisten so in die Rolle von Lehrern. Mühsam kaschiert wird die fragwürdige Einflussnahme wie im Fall der Erdgas- und Erdölunternehmen in Niedersachsen gerne mit fragwürdigen Versprechen, wie dem vom stärkeren Praxisbezug im Unterricht.

So auch in Nordrhein-Westfalen. Das Schulgesetz im bevölkerungsreichsten Bundesland erlaubt ausdrücklich Sponsoring an den Schulen, sofern »die Werbewirkung hinter den schulischen Nutzen zurücktritt«. Was aber ist eine solche Werbewirkung, wo beginnt und, vor allem, wie misst man sie?

Wie es geht, demonstriert der Energiekonzern RWE. Seit 2006 verteilt er hübsche Frühstücksdosen an Erstklässler, inzwischen mehr als 740 000 Stück. In Kindertagesstätten, an Schulen und Hochschulen – überall in NRW ist der Konzern seit vielen Jahren präsent. Und RWE hat ein umfassendes Internetportal eingerichtet: Bildung mit Energie – Entdecken, Erforschen, Erleben.[11]

Die dort abrufbaren Aktivitäten, die Wettbewerbe und Aktionen, an denen sich Kinder und Jugendliche aller Altersklassen beteiligen können, sind vielfältig: Sie reichen vom Memo-Spiel für Kinder und der Anleitung zu einfachen Experimenten über den Musik-Wettbewerb (»Verpasst MINT Euren Beat«) für Jugendliche bis zum Hochschultag Energie und Bildung. Auf den ersten Blick wirkt all dies harmlos, teilweise sogar inspirierend. »Interaktive Lernspiele, spannende Experimentierkoffer, Lehrmaterial, Videos und Apps gehören genauso zum Angebot wie Energieunterricht, Fortbildungen, Wettbewerbe und Aktionen rund um die Themen Energie, Technik und Innovation«, heißt es auf der Internetseite des Konzerns.

Was harmlos daherkommt, geht jedoch viel weiter und tiefer, wie der WDR-Hörfunk im November 2015 herausfand. Der Sender zitierte aus Kooperationsvereinbarungen, die RWE mit zwei weiterführenden Schulen in Bergheim 2002 und 2009 geschlossen hat. Bergheim liegt mitten im Rheinischen Braunkohle-Revier, wo RWE die Abbaustätten Garzweiler, Hambach und Inden betreibt: »In der Erklärung sichert RWE den Schulen zu, Exkursionen, Schülerpraktika und Bewerbungstrainings anzubieten. Im Gegenzug verpflichten sich die Schulen, bei Veranstaltungen, in Schulpublikationen und gegenüber der Presse ausdrücklich auf die Partnerschaft hinzuweisen. Außerdem werden Hinweistafeln im Haupteingangsbereich aufgehängt. Unter dem Punkt didaktischer Ansatz heißt es, den Schülern solle die Bedeutung und der Nutzen der Braunkohle-Industrie für die Gesellschaft, besonders auch für die Region, verdeutlicht werden.«[12]

Der Konzern findet nichts Anrüchiges dabei und versteht die ganze Aufregung nicht. »Unsere Bildungsinhalte sind dem Land

NRW bekannt«, so Firmensprecher Sebastian Ackermann zum WDR. Es wäre doch merkwürdig, würde man ausgerechnet in dieser Region Kohleabbau nicht thematisieren. »Es sind keine pädagogischen Inhalte, bei denen wir Braunkohlethemen nach vorne stellen«, so der RWE-Sprecher weiter. »Wir achten darauf, dass das Thema Energie weit aufgefächert wird.«

Für LobbyControl ist das alles andere als eine überzeugende Rechtfertigung; ihr Experte Felix Kamella findet: »Der Konzern inszeniert sich als kümmernder Nachbar: Er verschenkt Brotdosen an Erstklässler, sponsert Sportfeste und bietet Unterrichtsmaterial an, das die positiven Aspekte einer Umsiedlung hervorhebt. Um was es dabei wirklich geht, wird geschickt verschwiegen, nämlich den Ruf des Unternehmens zu verbessern und die Akzeptanz für Braunkohle-Förderung zu steigern. Diese Maßnahmen untergraben Bildungsziele wie eigenständige Meinungsbildung und Kritikfähigkeit.«

Das Beispiel zeigt, dass es eben nicht nur um mehr Praxiswissen im Unterricht geht. Wäre das der Fall, könnte man gegen eine Zusammenarbeit von Firmen und Schulen womöglich wenig einwenden. Vorausgesetzt, sie liefe absolut neutral ab und würde alle Sichtweisen reflektieren. Tatsächlich aber geschieht etwas ganz anderes: Lobbyisten implementieren ihre handfesten Eigeninteressen und gesellschaftspolitischen Sichtweisen in den Köpfen der Kinder und Jugendlichen, nicht selten auch im Vorgriff in denen der Lehrer. Sie tun dies auf eine auf den ersten und häufig auch auf den zweiten Blick kaum zu durchschauende Art und Weise, die selbst von kritischen und vorsichtigen Lehrern nicht zu entschlüsseln ist. Lobbyismus an Schulen ist deshalb so schwer zu erkennen, weil er über Sponsoring und vermeintliche Aufklärung daherkommt. Und weil dahinter hauptsächlich finanzstarke Konzerne und Interessengruppen stehen, die selbst wissen, wie man geschickt lobbyiert, oder aber die Mittel haben, um entsprechende Profis zu engagieren. Einmal geschickt Fuß gefasst, fragt niemand mehr nach, ob die Aktivitäten noch dem Allgemeinwohl dienen und dem Bildungsauftrag von Schulen gerecht werden.

Ganz abgesehen davon: Es untergräbt die Demokratie, wenn von privater Seite staatliche Aufgaben übernommen werden und beides vermischt wird, warnen die beiden Frankfurter Sozialwissenschaftler Professor Dr. Tim Engartner und Balasundaram Krisanthan von der Goethe-Universität: »Wenn das öffentliche Schulwesen dem Zugriff privatwirtschaftlicher Interessen ausgesetzt wird, gerät der urdemokratische Anspruch, größtmögliche Transparenz über das Handeln der Regierung zu schaffen und Machtstrukturen sichtbar werden zu lassen, ins Abseits. Zugunsten der Ägide des Homo oeconomicus wird das aus dem demokratischen Gesellschaftsverständnis abgeleitete Ziel sozialwissenschaftlicher Bildung – die Sozialisation der Schülerinnen und Schüler zu mündigen Bürgerinnen und Bürgern – aufgeweicht. Dabei höhlt insbesondere der Einsatz von auf Werbung zielenden Materialien privater Anbieter den emanzipatorischen Anspruch von Bildung aus.«[13]

Bereits im Zuge der Pisa-Studie 2006 stellte sich heraus, dass nahezu neun von zehn 15-Jährigen eine Schule besuchen, bei der Wirtschaft und Industrie Einfluss auf die dort vermittelten Lerninhalte nehmen.

Zum Vergleich: Im Durchschnitt der OCED-Staaten waren es 63,7 Prozent. »Schülerinnen und Schüler als Wähler und Konsumenten von morgen sind für Lobbyisten interessant«, schreibt Felix Kamella von LobbyControl in einem Diskussionspapier zum Thema. »Ihre Hoffnung: Die Beeinflussung von Kindern und Jugendlichen wirkt ein Leben lang.«[14]

Nicht nur die Schülerinnen und Schüler als Bürger und Konsumenten von morgen, sondern auch deren familiäres und persönliches Umfeld sollen eingefangen und vereinnahmt werden. Welche Eltern finden es nicht toll, wenn der Sprössling mühelos Praktika oder Hilfe von Experten für seine Facharbeit bekommt wie im geschilderten Fall Exxon Mobil am Gymnasium Sulingen?

Wobei es keineswegs nur die Energiebranche ist, die sich den Zugang zu Schulen zu erobern versucht. »Seit der Finanz- und Wirtschaftskrise vor einigen Jahren und ihrem damit verbundenen Verlust an Ruf und Reputation beobachten wir, dass die Finanzwirtschaft massiv in die Schulen drängt und die Bildung dort in ihrem Sinne zu beeinflussen versucht«, sagt Martina Schmerr, Vorstandsreferentin für Schulen bei der Gewerkschaft GEW. »Auf diese Weise versucht die Branche, das während der Krise schwer erschütterte Vertrauen in sie wiederherzustellen.«[15]

Profis mit Millionen

Dabei sind Profis am Werk und deren Kriegskassen sind üppig gefüllt. Lobbyismus in Schulen (und teilweise bereits in Kindergärten) ist längst ein eigener Wirtschaftszweig geworden, in dem ordentlich Geld verdient wird. Auf Internetseiten wie oeconomix.de oder juniorprojekt.de finden sich scheinbar uneigennützige Angebote an Lehrer für die Gestaltung von Schulstunden. »Hoch im Kurs« heißt eine Lehrer- und Schülermappe mit Arbeitsblättern, herausgegeben von der Branchen- und Lobbyorganisation BVI Bundesverband Investment und Asset Management. Ausführlich werden dort Investmentfonds und andere Anlageformen vorgestellt und etwa fondsbasierte Altersvorsorgepläne »direkt und praktisch alternativlos empfohlen«, hat die Augsburger Wissenschaftlerin Prof. Dr. Eva Matthes festgestellt.

Wörtlich wird den Schülern nahegelegt: »Schon gewusst? Auch mit kleinem Geld lässt sich langfristig Vermögen aufbauen: Mit einem Fondssparplan werden feste, monatliche Beträge in einem Investmentfonds angespart.« Auch beim Thema Riester-Rente wird auf Investmentfonds verwiesen.

Verrückt und ein Unding: Dieses höchst einseitige Elaborat aus der Feder von Investmentfonds-Lobbyisten trägt – wie übrigens erstaunlich viele zweifelhafte Unterrichtsmaterialien – das Comenius-Edu-Siegel für »pädagogisch, inhaltlich und gestalterisch herausragende, IKT(informations- und kommunikationstechnisch)-basierte Bildungsmedien.« Und es zählt zu den offiziellen Projekten der Weltdekade Bildung für nachhaltige Entwicklung. Diese haben die Vereinten Nationen für die Jahre 2005 bis 2014 ausgerufen mit dem erklärten Ziel, »das Leitbild der nachhaltigen Entwicklung in allen Bereichen der Bildung zu verankern«.[16]

Dabei hat gerade der Finanzlobbyismus an Schulen besonders viele Erscheinungsformen. Besonders rührig ist der Bundesverband deutscher Banken, der ständig neue Unterrichtsmaterialien und spezielle Lehrermappen anbietet, ein Zeitungsprojekt »Schule und Wirtschaft«, kostenfreie Wirtschaftsseminare und über die Europäische Bankenvereinigung EBF eine European Money Week, die ausweislich der Internetseite »das Finanzwissen von Schülerinnen und Schülern verbessern« will. Aber eben auch »die öffentliche Diskussion über das Thema auf die Bedeutung der finanziellen Allgemeinbildung für die individuelle und gesellschaftliche Wohlfahrt aufmerksam machen«[17].

2015 ließ der Bankenverband nicht nur in einer Jugendstudie klären, dass Heranwachsende und junge Erwachsene im Internet und in der Digitalisierung hauptsächlich Vorteile für die Gesellschaft sehen. Sondern er ließ in der Studie gleichzeitig auch viele Daten erheben, die für die Mitgliedsbanken beim täglichen Vertrieb zweifellos hilfreich sind. Etwa, wie Jugendliche im Detail ihre Smartphones nutzen, wie ihr konkretes Verhalten beim Online-Einkauf ist, wie es um ihr wirtschaftliches Wissen bestellt ist, wie und ob sie sparen und überhaupt mit ihrem Geld umgehen.[18] Einmal im Jahr lädt der Bankenverband zum Schülerwettbewerb »Schul-Banker« ein, wo jeder Jugendliche Banker spielen darf und die Besten am Ende ausgezeichnet werden. Gemeinsam mit der *Frankfurter Allgemeinen Zeitung* läuft der Wettbewerb »Jugend und Wirtschaft«.

Alles nur ganz selbstlos, nur um die Bildung der Jugendlichen im Bereich Wirtschaft und Finanzen zu verbessern? Eine Sprecherin des Bankenverbands weist weniger hehre Absichten weit von sich. »Wir wollen keine Börsenfreaks fördern, sondern aufgeklärte Verbraucher«, sagt sie auf unsere Anfrage hin. Und außerdem stünde doch immer der jeweilige Lehrer als wichtigste Instanz dazwischen. »Es geht uns darum, Brücken zu bauen zwischen Schulen, Wirtschaft und Banken.« Und darum, bei Schülern die Fähigkeit zur Teamarbeit und die Bereitschaft zur Übernahme von Verantwortung zu fördern.

Das klingt wohlfeil und selbstlos. Ähnlich wie bei »My Finance Coach« (MFC). Dort heißt es auf der Internetseite, man wolle doch nur »Begeisterung wecken, Wissen vermitteln und Kompetenzen stärken«, bevorzugt bei Elf- bis 16-Jährigen. Weil MFC nämlich überzeugt sei, »dass das Verständnis für ökonomische Zusammenhänge unverzichtbar ist für die Teilhabe an unserer Gesellschaft«.

Dem Bundesverband deutscher Banken kann man wenigstens noch zugutehalten, dass er mit offenem Visier kämpft, weil er sich als Initiator seiner Aktivitäten nicht tarnt. Bei »My Finance Coach« ist das anders. Dahinter verberge sich »eine gemeinnützige Initiative, die Jugendliche innerhalb und außerhalb des Klassenzimmers für verantwortungsbewussten Umgang sensibilisiert«, heißt es auf der Internetseite.[19]

Tatsächlich steht hinter »My Finance Coach« eine gemeinnützige Stiftung mit Sitz in München. Das kommt auf den ersten Blick unverfänglich daher. Hinter der Stiftung wiederum stehen mehr als 60 Unternehmen und Organisationen. Darunter sei auch der Versicherungsriese Allianz, heißt es auf der Internetseite im Impressum. Ehrlicher müsste es dort heißen: »My Finance Coach« ist *vor allem* ein Baby der Allianz.

Der Versicherungsriese hat die Stiftung 2010 gemeinsam mit einer Kommunikationsagentur und der Unternehmensberatung McKinsey gegründet. Die Allianz bestreitet angeblich auch den weit überwiegenden Teil des MFC-Etats, der weitestgehend über Spenden finanziert wird. Ausweislich des Bundesanzeigers lag das Spendenaufkommen 2016 bei 2,6 Millionen Euro. Summen dieser Größenordnung sind Kleingeld für einen der weltgrößten Versicherungskonzerne, der allein in Deutschland 32 Milliarden Euro Umsatz erwirtschaftete. Noch dazu lassen sich Spenden bekanntlich steuerlich absetzen. Ein in mehrfacher Hinsicht gutes Geschäft für alle Beteiligten.

Das Geld reicht MFC jedenfalls aus, um ein Feuerwerk an Aktivitäten abzubrennen. »My Finance Coach« füttert die jugendliche Kundschaft nicht nur mit vielen und ständig neuen Mitmachangeboten auf der Webseite.

Vor allem entwickelt und verbreitet MFC kostenlose Unterrichtsmaterialien für Lehrer, organisiert Lehrerfortbildungen (unter anderem gemeinsam mit der bezüglich anrüchiger Kooperationen offenbar schmerzfreien bayerischen Lehrerfortbildungsakademie in Dillingen) und schickt speziell geschulte Finance Coaches als Referenten in den Schulunterricht. Dabei handelt es sich um Vertreter der Firmen, die das Projekt mit betreiben.

Fragwürdige Aktivitäten, finden die Frankfurter Sozialwissenschaftler Engartner und Krisanthan. »My Finance Coach« werfe die Frage auf, ob in Zeiten des von neun auf acht Jahre verkürzten Gymnasiums bereits 12-Jährige »auf die Fragen Wie sorge ich privat für das Alter vor? Wie betreibe ich bei meinen Finanzanlagen Risikodiversifikation? und Wie versichere ich mich richtig?« vorbereitet und unterrichtet werden müssten. »Eine zu kritischem Bewusstsein erziehende finanzielle Bildung, die auf die Gefahren von Missbrauch durch Finanzintermediäre verweist oder vor finanziellen Risiken bei Geldanlagen warnt, findet dabei nicht statt«, so die Wissenschaftler.

Im Materialordner von »My Finance Coach« zum Thema Sparen werden nach ihrer Bewertung »die Risiken von Aktien und Anleihen niedriger Bonität oder hoher Volatilität ebenso ausgeblendet wie Inflationsrisiken, Kreditfallen oder Falschberatungen«. Ausgerechnet Vertreter von Firmen wie der Allianz als »Coaches« vor Schulklassen treten zu lassen, »um neue potenzielle Kunden zu werben, indem sie erst deren Ängste vor Altersarmut schüren und dann die kapitalgedeckte, vulgo: private Altersvorsorge als Allheilmittel propagieren«, empfinden Engartner und Krisanthan »fast so, als würde ein Pharmareferent den Sexualkundeunterricht gestalten oder ein Fast-Food-Restaurantleiter die Kinder über Ernährung informieren«.

Genau das aber geschieht bei »My Finance Coach« täglich. Ausweislich des MFC-Jahresberichtes besuchten diese Coaches im Schuljahr 2015/16 insgesamt 2003 Klassen und sprachen dabei knapp 271 000 Schülerinnen und Schüler direkt im Klassenzimmer an. 925 Lehrer ließen sich im gleichen Zeitraum von MFC fortbilden, 857 Schulen zählten zu den offiziellen Partnern. Seit Bestehen hat »My Finance Coach« bei knapp 8700 Unterrichtsbesuchen gut eine Million Schülerinnen und Schüler direkt erreicht.[20] Mit anderen Worten: Die Resonanz und der Zuspruch für »My Finance Coaches« sind riesig. Die Gedankenlosigkeit bei Lehrern, Schulleitern, deren Vorgesetzten in den Kultusministerien und letztlich auch bei den Eltern scheint gigantisch.

Kritikern hält MFC prophylaktisch entgegen, man lasse die eigene Arbeit schließlich von der Ludwig-Maximilians-Universität in München evaluieren und diese komme dabei regelmäßig zu sehr positiven Einschätzungen. Aber es gibt andere neutrale Experten, die zu geradezu vernichtenden Einschätzungen kommen. Der Bundesverband der Verbraucherzentralen ließ Unterrichtsmaterial von »My Finance Coach« von unabhängigen Fachleuten prüfen.[21] Von vier möglichen Bewertungs-Sternen erhielten die geprüften MFC-Handreichungen der Reihe »Mach dich finanzfit« zu Themen wie Sparen, Finanzplanung oder Kaufen, reihum gerade mal einen einzigen.

Durchgehend beklagten die Prüfer Lücken und didaktische Mängel und stuften den fachlichen Inhalt als eher mau ein. Über einen Ordner zum Thema Sparen und Geldanlage urteilen die Verbraucherschützer: »Kompetenzerwerb ist nicht möglich, es wird lediglich Wissen zu den diversen Spar- und Anlagemöglichkeiten vermittelt und dies noch aus einer Perspektive der Anbieter.« Kritische Stimmen zu den genannten Anlageformen würden nicht dargestellt. »Eine echte Auseinandersetzung ist nicht möglich«, so die Experten weiter.

Das »Neutralitätsgebot«, das den Finance Coaches verbiete, bei ihren Unterrichtsbesuchen »zu einzelnen Produktkategorien oder Produkten dezidiert Stellung zu nehmen« und im Klassenzimmer Vertriebstätigkeiten zu entfalten, sei zwar löblich, so die Prüfer. Ob es in der Praxis auch eingehalten werde, müsse »vor dem Hintergrund von Erfahrungen mit externen Referent(inn)en an Schulen – zumal aus der Finanzwirtschaft – zumindest bezweifelt werden«.

Selten sind es allerdings Drückermethoden, mit denen die Lobbyisten der Finanzbranche in Klassenzimmern vorgehen. »Das Ziel vieler Unternehmen ist es nicht, mithilfe ihres Unterrichtsmaterials Produkte zu verkaufen«, sagt Soziologe Prof. Dr. Reinhold Hedtke. »Es geht vielmehr darum, ein allgemein positives Klima zu schaffen, in dem Schüler die Vertreter von Banken oder Versicherungen nett, kompetent und vor allem vertrauenswürdig empfinden. So wird Halbwissen vermittelt und eine scheinbare Sicherheit bei den Jugendlichen erzeugt, was ihren späteren Umgang und ihr Vertrauen in Finanzprodukte angeht.«[22]

Bestes Beispiel seien Fonds aller Art, die vor Jugendlichen angepriesen würden. Über deren Risiken werde in der Regel überhaupt nicht aufgeklärt, kritisiert Hedtke. Ebenso wenig über die Kalkulation solcher Fonds, deren Vertreiber meist gar kein Risiko hätten, wohl aber die Kundschaft. Auch über die Kosten, die häufig den Gewinn auffressen, werde nicht geredet.[23]

Wie stark Schulen inzwischen von Lobbyisten unterwandert werden, darauf lässt eine Studie der Universität Augsburg schließen. Drei Jahre lang, von 2011 bis 2014, untersuchten dort die Wissenschaftler Prof. Dr. Eva Matthes, Ordinaria an der philosophisch-sozialwissenschaftlichen Fakultät, und ihr Kollege Prof. Dr. Dr. Werner Wiater vom Lehrstuhl für Schulpädagogik, was und wie viel im Internet an kostenlosem Lehrmaterial für den Unterricht angeboten wird. Allein die schiere Masse verblüffte die Forscher. Im August/September 2011 zählten sie 520 419 entsprechende Materialien. Ein Jahr später waren es bereits 882 540. »Inzwischen dürften wir die Millionen-Grenze erreicht haben«, vermutete Eva Matthes bereits im Sommer 2015 und gab zu bedenken: »Das ist ein völlig unübersichtlicher Markt mit völlig unkontrolliertem Material.«[24]

Viele der Angebote seien optisch »sehr gut aufgemacht«. Kein Wunder, findet Matthes, »da steckt meistens auch sehr viel Geld dahinter«. Neun von zehn Lehrerinnen und Lehrern nutzen nach

Einschätzung der Augsburger Professorin Unterrichtsmaterial, das sie sich aus dem Internet holen. Sie laden es von Plattformen herunter, die Unternehmen, Stiftungen, Vereine, die unterschiedlichsten Organisationen, Initiativen, Privatleute, Kirchen, Gewerkschaften, andere Lehrer oder einfach nur Wichtigtuer bestücken. Die Qualität des Materials ist sehr unterschiedlich. »Die Spanne reicht von sorgfältig differenzierten und didaktisierten Unterrichtseinheiten bis zu unverhohlener PR«, sagt Professor Matthes.

Viele Materialien seien nichts anderes als purer Lobbyismus. Dabei werde »eine perspektivische Einseitigkeit« an den Tag gelegt, genau das Gegenteil dessen also, was Schule eigentlich soll. Wenn etwa Volkswagen Material zu Mobilität und Klimaschutz liefert, dann enthält dieses zwar viele Informationen zum Autofahren der Zukunft oder Elektromobilität. »Wirkliche Alternativen zum Autofahren aber werden nicht thematisiert«, sagt Wissenschaftlerin Matthes. Ganz im Sinne der Autoindustrie, ganz im Sinne von Volkswagen.

Die Kollegen der Daimler AG sind noch ungenierter. In einer Unterrichtsvorlage zum Thema Elektromobilität kommen auf einer Zeitleiste über die Elektrifizierung des Autos ausschließlich Mercedes-Benz-Fahrzeuge vor. In einer Aufgabe sollen Schüler per Internetrecherche einen Automobilhersteller suchen, der sich »lokal emissionsfrei fahren« auf die Fahnen geschrieben habe. Sie landen – selbstredend – bei Daimler. Und zu einer Aufgabe zum Elektroauto ist ein Smart abgebildet; Smart ist eine Daimler-Konzernmarke.

Eva Matthes hat zahlreiche, bisweilen sogar dreiste Beispiele für einseitige Beeinflussung und versteckte Werbung gefunden. Der Chemieriese Henkel etwa erwähnt in einer Unterrichtsvorlage für den Chemieunterricht zum Thema »Nachhaltig waschen für eine saubere Umwelt« mehrfach an zentralen Stellen scheinbar beiläufig die eigene Marke Persil. Die Firma Tetra Pak lobt sich in einer

Unterrichtsvorlage selbst ausgiebig für ihr angeblich ökologisches Engagement. Nichts, so könnte man nach der Lektüre des Materials vermuten, ist tauglicher als Verpackung von Flüssigkeiten in Tetra-Pak-Behältern.

Auf jeder Seite der Unterrichtsvorlage prangt das Logo des Unternehmens: »Tetra Pak – schützt, was gut ist.« Die Firma lobt sich selbst als »weltweit führender Anbieter von Getränkekartons« und steuert die Schüler bei einer Internetrecherche zum Thema Nachhaltigkeit und klimaverträglicher Konsum zielgerichtet zum Ergebnis, dass Tetra Pak ein tolles und ökologisches Unternehmen sei. Die Absicht dahinter? »Es geht darum, klimaverträglichen Konsum als Alternative zum Konsumverzicht darzustellen«, notieren die Augsburger Wissenschaftler.

So wird auch das Prinzip des »Beutelsbacher Konsenses« verletzt. Es werden nicht viele Perspektiven eines Themas aufgezeigt, Kontroversen und Diskussionen angeregt, und Schülern wird eben nicht beigebracht, vorgekauten Positionen nicht zu folgen, sondern eine eigene Meinung und Haltung zu entwickeln. »Ich habe kein Unterrichtsmaterial von Unternehmen oder unternehmensnahen Stiftungen gesehen, wo nicht zumindest eine weltanschauliche Tendenz dahintersteckte«, sagt die Augsburger Professorin Matthes. Meist werde »das Bild vom Menschen als Konsumbürger und als Unternehmer seiner selbst« vermittelt. Ein ziemlich eingeschränktes Menschenbild also, in dem andere Werte kaum einen oder gar keinen Platz haben. Soll Schule das vermitteln?

Vor allem eine Organisation steht in diesem Zusammenhang immer wieder im Kreuzfeuer der Kritik: die Initiative Neue Soziale Marktwirtschaft (INSM). LobbyControl nennt sie zu Recht »eine marktliberale Lobbyorganisation der Arbeitgeberverbände der Metall- und Elektroindustrie«. Die INSM wurde 2000 vom Arbeitgeberverband Gesamtmetall ins Leben gerufen, wird aber auch von anderen Arbeitgeberorganisationen unterstützt und finanziert. Die INSM ist ein Paradebeispiel dafür, wie sich Lobbyismus in den vergangenen Jahren verändert hat, wie er immer getarnter operiert und längst nicht mehr nur direkt auf die Beeinflussung von Politikern zielt. Sondern auf eine nachhaltige Veränderung des gesellschaftspolitischen Klimas.

Dazu ein kleiner historischer Rückblick: Um die Jahrtausendwende ist die gesamte Nation tief in eine Reformdebatte verstrickt. Viel ist von Starrheit und Stillstand die Rede, von der Unfähigkeit, Überkommenes hinter sich zu lassen, die bequeme soziale Hängematte zu verlassen und aufzubrechen in die neue Welt des globalisierten Wettbewerbs. Skeptiker und Pessimisten prophezeien schlechte Zeiten, wenn die Deutschen sich nicht endlich eines Besseren besinnen, mit dem Lamentieren aufhören und sich der veränderten Welt stellen. Andernfalls wären höhere Arbeitslosenzahlen und weniger Wohlstand, ein nicht mehr zu finanzierender Sozialstaat und eine gesamtwirtschaftliche Krise die Folge. Ein paar Zahlen zum Vergleich: Im Jahr 2000 sind hierzulande 27,8 Millionen Menschen sozialversicherungspflichtig beschäftigt. 17 Jahre später werden es mehr als 32 Millionen sein. Und während 2017 im Durchschnitt etwa 2,5 Millionen Erwerbslose registriert sind, belief sich die offizielle Arbeitslosenzahl 2000 auf 4,1 Millionen.

In dieser gesellschaftspolitischen Gemengelage beginnt die deutsche Wirtschaft mit viel Geld Thinktanks zu gründen. Was nach Aufbruch und neuem Denken klingt, ist in den meisten Fällen in Wirklichkeit nichts anderes als gut getarnter Lobbyismus im Sinne der Finanziers. Vom ersten Tag an kämpft etwa die Initiative Neue Soziale Marktwirtschaft für wirtschaftsliberale Reformen, man kann auch sagen: für Einschnitte im Sozialsystem. Das tut sie bis heute. Mindestlohn? Auf keinen Fall! Vermögenssteuer? Bloß nicht! Renteneintrittsalter? Flexibilisieren! Verbrämt mit dem scheinheiligen Versprechen, man wolle doch den Sozialstaat Ludwig Erhards retten, geht es in Wirklichkeit um Sozialabbau. Jeder muss eben schauen, wo er bleibt. Im Kampf für ihre Positionen kann die Initiative finanziell aus dem Vollen schöpfen. Allein für das Jahr 2015 betrug ihr Etat sieben Millionen Euro.[25] Das Geld kommt hauptsächlich von den hierzulande mächtigen und zahlreichen Metallarbeitgebern.

Die INSM tritt rigoros und ausschließlich für Arbeitgeberinteressen ein, ein Lobbyverband will sie aber angeblich nicht sein. Verschwurbelt erklärt die Initiative dazu auf ihrer Internetseite: »Die INSM ist sicher eine starke ›Lobby‹ für marktwirtschaftliche Alternativen – Lobbyisten im Sinne einer einseitigen branchen- oder themenspezifischen Interessenvertretung sind wir aber nicht. Die INSM wirbt transparent und offen gegenüber der Politik und im Dialog mit der interessierten Öffentlichkeit für die Prinzipien einer Sozialen Marktwirtschaft. Die INSM wird von den Verbänden der Metall- und Elektro-Industrie finanziert. Eine moderne Soziale Marktwirtschaft dient keineswegs nur Unternehmen, sondern ist eine Gesellschaftsform, von der alle profitieren.«[26]

Und weiter in der INSM-Prosa: »Die INSM denkt und handelt parteiübergreifend. Ihre Unterstützer kommen aus dem gesamten demokratischen Spektrum. Das heißt: Für uns zählen nicht das Parteibuch, sondern intelligente Sachargumente und Lösungsansätze für Reformen im Rahmen der Sozialen Marktwirtschaft. Wir pflegen mit allen politischen Entscheidungsträgern und demokratischen Parteien regelmäßig das persönliche Gespräch und den fachlichen politischen Dialog. Unser Interesse ist die Verankerung der Sozialen Marktwirtschaft in der Gesellschaft.«

Bei ihrer Offensive hat die Initiative längst nicht nur die Politiker, sondern ganz wesentlich auch die Klassenzimmer ins Visier genommen. In ihrem Unterrichtsmaterial zum Thema Sozialstaat konzentriere sich die INSM »auf die Probleme und Gefahren sozialstaatlicher Maßnahmen und stellt soziale Gerechtigkeit als Utopie dar«, kritisiert LobbyControl. Eine kontroverse Diskussion dazu finde nicht statt. Soziologe Hedtke spricht in diesem Zusammenhang von einem »volkspädagogischen Trend«, der den Jugendlichen vermittelt werde: »Ihr werdet verarmen, wenn ihr nicht private Vorsorge betreibt. Was man den Jugendlichen aber nicht sagt, ist, dass auch solche Anlagen Risiken unterliegen, weil niemand vorhersagen kann, was in 30 Jahren ist.«

Pointiert gegen das Grundgesetz

Vor Jahren schon fiel die INSM mit fragwürdiger Schleichwerbung auf, die mit einer Rüge des deutschen PR-Rates quittiert wurde. In der bei Jugendlichen und jungen Erwachsenen beliebten ARD-Fernsehserie »Marienhof« ließ die INSM einen Dialog schreiben, bei dem die Serienhelden zum Ergebnis kamen, dass die richtige Antwort auf den Pisa-Schock[27] des Jahres 2000 die stärkere Ausrichtung von Schulunterricht auf die Interessen der Wirtschaft wäre.

Noch weitaus dreister fiel eine von der INSM vertriebene Broschüre für den Schulunterricht aus, die vom Titel her den Anspruch erhob, »das kleine Einmaleins der Marktwirtschaft« zu erläutern. Tatsächlich stellte das Pamphlet nicht weniger als das Grundgesetz in Frage und stänkerte einseitig gegen die Politik. Wörtlich hieß es auf Seite 21: »Wie kann es sein, dass Politiker aller Parteien einerseits lauthals das Loblied der Marktwirtschaft singen, andererseits aber immer und immer wieder Gesetze verabschieden und Maßnahmen ergreifen, die offenbar einzig und allein das Ziel haben, die

Menschen vor genau dieser Marktwirtschaft ›zu schützen‹? Eine Antwort darauf ist die geradezu paranoide Angst der Deutschen vor vermeintlichen Ungerechtigkeiten und davor, als ›Kleiner‹ von den ›Großen‹ gefressen zu werden.«

Andernorts seien die Menschen jedenfalls schon viel weiter in Sachen Freiheit, Eigentum und Selbstverantwortung. »In Großbritannien und den USA sind diese Rechte geradezu heilig, in Deutschland aber werden sie schon vom Grundgesetz drastisch eingeschränkt: In Artikel 14 Absatz 2 heißt es: ›Eigentum verpflichtet. Sein Gebrauch soll zugleich dem Wohle der Allgemeinheit dienen.‹ Zugegeben, dieses Gebot ist ohne Zweifel gut gemeint, doch von einer freiheitlichen Wirtschaftsverfassung zeugt es nun wirklich nicht.« Und weiter im INSM-Text: »In dem Wahn, es möglichst allen recht zu machen, verheddert sich die deutsche Wirtschaftspolitik seit Jahrzehnten in einem Gestrüpp aus Widersprüchen.«

Als das Pamphlet in einigen Medien für einen Aufschrei der Empörung sorgte, gab sich ein Sprecher der Initiative Neue Soziale Marktwirtschaft kleinlaut. Der inkriminierte Text sei »sicherlich sehr pointiert formuliert und leider etwas missverständlich« gewesen, räumte er ein. Inzwischen wird die Broschüre nicht mehr vertrieben.

Zum Jahresbeginn 2014 gab die Initiative Neue Soziale Marktwirtschaft ihr Internetportal für Lehrer, wirtschaftundschule.de, ab an die IW Medien, eine Tochter des Instituts der deutschen Wirtschaft in Köln. Das wiederum ist sehr arbeitgebernah orientiert, wird es doch von Unternehmen und ihren Interessenverbänden finanziert. Der Bundesverband der deutschen Industrie und die Bundesvereinigung der deutschen Arbeitgeberverbände sind die Träger des Instituts. Kein Wunder, dass in den Unterrichtsmaterialien nach wie vor die Sicht der Wirtschaft dominiert. Nicht mehr so plump wie weiland bei der grundgesetzfeindlichen Broschüre der INSM, aber im Tenor doch nach wie vor eindeutig.

Es sei ein subtiler Einfluss, der darauf zielt, gesellschaftspolitische Denkweisen als gewissermaßen unumstößliche Naturgesetze in den Gehirnen von Lehrern und Schülern einzupflanzen, sagt Wissenschaftlerin Matthes. »Letztendlich geht es darum, eine wirtschafts- und unternehmensfreundliche Gesellschaft zu schaffen.«

Die erwähnten Beispiele aus den Arbeitgeber-Denkfabriken INSM und IW vermitteln eben nicht nur Fakten über das Funktionieren von Wirtschaft. Sie indoktrinieren, indem sie das Bild einer Gesellschaft und eines Staates vermitteln, in dem jeder eben schauen muss, wo er bleibt. »Das geschieht sehr häufig über versteckte Formen der Einflussnahme, die man auf den ersten Blick nicht erkennt«, sagt Professorin Matthes.

Wenn etwa in den Unterrichtsmaterialien vordergründig von Nachhaltigkeit oder sozialer Marktwirtschaft die Rede ist, tatsächlich aber »der Einzelne vor allem als Konsumbürger betont wird«. Etwa in Materialien zur Alterssicherung, in denen unmissverständlich die private Vorsorge propagiert wird. Der freie Markt wird als das Allheilmittel gegenüber dem Staat dargestellt. Wo der doch alles falsch und die sogenannte »freie Wirtschaft« alles richtig macht.

»Jedes Jahr gibt Deutschland mehr und mehr Geld dafür aus, die Risiken des Lebens abzusichern«, heißt es in dem vom einstigen INSM-Portal wirtschaftundschule.de angebotenen Arbeitsblatt »Anspruch und Wirklichkeit der Sozialen Marktwirtschaft«.[28] Und weiter: »Der Erfolg ist dabei nicht immer garantiert.« Korrekturen am bestehenden Rentensystem seien jedenfalls »dringend erforderlich«. Es folgt eine politisch höchst umstrittene Aussage: »Eine Möglichkeit, um auch in Zukunft eine Rente zu ermöglichen, ist die Erhöhung des Renteneinstiegsalters.« Im Übrigen sei das deutsche Gesundheitssystem ohnehin ineffizient und die finanzielle Förderung von Familien durch den Staat durch Kinder- und Erziehungsgeld habe »keinen nachhaltigen Anstieg bei den Geburtenzahlen ermöglicht«.

So wird ein Sozialstaat mit seinem auf generationenübergreifende Verantwortung ausgelegten Rentensystem madig gemacht und nebenbei demokratisch gewählte Politiker als unfähig dargestellt. Was hat solche Einseitigkeit im Schulunterricht zu suchen?

Wohlgemerkt – man kann den Sozialstaat für überfordert, die Politik für unfähig und das Renteneinstiegsalter für zu niedrig halten. Aber man kann das eben auch anders sehen. Die Frage ist, ob man solche einseitigen Positionen, wie sie sich auch in den politischen Positionspapieren der Arbeitgeberverbände und ihnen nahestehender Parteien finden, Jugendlichen als in Stein gemeißelte Fakten präsentieren darf. Oder ob es nicht angemessen wäre, im Unterrichtsmaterial mit der gleichen Verve und argumentativen Straffheit auch Gegenpositionen darzustellen. So jedenfalls wird einseitig Gesellschaftspolitik in die Klassenzimmer getragen.

Das geschieht immer häufiger. Die Augsburger Wissenschaftler Matthes und Wiater haben in ihrer Dreijahresstudie festgestellt, dass sich die Zahl der Anbieter entsprechender Unterrichtsmaterialien im Internet von 2011 bis 2014 um fast 75 Prozent erhöht hat. »Von den 20 umsatzstärksten deutschen Unternehmen bieten 16 Lehrern Materialien für den Unterricht an«, rechnet Matthes vor. »Die haben also alle ein Interesse daran, in die Schulen reinzuwirken. Und das tun die nicht aus Altruismus.«

»Wirtschaft und Unternehmen müssen in Schulen abgebildet werden«, sagt Vera Fricke, Referentin für Verbraucherkompetenz bei der Verbraucherzentrale Bundesverband (VZBV). »Aber das muss gesellschaftspolitisch absolut neutral und ausgewogen geschehen.«

2010 hat der VZBV eine Verbraucherplattform www.verbraucherbildung.de im Internet eingerichtet und mehr als 500 Angebote für alle möglichen Schulfächer untersucht. Die Ergebnisse sind in einem Materialkompass nachzulesen.

Ein Viertel der Materialien erwies sich als problematisch oder gar grottenschlecht. »Vor allem jene mit wirtschaftsnahem Hintergrund bekamen schlechtere Bewertungen als solche, die von der öffentlichen Hand kamen«, sagt Fricke. Große Ungleichgewichte habe es da häufig in Sachen Neutralität und Ausgewogenheit gegeben.

Die Einfallstore für die Meinungsmache im Klassenzimmer stehen weit offen, und das hat mit den Rahmenbedingungen zu tun, unter denen viele Schulen selbst in reichen Bundesländern wie Bayern oder Baden-Württemberg arbeiten müssen. Sie verfügen oft nur über sehr beschränkte finanzielle Etats, derweil die Ansprüche der Eltern an die Ausstattung und den Aktualitätsbezug des Unterrichts ihrer Kinder immer größer werden. Schulbücher müssen mehrere Qualitätskontrollen durchlaufen, ehe sie zugelassen werden. Ihr Inhalt ist daher meist tadellos, veraltet aber in manchen Fächern verhältnismäßig schnell.

Weil die Schulen mangels ausreichenden Etats nicht ständig die neuesten Auflagen kaufen, aber auch, weil inzwischen der Taktgeber Internet die Geschwindigkeit im Informationszeitalter vorgibt. Die Wissenszyklen werden als Folge immer kürzer. Lehrpläne können dem nicht immer Schritt halten. Viele Lehrer fühlen sich im Stich gelassen. Um den Unterricht aktueller und auch interessanter zu gestalten, suchen viele im Internet nach tauglichem Material.

Genau in diese Lücken stoßen jedoch Lobbyisten. Inzwischen gibt es kleine, aber umtriebige und erfolgreiche Spezialagenturen. Dienstleister, die Firmen dabei helfen, an die jugendliche Zielgruppe anzudocken. Am besten direkt in der Schule oder schon in der Kindertagesstätte. Schließlich ist dort richtig was zu holen. »Die Zielgruppe verfügt über mehrere Milliarden Kaufkraft und Mitsprache bei Kaufentscheidungen der Eltern. Oft sind die frei verfügbaren Mittel größer als bei den Eltern. So haben Kinder und Jugendliche (sechs bis 19 Jahre) jährlich eine Summe von rund

20 Milliarden Euro zur Verfügung«, heißt es auf der Internetseite der Spread Blue Educationmarketing GmbH aus Bottrop.[29]

Die Firma ist eine von vielen Agenturen, die sich auf Lobbying in Kindertagesstätten und Schulen spezialisiert haben. 18 Millionen Kinder und Jugendliche gäbe es dort und man biete den Unternehmen »spezifische Lösungsangebote«, so Spread Blue. Andere solche Lobby-Dienstleister heißen Cobra Youth Communications, Deutsche Schulmarketing Agentur (DSA) oder KB&B. Bei Cobra weiß man: »Je früher ein Konsument an eine Marke oder ein Produkt herangeführt wird, umso geringer ist die Wechselbereitschaft auf andere Marken zu einem späteren Zeitpunkt. Wer also frühzeitig in spezielle Kommunikationsmaßnahmen für Kinder investiert, profitiert später von besonders loyalen Kunden.«[30]

Die Zauberworte heißen »Schulmarketing«, »Bildungssponsoring« oder »Lernpartnerschaften«. »Kinder und Jugendliche verbringen einen Großteil ihres Alltags in der Schule und treten dabei mit zahlreichen Themen aus den unterschiedlichsten Bereichen in Kontakt«, schreibt Cobra Youth Communications auf der Internetseite. Wer ihnen »bildungsrelevante Themen« vermitteln wolle, müsse sein eigenes Know-how einsetzen und auch »einen Mehrwert für die Bildungsinstitutionen« anbieten. »Vor allem Lehrer nehmen derartige Hilfen für die Gestaltung des Unterrichts dankbar an«, weiß man bei Cobra Youth. »Aber auch unsere Kunden können mit Bildungskommunikation ihre Ziele in den Bereichen CSR, Recruiting oder Imagebildung verfolgen.«

Zu den Kunden, für die beispielsweise die DSA bereits tätig wurde, gehören Unternehmen von A wie Adidas und Aldi über das Bundesministerium für Verteidigung und den Energieriesen Eon bis hin zu Bausparkassen oder Möbelhäusern. Das Unternehmen wirbt auf seiner Webseite: »Wir schaffen einen konkreten Mehrwert für Ihr Unternehmen, indem wir Ihre Interessen mit dem pädagogischen Bildungsauftrag von Schulen kombinieren.«[31] Das sei sogar »eine der Kernkompetenzen unserer Agentur«. Man verfüge über das Know-how, »Botschaften von Unternehmen gezielt in Bildungseinrichtungen zu bringen«. Schließlich gebe es zwar viele Jugend-Szenen, aber nur einen Ort, der alle Strömungen unter Jugendlichen verbinde: die Schule. »Es gibt kaum einen anderen Ort, an dem Sie die Kinder und junge Familien konzentrierter vorfinden oder ansprechen können. Schon im Vorschulalter beherrschen viele Sprösslinge ein erstaunliches Repertoire an Werbesprüchen und -melodien, und von diesen bleibt offensichtlich auch einiges hängen, wie neue Studien belegen. So orientieren sich Mädchen unter sieben Jahren, die ihre Wunschliste für Weihnachten zusammenstellen, vor allem an dem ihnen über Werbung Präsentierten.«[32]

Auch die Hamburger »KB&B – The Kids Group GmbH & Co. KG« wirbt auf ihrer Internetseite mit renommierter Kundschaft: große Spielwarenhersteller wie Mattel, Hasbro, BIG oder Disney zum Beispiel, den Stiftehersteller Stabilo, den Spielkonsolenhersteller Nintendo, den Sony-Konzern. Für Letzteren rühmt sich KB&B, eine »Schulaktion mit 120 000 Teilnehmern« organisiert zu haben.

Wie tief die Agentur-Mitarbeiter als Lobbyisten ihrer Kunden in die Klassenzimmer und sogar in die Kindertagesstätten offenbar mühelos vordringen, darüber gibt die Internetseite der Firma Auskunft: Man verfüge über »mehr als 200 Kooperationskontakte« und könne »über 700 Erzieherinnen« erreichen.[33]

Längst sind auch die Kleinsten in den Kindertagesstätten Zielgruppe der Konzerne. Ein Team des ARD-Politmagazins Report Mainz war mit der Kamera dabei, als eine solche Einrichtung Päckchen erhielt mit kleinen Büchern zur Sprachförderung. Vor allem aber: Lego-Spielzeug. 6500 Kindergärten und 2500 Schulen erhielten in Deutschland regelmäßig solche Geschenke von Sponsoren.

Produktwerbung unter dem Deckmäntelchen des Bildungssponsorings.

Verheerend findet der bekannte Hirnforscher Manfred Spitzer solche Geschenke. »Kindergarten- und Grundschulkinder haben deutlich weniger Kritikfähigkeit als ältere Kinder«, sagte er Report Mainz. »Sie können deswegen die Werbung nicht reflektieren oder auch kritisch hinterfragen und sie lernen schneller als ältere Kinder. Das heißt, sie sind beeinflussbarer einerseits und den Dingen hilfloser ausgesetzt. Und das ist eigentlich das Fiese.«[34]

Die Lobbyisten ficht so etwas nicht an. So bietet die Agentur KB&B ihren Kunden »einzigartige und exklusive Zugänge« über »wissensvermittelnde Schul- und Kindergartenaktionen«. Man biete an, das Produkt des Kunden »optimal in der Zielgruppe zu platzieren«, die Bekanntheit zu steigern, »wochenlange Präsenz im Unterricht, direkt in der Zielgruppe«. Weil es besser sei, »klassenweise zu begeistern, statt Einzelkontakte zu erreichen«.

Offener und ehrlicher kann man Lobbyismus nicht beschreiben.

Wobei Lobbyismus in Schulen nicht nur von Unternehmen und deren Handlangern betrieben wird. Auch Gewerkschaften entdecken das Feld zunehmend für sich. Während etwa die GEW massiv gegen Lobbyismus in Schulen zu Felde zieht, ist die IG Metall diesbezüglich ungeniert zugange. »Ideologische Früherziehung« überschrieb der *Spiegel* im Herbst 2015 eine kleine Meldung[35] über ein Projekt des IG Metall Bezirks Küste mit dem Hamburger Carlsen-Verlag. Der gibt seit mehr als sechs Jahrzehnten kleine Bücher der Reihe Pixi heraus. Insgesamt sind 2000 verschiedene Titel erschienen, in einer Gesamtauflage von mehr als 450 Millionen Exemplaren. Nun schrieb die Gewerkschaft die Vorlage für eine Ausgabe.

Eine Geschichte aus dem Arbeitnehmerleben, kindgerecht aufbereitet: Die Mama muss früh zur Arbeit, der Papa plötzlich auch, weil er auf einer Baustelle außerhalb arbeiten muss. Also ist niemand da, der den Kindern das Frühstück macht. Die Arbeitszeiten machen also Probleme und um sie zu ändern, muss gestreikt werden. Die Kleinen machen mit und protestieren ihrerseits mit Rasseln und Flöten gegen die Zustände.

»Carla, Fabio und Mama streiken« heißt das Büchlein, an dem sich die IG Metall nicht nur inhaltlich, sondern auch finanziell beteiligte. Das sei aber kein Gewerkschaftslobbyismus im Kinderzimmer, beeilte sich ein Vertreter der IG Metall Küste zu versichern. Sondern es erkläre nur, wie man seine Interessen durchsetze.

Na dann.

Das kritische Bewusstsein in der Öffentlichkeit und bei den zuständigen Stellen dafür, dass unsere Schulen immer mehr zum Tummelplatz von Lobbyisten werden, entwickelt sich nur langsam. Die Internetseiten des Gymnasiums Sulingen quollen lange Zeit über vor positiven und einseitigen Berichten über Exxon Mobil und die Zusammenarbeit mit dem Ölriesen; auch in lokalen Medien war viel Freundliches zu lesen. Bei einer Evaluation gaben 57 Prozent der beteiligten Sulinger Schüler an, sie fänden Exxon Mobil sehr gut oder gut. 45 Prozent bekannten, ihre Bewertung des Unternehmens habe sich durch das Pilotprojekt verbessert. Die Initiatoren aus der Energiewirtschaft waren angesichts solcher Zahlen nachvollziehbarerweise hochzufrieden: »Die ursprünglichen Ziele der Kooperation wurden erreicht«, notierten sie in einem Evaluationsbericht, der uns vorliegt.

Nur im niedersächsischen Kultusministerium hat ein Umdenken eingesetzt. Im Januar 2015 zog die damalige Kultusministerin Frauke Heiligenstadt (SPD) einen Schlussstrich unter die unheilvolle Allianz zwischen Schulen und Energiekonzernen: Sie trug den jahrelangen Protesten von LobbyControl und anderen Kritikern Rechnung und verbot die Kooperationen kurzerhand ab dem Schuljahr 2015/16.

»Grundlage dieser Entscheidung ist die Antikorruptionsrichtlinie des Landes«, erklärte auf Nachfrage der Sprecher des Kultusministeriums. Demnach sei Sponsoring an Schulen nur zulässig, »wenn der Anschein einer möglichen Beeinflussung bei der Wahrnehmung des Verwaltungshandelns nicht zu erwarten ist. Dabei kommt es nicht darauf an, ob tatsächlich eine Einflussnahme erfolgt.«

Genau das ist in Sulingen, Vechta, Lingen, Verden und Lohne aber jahrelang geschehen. So sahen die Verträge der Schulen mit dem Lobbyverband MEG »die Verpflichtung der Schulen vor, Themen aus der Erdöl- und Erdgasproduktion in den Unterricht und die schulische Projektarbeit einzubringen«, so der Ministeriumssprecher. »Außerdem mussten sich die Schulen verpflichten, dem WEG halbjährlich einen Statusbericht über die Zusammenarbeit vorzulegen und gemeinsam mit dem WEG Unterrichtsmaterialien zu entwickeln.« Die Unternehmen stellten außerdem bis zu 10 000 Euro für Sachmittelanschaffungen zur Verfügung, über die in Abstimmung mit ihnen verfügt werden konnte.

»Eine solche Vertragsgestaltung eröffnet unseres Erachtens Möglichkeiten der Einflussnahme auf schulische Belange und die Mitgestaltung der Lehrinhalte und wäre damit unzulässiges Sponsoring«, so der Sprecher. Für die Schulen heiße dies, ein Werbeeffekt müsse deutlich hinter dem pädagogischen Nutzen zurückbleiben, und Zuwendungen dürfen nicht angenommen werden, wenn dadurch der Anschein erweckt wird, dass der Bildungsauftrag beeinflusst wird. Schon die Möglichkeit einer auch nur mittelbaren Einflussnahme würde bereits zur Unzulässigkeit des Sponsorings führen. »Nach aktueller Einschätzung des Landes Niedersachsen besteht eine solche Möglichkeit im Falle der genannten Kooperationen«, so das Fazit des Ministeriums damals.

Und ganz abgesehen davon: »Schülerinnen und Schüler müssen sich frei und ohne einseitigen Einfluss ihr eigenes Urteil bilden können, in diesem Fall war dies nach unserer Einschätzung nicht mehr gewährleistet.« Es müsse klar und deutlich sein, »dass eine mögliche Einflussnahme von Unternehmen ausgeschlossen ist«, sagte der Ministeriumssprecher weiter. »Das war bei den in Rede stehenden Verträgen allerdings nicht der Fall.«

Nicht jeder sieht das so. Aus den betroffenen Schulen kam zum Teil verhaltene Kritik, hatte sich die Kooperation für sie doch im wahrsten Sinne des Wortes bezahlt gemacht. Schulleiter beklagten, dass ihnen nunmehr die 10 000 Euro der Konzerne im Etat fehlen. Der stellvertretende CDU-Vize im niedersächsischen Landtag nannte die Beendigung des Schul-Lobbyings sogar den Beweis dafür, dass die SPD-geführte Landesregierung wirtschaftsfeindlich agierte. Wo doch die Kooperationen so sinnvoll gewesen seien, um die Wirtschaftskompetenz von Schülern zu stärken.

9
Zwischen den Zeilen
Medien als Transmissionsriemen für Lobbyisten

Inszenierte Wahrheiten: Sollen Botschaften tief in eine Gesellschaft hinein transportiert und dort verpflanzt werden, geht dies häufig nicht ohne die Medien. Das Internet öffnet Manipulationen Tür und Tor. Der Druck auf die Journalisten wächst.

Seit seiner Freilassung aus einem russischen Straflager sind 36 Stunden vergangen, als Michail Chodorkowski in Berlin vor die Weltpresse tritt. Er tut dies nicht im schnöden Konferenzsaal irgendeines der zahlreichen Berliner Hotels, sondern an einem symbolträchtigen Ort: im Mauermuseum am ehemaligen Checkpoint Charlie, jenem weltbekannten früheren Grenzübergang zwischen Ost- und West-Berlin, zwischen russischem und amerikanischem Sektor. Der Kontrollpunkt wurde 1961 im Zuge des Mauerbaus eingerichtet und hatte bis 1989 Bestand. Nur Vertreter der Alliierten, ranghohe DDR-Funktionäre, Ausländer und Vertreter der Ständigen Vertretung der Bundesrepublik in der DDR durften bis dahin den Checkpoint Charlie passieren.

Ein Ort der Weltgeschichte also. Das kleine, vom Menschenrechtler Rainer Hildebrandt 1963 eröffnete Museum auf der Westseite der ehemaligen Grenze thematisiert und dokumentiert mit vielen Fotos und Exponaten das Leid, das die Berliner Mauer und überhaupt die deutsche Teilung über unzählige Menschen brachte. Es erinnert an die vielen DDR-Bürger, die bei Fluchtversuchen aus ihrem Land ihr Leben ließen oder verletzt wurden, und es zeigt Original-Requisiten von geglückten Fluchten. Das Mauermuseum gehört seit Langem zu den am besten besuchten Museen Berlins. Und doch war von Anfang an klar, dass es für den Ansturm zum Chodorkowski-Auftritt zwei Tage vor Heiligabend 2013 zu klein sein würde.

Das Gedränge, Geschubse und Geschrei der Kameraleute und Fotografen ist enorm, als Michail Chodorkowski am frühen Nachmittag in dunkelblauem Anzug, weißem Hemd und Krawatte vor die Medienvertreter tritt. Zehn Jahre in russischen Straflagern liegen hinter dem einstigen Oligarchen und prominentesten Gegner von Wladimir Putin; in nach rechtsstaatlichen Maßstäben zumindest fragwürdigen Prozessen war Chodorkowski wegen Steuerhinterziehung und Betrug verurteilt worden. Nun wurde er über Nacht völlig überraschend aus der Lagerhaft entlassen und in einem vom früheren Außenminister Hans-Dietrich Genscher organisierten Privatjet des westfälischen Unternehmers Ulrich Bettermann aus Russland nach Deutschland ausgeflogen.

Dass für seinen ersten öffentlichen Auftritt in Freiheit der ehemalige Checkpoint Charlie ausgewählt wurde, kam nicht von ungefähr. Der Checkpoint steht wie nur wenige Orte symbolhaft für den Kalten Krieg und seine schlimmen Folgen für viele Menschen. Er steht seit 1989 aber auch für den Sieg der westlichen Demokratien über die totalitären, kommunistischen Regime in der DDR und der ehemaligen Sowjetunion. Etwas pathetisch zugespitzt: Der Checkpoint Charlie markiert den Triumph der Freiheit über den Totalitarismus in Europa. Welcher Ort würde sich also als Kulisse für eine mediale Inszenierung des ersten Auftritts eines lange Inhaftierten besser eignen, um einen im autoritären Putin-Russland unter zweifelhaften Umständen zehn Jahre lang eingesperrten, politischen Gefangenen der Weltöffentlichkeit zu präsentieren?

Schließlich geht es darum, mit der Person Chodorkowski auch ein bestimmtes Bild in die Öffentlichkeit zu transportieren: Chodorkowskis Freilassung sollte auch als Sieg der Freiheit über das autoritäre Russland Wladimir Putins inszeniert werden. Es waren Medienprofis, die dafür das Checkpoint-Charlie-Museum gezielt auswählten. Denn die Bilder, die um die Welt gehen sollen, müssen verfangen. Im besten Fall transportieren sie eine Botschaft, die über das bloße Wort des Freigelassenen hinausgeht.

Hochspezialisierte Agenturen wissen, wie man Eindruck schafft. Zehn Jahre hatten sie sich zuvor schon während Chodorkowskis Lagerhaft sehr aktiv darum gekümmert, dass Öffentlichkeit und Politiker im Westen das Schicksal ihres Klienten nie aus den Augen verloren. Kaum war der Oligarch im Oktober 2003 im Straflager verschwunden, engagierte sein Umfeld Fachleute im Ausland und erteilte ihnen einen klaren Auftrag: den Namen Chodorkowski und das Schicksal des Kreml-Kritikers immer wieder in die Medien zu tragen, für anhaltende Aufmerksamkeit zu sorgen und so den politischen Druck auf die russischen Machthaber aufrechtzuerhalten. Zugleich sollte auch Gewähr dafür geboten werden, dass dem Gefangenen Chodorkowski nicht doch still und heimlich Schlimmeres widerfährt.

Den Auftrag erhielt zunächst Burson-Marsteller, eine der größten PR-Agenturen weltweit mit Sitz in New York, Büros in 50 Ländern und mehreren Tausend Mitarbeitern. Sie gehört seit 2000 zum britischen Werbe- und Medienkonzern WPP und betreut in zahlreichen Ländern viele Unternehmen.

Bei der Auswahl der Kundschaft kennt man wenige Skrupel. Auch zweifelhafte Auftraggeber wie die argentinische Militärjunta oder der 1989 hingerichtete rumänische Diktator Nicolae Ceauşescu ließen sich von Burson-Marsteller helfen, um ihr Image im Westen ein wenig zu polieren oder aber für Rumänien als Tourismusregion zu werben. Ebenso der Chemiekonzern Union Carbide, nachdem in dessen indischem Werk in Bhopal 1984 ein Unfall Tausenden Menschen das Leben kostete.

2011 und 2012 arbeitete die Agentur für die polnische EU-Ratspräsidentschaft, was sich das Außenministerium in Warschau Medienberichten zufolge mindestens eine halbe Million Euro pro Jahr kosten ließ. Einen »Global Player in Sachen Public Relations und käuflicher öffentlicher Meinung« nannte der BUND Burson-Marsteller. Greenpeace warf der Lobbyfirma schon einmal vor, für Diktaturen weltweit Imagekampagnen zu organisieren, »damit Staatsterror, Massaker und Gräueltaten nicht zu wirtschaftlichen Nachteilen und Sanktionen für die betreffenden Staaten führen«.

In Frankfurt wurde Burson-Marsteller vom Flughafenbetreiber Fraport, der Lufthansa und der Fluggesellschaft Condor mit dem PR-Kampf gegen mehrere Bürgerinitiativen beauftragt, die sich gegen den Fluglärm des Airports wehrten.[1] Facebook spannte die Agentur ein, um Google zu diskreditieren, indem Medien ausgerechnet mit Berichten darüber versorgt wurden, dass der Konkurrent die Privatsphäre der Internetnutzer nicht genügend achte. Nina Katzemich vom Verein LobbyControl hält wenig von Burson-Marsteller. Die Agentur sei »ein Profi auf dem Gebiet der Beratung von Regierungen, sie schrecken da auch vor nichts zurück, Nigeria, Argentinien, Ukraine«, sagte sie in einem Fernsehinterview. Es sei obendrein »problematisch, wenn Lobbyagenturen direkt in offizielle Regierungsangelegenheiten eingreifen«. Damit spielte sie darauf an, dass die enge Zusammenarbeit mit Polen während der Zeit der Ratspräsidentschaft Burson-Marsteller zweifellos zahlreiche neue, hochrangige Kontakte in Warschau und innerhalb des EU-Apparats bescherte, von denen die Lobbyisten auch bei ihren Aktivitäten für andere Kunden zehren können. Ein klarer, zweifellos lukrativer Wettbewerbsvorteil gegenüber der Konkurrenz.

Nun gibt es – legt man den Fall Chodorkowski zugrunde – zweifellos Verwerflicheres, als Stimmung zu machen für einen unter zweifelhaften Umständen ins Straflager gesperrten Menschen.

Andererseits offenbart sich an dem Beispiel einmal mehr ein Grundübel von Lobbyismus: Sein Erfolg ist abhängig von den vorhandenen finanziellen Mitteln. Nicht nur in Straflagern Russlands, sondern weltweit sitzen Tausende und Abertausende Menschen unter zweifelhaften Umständen im Gefängnis, die nicht das Geld haben, sich PR-Lobbyisten zu engagieren und ihr Schicksal in die Medien und über sie in die Öffentlichkeit zu transportieren. Nach diesen Opfern kräht kein Hahn.

Das Beispiel Chodorkowski zeigt exemplarisch, wie eng Lobbyismus und Medien zusammenhängen können. Wie Zeitungen, Magazine, Rundfunk- und Fernsehsender, vor allem aber das Internet mit seinen unendlichen Plattformen als Transmissionsriemen genutzt werden, um gewünschte Botschaften zu verbreiten, Themen gezielt zu setzen, gesellschaftliche Diskussionen zu lenken und Politik im Sinne der Auftraggeber zu beeinflussen. Um ein anderes Bild zu bemühen. Medien sind die Sprungschanzen für Lobbyisten mitten hinein in die Gesellschaft, in unsere Diskussionen.

Im Fall des einstigen russischen Oligarchen hieß dies: Wann immer sich ein Anlass bot (oder ein Anlass geschickt inszeniert werden konnte), schufen die PR-Lobbyisten Publizität für ihren Mandanten. Von 2005 bis 2012 erledigte dies die Agentur Burson-Marsteller, die den Auftrag dann jedoch abgab, »weil er andere, lukrative Russland-Aktivitäten zu gefährden schien«, wie die *taz* recherchierte.[2] Christian Hanne, der sich zuvor bei Burson-Marsteller um das Projekt Chodorkowski gekümmert hatte, und seine Kollegin Christiane Maack machten sich nun mit einer eigenen Agentur in Berlin selbstständig und kümmerten sich so fortan um ihren prominenten Mandanten.

Die Arbeit Hannes und seiner Agentur für den eingesperrten

Chodorkowski bis hin zur Inszenierung seiner ersten Pressekonferenz in Freiheit im Museum am Checkpoint Charlie beschrieb das *prmagazin* rückblickend so: »Sie standen im steten Austausch mit den Anwälten des Inhaftierten. Sie organisierten hierzulande die Pressearbeit, veranstalteten Lesungen und Konzerte und versuchten bei Anlässen wie Chodorkowskis 50. Geburtstag das Interesse der deutschen Öffentlichkeit zu wecken.« Das, so vertraute Christian Hanne dem Fachmagazin an, sei aus dem Kalkül heraus geschehen, dass Deutschland ein wichtiger wirtschaftlicher und politischer Partner Russlands sei. »Die große öffentliche und mediale Aufmerksamkeit hat sicher dazu beigetragen, dass Herr Chodorkowski frühzeitig aus dem Gefängnis gekommen ist. Kommunikation war seine Lebensversicherung.«[3]

Hannes Arbeit erschöpfte sich nicht darin, immer neue Aufhänger für Geschichten über den Milliardär im Lager zu finden und damit klassischerweise bei Journalisten dafür zu werben, dass diese immer wieder über den Fall Chodorkowski berichteten. Vielmehr wurde auch diskretes und im ersten Moment so nicht erkennbares, gesteuertes Lobbying betrieben.

»Zahlreiche Veranstaltungen, die das Mitwirken der PR-Firma für normale Besucher nicht vermuten ließen, gingen auf Hannes Initiative zurück«, fand die *taz* heraus. »Auf Einladungen und Plakaten trat die Firma nicht in Erscheinung. Dabei war sie auch bei prominenten Veranstaltungen wie dem Konzert ›To Russia with Love‹ in der Berliner Philharmonie maßgeblich beteiligt«, mit dem am 7. Oktober 2013 herausragende Musikerinnen und Musiker wie Daniel Barenboim, Gideon Kremer und Martha Argerich nicht nur an Anna Politkowskaja erinnerten. Die regierungskritische russische Journalistin und Menschenrechtsaktivistin war sieben Jahre zuvor in ihrem Treppenhaus ermordet worden. Das Berliner Gedenkkonzert an ihrem siebten Todestag wurde von allerhand Menschenrechtsorganisationen dazu genutzt, auf die Lage in Russland hinzuweisen – und konkret auf das Schicksal von Michail Chodorkowski.

Gerne hätten wir Christian Hanne selbst genauer zu seiner Arbeit als deutscher Lobbyist für den russischen Lagerhäftling Chodorkowski befragt. Gerne hätten wir darüber hinaus von ihm erfahren, wie er generell bei seiner Arbeit strategisch vorgeht und arbeitet. Hanne aber will nicht. »Nach reiflicher Überlegung«, schreibt er uns, hätten er und seine Partnerin Christiane Maack sich entschieden, nicht für ein Gespräch zur Verfügung zu stehen. Gründe für die Absage nennt Christian Hanne auch auf Nachfrage keine. Auf die Bitte, zumindest ein vertrauliches Hintergrundgespräch zu führen, reagierte er überhaupt nicht mehr.

Etwas auskunftsfreudiger ist die Internetseite seiner Agentur. Darin vergleicht er deren Tätigkeit mit denen eines Übersetzerbüros und einer Partnervermittlung. »Als ›Übersetzer‹ unterstützen wir unsere Kunden dabei, ihre Anliegen so zu formulieren, dass sie von der Politik, den Medien oder der Öffentlichkeit verstanden werden«, heißt es da. »Als ›Partnervermittler‹ stellen wir den Kontakt zu den richtigen Ansprechpartnern her und helfen unseren Kunden, ihr Netzwerk aufzubauen und zu pflegen.«[4]

Besser kann man Lobbyismus über die Medien kaum zusammenfassen.

Bleierne Zeit

Es sind nicht nur solche humanitär angehauchten Fälle, in denen es Lobbyisten mit diesen Strategien gelingt, ein Thema zu setzen und damit auch Meinungsklima in der breiten Öffentlichkeit zu kreieren. Oft sind es Fälle, die mit hehren Zielen wenig gemein haben.

Wie dies funktioniert zeigte das Thema Privatisierung von Staatsbetrieben.

Ein bleiernes Gefühl der Reformunfähigkeit lag vor allem in der zweiten Hälfte der 16-jährigen Kanzlerschaft des Helmut Kohl über Deutschland. Irgendwie wussten und spürten alle, dass sich spätestens seit dem Fall des Eisernen Vorhangs 1989 die Welt rapide geändert hatte. Und dass sich das Denken, Handeln und Wirtschaften der Menschen nicht minder drastisch verändern muss. Der Begriff »Globalisierung« machte die Runde; er besagte kaum mehr, als dass der Wettbewerb nun ein weltweiter sein würde. Staaten, die vom Westen bislang durch den besagten Eisernen Vorhang getrennt waren, boten sich plötzlich als billige Standorte mit ebenso billigen Arbeitskräften an. Zugleich startete China nun endgültig den rückblickend betrachtet gar nicht so langen Marsch zur wirtschaftlichen Großmacht. Mithalten, so setzte sich bald die Erkenntnis durch, kann nur, wer selbst wettbewerbsfähig ist. Und vor allem viel beweglicher und flexibler als früher. Weil sonst der Wohlstand in Gefahr zu geraten droht.

Aus alldem entwickelte sich eine Melange aus tatsächlichen wirtschaftlichen Notwendigkeiten und einer diffusen Gefühlslage. Aus allen möglichen Ecken tönte immer lauter der Ruf nach Reformen, nur verstand jeder etwas anderes darunter. Nicht nur Helmut Kohl und seine christlich-liberale Koalition, sondern auch die rot-grüne Nachfolgeregierung stimmten ein. Und so manche politischen Diskussions- und Entscheidungsprozesse wurden gesellschaftlich von Lobbyisten vorbereitet und flankiert.

Mithilfe von Wirtschaftsverbänden, geschickten PR-Beratern, Kommunikationsagenturen und vor allem mit sehr viel Geld wurden reihenweise »Reforminitiativen« ins Leben gerufen, wie die auf Betreiben der Metallarbeitgeber 2000 gegründete »Initiative Neue Soziale Marktwirtschaft«. Sie und andere Initiativen dieser Art sollten die Deutschen via Medien und Öffentlichkeit reformwillig stimmen. Sie gebärdeten sich als »Denkfabriken«, holten sich nicht selten bekannte Politiker aus diversen Parteien als Aushängeschilder in Beiräte oder dergleichen Gremien, deren Sinn und Zweck sich nicht so umgehend erschloss. Abgesehen davon, dass sie der Organisation ein intellektuelles oder renommiertes Gepräge verleihen sollten. Hinzu kamen scheinbare Bürgerinitiativen, die hübsche Namen trugen wie »Aufbruch jetzt« oder »Konvent für Deutschland«.

Wie sie konkret vorgingen, beschrieb der Autor Johann-Günther König so: »Sie geben sich als Bürgerinitiativen aus und werden der Öffentlichkeit von prominenten ›Botschaftern‹ aus Politik, Verbänden und Medien als überparteiliche und gemeinwohlfördernde Reformkräfte angepriesen. Diese mit erheblichen privaten Finanzmitteln ausgestatteten Initiativen sind insoweit nicht zu unterschätzen, als sie mit geschickt aufbereiteten ›wissenschaftlichen‹ Befunden, die nachhaltig in Anzeigen, vor allem aber in der neutral wirkenden Berichterstattung der privaten und auch öffentlich-rechtlichen Medien eingeschoben werden, die Bevölkerung auf ein wirtschaftsfreundlicheres Gesellschaftsmodell einschwören wollen. Sie propagieren ›unausweichliche‹ soziale Leistungskürzungen, mehr ›private Vorsorge‹ und die Förderung von Eliten – und insofern tatsächlich eine ›neue‹ Marktwirtschaft.«[5]

Und natürlich mehr Privatisierungen. Das immer wieder vorgetragene Kalkül: Privatwirtschaftliche Unternehmen seien am Wettbewerb orientiert und müssten daher günstiger, flexibler, schneller und zielorientierter agieren als die vermeintlich verschlafenen, teuren Staatsbetriebe.

Die Lobbyisten derer, die sich von der Privatisierung großen Reibach erhofften, setzten viel daran, in Medien und gesellschaftspolitischen Debatten die Grundüberzeugung zu verankern, dass

Privatisierung den Staat insgesamt voranbringt. Wie Lobbyisten in solchen Fällen konkret vorgehen, zeigt das Beispiel Deutsche Bahn.

Sie ist zwar nach wie vor vollständig in staatlichem Besitz, sollte 2008 allerdings teilprivatisiert und ein Jahr später an die Börse gebracht werden. Doch dann kam die Finanzkrise dazwischen; der Börsengang wurde auf unbestimmte Zeit verschoben. 2009 deckte die Organisation LobbyControl dessen ungeachtet auf, wie die Bahn Lobbyisten einschaltete, um die in ihrem Zusammenhang privatisierungskritisch gewordene Öffentlichkeit zu beeinflussen und ein Meinungsklima in ihrem Sinne zu schaffen. Und zwar indem Medien instrumentalisiert wurden. Es blieb nicht bei TV-Auftritten der Vorstände, zahlreichen Redaktionsbesuchen bei Leitmedien sowie regionalen Presse-Hintergrundgesprächen. »Auf kritische Artikel reagierte die Bahn mehrfach mit Anzeigenboykotten. Darüber hinaus ließ die Bahn verdeckte Pro-Privatisierungs-Propaganda durchführen. Mit der verdeckten PR-Arbeit wurde im Jahr 2007 die Lobby-Agentur European Public Policy Advisers GmbH (EPPA) beauftragt, die wiederum die Berlinpolis als Subunternehmer einschaltete. Das Auftragsvolumen der EPPA belief sich auf 1,3 Millionen Euro. Die Vertragsbeziehung mit der EPPA und ihrem Subunternehmen wurde bereits 2007 wieder beendet. EPPA ist eine Lobbyagentur, die von Rüdiger May (zeitweiliger Gesellschafter der Berlinpolis GmbH, früherer CDU-Mitarbeiter und Philip-Morris-Lobbyist) gegründet wurde.«[6]

Und Berlinpolis leistete ganze Arbeit, wie LobbyControl dokumentiert. Ab 2007 griff die »Denkfabrik« massiv in die öffentliche und politische Debatte um die Bahnprivatisierung ein. »Als zentrale Plattform diente eine separate Webseite, die Berlinpolis unter der Bezeichnung www.zukunftmobil.de als angeblich neutrales Informationsportal einrichtete. Berlinpolis veröffentlichte mehrere Meinungsumfragen zur Bahn und zur Bahnprivatisierung, die bahnfreundlich angelegt waren.« Der von LobbyControl als »Skandallobbyist« bezeichnete Berlinpolis-Gründer Daniel Dettling (er selbst sieht sich eher als »kreativer Vordenker« in Sachen Gesellschaft und Wirtschaft) setzte sich nach Angaben der Organisation »auch in Meinungsartikeln und Kommentaren für die Bahnprivatisierung ein. Berlinpolis war weiterhin an Online-Aktivitäten zugunsten der Privatisierung beteiligt. Außerdem wurde eine Konferenz mit dem damaligen Bundesverkehrsminister Tiefensee sowie »40 Spitzenvertretern aus öffentlichen Institutionen und der Wirtschaft« organisiert, was nach eigenen Angaben im Unwissen von Tiefensee geschah.«[7] Wenige Monate nach den LobbyControl-Enthüllungen löste sich Berlinpolis auf, und Dettling gründete anstelle dessen Re:-Publik Institut für Zukunftspolitik, auch so eine selbsternannte Denkfabrik.

Bis dahin hatte Berlinpolis einiges dafür getan, als scheinbar zukunftsgewandte und den Mühen der Tagespolitik entrückte »Denkfabrik« die privatisierungskritische Stimmung in Deutschland zu bekämpfen. LobbyControl spricht von einer »verdeckten Pro Privatisierungs-Propaganda«. Der Deutsche Rat für Public Relations (DRPR), das freiwillige Organ der Selbstkontrolle des PR-Berufsfeldes, rügte Berlinpolis 2009 »für die Durchführung von Maßnahmen der verdeckten PR in unterschiedlichen Medien, insbesondere im Internet und im Bereich der Printmedien«. Die Agentur habe unter anderem gegen das Transparenz- und das Redlichkeitsgebot verstoßen.

Genau das ist der Punkt: Lobbyismus, wofür auch immer, hat dort eine Existenzberechtigung, wo er offen und sauber abläuft, nach fairen Spielregeln, nicht versteckt und nicht mithilfe von Rosstäuscherei. Zur Privatisierung der Bahn haben die Kampagnen von Berlinpolis und Konsorten zweifellos beigetragen. Wir Bürger freuen uns nun, dass die großen Bahnhöfe hierzulande viel sauberer und schöner geworden sind. Weniger aber darüber, dass die kleinen vernachlässigt werden, wenn nicht gar verrotten. Die Züge fahren auch nicht pünktlicher. Im Zuge der Privatisierung wurden Tausende Eisenbahner im leistungsfähigen Alter vorzeitig in Pension geschickt, nicht selten mit üppigen Abfindungen. Bei der in Deutsche Post AG und Telekom AG aufgespaltenen, ehemaligen Deutschen Bundespost wurden zwischen 1989 und 2006 fast 175 000 Stellen gestrichen. Die Post zog sich drastisch aus der Fläche zurück, die Telekom sowieso. Statt seine Anliegen direkt bei Verantwortlichen anbringen zu können, beim örtlichen Postamtsleiter etwa oder beim Bahnhofsvorsteher, landet der Kunde heute in anonymen Callcentern. Vorausgesetzt, er überlebt die Warteschleifen am Telefon.

Willfährige Diener?

Dass Medien womöglich allzu leicht einem Mainstream folgen und ihn nicht kritisch genug hinterfragen, dass sie unangenehme Themen aussparen und einseitig ausgerichtet sind, sind Vorwürfe, die Kritiker immer wieder erheben. Das Lügenpresse-Gebrülle von Pegida-Demonstranten und scheinbare Enthüllungsbücher wie der Bestseller des 2017 verstorbenen, früheren Journalisten Udo Ulfkotte über Wesen und Arbeit der Medien schüren dieses Misstrauen, ohne dass sie Vorwürfe konkret belegen. Sie bleiben dennoch nicht ohne Folgen.

Gar von einer »Vertrauenskrise« und einem »Glaubwürdigkeitsdefizit« ist bei der gewerkschaftsnahen Otto Brenner Stiftung die Rede, als sie im November 2015 eine Studie mit dem Titel »Wir sind das Publikum« vorstellt.[8] »Um das Verhältnis des Publikums zu den Medien ist es nicht gut bestellt. Ein Reputationsverlust ist bei vielen Themen festzustellen; er hat längst auch die Qualitätspresse und den öffentlich-rechtlichen Rundfunk erreicht«, schreibt Jupp Legrand, Geschäftsführer der Stiftung im Vorwort.

Bei einer Umfrage der Wochenzeitung *Die Zeit* im Dezember 2014 klagten 47 Prozent der Befragten über Einseitigkeit der Berichterstattung. Eine Umfrage des NDR-Medienmagazins »Zapp« zum politischen Journalismus kam etwa zur gleichen Zeit zu dem Ergebnis, dass 63 Prozent der Deutschen wenig oder gar kein Vertrauen in die Ukraine-Berichterstattung deutscher Medien haben. Von diesen Nutzern empfindet fast jeder Dritte die Berichterstattung als einseitig, 18 Prozent gehen sogar von bewusster Fehlinformation aus.«[9]

Solche Umfragewerte gehen einher mit einer bedrohlichen Beobachtung von Experten. Lobbyisten versuchen, der Öffentlichkeit Fakten und Ansichten unterzujubeln, um das Meinungsklima zu bestimmen – weltweit. »In diesem Bereich und im Erkaufen von Einflussnahme ist die Wirtschaftslobby hoch entwickelt«, sagt Prof. Dr. David Miller von der University of Strathclyde.[10]

Um die Begehrlichkeiten von Lobbyisten, Einfluss zu nehmen auf mediale Inhalte und damit auf die Gesellschaft, seriös beurteilen zu können, muss man die Rahmenbedingungen kennen, unter denen sich etwa Konzerne und Medien begegnen.

Die Pressestellen großer Konzerne sind nicht selten mit mehr Mitarbeitern bestückt als die meisten Wirtschaftsredaktionen jener Zeitungen, Zeitschriften und Sender, mit denen sie kommunizieren. Mit dem großen Unterschied, dass ein Journalist sich meist um viele Firmen und Themen kümmert und nicht nur ein Unternehmen auf dem Schirm haben kann wie ein Öffentlichkeitsarbeiter. Dieses zahlenmäßige Ungleichgewicht allein drückt ein Kernproblem im Wirtschaftsjournalismus aus: Der kritische Blick für Journalisten in Unternehmen wird durch die personelle Ausdünnung mancher

Redaktion erschwert. Damit wird erheblich schwieriger, was Professor Dr. Klaus Meier, Journalistik-Professor an der Katholischen Universität Eichstätt, »die Kernaufgabe des Journalismus« nennt, nämlich »Transparenz in die öffentliche Gesellschaft zu bringen«.[11]

In den vergangenen anderthalb Jahrzehnten hat sich hierzulande zudem ein neuer Berufsstand ausgebreitet, der in einer Grauzone aus Public Relations und Lobbyismus unterwegs ist. Kaum ein Konzern, kaum eine Interessengruppe, kaum ein Top-Manager, der sich nicht seine Public-Affairs-Berater engagiert hat, die für ihn und seine Anliegen gut Wetter machen sollen. Burson-Marsteller ist eine dieser größeren Agenturen, andere heißen Brunswick, Communications & Network Consulting (CNC), WMP Eurocom, Hering Schuppener oder Ketchum Pleon. Es gibt aber auch Einmannagenturen mit überschaubarem Arbeitsstab wie den früheren Volkswagen-Vorstand Klaus Kocks.

Nicht selten arbeiten in solchen Agenturen ehemalige Journalisten oder haben dort sogar das Sagen, die natürlich genau wissen, wie ihre früheren Berufskollegen arbeiten und damit auch die Ansatzpunkte für ihre Art von Lobbyismus kennen. Ihre Vorgehensweisen sind vielfältig. Sie wissen, wie und wo exklusive Nachrichten am besten lanciert werden, um ihre volle Wirkung zu entfalten. Sie sitzen an Schnittstellen und entscheiden mit, welcher ihrer Auftraggeber mit welchem Medium spricht, wann er das tut und worüber. Sie kanalisieren Medienanfragen, was aus der Sicht ihrer Auftraggeber sinnvoll ist. Sie sind, man muss es ehrlicherweise sagen, wichtige Gesprächspartner für Journalisten geworden, weil sie als Mittler zwischen ihnen und den Objekten journalistischer Arbeit stehen.

Einer, der dieses Geschäft von allen Seiten kennt, ist Michael Inacker. Der hochgewachsene, freundliche Brillenträger ist ein Grenzgänger. Jahrelang arbeitete er als Journalist, unter anderem für *Die Welt*, die *Frankfurter Allgemeine Sonntagszeitung*, die

Wirtschaftswoche und das *Handelsblatt*. Zwischendurch bekleidete er immer wieder Positionen in der Wirtschaft, etwa als Chef des Planungsstabes des damaligen Vorstandschefs Jürgen Schrempp und später »Außenminister« des Konzerns sowie als oberster Kommunikator des Handelsriesen Metro AG. Inzwischen ist Inacker Vorstandschef bei der WMP Eurocom AG, die nach eigenem Bekunden »umfassende mediale und politische Kommunikationsberatung im vollen Spektrum aller Medien und gegenüber politischen Entscheidungsträgern und gesellschaftlichen Interessengruppen« anbietet.[12] Das Unternehmen betreibe aber »keinen Lobbyismus«, sagt Inacker. »Wir sind für unsere Kunden – darunter Mittelständler ohne eigene Präsenz in Berlin – lediglich die Türöffner, indem wir ihnen mithilfe unseres breiten Netzwerkes die nötigen Kontakte vermitteln und ihnen helfen, ihre Themen zu platzieren.« Warum es das überhaupt braucht? »Zwischen Politik und Wirtschaft gibt es eine große Sprachdissonanz, weil das Verständnis für die jeweils andere Seite fehlt«, sagt Inacker. Es ist eine Grauzone. Viele Lobbyisten sind Kommunikatoren – und umgekehrt. Das Geschäft der Kommunikatoren speziell für große, wichtige und einflussreiche Unternehmen, Institutionen und Organisationen hat sich in den vergangenen Jahren gewandelt. Es erschöpft sich nicht mehr darin, Pressekonferenzen zu organisieren, Redetexte, Presseinformationen oder den ein oder anderen Artikel für Geschäftsberichte, Firmen- oder Kundenmagazine zu schreiben. Auch ist es längst nicht mehr damit getan, Journalisten die Sichtweisen und Themen der eigenen Kundschaft nahezubringen. Die Arbeit geht längst weit darüber hinaus. Das Zauberwort lautet: Spin-Doctoring.

Der im angelsächsischen Sprachgebrauch vor allem in Zusammenhang mit Politikberatung schon seit den 70er-Jahren gebräuchliche Begriff umfasst die Öffentlichkeitsarbeit und Pressearbeit als Teil einer groß angelegten Image- und Themenkampagne, die bestimmte, von ihren Initiatoren beabsichtigte Sichtweisen befördert. Auf den spin kommt es an, »den richtigen Dreh« also. Es wird gedreht und gebogen, bis die Botschaft stimmt, schlimmstenfalls bis die Tatsachen verdreht sind. Alles zu Gunsten und im Sinne des Auftraggebers. Mehr noch: »PR beschränkt sich also nicht mehr nur auf das *spinning* und auf das *spoonfeeding* – so nennen die Amerikaner das Abfüttern der Medien mit Informationen.

PR beobachtet, begleitet und kontrolliert den Journalismus auch auf mehr oder minder subtile Weise«, sagte der Berliner Politikwissenschaftler Professor Stefan Ruß-Mohl bereits im Jahr 2000 auf einer Tagung des Deutschen Journalistenverbandes.[13] Er warnte damals schon: »Der Aufrüstung im PR-Sektor steht keine gleichwertige Ausweitung journalistischer Recherchekapazität gegenüber. Die aufs eigentliche Nachrichtengeschäft spezialisierten Medienbetriebe können mit dem Investment in PR nicht mithalten. Selbst solche Häuser tun sich dabei schwer, die Wert auf die journalistische Qualität ihrer Produkte legen und ihre Zeitungen und Rundfunkstationen nicht einfach als Goldesel betrachten, die nur für die Anteilseigner Gewinn abwerfen sollen.« Diese Erkenntnisse sind mehr als anderthalb Jahrzehnte alt. Seither hat die Dynamik auf diesem Gebiet enorm zugenommen. Allein deshalb schon, weil es inzwischen unzählige Medienkanäle gibt. Der Herbst 2015 lieferte ein Paradebeispiel dafür, wie Lobbyismus über Medien in die Gesellschaft hinein funktioniert.

Bündnispartner

Deutschland, im Oktober 2015. Hunderttausende Menschen fliehen aus Syrien, Afghanistan und anderen Ländern vor Bürgerkrieg, Hunger, politischer Verfolgung und Perspektivlosigkeit nach Deutschland. Sehr viele Menschen hierzulande reagieren unerwartet hilfsbereit; sie bringen Nahrung, Kleidung und andere Hilfsgüter etwa an den Münchner Hauptbahnhof, wo zeitweise täglich Tausende Flüchtlinge ankommen. Die Behörden in den Städten und Kommunen plagt derweil das Problem: Wohin mit den Menschen? Und überhaupt: Was muss getan werden, damit es genügend Wohnraum gibt? Da passt die Mitteilung haargenau, die das Pestel-Institut mit Sitz in Hannover am 15. Oktober verschickt.

Deutschland benötige bis zum Jahr 2020 jährlich 400 000 Wohnungen, von denen jeweils mindestens 80 000 preisgebundene Sozialwohnungen sein müssten, habe das Institut in einer, wie es heißt, »Studie« herausgefunden. Grund für den enormen Bedarf seien vor allem die vielen Flüchtlinge, die ins Land kämen. Hinzu kämen Hunderttausende Arbeitsmigranten aus EU-Ländern, die ebenfalls Wohnraum bräuchten. Der Autor der Studie, der Instituts-Vorstand und Diplom-Ökonom Matthias Günther, erklärt, er gehe von künftig einer Million Zuwanderern pro Jahr aus. Auftraggeber der Studie, so schreibt es etwa die Online-Ausgabe der *Zeit* noch am selben Tag, sei ein »Bündnis Sozialer Wohnungsbau«.

Allein der Name klingt uneigennützig und positiv, so, wie auch das Pestel-Institut seriös daherkommt. Gegründet wurde es 1975 als »Institut für angewandte Systemforschung und Prognose« von Professor Eduard Pestel und anderen Wissenschaftlern. Pestel (1914–1988) war Professor für Mechanik an der Universität Hannover und Mitbegründer des Club of Rome, einem international anerkannten Zusammenschluss von Wissenschaftlern aus gut 30 Ländern, die sich für nachhaltiges Wirtschaften und den Schutz von Umwelt und Natur einsetzen. Pestel schrieb zu Lebzeiten Bücher, etwa über die Grenzen des Wachstums, und von 1977 bis 1981 war er niedersächsischer Kultusminister. Eine honorige Persönlichkeit also.

Das nach ihm benannte Institut mit Sitz in Hannover lebt bis heute vom Ruf des Gründers. In den Medien scheint man selten die Arbeit zu hinterfragen. Am 15. und 16. Oktober 2015 jedenfalls landete die Botschaft von den fehlenden Wohnungen in Hunderten deutschen Zeitungen, Online-Portalen, Rundfunk- und Fernsehsendern. Die riesige Medienresonanz wurde nicht nur dadurch ausgelöst, dass gerade das Flüchtlingsthema samt allen damit verbundenen Fragen Hochkonjunktur hatte. Die Öffentlichkeitsarbeiter des Pestel-Instituts trugen auch mit einem geschickten Handgriff zum medialen Erfolg bei.

Sie brachen die Zahlen regional herunter und rechneten gezielt den jeweiligen Wohnungsbedarf auf Städte und Landkreise hoch. So, dass etwa Medien in Tübingen, Rostock, der fränkischen oder der ostfriesischen Provinz scheinbar präzise Bedarfszahlen für ihre jeweilige Stadt oder Region genannt bekamen. Die Lokalzeitungen, Internetportale, Radio- und Fernsehstationen nahmen sie dankbar an und veröffentlichten sie bereitwillig.

Was dabei oft verschwiegen oder schlichtweg nicht hinterfragt wurde: Hinter dem Auftraggeber der Studie, besagtem »Bündnis Sozialer Wohnungsbau«, stehen Lobbyorganisationen, die allesamt ein wirtschaftliches Eigeninteresse daran haben, dass so viele Wohnungen wie möglich gebaut werden: der Berufsverband des Deutschen Baustoff-Fachhandels, der Bund Deutscher Baumeister, Architekten und Ingenieure, die Deutsche Gesellschaft für Mauerwerks- und Wohnungsbau, sowie die Industriegewerkschaft Bauen, Agrar, Umwelt. Ihren Interessen diente die Mitteilung.

Zur Ehrenrettung des Pestel-Instituts muss erwähnt werden, dass es in seinen Mitteilungen an die Medien die Auftraggeber keineswegs verschwieg. Stutzig oder gar skeptisch machte dies kaum eine Redaktion; bestenfalls wurden die Auftraggeber der Studie erwähnt, ihre Motive aber wurden nicht weiter thematisiert oder kritisch hinterfragt. Niemandem fiel auch auf, dass Institutsleiter Günther noch wenige Wochen zuvor in einem Interview keineswegs fehlende Wohnungen beklagt hatte, im Gegenteil: »Wohnraumreserven und Leerstände gibt es eigentlich auch reichlich, man müsste sie nur besser nutzen. Zum Beispiel die vielen großen Wohnungen, in denen alte Menschen alleine leben«, zitierte ihn die *Zeit* auf ihrem Online-Portal.[14] Ein klarer Widerspruch zu dem, was Günther namens des Pestel-Instituts wenige Wochen später behaupten sollte.

Anfrage unsererseits beim Pestel-Institut. Wir wollen unter anderem wissen: Wie viel haben die Auftraggeber aus der Bauwirtschaft bezahlt? Wodurch finanziert sich das Institut und wie unabhängig ist es?

Institutsleiter Matthias Günther antwortet mit entwaffnender Ehrlichkeit. Das Pestel-Institut finanziere sich ausschließlich durch solche Auftragsstudien, gibt er unumwunden zu. Wäre bei der Untersuchung etwas anderes herausgekommen, als das von den Bau-Lobbyisten gewünschte Ergebnis, »dann wäre die Studie in der Schublade verschwunden und nicht veröffentlicht worden«, sagt Günther. So etwas komme zwar sehr selten vor, sagt der Ökonom, »aber ich habe keinen Grund zu lügen: Ja, wir sind natürlich von unseren Auftraggebern abhängig.« Was aber nicht bedeute, dass man sich kaufen lasse und etwa Ergebnisse eigener Untersuchungen fälsche und dann veröffentliche.

Entweder also das Ergebnis passt den Auftraggebern – oder aber es wird nicht veröffentlicht.

Wie viel die Baulobbyisten für die Wohnungsstudie zahlen mussten, sagt Günther nicht – Betriebsgeheimnis. Es war nicht die erste

Studie, die das Institut für Lobbyisten der Baubranche veröffentlichte und bei der exakt das rauskam, was die Auftraggeber in die Medien lancieren wollten. Genau dasselbe Muster wendete das Pestel-Institut auch 2012 an, als es für eine »Wohnungsbau Initiative« »herausfand«, dass man schleunigst vier Millionen Sozialwohnungen in Deutschland bauen sollte.

Genau so funktioniert Lobbyismus über die Medien. Er folgt dem, was im Branchenjargon »Agenda-Setting« heißt: PR-Lobbyisten schwingen sich auf ein Thema auf, das gerade die Menschen besonders bewegt. Das erhöht die Wahrscheinlichkeit, dass der eigene Beitrag zum Thema auch tatsächlich gedruckt oder gesendet wird und die gewünschte Wirkung entfaltet. »Lobbyisten wissen natürlich, dass sie ihre Themen leichter unterbringen, wenn sie auf einer Welle mitreiten, und sie nutzen das natürlich aus«, sagt der Eichstätter Journalistik-Professor Klaus Meier.

Aus Agenda-Setting wird nicht selten schnell Kampagnenjournalismus, wie der Leipziger Medienwissenschaftler Professor Dr. Michael Haller beklagt. Besonders verbreitet sei dieser im Wirtschafts- und Gesundheitsteil von Zeitungen und Zeitschriften. »Zuerst wird über ein großes Krisenthema berichtet und Alarmstimmung erzeugt, die ihrerseits Nachfrage stimuliert«, schilderte Haller der *Berliner Zeitung*. »Auf diesen Nährboden setzt dann die klassische PR auf.« Zum ersten Mal habe dies in den 80er-Jahren beim Thema Waldsterben und dem Katalysator in Fahrzeugen als »Lösung« funktioniert. »Das war eine exzellent gemachte Kampagne, die auch politisch gut funktioniert hat«, sagt Haller.[15]

Dabei gelingt es Lobbyorganisationen nicht selten auf eine ebenso raffinierte wie versteckte Art und Weise, sich als scheinbar kompetente Experten zu positionieren, die etwas für das Allgemeinwohl Wichtiges herausgefunden haben. Das alles natürlich gut getarnt. Hätte allein die Baugewerkschaft oder der Ingenieursverband den

Bau von mehr Wohnungen verlangt, wäre die Meldung vermutlich untergegangen. Zu durchsichtig wären die Motive gewesen. Dadurch allerdings, dass das Pestel-Institut als vermeintlich unparteiliche und noch dazu wissenschaftlich angehauchte Quelle dazwischengeschaltet wurde, erhielt die Information den Touch wissenschaftlich unfehlbarer und neutraler Wahrheit. So funktioniert gut getarnter Lobbyismus über die Medien direkt in die Gesellschaft hinein.

Das Pestel-Institut veröffentlicht seine Auftrags-Erkenntnisse zum Thema Wohnungsbau seit Jahren. Ergo wird es von vielen Journalisten auch zwischendurch gerne kontaktiert, wenn diese für ihre Berichterstattung auf der Suche nach Experten auf diesem Gebiet sind. Häufig nicht wissend, dass hinter dem Pestel-Institut bei allem guten Willen handfeste wirtschaftliche Interessen der Baulobby stehen.

Weniger Geld, weniger Leute

Lobbying, sagt Journalistik-Professor Meier, begreife die gezielte Instrumentalisierung von Journalisten natürlich als ein wichtiges Instrument. Der Journalistik-Professor glaubt jedoch nicht, dass die Einfallstore für Lobbyisten größer geworden seien. »Etwas anderes hat sich stark verändert: Die Lobbyisten sind professioneller geworden, ihr Spektrum ist breiter und sie wissen genau, was sie tun müssen, um ihre Inhalte zu platzieren.«

Das wiederum ist in den vergangenen Jahren weitaus einfacher geworden. Zum einen durch die Möglichkeiten, die das Internet bietet, worauf wir später noch kommen. Aber auch durch die Entwicklung in vielen Redaktionen.

Die Rahmenbedingungen für journalistische Arbeit haben sich in den vergangenen anderthalb Jahrzehnten komplett verändert. Bis zum Beginn dieses Jahrtausends etwa war Zeitungmachen ein riesiges und auch nahezu risikoloses Geschäft. Die Regionalzeitungen taten sich geografisch in der Regel untereinander nicht weh und machten sich kaum Konkurrenz. In den Großstädten war genug Platz für mehrere Titel. Auch die überregionalen Blätter hatten ihre Claims. So bediente die *Frankfurter Allgemeine Zeitung* von jeher eine eher konservative Leserschaft, während das linksliberale Spektrum eher der *Süddeutschen Zeitung* zugeneigt war. *Der Spiegel* hatte jahrzehntelang nahezu ein Monopol auf investigative Enthüllungen, der *Stern* gab die Wundertüte, *Die Zeit* war das Medium für die liberalen Intellektuellen. Und die öffentlich-rechtlichen Rundfunk- und Fernsehanstalten hatten ohnehin ein gebührenfinanziertes Monopol.

Ums Geschäft mussten sich die wenigsten Sorgen machen. Nicht die Verleger, deren Gewinne sprudelten, und erst recht nicht die Funktionäre in den Sendern. Verkaufs- und Anzeigenerlöse sprudelten wie scheinbar von selbst, und Rundfunkgebühren muss ohnehin jeder bezahlen. Diese Situation war komfortabel für die stets gut verdienenden Verleger, aber auch für Journalisten, die den Leserinnen und Lesern vorsetzen konnten, was sie allein für richtig hielten. In ihrer Streuung und Wirkung vergleichbare Alternativen, auch für die werbetreibende Wirtschaft, gab es früher ja so gut wie keine. Das hat eine Branche träge gemacht, die sich lange nicht, wie alle anderen Wirtschaftszweige, immer wieder neu ändern, den Kundenwünschen stellen oder mit großen Auf und Abs im Geschäft herumschlagen musste. Denn die Verkäufe, das Anzeigenaufkommen und damit die Umsätze und auch die Gewinne waren langfristig konstant. All das änderte sich mit der ersten Zeitungskrise 2002 radikal.

Denn das Internet war aufgekommen, und seither ist der Markt in Wallung geraten. Im Internet ist eine komplett neue Nachrichtenwelt entstanden, und sie funktioniert völlig anders, als man dies bis dahin kannte. Jeder kann alles publizieren. Dadurch verschwimmen die Grenzen zwischen wirklich relevanten, zutreffenden, harten Nachrichten und der Verbreitung von blankem Unsinn und Propaganda. Der Nutzer kann wertvolle Informationen und beweiskräftiges Material ins Netz stellen, aber auch unbewiesene Behauptungen als Tatsachen verbreiten, Gerüchte lancieren, falsche Fährten legen, eine eigene Wahrheit schaffen, die mit der Wirklichkeit nicht mehr viel zu tun haben muss. Das gilt vor allem für soziale Netzwerke wie Facebook. Ein paar wenige, lässig dahingeworfene Zeilen, können reichen, um eine Lawine auszulösen. Um Anteilnahme zu schaffen oder um Menschen zu manipulieren. Abgesehen von den Internetseiten, die von seriösen Medienhäusern oder Bloggern mit entsprechender Sorgfalt und Kompetenz betrieben werden, gibt es in der Regel keine Nachrichtenredaktion, die überprüft, auswählt und ausfiltert, was falsch, Hetze oder Propaganda ist. Die Freiheit des Internets ist das eine. Die Möglichkeit, dort Menschen zu manipulieren, Verschwörungstheorien auf die Reise zu schicken, das andere.

Es wird für Medien immer wichtiger, die relevanten Informationen aus dem Netz zu filtern, gegenzuchecken und zu überprüfen, was davon tatsächlich stimmt und was nicht, und ob die jeweilige Quelle seriös ist oder nicht. Sorgfalt den Vorzug vor Schnelligkeit zu geben, auch wenn dies bisweilen schwerfällt. Das bedeutet wiederum einen erhöhten Aufwand für Recherche. Recherche kostet Zeit – und Geld.

Andererseits: Bei Zeitungen und Zeitschriften bröckeln seit dem Aufkommen des Internets Anzeigenerlöse und Auflagenzahlen. Firmen suchen ihr Heil in anderen Werbeformen und im Internet.

Viele Leser sehen nicht mehr ein, für ein journalistisches Produkt zu bezahlen, wo es doch im Internet kostenlose News-Portale gibt, häufig sogar von den bekannten Medienhäusern. Warum also zahlen, was es vermeintlich auch gratis gibt?

Das strahlt natürlich auf die Geschäfte aus. Wo vorher Jahrzehnte lang mehr oder weniger generöse Verleger mit mehr oder weniger großem, publizistischem Anspruch vor allem damit beschäftigt waren, sich über die Verwendung ihrer Gewinne Gedanken zu machen, regieren heute in vielen Verlagshäusern die Controller. Selbst die gebührenfinanzierten öffentlich-rechtlichen Medien sind im Vergleich zu den Jahrzehnten, in denen sie bei Ausgaben aus dem Vollen schöpfen konnten, unter Kostendruck geraten. Letzteres ist nicht zuletzt auch dem Aufkommen der konkurrierenden Privatsender geschuldet, weshalb insgesamt der Einschaltquote eine höhere Bedeutung zugemessen wird als früher.

All dies hat gewaltige Auswirkungen auf die Arbeit von Journalisten. Viele Verlagshäuser haben ihre Redaktionen personell ausgedünnt. Stellen wurden und werden gestrichen. Wer seinen Job behalten hat, sieht sich in vielen Redaktionen größerem Zeitdruck ausgesetzt und muss obendrein meistens mehrere Absatzkanäle bespielen. Wo früher über ein Ereignis ein Artikel für die Ausgabe des nächsten Tages geschrieben wurde, werden heute mehrere Abspielplätze versorgt: Liveicker, Internet-Portal, soziale Netzwerke, dann am Schluss der Verwertungskette noch ein möglichst guter, über die aktuell im Netz verbreiteten Versionen hinaus mit Mehrwert bestückter Artikel für die Print-Ausgabe am nächsten Tag.

LobbyControl warnt bereits seit Längerem: »Die Medien können ihrer kritisch-informierenden Rolle immer weniger gerecht werden.« Schuld daran seien zunehmender Quotendruck und Einsparungen. Der Einfluss der Anzeigeninserenten wachse. Immer häufiger kommt es vor, dass redaktionelle Beiträge als Koppelgeschäfte zu Anzeigen platziert werden. Immer öfter landen in vielen (wenn auch längst nicht allen) Zeitungen und Zeitschriften PR- oder interessengetriebene Artikel aus fremden Quellen weitgehend ungeprüft und ungefiltert im Blatt. Während die PR-Stäbe und die Zahl der Kommunikatoren in Unternehmen und Verbänden wachsen und wachsen, sinkt in den meisten Redaktionen die Zahl der Planstellen. Verlage sourcen journalistische Arbeit auf freiberufliche Kollegen aus, von denen manche auch als PR-Schreiber unterwegs sind, ganz einfach, weil ihr Einkommen sonst nicht reicht. Interessenkonflikte sind da allerdings vorprogrammiert.

Der Journalist und Recherchetrainer Albrecht Ude formulierte es so: »Die fortschreitende Auszehrung der Medien (auch der öffentlich-rechtlichen) und der wirtschaftliche Druck gerade auf freie Journalisten steigen weiter an. Private Medien werden zunehmend unter Renditegesichtspunkten geführt.« Während andererseits Unternehmen ihr Image mithilfe von professionellem Greenwashing als besonders umweltfreundlich oder verantwortungsbewusst pflegen und gezielt ein Meinungsklima in ihrem Sinne bereiten. Udes Fazit: Allein schon als Gegengewicht zum Greenwashing brauche es dringend »einen kompetenten, funktionierenden Journalismus, der in der Lage ist, Informationen zu beschaffen und zu gewichten. Es braucht Redakteure, die nicht nur über ein einzelnes Ereignis anlassbezogen berichten, sondern Hintergründe recherchieren und bereits vorhandene Recherche-Ergebnisse nutzen. Daran mangelt es mehr denn je.«[16]

Den PR-Leuten und Lobbyisten eröffnet diese Misere Zugänge. Immer mehr fertig vorproduzierte Rundfunkbeiträge, professionell gestaltete »Sonderseiten« und »Sonderbeilagen« mit kaum verhohlener Werbung und unterschwelliger Ausrichtung im Sinne der Auftraggeber finden ungefiltert mediale Verbreitung. Ohne dass ein journalistisches Korrektiv geprüft und bei Bedarf eingegriffen hat.

Viele Journalisten und ihre Berufsverbände führen darüber Klage; Fachforen und -konferenzen noch und nöcher beschäftigen sich mit dem Ist-Zustand und damit, wie er verbessert werden könnte.

Einer, der gekonnt im Grenzbereich aus klassischer PR-Arbeit, Spin-Doctoring und Lobbyismus balanciert, riet den Journalisten schon vor Jahren ziemlich drastisch, sie sollten den jammernden Unterton bei all diesen Debatten endlich einstellen. Die Rede ist vom Kommunikationswissenschaftler, ehemaligen Volkswagen-Vorstand und heutigen PR-Berater Klaus Kocks. Sein vielsagendes Bekenntnis in eigener Sache: »Natürlich mache ich Lobbying, aber ich würde es nie zugeben.«

Auf einer Tagung der Journalistenvereinigung Netzwerk Recherche in Hamburg, formulierte er es drastisch: »Der Skandal ist nicht Lobbying (denn dies ist ein freies Land, in dem jeder sein Ding vertreten kann), sondern die Bequemlichkeit, mit der einige nachbeten, was andere vorsetzen«, hielt er den Journalisten entgegen: »Das Problem seid Ihr.« Journalisten sollten aufhören, sich »in der Rolle der verfolgten Unschuld« zu gefallen. Niemand hindere sie nämlich daran, Dingen auf den Grund zu gehen und kritisch zu hinterfragen und zu überprüfen, was ihnen PR-Berater, Spin-Doctors und Lobbyisten auf den Tisch legen oder zuflüstern. Da hat Klaus Kocks prinzipiell recht. Und doch ist die Sache etwas komplizierter.

Der Eichstätter Journalistik-Professor Klaus Meier etwa rät zu differenzierter Betrachtung. Es sei keineswegs so, dass der seriöse und kompetente Journalismus aussterbe und Lobbyisten langsam, aber sicher die Inhalte der Medien bestimmten. Denn genau so, wie in immer mehr Zeitungen der Sparzwang um sich greife und eigenständige (und immer zeitaufwendige) Recherche erschwere oder verhindere, gebe es auch eine Gegenbewegung. »Früher war investigative Recherche die Sache einiger Einzelkämpfer und des

Spiegel«, sagt Meier. Heute gebe es nicht nur in zahlreichen Medien eigene Investigativ-Ressorts mit dem expliziten Auftrag der gründlichen Recherche und der Suche nach exklusiven Geschichten, etwa bei der *Süddeutschen Zeitung* und dem *Handelsblatt*. Sondern auch neue redaktionelle Organisationsformen, die genau das ermöglichen sollen: mehr und bessere eigene Recherche, weniger Terminjournalismus, weniger von außen platzierte Inhalte. Denn all dies böte am besten Gewähr dafür, der Beeinflussung und schlimmstenfalls Manipulation von Medien und damit der breiten Öffentlichkeit entgegenzuwirken.

Der Anspruch in vielen Zeitungen, wirtschaftlichen oder politischen Interessengruppen und ihren Lobbyisten nicht auf den Leim zu gehen, sondern distanziert und eigenständig zu arbeiten, ist nach Meiers Wahrnehmung keineswegs geringer geworden oder in Zeiten der Sparzwänge gar untergegangen. So investiert auch die *Süddeutsche Zeitung* massiv in Inhalt, Qualität und Recherche. Und was große Hoffnung macht: Auf Fachtagungen etwa des Netzwerks Recherche tummeln sich viele junge, angehende Journalisten mit hohen Ansprüchen. Sie sind nicht selten ausgezeichnet geschult und vorbereitet auf die veränderte Medienwelt. Sie scheinen motiviert, sensibel genug, entschlossen und von ihrem Know-how her bestens in der Lage, sich auf die veränderten Rahmenbedingungen einzustellen und keineswegs vor Lobbyisten und anderen Einflüssen von außen zu kapitulieren.

Was alles nichts daran ändert, dass das Internet die Nachrichtenwelt gewaltig verändert hat. Die Umschlaggeschwindigkeit für Nachrichten hat enorm zugenommen und damit auch das Tempo, mit dem Geschichten auf den einschlägigen Internetportalen verbreitet werden. Die Zeit, sie zu überprüfen, fehlt vor allem dort, wo Schnelligkeit das Maß aller Dinge ist. Lobbyisten haben sich darauf längst eingestellt. Sie bieten fachliche Expertise und Kontakte.

Und wenn dann die Zeit fehlt, diese zu hinterfragen, dann werden Medien ihrer Kontrollfunktion beraubt.

Dieser Zustand fördert neue, nicht unproblematische Geschäftsmodelle, die im Internet Raum greifen: Spezielle Portale, bei denen sich Journalisten in der Alltagshektik Unterstützung suchen. Eines davon heißt Recherchescout.de.

Es funktioniert so: Ein Journalist sucht nach Experten für ein bestimmtes Thema, über das er berichten will. Er formuliert seine Anfrage auf dem Recherchescout-Portal. Dieses leitet es an Unternehmen weiter, die für Antworten in Frage kommen und entsprechende Gesprächspartner anbieten. Binnen zwei Jahren nach Gründung des Portals 2013 nutzen es mehr als 1800 dort registrierte Journalisten mal mehr, mal weniger, darunter viele aus angesehenen Medien wie der Deutschen Presseagentur, von öffentlich-rechtlichen Sendern bis hin zu Arte oder *Der Zeit*.

Firmen, die sich daran beteiligen, zahlen (Stand November 2017) bis zu 158 Euro monatlich an Recherchescout. Die Macher des Portals sind zwei ehemalige Wirtschaftsjournalisten: Kai Oppel und Martin Fiedler. Sie machen sich mit ihrem Geschäftsmodell den beschriebenen Umstand zunutze, dass Journalisten in vielen Medien immer weniger Zeit für eigene Recherchen haben. Ihnen, so argumentieren Oppel und Fiedler, erspare Recherchescout die zeitraubende Suche nach Experten. Den Unternehmen wiederum versprechen sie »Effizienz und Zielgenauigkeit«. Dank Recherchescout würden sie nämlich erfahren, »wann Journalisten Informationen zu ihren Themen benötigen, und können sie gerne dann übermitteln, wenn sie gebraucht werden«.

Alles nur Service?

Ja, sagen die Macher von Recherchescout. »Wir stellen Verknüpfungen her, die sonst fehlen.« Kritische Journalisten sehen das allerdings anders. Sie sehen Portale wie Recherchescout als Einfallstore für Lobbyisten. Schließlich sei es die ureigenste Aufgabe von Journalisten, sich bei ihren Recherchen Quellen und damit auch Experten selbst zu suchen. »Das dürfen wir uns nicht nehmen lassen«, sagt Günter Bartsch, Geschäftsführer des Netzwerks Recherche.[17] Recherchescout.de schränke aber genau dies ein – und manche Journalisten sind auch noch dankbar dafür. Denn nur wer die erwähnte Gebühr bezahlt, kommt in den Expertenpool. Wer nicht zahlen kann oder will, bleibt draußen. »Wer zahlt, erkauft sich Einfluss auf die Berichterstattung«, kritisiert Bartsch.

In der Tat trifft Recherchescout ungewollt eine Vorauswahl, die aber nicht am Kriterium der Kompetenz eines »Experten« ausgelegt ist, sondern daran, ob dessen Unternehmen regelmäßig bezahlt oder nicht. Medienwissenschaftler wie der Eichstätter Journalistik-Professor Meier sehen das etwas entspannter. Viele Firmen können sich keine PR-Abteilung leisten, ein Recherchescout-Abo aber schon. Wichtig sei, dass die Unternehmen transparent und offen genannt werden. Auch der *Journalist*, das Fachmagazin des Deutschen Journalistenverbands, findet an Recherchescout nichts auszusetzen und lobte den »Recherche-Dienstleister« kräftig in seiner Online-Ausgabe.[18] Dabei sind Verquickungen auch in anderer Hinsicht nicht auszuschließen. Die Recherchescout-Betreiber Kai Oppel und Martin Fiedler betreiben jeder für sich auch noch PR- und Kommunikationsagenturen: Der eine hat seine »Fiedler PR« 2014 in »Munich Communication Lab« umbenannt. Oppels PR-Firma heißt »Scrivo Public Relations«. Beide betreuen Kunden aus verschiedenen Branchen der Wirtschaft.

Zauberwort Content

Immer häufiger jedoch wählen Unternehmen und finanzstarke Organisationen keine Umwege mehr wie Recherchescout, um mithilfe des Internets ihre Interessen zu vertreten. Sie tun vielmehr so, als wären sie selbst ein Medium und ihre Mitarbeiter und PR-Leute richtige Journalisten. Große Konzerne wie Siemens oder der Sportartikelhersteller Adidas betreiben längst eigene Newsrooms, von denen aus sie ihren Geschäften und ihrem Image dienliche Informationen weltweit auf die Menschen niederprasseln lassen, vor allem über die sozialen Netzwerke. Ein ebenso banales wie perfektes Beispiel für solches Content-Marketing ist das Internetportal Curved.de.

Auf den ersten Blick sieht es aus wie ein digitales Fachmagazin über Smartphones und Tablets, Gadgets und Apps, wie auch einige der auf der Internetseite angebotenen Themengruppen heißen. »Tests« werden veröffentlicht und »Toplisten« etwa über »die besten Smartphone-Kameras«, »die besten Android-Smartphones« oder jene Mobiltelefone mit der längsten Akku-Laufzeit. Curved.de erweckt den Anschein, es wäre ein unbestechliches Internet-Magazin, das vor allem eine Absicht verfolgt: seinen Lesern die bestmöglichen Informationen und Tipps zu geben.

Es gibt tatsächlich einen Button »Redaktion« auf der Seite, und wer ihn anklickt, liest unter anderem Folgendes: »Curved ist das Techportal für das mobile Zeitalter … Wir wollen über die menschliche Seite der mobilen Revolution berichten. Über das, was die Gadgets aus unserem Leben machen. Wie sie unseren Alltag erleichtern. Wie sie zum Treiber des gesellschaftlichen Fortschritts werden … Wir schreiben und testen für die Generation Touch … Wir wollen Lust auf mobile Technologien machen und zeigen, wie Ihr diese gewinnbringend in Eurem Alltag integrieren könnt …

Uns interessiert weniger, ob der A7 Chip im iPhone 5s 31 Prozent schneller ist als der A6 Chip im iPhone 5. Uns interessiert, ob das iPhone 5s oder das 5c Dein digitales Leben besser macht, ob Du nicht mehr ohne Tablet leben kannst und mit welchem Smartphone Du die besten Selfies für Instagram schießt. Mobile ist so viel mehr als nur Technik. Mobile macht Spaß. Mobile ist unser Leben. Wir sind always on. Und finden das gut so. Willkommen zu Curved. Hier spricht die Generation Touch.«[19]

Wer nach so viel jugendlich angehauchtem Digital-Pathos das Impressum anklickt, erfährt, wer tatsächlich hinter Curved steckt: »Eine Initiative der E-Plus-Gruppe« heißt es dort. Ein großer Mobilfunkanbieter also.

»Curved kommt journalistisch daher und man könnte meinen, man hat es mit einem journalistischen Projekt in Sachen Ratgeber- und Lifestylejournalismus zu tun«, sagte Journalistik-Professor Klaus Meier. Tatsächlich sei die Plattform »ein Beispiel dafür, wie versteckt versucht wird, Bedarf nach bestimmten Produkten zu entwickeln, einen bestimmten Lifestyle zu propagieren und so im Idealfall eine Welle auszulösen, die einen besseren Markt für die Produkte von E-Plus bereitet.« Dass das Impressum einen Hinweis auf diese Interessenlage bietet, lässt Meier so ohne weiteres nicht gelten. Wer, speziell unter jungen Leuten, klicke schon ein Impressum an?

»Content Marketing« heißt das Zauberwort. Konzerne und finanzstarke Interessengruppen schalten jedweden, womöglich kritischen oder zumindest distanzierten Journalismus aus und wenden sich selbst direkt an das Publikum. Sie täuschen es, indem sie sich mit scheinbar journalistischen Methoden in Szene setzen.

Auf diese Methode setzt bereits seit Längerem der österreichische Limonadenkonzern Red Bull, und zwar sehr umfassend. Er finanziert nicht nur Extremsportler, ein Formel-1-Team und Fußballmannschaften wie in Salzburg, New York oder Leipzig, die in Wahrheit Marketingabteilungen für den gleichnamigen Energydrink sind und mit klassischen, von Mitgliedern bestimmten Vereinen überhaupt nichts mehr zu tun haben. Die Brausefirma aus Fuschl am See unweit von Salzburg gibt auch »The Red Bulletin« heraus, eine Lifestyle-Postille, deren Inhalt ausschließlich vom Unternehmen und hauptsächlich mit dessen Testimonials und Aktivitäten bestückt wird. »Monat für Monat atemberaubende Stories aus der Welt von Red Bull und ihren Playgrounds« verspricht die Werbung. Wenigstens ist der Urheber all dessen offen erkennbar.

Was solches »Content-Marketing« mit Lobbyismus zu tun hat? Antworten darauf lieferte 2016 eine Studie von Lutz Frühbrodt und Annette Floren.[20] Der Kommunikations-Professor an der Hochschule Würzburg und die Kommunikationsexpertin aus Berlin veröffentlichten ihre Untersuchung bei der gewerkschaftsnahen Otto Brenner Stiftung. Ihr Fazit: »Über ihre eigenen publizistischen Plattformen beziehen Konzerne verstärkt Stellung zu wirtschafts- und technologiepolitischen Themen.« Damit einher gehen politische Ratschläge und Botschaften in ihrem Sinne. »Damit tritt der ›Unternehmensjournalismus‹ zunehmend in Konkurrenz zum klassischen, unabhängigen Journalismus«, so Frühbrodt und Floren. »Durch das Aufkommen von Politblogs und anderen alternativen Formaten haben die klassischen Medienhäuser bereits ihr Meinungsmonopol verloren. Das Content Marketing der Unternehmen wird möglicherweise ihre Deutungshoheit über gesellschaftlich relevante Ereignisse noch weiter einschränken und den Journalismus zunehmend ›entgrenzen‹«. Es drohe die Entwicklung, dass Journalismus »nicht mehr an seiner Haltung, nämlich der des unabhängigen Beobachters, und an seiner gesellschaftlichen Funktion, nämlich Kritik und Kontrolle, gemessen« würde. »Journalismus würde dann nur noch über seine äußere Form definiert. Für die öffentliche Meinungsbildung hätte dies unweigerlich zur Folge, dass der Einfluss der Wirtschaft einseitig zunehmen würde.«

Die Grenzen sind bereits fließend. Im Sommer 2015 veröffentlicht die Botschaft der Vereinigten Staaten von Amerika eine Ausschreibung. Das US-Generalkonsulat brauche Unterstützung bei seiner Public-Relations-Arbeit, heißt es. Geplant sei die Vergabe für ein Jahr plus Option auf vier weitere Jahre der Zusammenarbeit. Wer die entsprechenden Ausschreibungsunterlagen anfordert, bekommt 27 Seiten Unterlagen zurück, in denen die amerikanischen Vertreter hierzulande detailliert auflisten, was der gesuchte PR-Partner leisten soll. Er soll in den sozialen Netzwerken Kampagnen starten und durchziehen, mit Themen, in denen die US-amerikanische Sicht propagiert wird. Dazu gehört Aufklärungsarbeit über den bevorstehenden Präsidentschaftswahlkampf in den USA und die Arbeitsstruktur der Regierung in Washington ebenso wie Umwelt-, Handels- oder außenpolitische Themen. Aber auch der digitale Kampf gegen antiamerikanische Stimmung, das diesbezügliche Überwachen von Blogs und Plattformen in den sozialen Medien. Kurzum: Es geht darum, digitalen Lobbyismus für die Vereinigten Staaten zu betreiben.

Das ist kein Einzelfall. Viele Länder beschäftigen inzwischen eigene Blogger und Experten, die keine andere Aufgabe haben, als das Internet und speziell die sozialen Netzwerke zu überwachen und für die eigenen Positionen zu verwenden. Im Idealfall möglichst so, dass es nicht auffällt, wer da am Werk ist. Genauso verfahren längst auch große Markenunternehmen, die auf diese Weise negative Meinungsäußerungen und Bewertungen über ihre Produkte bekämpfen und/oder sie in den Himmel loben.

Am Ende stehen häufig Desinformation und Propaganda. Wahrheiten werden verfälscht, Unwahrheiten verbreitet, Legenden erfunden und Verschwörungstheorien entwickelt. Hauptsache, es dient der eigenen Sache. Politische Konflikte finden so regelmäßig ihre digitale Begleitmusik. So tragen die israelische Regierung und die palästinensische Hamas ihren Konflikt auch über den Kurznachrichtendienst Twitter und andere soziale Netzwerke aus, wo beide Seiten ihr Handeln rechtfertigen (und beschönigen).[21]

Dass autoritäre Systeme und Kriegsparteien gleichermaßen ihre Macht ganz wesentlich auch mit der Kontrolle von Medien sichern wollen, ist nicht neu. Das gab es auch früher schon. Inzwischen aber tobt eine Propaganda-Schlacht mit Bildern, eine Art politischer Lobbyismus im Internet.

Beispiel ist ein Youtube-Video, das binnen weniger Monate millionenfach geklickt wurde. Zu sehen ist ein vielleicht zehnjähriger Junge in einer offenbar vom Bürgerkrieg zerschossenen und zerbombten Straße. Schüsse sind zu hören, scheinbar tobt ein Kampf. Der Bub wird von Kugeln getroffen, er bricht zusammen, kann sich mit scheinbar letzter Kraft aber aufbäumen und ein Mädchen retten, vielleicht seine Schwester. Es ist ein Dokument des Grauens. Wenn es denn stimmen würde.

Die BBC hat das Video akribisch überprüft. Die Redakteure haben recherchiert und können beweisen, dass die ganze Szene gestellt war. Gedreht wurde sie in Malta, die großen und die kleinen Teilnehmer sind Schauspieler. Die Szene ist gefälscht. Genauso, wie der Videoclip gefälscht war, bei dem ein kleiner arabischer Junge als Kindersoldat zwei russische Gefangene mit Genickschüssen aus seiner Pistole hinrichtet. »IS-Kind (14) erschießt zwei russische Spione«, titelte die *Münchner Abendzeitung*. Tatsächlich ist auch dieses YoutubeVideo ein Fake. Man sieht kein Blut, keine Einschusslöcher. Aber die Botschaft, die es vermitteln soll, ist in der Welt.

Die britische BBC und der französische Fernsehsender France 24 unterhalten inzwischen eigene Rechercheteams, die nichts anderes machen, als solches Bildmaterial aus unklaren Quellen auf ihren

Wahrheitsgehalt hin zu überprüfen. Dazu gehörte auch das Foto, das angeblich beweisen sollte, dass ehemalige US-Soldaten im Syrienkrieg mitmischen. Doch das Tattoo, das der vermummte Kämpfer am Arm trägt, konnten die France-24-Experten einem ganz anderen Bild zuordnen. Das angebliche Beweisfoto war schlicht manipuliert.

Diese Beispiele zeigen, was Journalisten und Redaktionen tun müssen, wollen sie nicht Kriegslobbyisten oder solchen der Großkonzerne und Wirtschaftslobbyisten auf den Leim gehen: Sie müssen recherchieren, prüfen, kritisch sein. Und vor allem muss im Zweifel Gründlichkeit vor Schnelligkeit gehen.

Recherche, das kritische Überprüfen all dessen, was auf den Tisch flattert und verbreitet werden soll, wird umso wichtiger, je stärker das Internet die Nachrichtenwelt beschleunigt. Immer mehr Neuigkeiten strömen immer schneller auf uns ein. Wer nur unjournalistischen Internetportalen vom Schlage curved.de vertraut, läuft Gefahr, in dieser Nachrichtenflut unterzugehen oder zum Spielball ökonomischer Interessen zu werden. Das Wichtige nicht mehr vom Unwichtigen unterscheiden zu können, sodass am Ende als Wahrheit nur noch wahrgenommen wird, was man sich selbst als Wahrheit so vorstellt. Die dafür notwendige Filterfunktion haben in einem demokratischen Gefüge Journalisten. Sie sind es, die Nachrichten prüfen, verbreiten, aber auch einordnen. Dafür allerdings brauchen sie die entsprechenden Rahmenbedingungen, für die ihre Verlage und Sender sorgen müssen. Wenn sie die Redaktionen immer stärker personell ausdünnen, wird es für die einzelnen Journalisten immer schwieriger, Nachrichten auf ihren Wahrheitsgehalt hin zu verifizieren. Landen zunehmend Falschmeldungen im Netz, in der Zeitung, in Fernsehen oder Rundfunk, fällt das auf den Ruf und letztlich auch auf die Akzeptanz und ökonomisch auf das entsprechende Medium zurück. Warum soll der Leser beispielsweise für etwas bezahlen, das seinen Ansprüchen nicht gerecht wird? Für Journalismus womöglich, der eigentlich gar keiner mehr ist?

»Ich glaube nicht, dass der Einfluss für Lobbyisten auf Journalismus größer geworden ist«, sagt der Eichstätter Journalistik-Professor Klaus Meier. »Was sich aber stark verändert hat, ist die Professionalität dieser Leute. Sie wissen genau, was sie wollen und, vor allem, was sie tun müssen. Und dank des Internets mit seinen Möglichkeiten ist ihr Spektrum weitaus vielfältiger geworden.«

Das beste Mittel, um Lobbyeinfluss über Medien zu verhindern, ist es, wenn diese Medien ihren Job professionell machen. Distanziert und nicht als Handlanger. Alles andere wäre fatal, warnte auch der US-Wissenschaftler Frank Sesno von der George Washington University und wählt dafür einen plastischen Vergleich: »Die Leute werden herausfinden, welcher Laden ihnen gute Matratzen verkauft. Sie werden auch herausfinden, wie sie an solide Informationen kommen. Irgendwann brauchen sie die.«[22]

10
Große Haie
Wie die Finanzindustrie die europäische Politik beeinflusst

Die Schlagkraft der Finanzindustrie in der europäischen Politik macht klar, welchen Preis Gesellschaften für ausufernden Lobbyismus zahlen.

Die Steuer schien ein mächtiges Instrument. Und ihre Zeit schien gekommen. Nach jahrzehntelangem Ringen waren die Kritiker einer unregulierten Finanzbranche vor wenigen Jahren schon so gut wie am Ziel. Viele Banken litten noch immer unter der Finanzkrise, ganze Staaten taumelten, als sich Bundeskanzlerin Angela Merkel und Frankreichs damaliger Präsident Nicolas Sarkozy – und damit die starke politische Achse Europas, Deutschland und Frankreich – in Berlin gemeinsam für die Einführung einer Börsensteuer aussprachen.

»Die Lage, in der wir uns befinden, haben wir der skandalösen Deregulierung auf den Finanzmärkten zu verdanken«, wetterte Sarkozy im Januar 2012 im Bundeskanzleramt vor laufenden Kameras. »Darum ist es nur normal, dass diejenigen, die uns in diese Lage gebracht haben, sich jetzt auch beteiligen.« Persönlich sei sie für die Transaktionssteuer, erklärte auch Merkel. Es wäre gut, alle EU-Mitglieder davon zu überzeugen.

Es war eine Sensation, die sich über Monate angebahnt hatte und die vor allem in Ländern, in denen die ganz großen Finanzinstitute zu Hause sind, mit großem Argwohn beobachtet wurde. Bereits im Oktober 2011 fiel dem amerikanischen Geheimdienst ein brisantes Telefonat Merkels auf. Der Inhalt wurde übersetzt und in einem Memo festgehalten. Die Kanzlerin befand sich gerade in Vietnam und sprach mit einem Mitarbeiter.

Die NSA hörte mit. Es sei um die Euro-Rettung und Griechenland gegangen – und die Folgen, notieren NSA-Leute in einem Bericht. Merkel sei der Ansicht gewesen, dass etwas unternommen werden müsse, um eine Finanztransaktionssteuer zu verwirklichen. Dies im kommenden Jahr zu bewerkstelligen wäre in ihrer Einschätzung ein wichtiger Schritt, um die Erleichterungen für Banken auszubalancieren, hieß es. Die Deutschen schienen es also wirklich ernst zu meinen. Denn im Gespräch verlautete weiter, dass nun auf die Regierungen der USA und Großbritanniens Druck ausgeübt werden sollte, um dabei zu helfen, eine solche Steuer einzuführen.

In rasantem Tempo hatte es damit eine Idee aus den Universitäten und den Programmen von Nichtregierungsorganisationen in die Zentren der Macht geschafft. In den 90er-Jahren hatte zuerst die europäische Linke das Konzept des amerikanischen Wirtschaftswissenschaftlers James Tobin aufgegriffen. Der hatte die sogenannte Finanztransaktionssteuer bereits in den 70er-Jahren mit dem Ziel entwickelt, alle internationalen Devisengeschäfte mit einer geringen Steuer zu belegen.

Das Kalkül dahinter: Bei normalen Börsengeschäften würde sie kaum ins Gewicht fallen, wohl aber bei Zockereien. Erst recht im modernen Hochfrequenzhandel. Bei diesen problematischen Zockereien erzielen Händler ihre Gewinne über eine riesige Zahl von Transaktionen in sehr kurzer Zeit, die durch die Steuer unattraktiv würden.[1]

Globalisierungskritische Organisationen fingen sofort Feuer. Die Tobin-Steuer zählte Ende der 90er-Jahre zu den Gründungszielen des globalisierungskritischen Netzwerks Attac. Anfangs allerdings traf die Forderung auf wenig Gegenliebe. Ex-Bundesfinanzminister Hans Eichel lehnte die Steuer noch 2001 ab. Erst die Weltfinanzkrise 2008/09 ließ den Wind drehen. Politiker sahen in vielen Hauptstädten mit ihr plötzlich einen Weg, jene Finanzinstitute, die die Krise ausgelöst hatten, auch für die Krise zahlen zu lassen. 2013 schaffte es die Finanztransaktionssteuer sogar in den Koalitionsvertrag von CDU und SPD. Die Einführung einer Finanztransaktionssteuer auf europäischer Ebene stärke die Beteiligung des Finanzsektors an den Kosten der Krise und an den Zukunftsaufgaben von Wachstum und Beschäftigung, heißt es dort. Und: »Wir wollen eine Finanztransaktionssteuer mit breiter Bemessungsgrundlage und niedrigem Steuersatz zügig umsetzen.«[2] Der frühere deutsche Finanzminister Wolfgang Schäuble war so zuversichtlich, dass er zwei Milliarden Euro an Einnahmen aus der Steuer auf Spekulationen in seinem Haushalt einplante. »Die Finanztransaktionssteuer ist eine wunderbare Geschichte, und wir kämpfen sehr dafür«, sagte Eichels Nachfolger.

Doch inzwischen ist von der Steuer in der Öffentlichkeit keine Rede mehr. Spekulanten haben in Deutschland noch immer keinen Cent an die Staatskasse überwiesen. Kaum jemand glaubt noch an eine wirksame wie flächendeckende Einführung der Steuer. Im Finanzministerium berechnet man den Haushaltsplan längst wieder ohne Transaktionssteuer.

Verschieben, verhindern, vertrösten. Ökonomen wie der Österreicher Stephan Schulmeister wundern sich, warum der sonst beim Erheben von Steuern so kreative wie entschlussfreudige Staat bei dem Instrument, das die Mehrheit der Bürger befürwortet, so zögerlich ist. Untersuchungen hatten gezeigt, dass sich fast 60 Prozent der Deutschen für die Einführung der Börsensteuer aussprachen. Schulmeister wollte genauer wissen, woran die Steuer eigentlich bislang gescheitert ist. Der Forscher des Österreichischen Instituts für Wirtschaftsforschung (Wifo) zeichnete in einer Studie den Niedergang einer Idee nach.

Sein Ergebnis: Mit einer gezielten Kampagne habe die Finanzlobby die Steuer torpediert. »Noch nie wurde so eindrucksvoll bewiesen, wie Demokratie in Zeiten der Finanzalchemie funktioniert«, glaubt Schulmeister. Das Zurückweisen der Befürworter sei nicht mal eine Überraschung gewesen. Dies reflektiere nur den stark gewachsenen Einfluss der Finanzriesen.

Offiziell hielt die Politik zwar trotz aller Verzögerungen an dem Ziel der Einführung fest. Auch die Bundesregierung. Praktisch aber ist das Projekt nur noch ein Torso. Denn eigentlich müsste es weltweit nicht nur für möglichst viele Finanzprodukte gelten, sondern auch in möglichst vielen Ländern gleichzeitig eingeführt werden. Sonst wären Ausweichreaktionen zu anderen Handelsplätzen oder Wertpapieren vorprogrammiert. Doch genau dieses Ziel rückte zuletzt in immer weitere Ferne. Zwar legte die EU-Kommission 2013 eine europäische Finanztransaktionssteuer vor – die USA sind ohnehin seit jeher dagegen. Doch auch in Europa begann ein Hauen und Stechen. Großbritannien und Luxemburg sorgten sich um die eigenen Finanzplätze. London klagte sogar gegen das Vorhaben. Und auch die Niederländer sehen heimische Pensionsfonds gefährdet.

Nur noch elf der 28 Euro-Staaten unterstützen die Pläne: Belgien, Deutschland, Estland, Frankreich, Griechenland, Italien, Österreich, Portugal, Slowakei, Slowenien und Spanien. Italien und Frankreich haben die Steuer in geringem Umfang sogar bereits eingeführt. Der Rest Europas will nicht mitmachen. Doch nicht nur räumlich schrumpfte das Vorhaben zusammen – auch inhaltlich. Die EU will zwar nach wie vor Aktien, Anleihen und Derivate belasten – nicht jedoch alle Wertpapiergeschäfte gleichzeitig und von

Anfang an. Selbst die Kommission glaubt nicht mehr daran, dass eine umfassende Besteuerung des heutigen Derivatehandels gelingt. Länder wie Frankreich fürchten bei einer breiten Regulierung um ihre Finanzplätze. Paris würde Derivate – von Aktien abgeleitete Finanzprodukte – gerne ausnehmen. So könnte vorerst nur der Handel mit Aktien selbst besteuert werden. Auch Staatsanleihen blieben außen vor. Damit aber droht das ganze Projekt diskreditiert zu werden. Denn besteuert würden dann vor allem die Geschäfte, die am wenigsten destabilisierend auf die Finanzmärkte wirken – gewöhnliche Aktienkäufe und -verkäufe und nicht jene komplizierten Wertpapiere, die die Finanzwelt an den Abgrund gebracht hatten.

Kein Wunder also, dass Experten diese für die schlechteste aller Varianten halten. Schließlich, so das Argument, seien es ja Derivate und nicht Aktien gewesen, die 2008 die Turbulenzen auf dem US-Immobilienmarkt in eine globale Finanzkrise verwandelt hätten. Eine, die der Welt schier unglaubliche Kosten aufbürdete. Der Internationale Währungsfonds (IWF) ermittelte, dass in der Finanzkrise neun Staaten, darunter die USA und Deutschland, die unvorstellbare Summe von 1,75 Billionen US-Dollar in ihre Banken gepumpt hätten. Eine Summe für die in Deutschland 40 Millionen Menschen ein ganzes Jahr lang arbeiten müssen.

Die Skepsis bei der Regulierung überrascht auch aus einem anderen Grund. Den Regierungen winken hohe Einnahmen: Bis zu 45 Milliarden Euro könnte allein die Bundesregierung jedes Jahr zusätzlich verbuchen, wenn sie sich gemeinsam mit ihren Mitstreitern in Europa dazu entschlösse, eine umfassende Umsatzsteuer auf Finanzgeschäfte einzuführen. Zu diesem Ergebnis kamen Gutachter des Deutschen Instituts für Wirtschaftsforschung (DIW) in Berlin in einer Studie, welche die SPD-Bundestagsfraktion in Auftrag gegeben hat. Auf die Summe kommt man zumindest dann, wenn das ursprüngliche EU-Modell wirklich zum Zug käme. Es sieht vor, den Anbieter wie den Erwerber einer Aktie oder Anleihe mit einem Steuersatz von je 0,1 Prozent des Kaufpreises zu belegen. Bei Termin-, Tausch- und Optionsgeschäften, sogenannten Derivaten, beträgt der Satz 0,01 Prozent. Ausgenommen sind Bankgeschäfte des täglichen Lebens, also etwa Überweisungen vom Girokonto, die Aufnahme von Krediten, die Emission von Aktien sowie Transaktionen zwischen Lebensversicherungen und ihren Kunden.

Aber Beobachter wissen, dass es längst nicht mehr nur ums Geld geht, wie auch die schleppenden Verhandlungen der vergangenen Jahre zeigen. Es geht auch um Standortvorteile und Standortpolitik.

Denn dass sich der Blickwinkel der beteiligten Regierungen teils drastisch geändert hat, liegt dem Forscher Schulmeister zufolge vor allem an einer »gut organisierten Gegen-Offensive großer Investmentbanken wie Goldman Sachs oder Morgan Stanley«. Denn die hätten die Konflikte zwischen den elf EU-Ländern, vor allem zwischen Deutschland und Frankreich mit einer Lobbywelle bewusst vertieft.[3]

Am Lobbying hätten sich neben den beiden genannten US-Instituten auch die Deutsche Bank, JP Morgan, Citigroup und so gut wie alle Banken und Investmentverbände beteiligt, fand Schulmeister heraus. Die Hauptleidtragenden einer solchen Steuer führten immer wieder die gleichen Argumente gegen sie an: Die Profite der Banken würden sinken, Absicherungskosten steigen, letztlich könnte die Stabilität des gesamten Finanzsystems leiden. Und auch Staaten selbst würden zu den Verlierern zählen, weil sich die Kreditaufnahme verteuere. Ein falsches Argument zwar, denn belastet werden sollte nur der Handel mit Kreditpapieren, nicht aber die Kreditaufnahme selbst.

Den Lobbystrategen der Bankenbranche war es egal. »Beim Angriff auf die Politik zählte nicht die Qualität der Argumente, sondern ihre Quantität«, sagt Schulmeister. Es sei darum gegangen, Regierungen und Öffentlichkeit zu verunsichern.

Besonders interessiert waren die Lobbyisten daran, die Befürworter einer Transaktionssteuer in der EU gegeneinander auszuspielen. Ihnen war klar: Sind sich die Hauptstädte nicht mehr grün, wäre dies das wirksamste Verzögerungsinstrument. »Wir gehen tatsächlich davon aus, dass es einen Transfer französischer Steuern (zum Beispiel aus dem Derivatehandel französischer Banken, die hier Marktführer sind) zu anderen Rechtssystemen« gibt, warnte etwa Morgan Stanley 2013 in einer Analyse.[4]

Für besonders viel Furore sorgt ein Papier der US-Investmentbank Goldman Sachs. Die Lobbyisten verteilen es zunächst bewusst an ausgewählte Politiker, statt es breit zu streuen. In der Studie heißt es, die Steuer werde Europas Großbanken in die Verlustzone treiben. Betroffen seien vor allem Banken aus Frankreich und Deutschland – also Institute aus den beiden Ländern, die sich besonders stark für die Transaktionssteuer einsetzen. Dabei seien die Goldman-Sachs-Zahlen unrealistisch hoch, kritisiert Schulmeister. Die Steuer werde die Banken 170 Milliarden Euro kosten, rechnen die Banker vor. Dabei kommt die EU-Kommission selbst in ihren Schätzungen nur auf deutlich geringere Beträge.

Der Kampf ging weiter. Anfang 2015 wollten Frankreich und Österreich endgültig ernst machen. Der Wiener Finanzminister Hans Jörg Schelling fordert in einem gemeinsamen Brief mit seinem französischen Amtskollegen Michel Sapin »einen Neustart« für die Finanztransaktionssteuer (FTS) auf europäischer Ebene.

Die Bestandsaufnahme der Minister fällt enttäuscht aus. Inhaltlich wie auch beim Prozedere sei man in einer Sackgasse gelandet, schreiben sie in ihrem auf den 21. Januar datierten Brief an die neun anderen Finanzminister jener Länder, die die Steuer eigentlich einführen wollten. Bisher gebe es aber weder einen dauerhaften Vorsitz für die Gruppe noch ein Team, das offene Fragen weiter verfolge. Weder würden im Vorfeld Papiere vorbereitet noch im Nachhinein Protokolle erstellt. Auch gebe es keine technische Unterstützung durch die EU-Kommission, obwohl diese bei dem ganzen Prozess doch eigentlich eine zentrale Rolle spielen sollte und wollte.

Um das eigentliche Ziel – die Einführung der Steuer 2016 – doch noch zu erreichen, präsentieren sie einen Lösungsvorschlag. Einer der elf Finanzminister sollte zum Vorsitzenden ernannt werden und künftige Treffen leiten. Jemand müsse die technische Koordination übernehmen, auch solle die EU-Kommission klarstellen, wie sie die verstärkte Zusammenarbeit unterstützen will. Um den unterschiedlichen Interessen entgegenzukommen, schlugen Frankreich und Österreich einen Kompromiss vor: Eine möglichst breite Bemessungsgrundlage der Steuer – also das Einbeziehen möglichst vieler Wertpapiere – sowie niedrige Steuersätze.

Die Banken ahnten, was das bedeuten könnte: Drohte da etwa der Durchbruch? Das galt es nun wirklich mit allen Mitteln zu verhindern. Nur zwei Tage später sandten die vier wichtigsten Bankenverbände Europas ihrerseits ein Schreiben an alle Finanzminister der 28 EU-Mitglieder ab. Absender: Die European Association of Cooperative Banks (EACB), der Verband der Privatbanken also, the European Association of Public Banks (EAPB), der Verband der öffentlichen Banken, die European Banking Federation (EBF), der Dachverband der nationalen Bankenverbände, und die European Savings and Retail Banking Group, ein Verband von Privatkundenbanken, der vor allem in Brüssel lobbyiert. Tenor des Schreibens der Verbände, die 100 Prozent des Bankenmarktes repräsentierten: Was da geplant sei, habe Einfluss auf die gesamte Wirtschaft und ließe die Kosten der Geldbeschaffung für praktisch alle Wirtschaftsbereiche unverhältnismäßig steigen. Auf die Finanzsektoren der teilnehmenden Staaten werde der Druck extrem stark werden und die Abhängigkeit von Finanzmärkten außerhalb Europas werde stark wachsen. Außerdem schade der Kompromiss dem Binnenmarkt und bringe die Erholung Europas zum Erliegen. Der gewohnt starke Tobak der Finanzbranche. Man weiß: Untergangsszenarien ziehen immer.

Zum Erliegen kam daraufhin wie gewünscht der gerade neu aufgeflammte Elan der Steuerbefürworter in Europa. Die Argumente verfingen. Neue Probleme für Europas Wirtschaft konnte man nun wirklich nicht gebrauchen. Noch im selben Jahr traten mehrere Länder mit ganz ähnlichen Argumenten bei der Einführung der Besteuerung von Börsengeschäften auf die Bremse. In einem sogenannten vertraulichen »Room Document« der EU-Kommission, einer Tischvorlage, fanden sich im Herbst 2015 plötzlich wieder starke Bedenken gegen die Steuer. Die Verfasser aus Deutschland, Belgien, Spanien und Portugal wollen »unbeabsichtigte Effekte auf die Realwirtschaft vermeiden«. So würden etwa Unternehmen, die ihre Risiken über den Finanzmarkt absichern, durch eine Börsensteuer sehr hoch belastet. Und das, obwohl sie »wahre Werte« absichern – und nicht an der Börse spekulieren. Das Ziel der Transaktionssteuer sei aber, so heißt es in dem Papier, dass die Finanzbranche ihren Beitrag leiste, um die Kosten einer Finanzkrise decken zu können. Die Frage sei also, ob es eine Möglichkeit gebe, Transaktionen zu identifizieren, die lediglich der Risikoabsicherung eines Unternehmens dienten. Falls dem so sei, hätte man eine Möglichkeit, diese Transaktionen unterschiedlich zu behandeln – sprich: sie würden nicht besteuert.[5]

Das Ziel der Verbände war da längst erreicht: neue Zwietracht, neue Diskussionen, neue Verzögerungen. Die Folgen der Steuer für die Realwirtschaft sind längst nicht mehr der einzige Streitpunkt. Ein anderes Dokument zeigt, dass die Hauptstädte auch über die Frage streiten, welche Finanzprodukte besteuert werden sollen. Die

Altersvorsorge etwa? Die Bundesregierung hat da so ihre Zweifel. Zusammen mit weiteren Ländern stellt sie die Frage, ob Pensionsfonds und Lebensversicherungen nicht besser von der Steuer befreit werden sollten. Würde das so kommen, wäre die Finanztransaktionssteuer eine Zwei-Klassen-Steuer, sie würde nicht für alle gleichermaßen gelten.

Sven Giegold, Grünen-Abgeordneter im Europaparlament, kritisiert diese deutsche Haltung: In einer unheiligen Allianz betreibe Finanzminister Schäuble damit das Geschäft der Gegner der Finanztransaktionssteuer. Wer Pensionsfonds und Versicherungen ausnehme, schaffe unfairen Wettbewerb zwischen verschiedenen Finanzdienstleistern und zerstöre so die Idee der Steuer. Schäuble hatte ohnehin seine Zweifel. Bei einem informellen Treffen der EU-Finanzminister in Luxemburg hatte er trotz anfänglicher Euphorie nun eigene Skepsis durchblicken lassen. Die Börsensteuer sei »ein kompliziertes Ding«, klagte Schäuble und warnte: Niemand solle »die große Lösung« erwarten.[6]

Die erwartet angesichts des immer erfolgreicheren Lobbydrucks in Europa tatsächlich inzwischen kaum noch jemand. Die Befürworter der Steuer waren einmal mehr erstaunt von der Schlagkraft der Finanz-Lobbyisten. Nichtregierungsorganisationen treibt deshalb seit Jahren die Frage um, wie viele Agenten für die Sache der Banken und Versicherungen eigentlich in Brüssel unterwegs sind. Es gibt zwar offizielle Zahlen. Nur kann man denen trauen?

Aufschluss geben soll eigentlich das europäische Lobbyregister – eine öffentlich einsehbare Datenbank, in der alle EU-Lobbyarbeit betreibenden Akteure Informationen über ihre Arbeit veröffentlichen sollen. Die Einträge sind jedoch freiwillig. Um den Druck etwas zu erhöhen, wurden zuletzt leichte Sanktionen eingeführt. So dürfen sich EU-Kommissare und ihre Kabinette fortan nur mit im Lobbyregister registrierten Lobby-Akteuren treffen.

Einer Nichtregierungsorganisation reichten die Angaben nicht. Sie wollte es genauer wissen. Das Corporate Europe Observatory (CEO) forschte nach. 1997 gegründet, hat die Organisation das erklärte Ziel, den Einfluss auf die Politik der EU offenzulegen, den Unternehmen nach Ansicht der Organisation genießen. Sie betreibt ein Büro in Brüssel mit 14 Mitarbeitern und ist in den Niederlanden als gemeinnützige Organisation anerkannt. Im Jahr 2014 veröffentlichte sie nach monatelanger Arbeit eine Studie.

Das Ergebnis: Gut 200 Organisationen hatten sich im Lobbyregister auf Verbraucher- wie auf Bankenseite als Finanzlobbyisten registrieren lassen. Darunter etwa die American Insurance Association, die Interessengemeinschaft Kreditkartengeschäft, Konzerne wie die Allianz oder die Großkanzlei Eversheds oder die Albright Stonebridge Group, eine Beratungsfirma von Ex-US-Außenministerin Madelaine Albright. Die tatsächliche Zahl der Organisationen, Unternehmen und Fürsprecher, die sich einschalteten, stellte sich als viel größer heraus. Für die Finanzindustrie seien es 700 Organisationen, die sich einmischten, um zu lobbyieren – siebenmal mehr, als zivilgesellschaftliche Gruppen und Gewerkschaften mobilisieren konnten. Werden Ausgaben und Mitarbeiterzahl eingerechnet, liegt der Faktor der Übermacht sogar bei 30. Und selbst da habe man konservativ gerechnet, schränkt das CEO ein.

Das Urteil der Organisation über die Transparenz der EU fällt kritisch aus. Das Register sei zwar ein Anfang, mehr aber auch nicht. Die Angaben der Lobbyisten, auch eine Nichtnennung, würden von keiner EU-Institution wirklich geprüft. Zudem bezieht es sich nur auf Lobbyakteure, die Zugang zur Europäischen Kommission oder dem EU-Parlament suchen. Der Rat der Europäischen Union ist nicht Teil des Registers, er führt auch kein eigenes Lobbyregister.

Wie groß der Finanzapparat letztlich ist? Das Fazit des CEO

liest sich erstaunlich. Die Industrie gebe in Brüssel mehr als 120 Millionen Euro pro Jahr für Lobbying aus und beschäftige sage und schreibe 1700 Lobbyisten. »Das sind vier pro zuständigem Beamten im Finanzbereich.« Das Ungleichgewicht zwischen Wirtschaftsvertretern und denen anderer zivilgesellschaftlicher Gruppen sei damit noch eklatanter als in vielen anderen Branchen.

Eigentlich wollte die EU genau das verhindern. 2014 startete die Europäische Kommission ihre neueste »Transparenzinitiative«. Seitdem müssen EU-Kommissarinnen und -Kommissare und ihre Kabinette bis hin zu den Generaldirektoren auf ihren Webseiten ihre Lobbytreffen veröffentlichen, und zwar spätestens zwei Wochen nachdem der Termin stattgefunden hat. Öffentlichkeit sollte mehr Ausgewogenheit schaffen.

Doch auch hier deckt das CEO ein zentrales Manko der Brüsseler Transparenzoffensive auf. Denn wer sich mit wem trifft, können Nichtregierungsorganisationen offiziell schon länger abfragen – sie erfahren trotzdem so gut wie nichts. Eine Anfrage bei der EU förderte 433 Treffen der Kommission mit Lobbyisten der Finanzwirtschaft binnen eines guten Jahres von Anfang 2013 bis Mitte 2014 zutage. Das Programm liest sich wie das Who's who der Finanzwelt: Allianz, Crédit Agricole, Deutsche Bank, Deutsches Aktieninstitut, Goldman Sachs, Moodys, Morgan Stanley, Master Card, Paypal, Unicredit etc.

Doch über was die Lobbyisten sprechen wollten – ob Bankenrettung oder Versicherungsregulierung –, blieb ein gut gehütetes Geheimnis. In gerade mal 67 Fällen veröffentlichte die EU nach monatelangem Insistieren ein paar Dokumente zum Inhalt. Freigegeben wurden auch die nur in belanglosen Auszügen. Was besprochen wurde, bleibt selbst in diesen Fällen offen. Denn publik macht die Kommission nur beinahe wertlose Informationen. Das meiste bleibt hinter verschlossenen Türen. Drei Gründe führt die Kommission dafür ins Feld. Entweder die Veröffentlichung schade der Finanz-, Geld- oder Wirtschaftspolitik der Gemeinschaft oder eines Mitgliedsstaates. Oder man müsse Untersuchungen, Ermittlungen und Prüfungen schützen. Und schließlich gelte es auch die kommerziellen Interessen der Unternehmen, die von den Lobbyisten repräsentiert werden, zu bewahren.

Für das CEO tut sich bei diesem Ausmaß des Lobbyings und der Abschottung der Behörden bei der Aufklärung ein Abgrund auf. »Angesichts des Versagens beim Kampf gegen die Wurzeln der Finanzkrise und angesichts der gewaltigen Folgen, die die Probleme auf dem Finanzmarkt für Europas Bürger mit sich brachten, bedeute dies ein ernstes demokratisches Problem, dem die Politik schnell begegnen muss – auch um eine Wiederholung zu verhindern«, urteilt der Bericht.[7] »Diese Situation ist extrem riskant für die Gesellschaft.«

Die Finanzlobby auszuhebeln scheint so gut wie unmöglich. Zu den Hindernissen zählt, dass die Themen, die Brüssel beackert, extrem kompliziert sind. Die Mitarbeiter der Kommission sind dabei oft auf die Hilfe der Branche selbst angewiesen, um die Materie überhaupt zu durchdringen. Hinzu kommt eine starke Vernetzung der Lobbyisten mit führenden Politikern des EU-Parlaments. So erhielt der französische Abgeordnete Jean-Paul Gauzès, der aktiv in die Positionierung des Parlaments zur Regulierung von Hedgefonds in der Richtlinie »Alternative investment fund managers directive« (AIFMD) involviert war, ungewöhnlich viel Input. Der Politiker bekam fast 1700 Änderungswünsche – zum Teil deckten sie sich wortgleich mit den Formulierungen der Finanzindustrie. Hedgefonds-Verbände warnten davor, dass die Regulierung die Geschäfte der Industrie erschüttern könnten – und natürlich destabilisierend auf das Finanzsystem wirken könnten.

Wie sich die Argumente gleichen. Entnervt schlug Gauzès

Alarm. Das Hedgefonds-Lobbying sei irritierend. Die Industrie solle das Ruder herumreißen. »Dieses neue Lobbying beginnt mir auf die Nerven zu gehen«, ärgerte sich der EUParlamentarier.[8] Auch Ex-Binnenmarkt-Kommissar Michel Barnier untersagte seinen Beamten 2013 zeitweise den Kontakt zu Lobbyisten.

Thierry Philipponnat weiß, um was es für die Finanzbranche in Brüssel geht. Er selbst ist Mitte 40 und hat 20 Jahre in der Bankenbranche gearbeitet. Er war bei der französischen Großbank BNP Paribas im Wertpapiergeschäft tätig und machte bei der europäischen Börse Euronext Karriere. Vor einigen Jahren aber zog er die Reißleine. Zuerst heuerte er bei Amnesty International an, weil Finanzmärkte und Menschenrechte seiner Meinung nach nicht immer zusammenpassen. Philipponnat fühlte sich zerrissen zwischen dem, was er glaubte, und dem, was er sagte. »Ich habe den Widerspruch zwischen dem Wissen, was für einen Unsinn wir da machen, und den täglichen Anforderungen nicht mehr ausgehalten«, sagt er.[9]

Dann kommt eine besondere Berufung. 2011 wird Philipponnat der erste Chef von Finance Watch, der ersten Gegenlobby zur Finanzbranche.

Bemerkenswert an dieser Organisation ist ihre Entstehung. Es waren Mitglieder des EU-Parlaments, die die Organisation ins Leben riefen. So etwas hatte es wohl noch nie gegeben: Die Politik selbst organisierte entnervt von einer Daueroffensive der Lobbyisten den Aufbau eines Gegengewichts.

Zwei Dutzend Parlamentarier, die seit der Finanzkrise mit immer mehr technischen Gesetzen zur Regulierung der Finanzmärkte befasst waren, wurden mit Kontaktanfragen von Vertretern der Finanzindustrie regelrecht überschwemmt. Sie hatten gerade miterleben müssen, wie Banken ganze Volkswirtschaften an den Rand des Ruins trieben. Und sie spürten, dass die Macht der Finanzbranche omnipräsent war. Innerhalb dieser Gruppe von 22 Abgeordneten wuchs die Besorgnis, dass eine Unausgewogenheit der Lobbyisten zu undemokratischen Ergebnissen führen könnte. Reformvorschläge zur Regulierung der Finanzindustrie waren auf ihrem Weg hin zur Gesetzwerdung immer wieder abgeändert und abgeschwächt worden. Dabei wollten sie mit härteren Vorgaben doch eigentlich verhindern, dass sich die Fehler wiederholen. Doch sie wurden von der Finanzlobby förmlich an die Wand gedrückt.

Dem wollte die Gruppe der Europaabgeordneten nicht länger zusehen und stieß selbst an, was sie für nötig hielt. Parteiübergreifend riefen sie im Sommer 2010 dazu auf, ein Gegengewicht ins Leben zu rufen. Eine Art Greenpeace der Finanzwelt. Zu den Unterzeichnern gehörten der konservative Finanzpolitiker Jean-Paul Gauzès, der Grüne Sven Giegold, der Sozialdemokrat Hans Udo Bullmann oder Charles Goerens, ein Liberaler aus Luxemburg.

Diese Petition fand hohen Anklang und Unterstützung in Brüssel und darüber hinaus. In den darauf folgenden fünf Monaten unterzeichneten mehr als 160 Abgeordnete und gewählte Repräsentanten aus einer Vielzahl verschiedener Parteien und EU-Mitgliedsstaaten den Aufruf. Wohl selten war ein solcher Aufbruch gleichermaßen ein Zeichen von Kampfeslust wie Ohnmacht.

Immerhin: Der Aufruf wirkte. Im Dezember 2010 finanzierten die Europaabgeordneten eine sechsmonatige Prüfung. Sie ließen herausfinden, ob ein neues, unabhängiges Organ überhaupt geschaffen werden kann. Eine Stimme, die die Gesellschaft bei der Reform des Finanzmarkts vertritt. Mehr als 120 Treffen von Repräsentanten der Zivilgesellschaft und Organisationen waren nötig, bis am Ende der konkrete Vorschlag zur Gründung von Finance Watch stand. Im Herbst 2011 nahm die Organisation die Arbeit auf. Verglichen mit den Summen, die Banken für ihren Lobbyismus auftreiben, ist die Gegenmacht zwar bescheiden ausgestattet. Ein paar Quadratmeter in einem Brüsseler Bürobunker. Ein gutes Dutzend Mitarbeiter zählt Finance Watch. Immerhin.

Das Ziel, das sich die Organisation auf die Fahne geschrieben hat, sollte eigentlich eine Selbstverständlichkeit sein: Man wolle ein robustes Bankensystem aufbauen, das im Dienst der Gesellschaft steht und nicht für Missbrauch durch moralisches Fehlverhalten anfällig ist, heißt es in ihren Statuten. Es macht klar: Nicht jeder Bankenkritiker ist ein Bankengegner. Bei Finance Watch arbeiten keine kapitalismusfeindlichen Ideologen an einer bankenfreien Welt, sondern Fachleute aus der Branche an einer besseren. Die Organisation artikuliert eine Gegenmeinung. Sie betreibt keinen Populismus. Und genau diese ruhige Ernsthaftigkeit macht sie gefährlich für die professionelle Bankenwelt.

Finance Watch legt den Finger in die Wunde und wirft angesichts der Schwerfälligkeit bei der Kontrolle und Regulierung des Finanzsektors jede Menge Fragen auf:

Wie ist es möglich, dass sich die Regierungen der EU-Mitglieder und die EU so schwertun bei der Bekämpfung der Risiken durch einige unregulierte Finanzmarktgeschäfte? Wie kann es sein, dass nun auch noch Zinssätze wie der Euribor oder der Libor, die auch für normale Auto- oder Hauskredite als Richtschnur gelten, über Jahre offenbar mit krimineller Energie manipuliert wurden? Wo waren die Überwachungsinstanzen des Staates? Und warum muss jeder Staubsaugerhersteller eine Garantie bieten, während Banken lässig mit den Schultern zucken können, wenn etwas schiefgeht.

Mit den Risiken der Atomindustrie ging die deutsche Bundesregierung nach Fukushima jedenfalls ganz anders ins Gericht: abschalten statt milliardenschwerer Rettung.

Eine Erklärung für den durchschlagenden Erfolg des Lobbyings der Finanzindustrie dürfte in der gegenseitigen Abhängigkeit von Staat und Wirtschaft liegen. Das macht die Politik anfällig für die

Argumente der Lobbyisten. In den vergangenen Jahren entstand schon vor der Finanzkrise eine immer intensivere Zusammenarbeit. Der Staat und die Banken wurden eine willfährige Interessengemeinschaft. Gerne erklärten die Banker Bürgermeistern, Ministerpräsidenten und Ministern die Vorteile beim Hebeln von Staatsanleihen, die Vorzüge von Sale-and-Leaseback-Geschäften öffentlicher Gebäude.

Selbst ziemlich überschaubare Städte wie Ennepetal hantierten plötzlich mit Zinssatz-Swap-Verträgen. Die Banken ermöglichten der Politik, ganz neue Gelder zu generieren und zu verteilen. Dass die nur auf dem Papier standen, kümmerte kaum jemanden im Wahlkampf. Aus dem Prinzip des Staates, der die Banken kontrolliert, und der Banken, die in diesem Rahmen die Wirtschaft mit Geld versorgen, wurde eine Art Zweck- und Zugewinngemeinschaft. Eine, die allerdings in der Krise zur gefährlichen Seilschaft wurde. Wenn wir untergehen, reißen wir euch mit – diese Drohung stand immer im Raum. Politische Erfolge gegen wirtschaftliche Freiheiten und die Übernahme von Risiken – dieser unausgesprochene Deal funktionierte bis zuletzt.

Eine der wichtigsten Aufgaben der europäischen Wirtschafts- und Finanzpolitik wird in den kommenden Jahren die Entflechtung von Staat und Wirtschaft bleiben. Ausgerechnet ein Beispiel aus Deutschland liefert ein Lehrstück über den Irrsinn des Finanzlobbyismus. Ein Beispiel dafür, wie zäh der Kampf werden wird.

Im November 2012 legt das Finanzministerium dem Bundestag ein Gesetz vor, das schon des Titels wegen nach hartem Stoff klingt: Das »Sepa-Begleitgesetz« zur Regelung des europäischen Zahlungsverkehrs. So richtig nimmt kaum jemand Notiz von dem Paragraphenwerk – weder im Parlament noch in der Öffentlichkeit. Es ist schon spät, als Tagesordnungspunkt 22 zwischen den Beratungen über »EU-Notfallpläne und Gefahrgutkontrollen im

Seeverkehr« und der Beratung über »Verbindliches Mitwirkungsrecht für Kommunen bei der Erarbeitung von Gesetzentwürfen und Verordnungen sowie im Gesetzgebungsverfahren« an die Reihe kommt. Im Parlament sind nur noch ein paar Parlamentarier anwesend. Ein harter Kern, der die verbliebenen Punkte im Schnellverfahren abhakt. Die Abgeordneten winken die unspektakulär scheinende Vorlage in ein paar Minuten durch. »Schluss: 22.56 Uhr« hält der Protokollant der Sitzung am Ende fest.

Was genau die Abgeordneten im Eilverfahren beschlossen haben, geht den meisten erst deutlich später auf. Denn durchgepaukt wurde ein Gesetz, das Deutschlands Sparer über Jahre hätte Milliarden kosten können. Im Kleingedruckten der Vorlage stand brisanter Stoff. Das Gesetz zum europäischen Zahlungsverkehr stellte ganz nebenbei auch neue Vorgaben für eine der bedeutendsten Formen der Altersvorsorge der Deutschen auf: die Lebensversicherung. An das Sepa-Gesetz angehängt sind »Regelungen zur Sicherung der Risikotragfähigkeit bei Lebensversicherungen«. Sie haben zwar nichts mit dem ursprünglichen Gesetz zu tun. Aber solche Anhängsel sind gängige Praxis in der deutschen Gesetzgebung, um den parlamentarischen Prozess zu beschleunigen.

In diesem Fall aber wirkt es, als habe man die Neuregelung schlicht gut verstecken wollen. Denn wer sich das Gesetz genauer anschaut, entdeckt einen Passus, der Millionen Deutsche betrifft. Es geht um die Bewertungsreserven der Versicherungspolicen. Die Sache klingt nach Kleinigkeiten in lästigen Versicherungsverträgen. Doch der Punkt hat es in sich. Er regelt ein für Versicherte sehr bedeutsames Verfahren. Ist eine Kapitalanlage beim Vertragsablauf mehr wert als beim Abschluss, müssen Versicherungen ihre Kunden an den Gewinnen beteiligen. Die neuen Regelungen hätten den Versicherern nun jedoch sehr große Freiheiten beim Umgang mit den Vermögen eingeräumt. Denn sie hätten die Profite vereinfacht als Risikovorsorge zur Not auch selbst behalten dürfen. Der Grünen-Abgeordnete Gerhard Schick bringt es auf den Punkt: Damit habe sich eine Sanierung der Versicherungen auf dem Rücken der Kunden angebahnt.

Das Vorhaben ist also heikel. Bei den Versicherungen weiß man das. Es geht schließlich um die Vermögen der Kunden. Pro Versichertem können die Bewertungsreserven durchaus einige Tausend Euro ausmachen. Insgesamt, schätzen Experten, geht es in dem Fall wohl um die Verteilung von bis zu 35 Milliarden Euro zwischen Versicherern und ihren Kunden.

Wer sich der Geschichte dieses Gesetzes annimmt, um zu verstehen, wie um ein Haar und beinahe unbemerkt ein Paragraphenwerk in Kraft tritt, das einem Großteil der Deutschen immens schadet und Vermögen zwischen Versicherten und milliardenschweren Versicherungen einfach umschichtet, stößt auf ein ausgesprochen skurriles Beispiel für ausufernden Lobbyismus, Politiker in Zeitnot und Aufsichtsbehörden, die diesen Namen nicht verdienen. Wie also wurden aus dem wichtigen Thema ein paar diskret versenkte Paragraphen als Anhangsel eines ganz anderen Gesetzes? Und wer hat sie so gut versteckt?

Schon ein paar Monate vor der November-Abstimmung im Bundestag wird in der Versicherungsbranche Nervosität deutlich. GDV-Mitarbeiter warnen vor den »Herausforderungen aus dem Kapitalmarktumfeld: Hohe Bewertungsreserven müssen tlw. an Versicherungsnehmer ausgeschüttet werden«, heißt es etwa in einer Präsentation vom Leiter des GDV-Bereichs Kapitalanlagen. Die Präsentation empfiehlt zu diesem und anderen Themen: »Intensive Beobachtung der Regulierung und pro-aktives Einbringen von Forderungen« sowie Zur-Verfügung-Stellen von Orientierung und Information zur Interpretation von Entwicklungen.

Gesagt, getan. Vor allem den benachbarten Finanzpolitikern

schien der Verband, der in der Berliner Wilhelmstraße in einem modernen Glasbau nur einen Steinwurf vom Bundesfinanzministerium entfernt residiert, helfen zu wollen.

Bei Fachpolitikern macht eine unscheinbare Präsentation die Runde. Plötzlich klingt das Problem etwas grundsätzlicher – und natürlich gefährlicher. Man wollte ja bei der Interpretation helfen. Es seien dringende Maßnahmen nötig, zu fürchten seien »dramatische Auswirkungen« auf die Zahlungsfähigkeit der Lebensversicherer. Ein Gesetz zur besseren Regulierung von Versicherungen aber komme nicht voran. Der Vorschlag der Branche: Das Parlament könne doch besonders relevante Teile des Gesetzes, etwa die Sache mit den Bewertungsreserven, aus dem Verfahren lösen – und beschleunigen.[10]

Das Antichambrieren verfängt ganz offensichtlich. Noch im September erfahren die Abgeordneten von der Regierung, dass die Neuregelung für die Lebensversicherungen nun an das sogenannte Sepa-Gesetz angehängt werden soll. Bis Weihnachten, so der Plan, soll das Gesetz beschlossen sein.

Bereits Mitte Oktober berät der Finanzausschuss des Bundestags in einem öffentlichen Fachgespräch über die Änderungen des Gesetzes. Am 17. Oktober kommen um 16 Uhr Experten und Mitglieder des Finanzausschusses zusammen. Erstmals werden die Abgeordneten auf Probleme aufmerksam gemacht. Denn erstmals können sich auch Experten einschalten, die die Verbraucherinteressen im Blick haben.

Die Finanzexpertin und Journalistin Barbara Sternberger-Frey, die als Sachverständige geladen ist, warnt gar vor Problemen mit dem Grundgesetz: Mit der geplanten Verringerung der Beteiligung der Versicherten an den Bewertungsreserven greife man ohne jede Vorwarnung in verfassungsrechtlich gesicherte Kundenansprüche ein. Auch der Bund der Versicherten lehnt die Änderungen ab. Für den Sachverständigen Hermann Weinmann, Professor der Hochschule Ludwigshafen, hat die Versicherungsbranche ein Glaubwürdigkeitsproblem. Der Vertreter des Versicherungsverbandes sprach dagegen von einem »fairen Interessenausgleich«.[11]

Doch wie fair ist die Sache wirklich? Die ersten Abgeordneten fragen nach. Nach eigenem Bekunden erfahren sie wenig. Das Finanzministerium macht indes weiter Druck. *Der Spiegel* berichtet über einen Brandbrief vom 26. Oktober, in dem man die Abgeordneten eindringlich warnt: In den nächsten Jahren sinke »die Risikotragfähigkeit bei einer signifikanten Anzahl der Unternehmen«. Im Klartext bedeute das: Einigen Unternehmen drohe das Aus.

Wie von Geisterhand gesteuert, berichten plötzlich mehrere Medien über Gefahren für Versicherungskonzerne – und damit auch für die Versicherten. Einige Abgeordneten zweifeln daran, dass die Sache so dringlich ist. Sie vermuten hinter dem medialen Druck eine konzertierte Aktion. Den Versicherungen hilft er. Gleichzeitig wächst der öffentliche Druck, den Veränderungen zuzustimmen. Und das bei hohem Zeitdruck und ohne die Möglichkeit, sich tiefer in die Materie einzuarbeiten. Es kommt, wie es kommen musste: Am Ende steht die Zustimmung im Bundestag.

Doch die Versicherer freuen sich zu früh. Mit einiger Verzögerung läuft Protest an. Einer, der zeigt, dass öffentliche Aufmerksamkeit gegen Lobbyismus wirkt, wenigstens zeitweise. »Mit diesem Gesetz hat die Bundesregierung einmal mehr Lobbyarbeit zugunsten der großen Finanzinstitute betrieben und zu Lasten der Versicherungsnehmer«, ärgert sich der SPD-Politiker Manfred Zöllmer. Immer mehr Protestnoten verärgerter Kunden erreichen die Berliner Spitzenpolitik. Selbst an der Unionsbasis begehrt man angesichts der schwarz-gelben Beschlüsse auf. Auf dem CDU-Parteitag fordern die Delegierten, die Änderungen bei den Bewertungsreserven rückgängig zu machen.[12] Eine solche Dynamik hatten weder Regierung noch Versicherungen erwartet. Die Politik beugt sich zunächst – mit Verzögerung. Im Februar 2013 begräbt der Vermittlungsausschuss von Bundestag und Bundesrat das Vorhaben. Vorerst.

Erst jetzt wird klar, auf welch tönernen Füßen das von den Versicherungen forcierte Vorhaben steht. Die Bundesregierung gibt zu, dass sie sich selbst nie vom Wahrheitsgehalt der Warnungen aus der Versicherungsbranche überzeugt hat. Das Finanzministerium räumt in der Antwort auf eine Anfrage des grünen Bundestagsabgeordneten Schick ein, dass es der Versicherungswirtschaft insgesamt nicht schlecht ginge. Lediglich auf Basis von hypothetischen Hochrechnungen hege man Befürchtungen, eine anhaltende Niedrigzinsphase könne der Branche schaden. Ob die Annahmen realistisch sind, hat die Regierung aber gar nicht geprüft. Mehr noch. Sie gibt sogar zu, dass überhaupt »keine konkreten Anhaltspunkte dafür vor(liegen), dass ein bestimmtes Versicherungsunternehmen künftig in Schwierigkeiten geraten könnte«.

Den Grünen-Abgeordneten Schick lassen die Vorgänge fassungslos zurück. »Die Zeiten, in denen die Versicherer komplizierte Gesetze stillheimlich mit Aufsicht und Ministerien aushandeln, ohne dass darüber eine öffentliche Diskussion stattfindet und ohne Einbeziehung der Verbraucherseite, müssen vorbei sein. Nötig ist ein juristischer Fußabdruck, also der Nachweis, welche Stellen eines Gesetzes nicht im Ministerium, sondern von Dritten formuliert wurden«, fordert Schick. So sei 2009 eine Arbeitsgruppe gebildet worden, deren Mitglieder lediglich aus der Finanzaufsicht Bafin und dem GDV stammten. Auf Basis eines Auftragsgutachtens des GDV sei dann 2012 das Gesetz auf den Weg gebracht worden.

Die Versicherten indes konnten sich nicht lange freuen. Die große Koalition nahm das Thema 2013 erneut auf. Ein Jahr später hatte die Versicherungsbranche dann doch, wofür sie so lange gekämpft hatte: eine deutliche Reduzierung der Kundenbeteiligung an den Bewertungsreserven. Zwar fiel die Regelung etwas verbraucherfreundlicher aus. Das Gesetz kann Kunden jedoch noch immer Tausende von Euro kosten.

Selbst bei den Aktivisten von Finance Watch ist so etwas wie Ernüchterung zu spüren. »Fünf Jahre nach dem Zusammenbruch von Lehman Brothers sieht das Finanzsystem immer noch fast genauso aus wie damals: Banken und Derivatemärkte sind größer als je zuvor, Manipulationsskandale machen weiter Schlagzeilen«, klagt die Organisation. »Märkte brauchen Regeln und die Festlegung von Regeln erfordert Ausgewogenheit. Das große Ungleichgewicht zwischen der Finanzlobby und denen, die das Gemeinwohlinteresse der Zivilgesellschaft vertreten, ist nach wie vor ein gravierendes Problem«, sagt Christophe Nijdam, der neue Generalsekretär von Finance Watch. Präsident Kurt Eliasson sieht dennoch Hoffnung. Es sei schon entmutigend, wie viele Menschen von Ehrlichkeit schockiert seien – und wie wenige von Betrügereien. Aber er sei glücklich, dass es jetzt immerhin ein Instrument gebe, die Verhältnisse geradezurücken.

11
Mit Vollgas ins Fiasko
Wie der Diesel-Skandal deutlich machte, wer in Berlin am Steuer sitzt

Die meisten Menschen hierzulande überrissen im ersten Moment sicher nicht die Dimension der Nachricht, die da am 18. September 2015, einem Freitag, aus den USA über den Atlantik nach Deutschland herüberschwappte: Die US-Umweltbehörde EPA verlange von Volkswagen den Rückruf von 482 000 Diesel-Fahrzeugen, hieß es da. Deren Ausstoß würde nämlich gegen das Klimaschutzgesetz »Clean Air Act« verstoßen. Der deutsche Autokonzern stehe sogar im Verdacht, bei Messungen des Schadstoffausstoßes mithilfe einer speziellen Software manipuliert zu haben. Indem das Programm das Abgas-Kontrollsystem nur bei offiziellen Emissionstests aktivierte. In Wirklichkeit aber sei die Luftverschmutzung viel größer. »Solche Mittel zu benutzen, um die Klimaschutzstandards zu umgehen, ist illegal und eine Bedrohung für die öffentliche Gesundheit«, sagte EPA-Vertreterin Cynthia Giles. Ihre Behörde werde die Untersuchungen in diesem »sehr ernsten« Fall fortsetzen.

Über das anschließende Wochenende wurde zuerst bei VW und dann auch in der Politik klar, was da im September 2015 in den USA losgetreten wurde: ein handfester und folgenreicher Skandal, der die Automobilindustrie, vor allem aber den Volkswagen-Konzern als deren deutsches Flaggschiff gewaltig erschüttern würde.

Wie der damalige VW-Chef die Tage des Donners in Wolfsburg erlebte, offenbarte der Auftritt von Martin Winterkorn vor dem Abgasuntersuchungsausschuss des Bundestags im Januar 2017. Es schien ein schwerer Gang für den Manager. Mit brüchiger Stimme schildert der einstige Star-Manager vor Bundestagsabgeordneten in Berlin erstmals die Details des Wochenendes, an dem alles publik wurde: Am Freitag habe man um 18 Uhr die US-Notiz über Gesetzesverstöße erhalten. Zuerst hätten Experten versucht, das Ausmaß der Affäre zu klären. Am Sonntag sei dann eine große Krisenrunde in Wolfsburg zusammengesessen, etwa 100 Leute, so schildert es Winterkorn. Sie stellten fest: Nicht nur die USA sind das Problem. »Wir hatten auch ein Problem im Rest der Welt«, sagt Winterkorn. Der Kanzlerin gesteht er später am Telefon, dass Millionen Autos betroffen sind. Nach einigen Tagen tritt er zurück.

Das, was seither Diesel- oder Abgasskandal genannt wird, brachte VW zum Beben. Noch am Tag des Schuldeingeständnisses brach der Wert der VW-Aktie bis zu fast einem Viertel ein. Es setzte eine anhaltende politische Diskussion ein, die weit über das Unternehmen Volkswagen hinausging. Hinterfragt wird seither nicht nur, wer im Unternehmen die Verantwortung für die Machenschaften trägt und ob man wirklich so ahnungslos war, wie Winterkorn es schilderte. Hinterfragt wird auch, welchen Anteil die Politik mit ihrer Nähe zu den Autokonzernen daran trägt, dass die Affäre nicht viel früher aufflog und von deutschen Behörden entdeckt wurde. Und ob sich Manager im Glauben, sie hätten Politik und Behörden ohnehin im Griff, erst zu den Manipulationen ermutigt fühlten.

Zwei Jahre mussten Akteure wie Winterkorn dem Bundestagsausschuss Rede und Antwort stehen. In Dutzenden Sitzungen, Tausenden Aktenordnern versuchten Abgeordnete aufzuklären, ob auch die Politik Mitschuld trägt. Nur langsam kam ans Licht, wer alles von den Tricksereien wusste.

Da sind zum Beispiel interne Behörden-E-Mails. Aus denen geht hervor, dass ein Beamter des Bundesumweltministeriums schon

2007 gemeinsam mit Kollegen vom Umweltbundesamt eine Liste moderner Fahrzeugelektronik erstellte. Es war ein Almanach der Manipulationsmethoden. Aufgelistet wurde alles, was anzeigt, dass ein Auto zum Abgastest auf dem Rollenprüfstand fährt und so Tricksereien zwischen Tests und normalem Betrieb erst ermöglicht.

Schon damals, acht Jahre vor Auffliegen der VW-Affäre traute man also den üblichen Labortests längst nicht mehr. Im Verlauf der nächsten Monate wurde die einst lange Liste jedoch immer kürzer. Handschriftlich kritzelten andere Beamte Warnungen auf das Manuskript. »Tretminen« steht an einer Passage. Die angebliche Tretmine sorgte dafür, dass die Elektronik »auf ein für die Abgas- und/oder Verbrauchsmessung optimiertes Motorkennfeld« umschaltete und »vom normalen Betrieb« abwich. Wo Trickserei zur Routine wird, da haben aufmerksame Kontrollen natürlich jede Menge Sprengkraft. »Die Überprüfung, ob derartige Einrichtungen vorhanden sind«, sei bisher »nicht vorgesehen«, heißt es in dem Papier wohlweislich.

Die Tricks also waren bekannt. Doch statt Gesetze zu verschärfen, blieb die Politik mehr als zahm. Und obwohl die Fachleute in den Behörden längst wussten, dass sie auf der richtigen Spur waren, verliefen wichtige Elemente neuer Testverfahren im Sande. Selbst Hersteller hätten bestätigt, dass es elementare Schwachstellen bei den gängigen Abgastests gab, erinnert sich ein Mitarbeiter des Bundesumweltministeriums vor dem Untersuchungsausschuss. Das Verkehrsministerium habe jedoch darauf hingewiesen, dass dem zuständigen Kraftfahrt-Bundesamt für weiter reichende Prüfungen der Auftrag fehle. Ende der Debatte. Dass das Verkehrsministerium den selbstredend hätte erteilen können, erwähnte niemand.

Wie es überhaupt so weit kommen konnte? Warum Prüfverfahren über die Jahre zu Papiertigern verkamen und Tricksereien zum Teil sogar legal wurden? Jürgen Trittin hat eine Ahnung. Der

Grünen-Spitzenpolitiker war von 1998 bis 2005 Bundesumweltminister. »Das Grundproblem, dass die Prüfzyklen die Wirklichkeit nur ungenügend abbilden, war nicht neu«, sagt er. Dass Autos auf dem Prüfstand weniger verbrauchen als auf der Straße, sei jedem irgendwie bekannt gewesen. »Das Ausmaß war allerdings nicht klar, und auch nicht die illegalen Machenschaften.«[1]

Zum Kernproblem wurde, dass die Gesetze so schwammig formuliert waren, dass die Industrie leicht tricksen konnte. Was eine illegale Abschaltvorrichtung ist, hatten weder Brüssel noch Berlin eindeutig definiert. Möglicherweise haben die Autohersteller genau da nachgeholfen: Wie Gesetze verhindert oder verwässert werden können, damit kennen sich die Autobosse bestens aus. »Sie sind in der Lage, regelrechte Kampagnen, vielleicht sogar Mehrheiten in Fraktionen zu organisieren«, sagt Trittin. Notfalls auch gegen den Minister.

Trittin hatte selbst erlebt, was dann geschieht. »Dann erleben Sie auf der einen Seite eine scharfgemachte IG Metall. Auf der anderen Seite schreiben Wirtschaftsmedien plötzlich, dass Sie als Minister nichts von der Sache verstehen.« Und am Ende rufe am Sonntagabend auch noch der VW-Chef persönlich an. »Da entsteht ein Gegenwind, der Züge einer gut organisierten Kampagne trägt«, so Trittin. Das hässliche Gesicht der Autobranche sei jenes, »das versucht, Menschen mundtot zu machen und mit allen Mitteln gegen sie vorzugehen«.[2]

Auch Trittins Nachfolger von der SPD, Sigmar Gabriel, dem schon wegen seiner Herkunft aus Niedersachsen eine gewisse Nähe zu VW nachgesagt wird, änderte daran nichts. »Es ist leider so, dass viel Zeit verloren gegangen ist«, räumte er vor dem Abgas-Untersuchungsausschuss ein. Schon 2007 habe man Fachleute gebeten, Abweichungen zwischen Labormessungen und realen Emissionen nachzugehen, so Gabriel. Selbst strengere Tests habe man in

Betracht gezogen, aber dann nie gehandelt: Abgastests im realen Fahrbetrieb, also auf der Straße, sind erst seit 2017 Pflicht.

Axel Friedrich macht die Mischung aus Unwissen, Wegschauen, unklaren Gesetzen und Einflussnahme der Industrie fassungslos. »Spätestens 2003 hätte die Öffentlichkeit auf Tricks aufmerksam werden müssen«, sagt Friedrich. Der Chemiker aus Berlin war seinerzeit Abteilungsleiter im Umweltbundesamt, dort galt er als Nervensäge. 2003 hatten er und seine Mitarbeiter an einem Lkw eine Software entdeckt, die erkannte, ob sich der Wagen auf dem Abgasprüfstand befand: »Wir konnten zeigen, dass die Software genau auf den einen Punkt der Messung ausgelegt worden war.« Weil seine Behörde dennoch nichts gegen die Manipulationen der Autoindustrie unternahm, schlug Friedrich Alarm – doch wieder geschah nichts. Heute sagt er: »Wenn alle Sachverständigen, alle Zeugen heute versichern, sie hätten nie was davon gehört, dann gibt es dafür nur eine Erklärung: kollektive Demenz.«

Wenigstens nach Auffliegen der Affäre sollten Ministerien und Behörden nun doch durchgreifen, möchte man meinen. Doch wer noch immer am Steuer sitzt, das wurde selten so deutlich, wie an diesem Frühsommertag 2017 in Berlin.

Der Minister hatte es eilig mit seinem Auftritt. Gerade mal eine gute Stunde blieb nach Absenden der E-Mail-Einladung an die Journalisten, bis Alexander Dobrindt (CSU) in seinem altehrwürdigen Ministerium in Mitte vor Presse und Kamerateams treten wollte. Es war der hektische Start einer skurrilen Inszenierung. In gestelzten Worten referierte Dobrindt über neue Erkenntnisse in der Affäre. Auch die VW-Konzerntochter Audi setze eine illegale Abgassoftware ein, erklärte er. Erst tags zuvor habe dies das Kraftfahrt-Bundesamt festgestellt. Dobrindt wollte ganz offenkundig eigene Härte demonstrieren. Der Konzern sei nun verpflichtet, 24 000 Autos zurückzurufen. »Klar ist, dass die Fahrzeuge nicht in dem Zustand bleiben können.«

Doch die Autobranche störte sich am Auftritt des Ministers. Audi-Chef Rupert Stadler reagierte prompt. Stadler wies in einem Video für die Mitarbeiter schon tags darauf erst mal den Betrugsvorwurf zurück. Der Wahlkampf habe in Berlin wohl schon begonnen. Dann legte er per Interview nach und ließ dem Verkehrsminister nicht einmal den Erfolg, selbst auf die Manipulationen gekommen zu sein. Man sei doch alle zwei Wochen beim Kraftfahrt-Bundesamt, erklärte Stadler der verdutzten Öffentlichkeit. Audi selbst habe bei 24 000 Autos in Europa Auffälligkeiten gefunden. Das habe man den Behörden mitgeteilt – und nicht etwa umgekehrt. Dass die Behörden illegale Software »entdeckt« hätten, sei so nicht richtig, stellte Stadler unumwunden klar. »Wir selbst drehen jedes Steinchen um.« Und dass Dobrindt bei der Öffentlichkeitsarbeit allein vorpresche, habe ihn schon enttäuscht. Da werfe offenkundig der Bundestagswahlkampf mit Blick auf den Urnengang im September seine Schatten. Offenbar hatte man bei Audi nach den Vorgängen noch mehr Kooperation erwartet. Warum der Konzern erst zwei Jahre nach Aufkommen der Affäre auf die eigene Manipulation stieß? Es ist nur eine von noch immer vielen offenen Fragen in der Affäre.

Dennoch war der Streit zwischen Politik und Manager auf dem Höhepunkt der Diesel-Krise aufschlussreicher als mancher Kommissionsbericht zum Abgasbetrug. Denn das öffentliche Scharmützel legte nicht nur offen, mit welchem Selbstverständnis und Selbstbewusstsein die Industrie der Politik auch angesichts eigener Verfehlungen gegenübertrat. Dass Stadler wenig später von der Audi-Mutter Volkswagen gerüffelt wurde, ändert wenig daran, dass der Automanager so unabsichtlich wie schonungslos auch die Schwächen der Politik bei der Aufklärung bloßlegte. Denn auch fast zwei Jahre nach Beginn der größten Glaubwürdigkeitskrise der Autobranche überließen Behörden die Aufklärung offenkundig immer noch weitgehend den manipulierenden Unternehmen selbst. Tricksereien wurden also nicht von Prüfern gefunden, sondern von der Industrie gemeldet. Wie konsequent die Branche mit sich selbst ins Gericht ging, lässt sich erahnen.

Warum es nicht zu strengeren Kontrollen kam? Ausgerechnet die Bundesregierung machte gegen entsprechende Vorgaben aus Brüssel mobil. Als Antwort auf millionenfache Manipulationen, Gefahren für die Umwelt und die Gesundheit der Bürger durch überhöhte Schadstoffwerte drängte die Kommission eigentlich zu einer strengeren Überwachung der Industrie.

So wollte Brüssel die nationalen Aufsichtsbehörden wie das Kraftfahrt-Bundesamt stärker kontrollieren lassen. Auch eigene Abgastests an verkauften Autos hätte Brüssel eigentlich gerne stichprobenartig durchgeführt. Das Ziel: Nationale Ämter sollen nicht länger schützend ihre Hand über Hersteller halten können. Um Interessenkonflikte zu vermeiden, sollen Prüfdienste wie der TÜV zudem nicht mehr direkt von Herstellern, sondern über ein Gebührensystem und den Staat bezahlt werden. Eigentlich ein sinnvoller Vorstoß. Doch beides lehnt die Bundesregierung laut einer Stellungnahme an die Ratspräsidentschaft ab. Es sei keine Überprüfung durch eine von nationalen Behörden unabhängige Stelle erforderlich. Das Gebührensystem löse keine Probleme.

Eine Intervention mit Folgen. In EU-Papieren wurden Passagen daraufhin entsprechend entschärft. Auch härtere Strafen für zu hohe Abgaswerte sieht die Bundesregierung offenkundig kritisch. Bei Verstößen will Brüssel künftig Strafen von bis zu 30 000 Euro pro Fahrzeug verhängen und das Modell vom Markt nehmen können. Doch Deutschland hat sich zu dem Plan auch mehr als ein Jahr nach Vorlage laut EU-Kreisen einfach nicht positioniert – und verzögert damit eine Entscheidung.

Die VW-Affäre habe ein Versagen der Kontrollen in Europa

offenbart, kritisiert die europäische Umweltorganisation Transport & Environment. Trotzdem lehnten Deutschland und andere Mitgliedstaaten unabhängigere Kontrollen ab. Auch die Autoländer Spanien, Italien und Tschechien bremsen bei den Reformen in Brüssel. Einige Regierungen handelten mehr im Interesse ihrer Industrie als ihrer Bürger, warnt die Organisation.

Die Vorgänge machen klar: Der Schutz der Autobranche scheint in Deutschland noch immer Staatsräson zu sein. Bisweilen könnte man meinen, es könne der Industrie egal sein, welche Regierung aus welchen Parteien neben ihr auf dem Beifahrersitz Platz nimmt.

Die Politik hat es schlichtweg versäumt, die Krise dazu zu nutzen, den Einfluss der Branche samt ihrer ebenso zahlreichen wie effektiven Lobbyisten zurechtzustutzen. Es ist dabei keineswegs so, dass Dobrindt sich auf der anderen Seite den Konzernen an den Hals werfen würde. Er hat allerdings konsequent Gelegenheiten ausgelassen, ein wenig Distanz zu schaffen.

So wie an jenem Abend in Berlin im Januar 2016. Die VW-Affäre ist da erst wenige Monate alt. Der Auto-Lobbyverband VDA feiert nobel in einer alten Fabrikhalle zwischen polierten Oldtimern, als wäre nichts gewesen. Es empfängt VDA-Präsident Matthias Wissmann, der früher mal Verkehrsminister war. Gekommen sind VW-Chef Matthias Müller, Audi-Chef Rupert Stadler und viele andere Manager. Edle Weine und Häppchen werden gereicht. Es ist Tradition, dass der Verkehrsminister beim Neujahrsempfang zu den Autoleuten ein paar freundliche Sätze spricht. Diesmal wäre Zeit für eine Standpauke. Stattdessen wird es ein Bekenntnis, das definitiv nicht in die Zeit passte. »Unser Wohlstand von heute ist ohne das Auto nicht denkbar«, sagt Dobrindt. »Und unser Wohlstand von morgen wird ohne Auto nicht möglich sein. Das ist Teil der Realität in Deutschland.«

Die Autoleute hatten verstanden.

Die Leute im Ministerium offenbar auch. Da waren etwa die monatelangen CO_2-Prüfungen des Ministers. Dass Autos auf der Straße mehr Sprit verbrauchen – und damit auch mehr CO_2 – als auf dem Prüfstand, ist seit Langem bekannt. Dass sie aber selbst auf dem Prüfstand die eigenen Vorgaben reihenweise reißen, schien ausgeschlossen. Doch was war schon unmöglich in diesen Tagen in der Autobranche.

Und so erzählt man sich in Berlin noch heute die Geschichte einer schönen Wortschöpfung: Die vom »Sauber-Zauber«. Dobrindt hatte das Kraftfahrt-Bundesamt schon 2016 angewiesen, bei den Dieselgate-Tests an 53 Autos auch den Verbrauch zu messen. Die ersten Ergebnisse, offiziell nur intern bekannt: ein Desaster. Sagenhafte 30 Modelle überschritten die eigenen Verbrauchsangaben um zehn bis 36 Prozent. Die Zahlen sind brisant: Gerichte können Hersteller ab zehn Prozent Abweichung zur Rücknahme verdonnern. Mehr Verbrauch bedeutet mehr CO_2-Ausstoß, und die Kfz-Steuer wird am CO_2 bemessen. Also schleunigst raus mit den Zahlen?

Auf keinen Fall, entschied man im Ministerium. Die Messungen seien noch nicht abgeschlossen, hieß es auf Anfrage der Grünen. Sie würden später veröffentlicht. Wieder tat sich monatelang nichts. Die Ausrede, allen Ernstes: Die Prüfstände in Deutschland seien alle besetzt. Ende Juni 2017 wurden dann die ersten Resultate veröffentlicht. Überraschung: Nur zwei von 20 Fahrzeugen rissen noch die eigenen Vorgaben. Und beide blieben knapp unter zehn Prozent Abweichung.

Wie war diese wundersame Wende möglich? Das Ministerium, stellte sich heraus, hatte sämtliche Test-Prämissen der Autohersteller übernommen – mal die Klimaanlagen ausgeschaltet, mal Werksfahrer ans Steuer gelassen, die auf optimierte Werte trainiert sind. Dobrindt erklärte, die Tests liefen natürlich in Kooperation und auch in Anwesenheit der Hersteller.

Für Jürgen Resch ist das ein Skandal. Der Chef der Deutschen Umwelthilfe (DUH), der bei der Aufklärung des Skandals im Gegensatz zu Dobrindt stets das Rampenlicht sucht, wirft dem Minister vor, der Autoindustrie so neue Manipulationen zu ermöglichen. Es sei bekannt, dass Hersteller die Bordelektronik bei den Tests über Funksignale beeinflussen könnten.

Nun würde man also gern wissen: Unter welchen Bedingungen genau wurde getestet? Dobrindts Ministerium gibt sich wieder mal verschlossen: Eine Anfrage dazu blieb unbeantwortet. Jürgen Resch von der DUH will sogar strafbare Handlungen Dobrindts erkennen: Der Minister habe Regierung und Autofahrer geschädigt. Allein die entgangene CO_2-Steuer summiere sich auf einen Milliardenbetrag. Ein Sätzchen lässt Dobrindt seinen Sprecher übermitteln: »Die Vorwürfe sind vollkommen abwegig und schlicht falsch.«

Die Wagenburgmentalität des zuständigen Ministers war in Berlin berüchtigt. Oliver Krischer, der Vizefraktionschef der Grünen im Bundestag, hat Dobrindt im Abgas-Untersuchungsausschuss erlebt. »Ich kenne kein Ministerium, das sich so geheimniskrämerisch gibt und auf Fragen der Opposition einfach nicht antwortet.« Bloß nichts sagen. Auch das gehörte viel zu lange zum politischen Programm im Umgang mit der Autobranche. Es kam selten vor, dass Bundestagspräsident Norbert Lammert einen Minister vor versammeltem Parlament so heftig attackierte. Noch dazu einen von der Schwesterpartei CSU. Aber auch für Lammert war Dobrindt zu weit gegangen. Im März hatte der Verkehrsminister im Bundestag die Kritik der Grünen daran, wie Abgeordnete und Öffentlichkeit zur Aufklärung der Abgasaffäre von Volkswagen informiert werden, süffisant abgeschmettert. »Wir werden genauso weitermachen wie bisher«, spottete Dobrindt. »Sie kriegen weiterhin die richtigen Antworten auf ihre oft falschen Fragen.« Lammert stellte klar:

»Wenn Sie so weitermachen, wird das nicht nur ein Problem in der betroffenen Fraktion auslösen.«

Wie es überhaupt so weit kommen konnte? Ein Kabinettskollege Dobrindts formuliert es so: Ein Verkehrsminister müsse die wichtigste Branche des Landes schützen, nicht bekämpfen. Deshalb haben schwarz wie rot geführte Bundesregierungen ihren Einfluss gegen allzu strenge Vorgaben aus Brüssel geltend gemacht. Deshalb hat auch Winfried Kretschmann, der grüne Ministerpräsident des Autolandes Baden-Württemberg, nie die offene Konfrontation mit Daimler oder Porsche gesucht.

»Die Autoindustrie hat eine gewaltige Macht«, sagt Axel Friedrich, einer der schärfsten Dobrindt-Kritiker in diesen Tagen. Der Abgasexperte und ehemalige Bereichsleiter des Umweltbundesamtes kennt den langen Arm der Branche. Und er nimmt Dobrindt sogar in Schutz. Schon vor Jahren seien Tests eingefädelt worden, die Steuerzahler zwar viel kosten, aber einfach nichts bringen. Das defekte System habe Dobrindt nicht zu verantworten. Das habe lange vor seiner Amtszeit begonnen. »Was ich ihm vorwerfe, ist, dass er es in seiner Amtszeit für die Zukunft nicht geändert hat«, sagt Friedrich.

All dies wirft die Frage auf, wie stark Lobbyisten tatsächlich Einfluss auf die Politik der Bundesregierung nahmen. Dies im Einzelfall herauszufinden ist schwierig. Rückschlüsse lassen jedoch Antworten zu, welche die Linksfraktion im Bundestag im Juli 2017 auf eine Kleine Anfrage erhielt.[3] Darin wird aufgelistet, wie oft sich Vertreter der schwarz-roten Bundesregierung seit Ausbruch des Dieselskandals an besagtem 18. September 2015 bis einschließlich Mai 2017 mit wem getroffen haben. Im Einzelnen nämlich mit 387 Spitzenvertretern der deutschen Automobilindustrie, mit 113 Vertretern von Gewerkschaften und Betriebsräten der Branche – demgegenüber gab es jedoch nur 59 Zusammenkünfte mit Umwelt- und

Verbraucherschutzorganisationen. Allein zahlenmäßig waren die Einflussmöglichkeiten der Autoindustrie also um ein Vielfaches höher als jene von Umwelt- oder Verbraucherschützern.

Protokollarisch ranghöchster Repräsentant und Lobbyist der Autobranche war von 2007 bis Frühjahr 2018 Matthias Wissmann. 1949 in Ludwigsburg geboren, bringt er alles mit, um als Lobbyist erfolgreich zu sein. Wissmann, der Ausbildung nach Jurist, war zeitweise Bundesvorsitzender der Jungen Union und von 1976 bis 2007 Bundestagsabgeordneter der CDU. Im Januar 1993 wurde er vom damaligen Bundeskanzler Helmut Kohl zum Forschungs- und Technologieminister befördert. Bereits im Mai 1993 wechselte er an die Spitze des Bundesverkehrsministeriums, wo er bis zur Abwahl der Regierung Kohl 1998 blieb. Anschließend wurde er für zwei Jahre Bundesschatzmeister der CDU und im Bundestag Vorsitzender des wichtigen Wirtschaftsausschusses (bis 2001). Nebenher arbeitete er als Rechtsanwalt. Im November 2002 wechselte Wissmann als Vorsitzender an die Spitze des Bundestags-Europaausschusses.

Eine Karriere also, die ihn für einen gut bezahlten Job als Lobbyist geradezu vorbildlich qualifizierte. Wissmann ist in der CDU bestens verdrahtet, er weiß aus seiner parlamentarischen Zeit und vor allem aus seinen Ministerjahren enorm viel über interne Abläufe in Bundestag und Ministerium. Vor allem aber verfügt er über ein riesiges Netzwerk an Kontakten, Freundschaften – und damit Einflussmöglichkeiten und Ansatzpunkten für lobbyistische Arbeit. Ein Drehtürler also wie aus dem Lobby-Bilderbuch. Kein Wunder also, dass ihn der Verband der Automobilindustrie (VDA) Ende März 2007 zu seinem neuen Präsidenten wählte und damit zum Statthalter der mächtigsten Branche in der Hauptstadt, mit Büro und Sitz im Markgrafenpalais am Gendarmenmarkt, beste Berliner Lage, fußläufig zu Reichstag und Kanzleramt. Immerhin hängen etwa 800 000 Arbeitsplätze in Deutschland von der Automobilbranche ab.

Im Herbst 2017 jedoch wirkt es, als würde sein Stern langsam sinken. Wissmann ist bei mächtigen Autobossen in Ungnade gefallen. Längst verlassen sich die Chefs von Volkswagen, BMW oder Daimler nicht mehr auf ihn allein, wenn sie ihre Interessen durchsetzen wollen. Gleiches gilt für große Zulieferkonzerne wie Bosch, Continental, Brose oder Schaeffler. Sie alle haben ihre eigenen Lobbyisten in Berlin im Einsatz, die spezifisch die Interessen und Ziele des jeweiligen Unternehmens in Ministerien und Parlament anbringen. Im September 2017 scheint es, als hätte sich selbst der Oberstrippenzieher Matthias Wissmann in diesem Geflecht aus unterschiedlichsten Interessen ein und derselben Branche heillos verheddert. Nach außen tut er, was wohl die Mehrheit in Bevölkerung und Politik von ihm angesichts der Umstände erwartet – Wissmann gibt sich schuldbewusst, demütig. »Ich will es ganz offen sagen: Wir haben es Ihnen in den vergangenen Wochen und Monaten nicht leicht gemacht«, sagt er mit Blick auf die anwesende Bundeskanzlerin, aber wohl eigentlich auf das ganze Land bei der Eröffnung der größten europäischen Automesse IAA in Frankfurt. Fast auf den Tag genau zwei Jahre nach dem Ausbruch des Dieselskandals. Gegenüber der *Süddeutschen Zeitung* sagt er gar: »Ich bedauere sehr, dass in einigen Unternehmen schwere Fehler passiert sind.« Aber: »Jede Krise ist auch eine Chance, und die wollen wir nutzen.«[4] Inakzeptabel seien illegale Absprachen und Tricksereien, überhaupt das Arbeiten in rechtlichen Grauzonen.

Das ging einigen nun doch zu weit. Daimler-Chef Dieter Zetsche zeigt sich ob der Äußerungen überrascht. Ebenso VW und andere Konzerne. In den Medien erscheinen Meldungen, wonach der VDA-Präsident in Ungnade gefallen sei und seine Ablösung folglich nur noch eine Zeitfrage. Womöglich also ist der Lobbyist

Matthias Wissmann Opfer seines eigenen Tuns geworden. Wohlgemerkt aber nicht seines Tuns als Lobbyist. Sondern als einer, der etwas aussprach, was die selbstverliebte Branche nicht hören will, zumindest nicht von ihrem obersten Lobbyisten. Nämlich dass auch bei ihr Fehler passieren.

Doch Wissmann bewies den Konzernbossen, dass er auch anders kann. Als wäre die Abgasaffäre nicht gewesen, schaltete sich die Autobranche auch 2017 völlig ungeniert in Brüssel in die große Politik ein. Denn es ging um kaum weniger als ihre eigene Zukunft.

Wie groß wird der Druck auf die Autohersteller nach dem Abgasskandal in den nächsten Jahren werden? In den Chefetagen deutscher Konzerne wusste man, dass die EU-Kommission ihre Antwort an einem Tag Anfang November geben wollte. Die Kommission arbeitete diskret an ihren Plänen für neue CO_2-Flottengrenzwerte für Autos in Europa bis zum Jahr 2030 und wollte die der Öffentlichkeit vorstellen. Den Konzernen war klar: Kaum ein anderer Plan hatte so große Auswirkungen auf den Klimaschutz wie dieser. Dass die Branche früh Wind von den Plänen bekam, war noch die leichteste Übung.

Was die Manager erfuhren, konnte sie nicht kaltlassen. Geplant waren harte Einschnitte, um die Erderwärmung mit weniger Emissionen aus dem Verkehrssektor zu bremsen. Der in den Tagen vor der Bekanntgabe kursierende Entwurf sah eine Minderung von 25 bis 35 Prozent bis 2030 für Pkw vor. Um mehr Elektroautos auf den Markt zu bringen, sollte zudem eine Quote für emissionsfreie Fahrzeuge den Druck erhöhen. Das Ziel: 15 bis 20 Prozent. Für 2025 will die Kommission zudem ein verbindliches Zwischenziel einführen. So wollte die Kommission ein Zeichen setzen, dass man nach der Affäre verstanden hatte und die Autobranche kürzer an die Leine nehmen wollte.

Die Branche tobte, und sie hatte ein Problem: Weil Bundeskanzlerin Angela Merkel in der Regierungsbildung mit Grünen und FDP steckte, fiel sie als Lobbyistin aus. Doch die Branche wusste sich zu helfen. VDA-Chef Wissmann suchte selbst das vertrauliche Gespräch mit führenden EU-Funktionären. Zuerst sprach er mit Martin Selmayr, dem Kabinettschef von EU-Kommissionspräsident Jean-Claude Juncker. Einen Tag später mit Klimakommissar Miguel Arias Cañete. Wissmann habe die Pläne entschieden abgelehnt und Änderungen verlangt, heißt es aus Kommissionskreisen, etwa die Absenkung der Treibhausziele auf 20 Prozent. Zur Seite sprang ihm öffentlich der deutsche EU-Kommissar Günther Oettinger. Die Klimaziele müssten »ambitioniert, aber erreichbar sein«, forderte Oettinger, der eigentlich für Haushalt und Personal zuständig ist. Er sehe bei neuen Flottenvorgaben einen bedenklichen Fall von »Planwirtschaft«.[5]

Das Lobby-Manöver in letzter Minute zahlte sich aus. Unter dem Druck der Branche rücke die Kommission von den strengen Zielen ab, heißt es in Verhandlungskreisen. Führende EU-Mitarbeiter hätten die Order ausgegeben, die Pläne abzuschwächen. So sollten Strafen beim Verfehlen der Elektroauto-Ziele wegfallen. Und das Zwischenziel für 2025 solle nicht verbindlich werden. Trotz des Dieselskandals habe die Branche offenbar immer noch großen Einfluss auf die Politik, sagt ein Kommissionsmitarbeiter.

Die Folgen gingen dabei weit über die Branche hinaus. Denn setzt sie sich langfristig wirklich durch, dürfte auch das ehrgeizige deutsche Klimaziel für 2030 in Gefahr geraten. Um die Erderwärmung zu begrenzen, hat sich Deutschland verpflichtet, bis 2030 ganze 55 Prozent weniger Treibhausgase auszustoßen. Allein der Straßenverkehr soll seine Emissionen um 40 Prozent senken. Die CO_2-Grenzwerte der EU spielten eine zentrale Rolle, um die deutschen Klimaschutzziele zu erreichen, sagt Christian Hochfeld, Chef der Denkfabrik Agora Verkehrswende. Im Klartext: Schwächt die

EU-Kommission die Klimaziele ab, werden künftige Bundesregierungen es kaum schaffen, ambitionierte Klimaziele zu verfolgen. Der deutsche Lobbyverband bestätigte bei diesem Thema Kontakte in die Politik, äußerte sich jedoch nicht zu den Details. Nur so viel: »Dazu gehört auch die europäische CO_2-Regulierung, die ein Top-Thema für die europäische Automobilindustrie darstellt«, heißt es in einer Stellungnahme. Die Vorstellung, dass die EU-Kommission einknicke, sei jedoch kurzsichtig, warnt William Todts, Direktor der europäischen Umweltorganisation Transport und Environment. Die Branche versuche, das Geschäft mit dem Diesel um jeden Preis am Leben zu halten.

Epilog

Obwohl der ungebremste Hochfrequenzhandel die Stabilität der Finanzsysteme gefährdet, gelingt es nicht, eine Transaktionssteuer einzuführen. Obwohl der Einfluss des Menschen auf den Klimawandel seit Jahren erwiesen ist, wurde der Kampf gegen die Erderwärmung verschleppt. Obwohl Rauchen der Gesundheit schadet, die Folgen das Gesundheitssystem Milliarden kosten, wehren sich Tabakkonzerne erfolgreich gegen strengere Vorgaben. Obwohl Autoabgase die Luft verpesten, bleiben Grenzwerte lax. Obwohl der Atomausstieg beschlossen war, verfolgten Energiekonzerne einen ganz anderen Plan. Obwohl es Verluste für Millionen Kunden bedeuten kann, setzen Versicherungen neue Regeln durch. Obwohl gesundheitsschädliche Lebensmittel leicht zu kennzeichnen wären, knickt die Politik gegenüber der Lebensmittelbranche ein. Für manches gibt es nur wenige Erklärungen, die wichtigste heißt aber in all diesen Fällen: schlagkräftiger Lobbyismus.

»We get it done« – wir schaffen das. Der Slogan der Lobbyfirma Alber & Geiger macht klar, mit was für einem Phänomen es moderne Gesellschaften hier zu tun haben. Mit einem, das sich durchsetzt. Nicht immer. Aber erschreckend oft.

Die Recherchen für dieses Buch zeigten uns: Lobbyismus hat sich verändert. Er ist heute vielfältiger und deutlich professioneller geworden als noch vor einigen Jahren. Lobbyisten haben ihren Aktionsradius erweitert und diversifiziert. Das Ziel dieser wachsenden Zahl von Akteuren ist nicht mehr nur die direkte Beeinflussung der Entscheider in der Politik selbst. Es geht immer häufiger darum, das richtige Klima zu schaffen, in dem Entscheidungen getroffen werden. Es geht darum, den eigenen Einfluss in der Wissenschaft, in Instituten, sogar in Schulen geltend zu machen. Zu immer wichtigeren Akteuren werden Denkfabriken und Stiftungen, deren Finanzierung oft im Dunkeln bleibt. Lobbyismus will heute die Gesellschaft als Ganzes beeinflussen. Stimmungen und Trends zu einer konkreten politischen Entscheidung sollen möglichst gezielt verstärkt oder abgeschwächt, Themen angestoßen oder unterbunden werden.

Lobbyismus wird damit nicht nur immer aufwändiger. Er wird auch immer teurer. Zu stemmen ist das nur von gut organisierten, gut ausgestatteten Auftraggebern. In Deutschland und Europa spiegeln sich gewachsene gesellschaftliche Ungleichgewichte deshalb immer stärker auch im Lobbyismus wider. Es entstehen ungleiche Ausgangsbedingungen. Lobbyismus in seiner heutigen Form benachteiligt diejenigen, die über geringere Ressourcen verfügen. Und er schafft Vorteile für die, die viel einsetzen können. Die wachsende Lobbymacht starker Wirtschaftsakteure droht soziale und ökologische Belange an den Rand zu drängen. Auch innerhalb von Branchen entstehen Schieflagen. Wer nicht mit am Tisch sitzt, so heißt eine Lobbyistenregel aus den USA, befindet sich auf der Speisekarte.

Die gesellschaftliche Schieflage in der Folge ist als Kollateralschaden bereits erkennbar. Auch deshalb wird Lobbyismus immer intransparenter. Wer Strippen zieht, will dabei nicht beobachtet werden. Die einst so mächtigen Wirtschaftsverbände verlieren deswegen an Bedeutung. Einfluss gewinnen die Lobbybüros einzelner Unternehmen und hoch spezialisierte Agenturen, Beratungsfirmen und Kanzleien, die sich für einzelne Aufträge und gegen hohe Honorare anheuern lassen und höchst diskret und im Verborgenen agieren können.

Die Kritik an alldem richtet sich nicht allein gegen die Lobbyisten. Sondern auch gegen die deutsche Politik, denn: Sie macht es den Akteuren bislang viel zu leicht. Es fehlt an Transparenz und an klaren und gerechten Spielregeln. Und dafür ist nun einmal die Politik zuständig. Das betrifft zum einen ihre eigene Arbeitsweise. Die Mitglieder von Regierungen und Parlamenten in Bund und Ländern müssten endlich auf Distanz gehen. Sie müssten sicherstellen, dass sie selbst genügend fachliche Kapazitäten zur Verfügung haben, um wichtige Entscheidungen, neue Gesetze oder die Änderung bestehender Gesetze sowie wichtige Abstimmungen inhaltlich seriös und ausgewogen vorzubereiten. Doch das Gegenteil ist der Fall. Immer häufiger werden öffentliche Entscheidungsprozesse ins Privatwirtschaftliche verlagert, externe Experten und Lobbyisten eingebunden und Themen aus dem parlamentarischen Zuständigkeitsbereich in Kommissionen ausgelagert. Mancher Gesetzestext wird in Teilen gleich von externen Kanzleien formuliert.

Der Staat und damit auch die Regierung samt ihren Ministerien muss personell und sachlich in die Lage versetzt werden, Gesetzesentwürfe ohne Hilfe von außen zu schreiben und zu entwickeln. Der Staat muss seiner Aufgabe auch andernorts wieder gerechter werden. Anders formuliert: Der Staat muss wieder selbstbewusster und stärker werden. Er allein muss festlegen, welche Fächer an Schulen gelehrt werden, und er muss dann auch die Inhalte und die Regeln dafür festlegen. Es darf nicht sein, dass der Staat bei der Wahrnehmung seiner wichtigsten Aufgaben auf Hilfe von Lobbyisten angewiesen ist oder sich ihnen sogar ausliefert. Man kann die Ausweitung des Lobbyismus beklagen. Doch es sind Staat und Parteien, die dies erst ermöglicht haben. Die Politik untergräbt so ihre Verantwortung für faire gesellschaftliche Entscheidungen. Zum anderen scheut die Politik bislang ein härteres Durchgreifen und den Zwang zu mehr Transparenz.

Es gibt in Deutschland bislang keine Offenlegungspflichten für

Lobbyisten. Das muss sich dringend ändern. Seit mehr als 40 Jahren existiert lediglich eine öffentliche Liste von Verbänden und ihren Vertretern, in die sie Kontaktdaten, den eigenen Vorstand, Interessengebiete und die Zahl der Mitglieder eintragen können – freiwillig. Selbst für diese rudimentären Angaben gibt es keinen Zwang. Auftragslobbyisten, Rechtsanwälte und ihre Kanzleien, Denkfabriken und Nichtregierungsorganisationen werden erst gar nicht erfasst. Und Budget-Informationen spielen natürlich keine Rolle. Das kann nicht sein. Die Forderung muss lauten: Lobbyisten legen klar offen, für wen sie arbeiten und welche Mittel sie zur Verfügung haben. Selbst die viel kritisierten Lobby-Hochburgen Washington und Brüssel sind da schon deutlich weiter als Berlin. Solche mangelhafte Transparenz schafft denen einen Vorteil, die sie ausnutzen können. Sie erleichtert auch fragwürdige Methoden, wie das Vortäuschen von Bürgerinitiativen oder den Aufbau von Tarnorganisationen. Wo keine Transparenz herrscht, kann die Öffentlichkeit keine Kontrolle gewährleisten.

Muss man das alles als normal hinnehmen? Muss man akzeptieren, dass Unternehmen oder Banken Gesetze beeinflussen können, die sie in Schranken weisen sollen? Dass sie Umweltregeln auf Kosten der Allgemeinheit torpedieren? Dass vor allem die dafür zahlen, die sich solche Türöffner nicht leisten können? Dass die Grenzen der legitimen Einflussnahme immer häufiger überschritten werden?

Generelle Verbote wären die falsche Antwort. Niemand kann und darf verbieten, dass sich die Wirtschaft in die Politik einmischt. Und niemand sollte verlangen, dass Politiker sich nach ihrer Karriere nicht mehr mit den Themen beschäftigen, die sie über Jahre geprägt haben. Aber es braucht auch dafür klare und saubere Regeln. Es geht um die Frage, ob wirklich alles erlaubt sein muss. Muss ein Politiker wirklich schon kurz nach Ende seiner Karriere bei einem

Unternehmen anheuern, dessen Geschäfte er gerade noch kontrolliert hat, wie Rüstungslobbyist Dirk Niebel? Müssen Lobbisten barrierefrei und unerkannt im Bundestag ein und aus gehen können?

Parteien und Regierungen sollten sich klare Vorgaben für den Umgang mit Lobbyisten und den Wechsel in Lobbyjobs verordnen. Für Unternehmenslobbyisten wird es zwar vorläufig deutlich schwerer, an Hausausweise für den Bundestag zu kommen. Die Bundestagsfraktionen haben die Ausgabe von Hausausweisen an Lobbyakteure vorerst gestoppt und streben eine Neuregelung der Vergabe an. Ziel aber muss die Einführung eines verbindlichen Lobbyregisters sein. Nur das schafft jene Öffentlichkeit, die wirksame Kontrolle braucht.

Die deutsche Politik ist von einer solchen großen Lösung im Kampf gegen den ausufernden Lobbyismus noch weit entfernt. Affären bringen das Thema zwar immer wieder auf die politische Tagesordnung. Doch bislang mangelt es an einer grundlegenden Auseinandersetzung mit den Methoden des Lobbyings und jener Machtverschiebung, die sie auslösen. Dieses Versäumnis bedeutet: Die Gefahr für die Demokratie wächst. Es muss jetzt darum gehen, demokratische Prozesse nicht bloß zur leeren Hülle verkommen zu lassen. Strengere Lobbyvorschriften wären nicht das Ende der Debatte, sondern der Anfang einer lebendigeren Demokratie.

Ein Dankeschön

Bei der Arbeit an diesem Buch haben viele geholfen. Da sind zuerst Dutzende Gesprächspartner zu nennen, Lobbyisten und ihre Gegner, die uns tiefe Einblicke in die Szene ermöglicht haben. Mitarbeiter von Unternehmen, Kanzleien, Behörden, Ministerien, Hochschulen und Instituten, wie auch viele Politiker, waren bei unseren Recherchen in mitunter erstaunlicher Offenheit bereit, über ihre Erfahrungen und ihre Arbeit zu sprechen. Viele dieser hilfreichen Quellen möchten anonym bleiben. Wir können Sie deshalb an dieser Stelle nicht namentlich erwähnen.

Zu großem Dank verpflichtet sind wir unseren Kollegen, Ressortleitern und den Chefredakteuren der *Süddeutschen Zeitung*. Sie zählt nach wie vor zu den Medien in Deutschland, die investigativen Journalismus nicht nur ermöglichen, sondern ihn fordern und aktiv fördern. Der Teil des Buches über die Lobby-Affäre bei EnBW geht aus Recherchen hervor, die wir in der *Süddeutschen Zeitung* veröffentlicht haben.

Ein großer Dank gebührt der Nichtregierungsorganisation LobbyControl, die uns auf manche fragwürdige Praxis aufmerksam gemacht und uns sensibilisiert hat.

Wir danken herzlich unserer Lektorin Nadine Lipp für ihre professionelle und umsichtige Arbeit, sowie Stefan Ulrich Meyer, dem Programmleiter Sachbuch bei der Verlagsgruppe Droemer Knaur, für die engagierte, motivierende und kundige Unterstützung.

Unseren Familien danken wir für die Geduld mit uns. Ohne sie wäre dieses Buch nicht entstanden. Zu erreichen sind wir über folgende Adressen:
markus.balser@sueddeutsche.de und uwe.ritzer@sueddeutsche.de

Anmerkungen

Prolog

1 Steffen Dobbert: Russland-Buch – Gabriels fragwürdiger Freundschaftsdienst, *Die Zeit*, 18.03.2015.
2 Mathias Brüggmann: Sigmar Gabriel – Der Russlandversteher, *Handelsblatt*, 19.03.2015.
3 Naomi Oreskes, Erik M. Conway: Die Machiavellis der Wissenschaft – Das Netzwerk des Leugnens. Weinheim 2014, S. XXII ff.
4 Markus Balser, Christopher Schrader: »Wissenschaft wird als Nebelwand missbraucht«, Interview mit Naomi Oreskes, *Süddeutsche Zeitung*, 3.11.2014.

1
Die Regenmacher
Politische Landschaftspflege und undemokratische Auswüchse

1 http://wirtschaftslexikon.gabler.de/Definition/lobbyismus.html
2 www.lobby-studie.de/marktordnung-fuer-lobbyisten/marktordnung-fuer-lobbyisten.html; hier finden sich die Studie und das zitierte Arbeitsheft (Anm. d. Verf.)
3 Vgl. Ulrich von Alemann, Florian Eckert: Lobbyismus als Schattenpolitik, *Aus Politik und Zeitgeschichte*, APUZ 15-16/2006.
4 Zit. nach Marco Bülow: »Die Lobby-Republik«, Schriftenreihe Denkanstöße des Instituts für Solidarische Moderne, 2010, S. 18.
5 Lobbying – Grey eminences. How companies try to influence governments, *The Economist*, Feb 22nd 2014.
6 Ebd.
7 www.marco-buelow.de/demokratie-transparenz/lobbyismus/einfuehrung-in-die-lobbyismus-debatte.html
8 Netzwerk Recherche, nr-Werkstatt Nr. 12, S. 16.
9 Marco Bülow: »Die Lobby-Republik«, 2010, S. 4.
10 »In der Lobby brennt noch Licht. Lobbyismus als Schatten-Management in Politik und Medien«, Netzwerk Recherche Werkstatt 12, S. 166.
11 Vgl. »Die Steine des Sisyphos«, der Vortrag von Günter Grass im Wortlaut, in: *Süddeutsche Zeitung*, 04.07.2011.
12 Definition des Begriffes »Public Affairs« durch die Deutsche Public Relations Gesellschaft: www.dprg.de/profile/public-affairs/4

13 www.bertelsmann.de/unternehmen/aktionaere/index.jsp
14 Vgl. Thomas Schuler: Bertelsmannrepublik Deutschland. Eine Stiftung macht Politik. Hamburg 2010.
15 Sascha Adamek, Kim Otto: Der gekaufte Staat. Wie Konzernvertreter in deutschen Ministerien sich ihre Gesetze selbst schreiben. Köln 2008.
16 www.bundesrechnungshof.de/de/veroeffentlichungen/beratungsberichte/langfassungen/langfassungen-2013/2013-bericht-einsatz-externer-personen-in-der-bundesverwaltung
17 Bernd J. Hartmann: Inklusive Verwaltung. Der vorübergehende Seitenwechsel aus der Privatwirtschaft in den Staatsdienst. Paderborn 2014.
18 Ebd.
19 www.spiegel.de/wissenschaft/medizin/spionage-verdacht-im-gesundheitsministerium-gegen-apotheker-lobby-a-872371.html
20 Dieter Schulze van Loon: Lobbying im Spannungsfeld zwischen Kommunikation und Politik, zitiert nach »Marktordnung für Lobbyisten«, Studie der Otto-Brenner-Stiftung, 2011, S. 10.
21 www.pr-wiki.de/index.php/Main/GrassrootsLobbyingInstrumentalisierungDerMasse
22 Marco Althaus: Grassroots Lobbying: Die nächste Disziplin der Wirtschaftskommunikation. In: Marco Althaus (Hrsg.): Kampagne! 3: Neue Strategien im Grassroots Lobbying für Unternehmen und Verbände. Berlin 2007. Und Marco Althaus: Jedermann als Lobbyist: Grassroots-Modelle in den USA und Europa. In: Ebd.
23 Vgl. John McNutt/Katherine Boland: Astroturf. Technology and the Future of Community Mobilization: Implications for Nonprofit Theory, in: Journal of Sociology & Social Welfare, 34 (2007) 3, S. 165 ff.
24 Vgl . Kathrin Voss: Grassrootscampaigning und Chancen durch neue Medien. In: *Aus Politik und Zeitgeschichte*, APUZ, 19/2010.
25 www.otto-brenner-stiftung.de/fileadmin/user_data_lobby/03_Online_Teile/AH_70_Lobby_End.pdf, S. 1.

2
Bremser am Werk
Fragwürdige Geschäfte im Schatten der Energiewende

1 »For the first time, 4 out of 5 largest EU emitters are German lignite power stations«, *Sandbag*, Pressemitteilung vom 1. April 2015.
2 Vgl. Melanie Amann, Sven Becker, Frank Dohmen, Gerald Traufetter: Im War Room der Demokratie, *Der Spiegel* 49/2013, S. 30.
3 Vgl. Sven Becker, Gerald Traufetter: Der Kumpel, *Der Spiegel*, 26/2014.
4 »Auffällige Wahlkampfspenden«, *Märkische Oderzeitung,* 23.6.2014.

5 Marco Bülow: Die Lobby-Republik, Schriftenreihe Denkanstöße, Institut für solidarische Moderne, 2010.
6 Ebd.
7 Ebd.
8 Ebd.
9 Vgl. www.atmos-chem-phys.net/15/1539/2015/ doi:10.5194/acp-15-1539-2015

3
Durch die Drehtür
Wie Politiker als Lobbyisten große Kasse machen

1 www.abgeordnetenwatch.de/nebeneinkuenfte2015
2 Ebd.
3 www.spiegel.de/politik/deutschland/nebenverdiener-im-bundestag-gauweiler-an-der-millionen-euro-grenze-a-983089.html#ref=plista
4 www.joachim-pfeiffer.info
5 https://netzwerkrecherche.org/stipendien-preise/verschlossene-auster/verschlossene-auster-2011-fuer-rwe-enbw-vattenfall-und-eon/laudatio-von-prof-dr-heribert-prantl/

4
»Wir erledigen das«
Diskrete Helfer der Konzerne

1 www.lobbyplag.eu
2 Übersicht der unkritischen Verwendung wirtschaftsfreundlicher Passagen bei: Europe-v-facebook.org
3 Felix Zimmermann: Energiekonzern in Erklärungsnot, *taz*, 22.09.2011.
4 Interview mit Altkanzler Schröder, *Bild*, 19.05.2015.
5 Thomas Sigmund: Gesetzgebung – Millionenhonorare für Berater, *Handelsblatt*, 8.02.2013.

5
Verraucht
Der erbitterte Kampf der Tabakindustrie gegen besseren Gesundheitsschutz

1 www.lothar-binding.de/Nichtraucherschutz.173.0.html
2 Lothar Binding: Kalter Rauch. Freiburg 2008, S. 25.
3 Vgl. »Im Schatten des Gesetzes«, *Die Zeit*, 19.12.2012.

4 www.destatis.de/DE/PresseService/Presse/Pressemitteilungen/2015/07/PD15_261_799.html
5 www.zigarettenverband.de/de/20/Themen/Zahlen_%26_Fakten/Kennzahlen
6 www.drogenbeauftragte.de/drogen-und-sucht/tabak/situation-in-deutschland.html
7 www.corporateeurope.org/lobbycracy/2012/11/mapping-tobacco-lobby-brussels-smoky-business
8 Vgl. »Wo Rauch ist«, *Süddeutsche Zeitung*, 17.05.2014.
9 Gespräch mit den Autoren am 18.08.2015.
10 Vgl. »Im Schatten des Gesetzes«, *Die Zeit*, 19.12.2012.
11 Vgl. »Tabak-Richtlinie durch Lobbying verwässert«, *Die Presse*, 21.08.2014.
12 Vgl. www.sueddeutsche.de/wirtschaft/lobbyisten-in-der-tabakindustrie-rot-wie-risiko-1.1788444-2
13 Vgl. »Rauchverbot und Tabaklobby. Erfahrungsbericht eines Abgeordneten«, in der Broschüre: »In der Lobby brennt noch Licht – Lobbyismus als Schatten-Management in Politik und Medien«, Netzwerk Recherche, nr-Werkstatt Nr. 12, S. 144 f.
14 Vgl. www.sueddeutsche.de/wirtschaft/lobbyisten-in-der-tabakindustrie-rot-wie-risiko-1.1788444
15 Vgl. ebd.
16 Vgl. »Rauchverbot und Tabaklobby«, in: Netzwerk Recherche, nr-Werkstatt Nr. 12, S. 145.
17 Vgl. »Märchen aus 1001 Nacht. Wie die Tabaklobby Abgeordnete zu beeinflussen versucht«, dapd, 24.09.2010.
18 Vgl. »Propaganda-Rauch«, *FAS*, 23.12.2012.
19 Vgl. »Strippenzieher in Brüssel«, *Die Welt*, 30.09.2014.
20 Vgl. »Im Schatten des Gesetzes«, *Die Zeit*, 19.12.2012.
21 Vgl. ebd.
22 www.zigarettenverband.de/de/3/Ueber_den_DZV
23 www.zigarettenverband.de/de/25/Ueber_den_DZV/Mitgliedsunternehmen
24 Vgl. »Rauchverbot und Tabaklobby«, Netzwerk Recherche, nr-Werkstatt Nr. 12, S. 151.
25 Vgl. »Propaganda-Rauch«, siehe: www.faz.net/aktuell/politik/inland/tabakindustrie-propaganda-rauch-12002890.html
26 Vgl. »Rauchverbot und Tabaklobby«, Netzwerk Recherche, nr-Werkstatt Nr. 12, S. 149.

6
Hilfst du mir, helf ich dir
Ein Netzwerk an der Basis unserer Nahrungskette

1 www.stmelf.bayern.de/service/presse/pm/2014/084786/index.php. Der bayerische Agrarbericht erscheint alle zwei Jahre, die zitierte Ausgabe ist abzurufen unter: www.stmelf.bayern.de/mam/cms01/agrarpolitik/dateien/agrarbericht2014.pdf
2 www.fr-online.de/politik/nebeneinkuenfte-und-was-verdienen-sie-so-nebenbei-,1472596,20834526.html
3 »Wege zu einer gesellschaftlich akzeptierten Nutztierhaltung«, Gutachten, März 2015, S. 35. Siehe: www.bmel.de/SharedDocs/Downloads/Ministerium/Beiraete/Agrarpolitik/GutachtenNutztierhaltung-Kurzfassung.pdf?__blob=publicationFile
4 www.topagrar.com/dl/4/2/6/3/6/0/Studie_Bauern_und_Bonzen.pdf
5 www.topagrar.com/dl/4/2/6/3/6/0/Studie_Bauern_und_Bonzen.pdf, S. 26.
6 www.fnl.de
7 www.spiegel.de/wirtschaft/unternehmen/eu-absage-an-lebensmittel-ampel-gruen-gelb-stopp-a-701085.html
8 www.euractiv.de/wahlen-und-macht/artikel/lobby-schlacht-um-lebensmittelampel-003262. Das Interview im Original: http://blog.brusselssunshine.eu/2010/06/mep-carl-schlyter-industry-lobbying-has.html

7
Die Freiheit nehm ich dir
Die unterwanderte Wissenschaft

1 Judith Pfannenmüller: Die Lobby-Macht mit dem Nette-Jungs-Image, *W&V-Magazin,* 21.07.2014.
2 Josh Halliday: Washington Post scrutinises Amazon lobbying after Jeff Bezos takeover, *The Guardian*, 6.08.2013.
3 Corporate European Observatory: The Power of Lobbies, Beitrag vom 18.06.2013.
4 Deutscher Hochschulverband: Resolution zur Unparteilichkeit von Wissenschaft, 20.03.2012.
5 Bernd Kramer: Wahrheiten wie bestellt. Wie Universitäten der Wirtschaft dienen, *DUZ-Magazin* 06/2014.
6 Andreas Kurz: »Der Arbeitgeber ist dem Richter ausgeliefert«. Interview mit Volker Rieble, *Impulse*, 1.02.2012.
7 Bernd Kramer: Wahrheiten wie bestellt, *DUZ-Magazin* 06/2014.

8 Yassin Musharbasch, Kerstin Kohlenberg: Die gekaufte Wissenschaft, *Die Zeit*, 1.08.2013.
9 Andreas Böhme: Wissenschaftsministerin verordnet Hochschulen mehr Transparenz, *Südwest Presse*, 5.02.2014.
10 Niedersächsisches Ministerium für Wissenschaft und Kultur, 3.02.2014.
11 Naomi Oreskes, Erik M. Conway: Die Machiavellis der Wissenschaft. Weinheim 2014.
12 Lecacy Tobaco Documents Library: http://legacy.library.ucsf.edu
13 Naomi Oreskes, Erik M. Conway: Die Machiavellis der Wissenschaft. Weinheim 2014.
14 Ebd.
15 Ebd.
16 Colin Stokes: RJR's Support of Biomedical Research, BN: 504480518, Legacy Tobacco Documents Library.
17 Markus Balser, Christopher Schrader: »Wissenschaft wird als Nebelwand missbraucht«, Interview mit Naomi Oreskes, *Süddeutsche Zeitung*, 4.11.2014.

8
Wie geschmiert
Wie Schulen und Bildung vereinnahmt werden

1 Anfrage der Autoren per Mail und telefonisch am 17.07.2015.
2 Vgl . *Eltern Express*, Schulzeitung des Gymnasiums Sulingen, Ausgabe Nr. 118, Juli 2007, S. 1.
3 Interview mit den Autoren am 22.09.2015.
4 Ebd.
5 Vgl. »Pflichtfach Wirtschaft«, *Süddeutsche Zeitung*, 6.11.2015.
6 www.verbraucherbildung.de/meldung/arbeitgeberverband-stoppt-vertrieb-von-kritischem-schulbuch
7 Ebd.
8 Reinhold Hedtke: Mein Wohl als Gemeinwohl. Lobbyismus in der ökonomischen Bildung. In: W. Spieker. (Hg.): *Zukunft der ökonomischen Bildung*. Tutzinger Schriften zur politischen Bildung. Schwalbach/Ts. 2015.
9 Ebd.
10 www.bayern.de/wp-content/uploads/2014/09/Bericht-der-Kommission-f%C3%BCr-Zukunftsfragen-der-Freistaaten-Bayern-und-Sachsen-Teil-3.pdf
11 www.3male.de/web/cms/de/1459958/home/?et_cid=2&et_lid=2&-set=45128;Essen
12 www1.wdr.de/themen/aktuell/rwe-lobbyismus-schulen-100.html

13 Tim Engartner, Balasundaram Krisanthan: »Einfallstor Schule. Wie Unternehmen und Stiftungen mit Unterrichtsmaterialien werben.« *WestEnd Neue Zeitschrift für Sozialforschung* 02/2014, Frankfurt, S. 141 ff.
14 Vgl. »Lobbyismus an Schulen«, April 2013: https://www.lobbycontrol.de/wp-content/uploads/Lobbyismus_an_Schulen.pdf
15 Gespräch mit den Autoren, Juli 2015.
16 www.bne-portal.de/un-dekade/un-dekade-deutschland/
17 http://schulbank.bankenverband.de/schule-und-finanzen/emw/
18 https://bankenverband.de/newsroom/meinungsumfragen/jugendstudie-2015-wirtschaftsverständnis-finanzkultur-und-digitalisierung/
19 www.myfinancecoach.org/ueber-uns#ContentModule-122
20 www.myfinancecoach.org/assets/Downloads/MFCAJahresbericht-2015PDFWeb210x280.pdf?PHPSESSID=kd98ufv7e05ek0h88ogcvm59t4
21 www.verbraucherbildung.de/materialkompass
22 Gespräch mit den Autoren 22.09.2015.
23 Ebd.
24 Gespräche mit den Autoren, August 2015.
25 www.insm.de/insm/ueber-die-insm/FAQ.html
26 Ebd.
27 Seit dem Jahr 2000 lässt die OECD, die Organisation für wirtschaftliche Zusammenarbeit und Entwicklung, alle drei Jahre die schulischen Fähigkeiten 15-Jähriger überprüfen. Die Abkürzung Pisa steht dabei für Programme For International Student Assessment. Dabei werden in den teilnehmenden Ländern nach einheitlichen Kriterien die mathematischen und naturwissenschaftlichen Fähigkeiten sowie die Lesekompetenz überprüft. Die deutschen Schüler schnitten beim ersten Pisa-Test 2000 unterdurchschnittlich ab. Seither haben sich die Ergebnisse zwar verbessert; die deutschen Schüler gehören aber nach wie vor nicht zu den Besten, sondern rangieren im vorderen Mittelfeld. Regelmäßig brachte die Pisa-Studie zutage, dass in Deutschland keine Bildungsgerechtigkeit herrscht, weil Jugendliche aus sozial schwachen Familien deutliche Nachteile haben, die das Schulsystem nicht ausgleicht.
28 www.wirtschaftundschule.de/fileadmin/user_upload/unterrichtsmaterialien/staat_und_wirtschaftspolitik/Arbeitsblatt_Anspruch_und_Wirklichkeit_der_Sozialen_Marktwirtschaft.pdf
29 www.spreadblue.de
30 www.cobrayouth.de/profil
31 www.dsa-youngstar.de
32 Zit. nach: Tim Engartner, Balasundaram Krisanthan: Einfallstor Schule, *West-End Neue Zeitschrift für Sozialforschung* 02/2014, Frankfurt, S.141 ff.
33 www.kbundb.de

34 www.swr.de/report/zielgruppe-schueler/-/id=233454/did=7855918/nid=233454/1mwgppk/index.html
35 *Der Spiegel*, Ausgabe 42/2015, S. 66.

9
Zwischen den Zeilen
Medien als Transmissionsriemen für Lobbyisten

1 www.fr-online.de/flughafen-frankfurt/flughafen-frankfurt-und-burson-marsteller--ja-zu-fra-beauftragt-umstrittene-pr-agentur,2641734,11676876.html
2 www.taz.de/!5052016
3 Vgl. *prmagazin* 02/2014, S. 47.
4 www.hm-kom.de/leistungen
5 https://netzwerkrecherche.org/files/nr-werkstatt-12-lobbyismus-als-schatten-management-in-politik-und-medien.pdf, S. 171.
6 https://lobbypedia.de/wiki/Deutsche_Bahn
7 Ebd.
8 www.otto-brenner-stiftung.de/otto-brenner-stiftung/aktuelles/wir-sind-das-publikum-autoritaetsverlust-der-medien-und-zwang-zum-dialog.html
9 Ebd.
10 https://netzwerkrecherche.org/files/nr-werkstatt-12-lobbyismus-als-schatten-management-in-politik-und-medien.pdf, S. 64.
11 Gespräch mit dem Autor, 2.12.2015.
12 www.wmp-ag.de
13 www.verbaende.com/verbaendereport/fachartikel/lesen.php/Zur-Machtbalance-zwischen-PR-und-Journalismus?id=174
14 www.zeit.de/wirtschaft/2015-09/fluechtlinge-wohnungen-wohnraum-grossstadt-ueberfuellung/komplettansicht
15 www.berliner-zeitung.de/archiv/eine-kontroverse-debatte-ueber-den-schleichenden-einfluss-der-pr-auf-den-journalismus-meinung-durch-die-hintertuer,10810590,10376204.html
16 https://netzwerkrecherche.org/files/nr-werkstatt-12-lobbyismus-als-schatten-management-in-politik-und-medien.pdf, S. 55.
17 www.sueddeutsche.de/medien/recherchescoutde-betreutes-recherchieren-1.2667050
18 www.journalist.de/ratgeber/handwerk-beruf/redaktionswerkstatt/5-recherche-dienstleister-im-test.html
19 https://curved.de/redaktion

20 https://www.otto-brenner-shop.de/uploads/tx_mplightshop/AH86_Contentmarketing.pdf
21 www.spiegel.de/politik/ausland/gazastreifen-twitter-krieg-zwischen-israel-und-der-hamas-a-981310.html#
22 www.daserste.de/information/reportage-dokumentation/dokus/sendung/alles-luege-oder-was/116.html

10
Große Haie
Wie die Finanzindustrie die europäische Politik beeinflusst

1 Definition der Tobin-Steuer im Gabler-Wirtschaftslexikon: http://wirtschaftslexikon.gabler.de/Archiv/569806/tobin-steuer-v3.html
2 www.cdu.de/sites/default/files/media/dokumente/koalitionsvertrag.pdf, S. 8, 46.
3 Schulmeister, Stephan: The Struggle over the Financial Transactions Tax – a Politico economic Farce. Wifo Working Papers 474/2014.
4 Morgan Stanley, European Rates/Banks: FTT – Alternative scenarios, Paper by Morgan Stanley Research Europe, June 5, 2013.
5 Alexander Mühlauer: Kampf um die Börsensteuer – Deutschland will offenbar Finanzabgabe aufweichen, *Süddeutsche Zeitung*, 25.09.2015.
6 Ebd.
7 Corporate Europe Observatory: The Fire Power of the Financial Lobby – A Survey of the Size of the Financial Lobby at the EU level.
8 Baptiste Aboulian: MEP bites back at hedge fund lobby, *Financial Times,* 22.4.2012.
9 Sven Prange: Thierry Philpponnat: Einer gegen den Rest der Welt, *Handelsblatt*, 18.02.2014.
10 Sven Böll, Anne Seith: Altersvorsorge – die Einflüsterer, *Der Spiegel* 06/2013, S. 72 f.
11 Finanzausschuss des Bundestags, Wortprotokoll 106. Sitzung.
12 www.cdu.de/system/tdf/media/dokumente/121205-sonstige-beschluesse.pdf?file=1, S. 9.

11
Mit Vollgas ins Fiasko
Wie der Diesel-Skandal deutlich machte, wer in Berlin am Steuer sitzt

1 Vgl. Balser, Markus, Bauchmüller, Michael: »Kollektive Demenz«. *Süddeutsche Zeitung* vom 21.01.2017

2 Vgl. Ebenda

3 http://dip21.bundestag.de/dip21/btd/18/128/1812880.pdf

4 *Süddeutsche Zeitung* vom 15.09.2017, Seite 3

5 Vgl.: Balser, Markus, Mühlauer, Alexander: Schmutzige Geheimnisse. *Süddeutsche Zeitung* 2.11.2017